두뇌보완계획 S
논리 퍼즐

두 뇌 보 완 계 획 S

논리 퍼즐

SMART SOLUTIONS

김명석 지음

사용설명서

01. 이 책은 PSAT 「언어논리」와 LEET 「추리논증」에서 논리 퍼즐에 해당하는 문항을 골라 풀이한 책입니다. 벌써 20년 가까이 되는 저의 검토, 출제, 선정, 기획, 관리, 강의 경험이 바탕이 되었습니다. 저의 풀이는 말하자면 "출제자의 풀이법"입니다.
02. 이 책은 독자께서 『두뇌보완계획 100』, 『두뇌보완계획 100 에센스』, 『두뇌보완계획 100 워크북』 가운데 하나를 공부했다고 가정합니다.
03. 이 책에 나오는 낱말에 낯선 독자는 책 읽기가 불편할 수 있습니다. 하지만 글자 하나하나를 보면서 생각한다면 금방 그 뜻을 알아챌 수 있습니다. 한자어가 한 글자 한 글자에 뜻이 담겼듯이 터박이말에도 한 글자 또는 글자들 안에 뜻이 담겼습니다. 그 낱낱의 뜻을 새기며 글 읽는 버릇을 들이는 것은 글 읽는 힘을 키우는 데 크게 도움이 됩니다. "터박이말"에서 "터"와 "박이"와 "말"이 보여야 하고 "홀홑문장"에서 "홀"과 "홑"이 보여야 합니다.
04. 논리 퍼즐은 흔히들 기호화하여 풉니다. 실제로 논리학이나 분석철학을 전공한 출제자 대부분은 그런 방식으로 풉니다. 저는 기호화 자체를 최소화하는 대신에 머릿속 또는 마음속으로 추론하고 그 정보를 모눈에 간추리는 방식을 더 좋아합니다. 제가 그렇게 하는 까닭은 해당 문항을 길어도 5분 안에 풀어야 하기 때문입니다. 이 책의 풀이에 나오는 문장 대부분은 마음속으로 생각하는 문장이지 노트에 글로 쓰는 문장이 아닙니다. 당연히 문장들을 머리에 저장하는 신경 능력에 한계가 있기에 이를 기호화하여 글로 써 두거나 제시문에 표시해 둘 필요는 있습니다.
05. 실제로 출제자들은 자신이 5분 안에 풀지도 못하는 문항들을 출제하곤 합니다. 달리 말해 제한된 시간 안에 풀 수 없는 문항들이 실제로 더러 출제됩니다. 저는 이런 문항이 출제되는 것이 우리 사회의 수험 풍토를 나쁘게 한다고 생각합니다. 해당 기출문제를 5분 안에 풀지 못하더라도 독

자의 탓은 아니니 스스로 자책하지 말아 주세요. 극복할 수 있는 현실이 있고 극복하기 어려운 현실이 있습니다. 이 책의 풀이법이 독자께 약간이라도 도움이 되길 빕니다.

06. 기출문제를 처음 풀 때는 시간에 제한을 두지 말고 아주 천천히 푸십시오. 또한 되도록 여러 다른 방식으로 풀면서 가장 빠른 풀이를 재빨리 찾는 힘을 키워 보십시오.

07. 기출문제의 정보 사항은 "PL202103_35"나 "LA201208_12" 따위로 썼습니다. "PL"은 'PSAT 언어논리'를 뜻하고 "LA"은 'LEET 추리논증'을 뜻합니다. "202103"이나 "201208"은 해당 시험의 시행 연도와 월입니다. 맨 뒤 숫자 "35"나 "12"는 시험의 문번입니다. 책형은 LEET는 홀책형이고 PSAT는 가나다순에서 앞선 책형입니다. 하지만 "채책형"과 "용책형"이 있다면 "채용"에서 따왔기에 채책형을 기본 책형으로 삼았습니다. 따라서 "LA201208_12"는 '2013학년도 LEET 「추리논증」 홀책형 12번'을 가리키고 "PL202103_35"는 '2021년 3월 시행 5급 PSAT 「언어논리영역」 가책형 35번'을 가리킵니다.

08. 물음이 생긴 독자는 생각실험실 사이트 http://ithink.kr를 참고하십시오. 책의 내용 가운데 보완해야 할 곳이 생기면 이곳에 올려놓겠습니다.

09. 책에서 오류를 찾은 독자께서는 anywisdom@gmail.com으로 메일 주십시오. 이 책에 담긴 풀이법보다 더 나은 풀이법이 있을 텐데 그것을 찾은 독자께서도 같은 주소로 메일 주십시오. 책을 고칠 때 이를 반영하고 답례도 하겠습니다.

10. 많은 경우 저의 풀이법은 다른 책의 풀이법이나 다른 저자의 풀이법과 크게 다르지 않습니다. 저의 풀이법을 다른 강의나 책에 쓰셔도 되지만 그때는 이 책의 풀이법을 참조했다는 말씀을 꼭 남겨주십시오.

목차

S04. 무리, 짝, 자리

S05. 겨루기와 셈

S01
문장 참말놀이

S011

홑문장 실마리

S012

이거나와 이면

S013

겹문장의 참값

S014

경우 나누기

S015

문장 논리

S011 홑문장 실마리

"문장 참말 놀이"는 다음 특징을 갖습니다. 첫째, 주어진 문장들은 모두 참말입니다. 둘째, 주어진 문장을 홑문장, "는 참이다", "는 거짓이다", "이고", "이거나", "이면" 따위로 쪼갤 수 있습니다. 셋째, 문장을 홑문장으로 쪼갠 뒤 문장 논리를 적용하여 새로운 정보를 추론합니다.

가장 쉬운 참말 놀이는 주어진 문장에 홑문장이 있는 경우입니다. 주어진 문장 가운데 '이고문장'이 있다면 추론규칙 '이고 없애기'를 써서 손쉽게 홑문장을 만들 수 있습니다. 오늘은 홑문장 정보 또는 이고문장 정보를 주고 새로운 정보를 추론하게 하는 논리 퍼즐을 살펴보겠습니다. 이를 하려면 먼저 다음 네 추론규칙을 잘 알아야 합니다.

이면 앞말 없애기	ㄱ이면 ㄴ. ㄱ. 따라서 ㄴ
이면 뒷말 없애기	ㄱ이면 ㄴ. ㄴ은 거짓이다. 따라서 ㄱ은 거짓이다.
이거나 앞말 없애기	ㄱ이거나 ㄴ. ㄱ은 거짓이다. 따라서 ㄴ
이거나 뒷말 없애기	ㄱ이거나 ㄴ. ㄴ은 거짓이다. 따라서 ㄱ

여기서 ㄱ과 ㄴ은 문장 또는 문장 표현입니다.

주어진 참말 가운데 홑문장 ㄱ이 있다고 해봅시다. 그러면 곧장 "ㄱ이면 ㄴ" 문장이 있는지 둘러봅니다. 그런 문장이 있다면 우리는 이면 앞말 없애기를 써서 정보 ㄴ을 얻습니다. "ㄱ이면 ㄴ"이 없다면 "ㄴ이면, ㄱ은 거짓이다" 문장이 있는지 둘러봅니다. 그런 문장이 있다면 우리는 이면 뒷말 없애기를 써서 정보 "ㄴ은 거짓이다"를 얻습니다. 도움이 되는 이면문장이 없다면 이거나문장이 있는지 둘러봅니다. "ㄱ은 거짓이거나 ㄴ" 또는 "ㄴ이거나 ㄱ은 거짓이다" 문장이 있다면 우리는 이거나 앞말 없애기 또는 이거나 뒷말 없애기를 써서 정보 ㄴ을 얻습니다.

S011_01. 다음 글의 내용이 참일 때, X 행성이 침공할 행성을 모두 고르면?

PL200502_16

먼 은하계에 X, 알파, 베타, 감마, 델타 다섯 행성이 있다. X 행성은 매우 호전적이어서 기회만 있으면 다른 행성을 식민지화하고자 한다. 다음 정보는 참이다.

ㄱ. X 행성은 델타 행성을 침공하지 않는다.

ㄴ. X 행성은 베타 행성을 침공하거나 델타 행성을 침공한다.

ㄷ. X 행성이 감마 행성을 침공하지 않는다면 알파 행성을 침공한다.

ㄹ. X 행성이 베타 행성을 침공한다면 감마 행성을 침공하지 않는다.

---

① 베타 행성

② 감마 행성

③ 알파와 베타 행성

④ 알파와 감마 행성

⑤ 알파와 베타와 감마 행성

S011_02. 다음 조건에 따를 때, 마을의 **A, B, C, D, E** 약국 가운데 문을 연 약국은? **PL200607_28**

ㄱ. A와 B 모두 문을 열지는 않았다.

ㄴ. A가 문을 열었다면, C도 문을 열었다.

ㄷ. A가 문을 열지 않았다면, B가 문을 열었거나 C가 문을 열었다.

ㄹ. C는 문을 열지 않았다.

ㅁ. D가 문을 열었다면, B가 문을 열지 않았다.

ㅂ D가 문을 열지 않았다면, E도 문을 열지 않았다.

---

① A

② B

③ A, E

④ D, E

⑤ B, D, E

S011_03. 다음을 참이라고 가정할 때, 회의를 반드시 개최해야 하는 날의 수는?

PL201607_06

○$_1$ 회의는 다음 주에 개최한다.

○$_2$ 월요일에는 회의를 개최하지 않는다.

○$_3$ 화요일과 목요일에 회의를 개최하거나 월요일에 회의를 개최한다.

○$_4$ 금요일에 회의를 개최하지 않으면, 화요일에도 회의를 개최하지 않고 수요일에도 개최하지 않는다.

---

① 0

② 1

③ 2

④ 3

⑤ 4

S011_04. 다음 정보가 모두 참일 때, 대한민국이 반드시 선택해야 하는 정책은?

PL201403_12

○₁ 대한민국은 국무회의에서 주변국들과 합동 군사훈련을 실시하기로 확정 의결하였다.

○₂ 대한민국은 A국 또는 B국과 상호방위조약을 갱신하여야 하지만, 그 두 국가 모두와 갱신할 수는 없다.

○₃ 대한민국이 A국과 상호방위조약을 갱신하지 않는 한, 주변국과 합동 군사훈련을 실시할 수 없거나 또는 유엔에 동북아 안보 관련 안건을 상정할 수 없다.

○₄ 대한민국은 어떠한 경우에도 B국과 상호방위조약을 갱신해야 한다.

○₅ 대한민국이 유엔에 동북아 안보 관련 안건을 상정할 수 없다면, 6자 회담을 올해 내로 성사시켜야 한다.

---

① A국과 상호방위조약을 갱신한다.

② 6자 회담을 올해 내로 성사시킨다.

③ 유엔에 동북아 안보 관련 안건을 상정한다.

④ 유엔에 동북아 안보 관련 안건을 상정하지 않는다면, 6자 회담을 내년 이후로 연기한다.

⑤ A국과 상호방위조약을 갱신하지 않는다면, 유엔에 동북아 안보 관련 안건을 상정한다.

S011_05. 의료보험 가입이 의무화될 때 다음 조건에 맞는 선택은?

PL200607_08

○$_1$ 정기적금에 가입하면 변액보험에 가입한다.

○$_2$ 주식형 펀드와 해외 펀드 중 하나만 가입한다.

○$_3$ 의료보험에 가입하면 변액보험에 가입하지 않는다.

○$_4$ 해외펀드에 가입하면 주택마련저축에 가입하지 않는다.

○$_5$ 연금저축, 주택마련저축, 정기적금 중에 최소한 두 가지는 반드시 가입한다.

---

① 변액보험에 가입한다.

② 정기적금에 가입한다.

③ 주식형 펀드에 가입한다.

④ 연금저축에 가입하지 않는다.

⑤ 주택마련저축에 가입하지 않는다.

S011_06. 환경부의 인사실무 담당자는 환경정책과 관련된 특별위원회를 구성하면서 외부 환경 전문가를 위촉하려 한다. 현재 거론되고 있는 외부 전문가는 **A, B, C, D, E, F**이다. 이 여섯 명의 외부 인사에 대해서 담당자는 다음의 조건을 충족시키는 선택을 해야 한다. 만약 **B**가 위촉되지 않는다면, 몇 명이 위촉되는가? **PL200902_36**

○₁ 만약 A가 위촉되면, B와 C도 위촉되어야 한다.

○₂ 만약 A가 위촉되지 않는다면, D가 위촉되어야 한다.

○₃ 만약 B가 위촉되지 않는다면, C나 E가 위촉되어야 한다.

○₄ 만약 C와 E가 위촉되면, D는 위촉되어서는 안 된다.

○₅ 만약 D나 E가 위촉되면, F도 위촉되어야 한다.

---

① 1명
② 2명
③ 3명
④ 4명
⑤ 5명

S011_07. 한국화학회는 〈시상규칙〉에 따라 학술상을 수여한다. 어느 해 같은 계절에 유기화학과 무기화학 분야에 상을 수여하였다면, 그해의 시상에 대한 진술 중 참일 수 없는 것은? **LA201208_12**

〈시상규칙〉

○1 매년 물리화학, 유기화학, 분석화학, 무기화학의 네 분야에 대해서만 수여한다.

○2 봄, 여름, 가을, 겨울에 수여하며 매 계절 적어도 한 분야에 수여한다.

○3 각각의 분야에 매년 적어도 한 번 상을 수여한다.

○4 매년 최대 여섯 개까지 상을 수여한다.

○5 한 계절에 같은 분야에 두 개 이상의 상을 수여하지 않는다.

○6 두 계절 연속으로 같은 분야에 상을 수여하지 않는다.

○7 물리화학 분야에는 매년 두 개의 상을 수여한다.

○8 여름에 유기화학 분야에 상을 수여한다.

① 봄에 분석화학 분야에 수여한다.

② 여름에 분석화학 분야에 수여한다.

③ 여름에 물리화학 분야에 수여한다.

④ 가을에 무기화학 분야에 수여한다.

⑤ 겨울에 유기화학 분야에 수여한다.

S011_08. 다음 글을 읽고 반드시 참인 것을 〈보기〉에서 모두 고르면?

PL201202_10

시험관 X에 어떤 물질이 들어 있는지 검사하기 위해 아래와 같은 네 가지 검사방법을 사용하고자 한다. 이 시험관에 물질 D가 들어 있지 않다는 것은 이미 알려져 있다. 검사 방법의 사용 순서에 따라 양성과 음성이 뒤바뀔 가능성도 있다.

○ 알파 방법: 시험관에 물질 A와 C가 둘 다 들어 있을 때 양성이 나온다. 그렇지 않을 때 음성이 나온다.
○ 베타 방법: 시험관에 물질 C는 들어 있지만 B는 들어 있지 않을 때 양성이 나온다. 그렇지 않을 때 음성이 나온다.
○ 감마 방법: 베타 방법을 아직 쓰지 않았으며 시험관에 물질 B도 D도 들어 있지 않을 때 음성이 나온다. 그렇지 않을 때 양성이 나온다.
○ 델타 방법: 감마 방법을 이미 썼으며 시험관에 물질 D와 E 둘 가운데 적어도 하나가 들어 있을 때 양성이 나온다. 그렇지 않을 때 음성이 나온다.

이 시험관 X에 알파, 베타, 감마, 델타 방법을 한 번씩 사용한 결과 모두 양성이 나왔다. 하지만 어떤 순서로 이 방법들을 사용했는지는 기록해두지 않았다.

〈보 기〉

ㄱ. 시험관 X에 물질 E가 들어 있다.
ㄴ. 시험관 X에 적어도 3가지 물질이 들어 있다.
ㄷ. 시험관 X에 가장 마지막으로 사용한 방법은 베타 방법이 아니다.

---

① ㄱ
② ㄷ
③ ㄱ, ㄴ
④ ㄴ, ㄷ
⑤ ㄱ, ㄴ, ㄷ

S011 풀이

01. 원래 문항의 문두와 제시문을 조금 고쳤다. 이 문항에서 실마리는 정보 ㄱ이다. 홑문장에 "는 참이다", "는 사실이다", "는 거짓이다", "는 사실이 아니다", "는 거짓이 아니다" 따위가 붙은 문장도 홑문장으로 여기겠다. 이 점에서 정보 ㄱ은 홑문장이다. 정보 ㄱ은 홑문장 실마리인 셈이다. 우리는 정보 ㄱ을 실마리 삼아 다른 정보를 추론할 수 있다.

정보 ㄱ으로 정보 ㄴ에서 이거나 뒷말 없애 X는 베타를 침공한다. 이것으로 정보 ㄹ에서 이면 앞말 없애 X는 감마를 침공하지 않는다. 이것으로 정보 ㄷ에서 이면 앞말 없애 X는 알파를 침공한다. 따라서 X는 알파와 베타를 침공하고 정답은 선택지 ③이다.

02. 원래 문항의 문두를 조금 고쳤다. 풀이의 실마리는 조건 ㄹ이다. 이것으로 조건 ㄴ에서 이면 뒷말 없애 A는 열지 않았다. 이것으로 조건 ㄷ에서 이면 앞말 없애 B는 열었거나 C는 열었다. C는 열지 않았으니 이거나 뒷말 없애 B는 열었다. 이것으로 조건 ㄱ으로부터 A는 열지 않았다. B는 열었기에 이것으로 조건 ㅁ에서 이면 뒷말 없애 D는 열지 않았다. 이것으로 조건 ㅂ에서 이면 앞말 없애 E는 열지 않았다. 따라서 오직 B만 열었고 정답은 선택지 ②다.

03. 글에서 말은 하지 않았지만 회의가 주중에 열린다고 가정하겠다. 이 문항에서 홑문장 실마리는 정보2다. 정보2에 따르면 정보3의 이거나 뒷말은 거짓이다. 여기서 우리는 이거나 뒷말 없애기를 쓸 수 있다. 이를 쓰면 정보3의 이거나 앞말은 참이다. 곧 화요일과 목요일에 개최한다.

한편 "화요일과 목요일에 개최한다"로부터 정보4의 이면 뒷말 "화요일에도 회의를 개최하지 않고 수요일에도 개최하지 않는다"가 거짓임을 곧장 눈치채야 한다. 정보4의 이면 뒷말은 거짓이기에 우리는 여기에 이면 뒷말 없애기를 쓸 수 있다. 결국 정보4의 이면 앞말은 거짓이고 곧 금요일에 회의를 개최한다. 따라서 월요일에 개최하지 않고, 화요일 목요일 금요일에 개최한다. 수요일에는 개최하는지 개최하지 않는지 모른다. 따라서 반드시 개최해야 하는 날은 사흘이고 정답은 선택지 ④다.

04. 정보1과 정보4는 홑문장이고 정보2는 이고문장이다. 정보2의 이고 뒷말 “그 두 국가 모두와 갱신할 수는 없다”는 “A국과 갱신할 수 없거나 B국과 갱신할 수 없다”를 뜻한다. 따라서 정보4와 정보2의 이고 뒷말로부터 [6]대한민국은 A국과 상호방위조약을 갱신하지 않는다. 정보6으로 정보3에서 이면 앞말 없애, 주변국과 합동 군사훈련을 실시할 수 없거나 유엔에 동북아 안보 관련 안건을 상정할 수 없다. 여기에서 정보1로 이거나 앞말 없애, [7]대한민국은 유엔에 동북아 안보 관련 안건을 상정할 수 없다. 정보7로 정보5에서 이면 앞말 없애, [8]대한민국은 6자 회담을 올해 내로 성사시켜야 한다. 따라서 선택지 ② “6자 회담을 올해 내로 성사시킨다”는 참이고 정답은 선택지 ②다.

정보6에 따르면 선택지 ① “A국과 상호방위조약을 갱신한다”는 거짓이다. 정보7에 따르면 선택지 ③ “유엔에 동북아 안보 관련 안건을 상정한다”는 거짓이다. 정보7과 정보8에 따르면 선택지 ④ “유엔에 동북아 안보 관련 안건을 상정하지 않는다면 6자 회담을 내년 이후로 연기한다”는 거짓이다. 정보6과 정보7에 따르면 선택지 ⑤ “A국과 상호방위조약을 갱신하지 않는다면 유엔에 동북아 안보 관련 안건을 상정한다”는 거짓이다.

05. 원래 문항의 문두를 조금 고쳤다. 문두에 홑문장 실마리가 있을 수 있다. 문항을 풀 때 문두에 홑문장 실마리가 있는지를 잘 살펴야 한다. 문두에 나오는 “의료보험 가입이 의무화될 때”에서 “의료보험 가입은 의무화된다”를 따로 떼어 우리는 이를 홑문장 실마리로 여길 수 있다.

문두의 홑문장 실마리 “의료보험 가입은 의무화된다”로, 조건3에서 이면 앞말 없애, 변액보험에 가입하지 않는다. 이것으로 조건1에서 이면 뒷말 없애, 정기적금에 가입하지 않는다. 그다음 조건5에 따라 연금저축과 주택마련저축에 가입한다. 나아가 조건4에서 이면 뒷말 없애, 해외펀드에 가입하지 않는다. 이것과 조건2를 써서 “주식형 펀드에 가입한다”를 추론할 수 있다.[a] 결국 선택지 ③ “주식형 펀드에 가입한다”는 반드시 참이다. 다른 선택지들은 모두 거짓이다. 따라서 정답은 선택지 ③이다.

06. 문두에 나오는 “만약 B가 위촉되지 않는다면”에서 “B가 위촉되지 않는다”를 따로 떼어 우리는 이를 홑문장 실마리로 여길 수 있다.

만일 B가 위촉되지 않는다면 조건1의 이면 뒷말은 거짓이다. 이 때문에 우리는 여기에 이면 뒷말 없애기를 쓸 수 있다. 이를 쓰면 조건1의 이면 앞말은 거짓이다. 곧 A는 위촉되지 않는다. 나아가 조건2에 이면 앞말 없애기를 쓸 수 있다. 곧 D는 위촉된다. D가 위촉되기에 조건5의 이면 앞말 "D나 E는 위촉된다"는 참이다. 우리는 조건5에서 이면 앞말을 없앨 수 있다. 곧 F는 위촉된다.

남은 조건은 조건3과 조건4다. B는 위촉되지 않기에 조건3에 이면 앞말 없애기를 쓸 수 있다. 곧 C와 E 가운데 적어도 하나는 위촉된다. D는 위촉되기에 조건4에 이면 뒷말 없애기를 쓸 수 있다. 곧 "C와 E는 위촉된다"는 거짓이다. 이는 "C와 E 가운데 적어도 하나는 위촉되지 않는다"를 뜻한다.[b] 결국 조건3과 조건4에 따라 C와 E 가운데 오직 한 명만 위촉된다.

지금까지 추론을 간추리면 다음과 같다. 만일 B가 위촉되지 않는다면 위촉되는 사람은 C, D, F 또는 D, E, F다. 따라서 위촉되는 사람은 3명이고 정답은 선택지 ③이다.

07. 문두에 있는 정보 "어느 해 같은 계절에 유기화학과 무기화학 분야에 상을 수여하였다"를 잊지 말고 풀이에 잘 반영해야 한다. 우리는 이를 홑문장 실마리로 여기겠다.

우리는 정보6 "두 계절 연속으로 같은 분야에 상을 수여하지 않는다"로부터 "만일 여름에 유기화학 분야에 상을 수여한다면 봄에도 가을에도 유기화학 분야에 상을 수여하지 않는다"를 얻을 수 있다. 이것에서 정보8로 이면 앞말 없애 유기화학 분야는 봄에 상을 수여할 수 없고 가을에도 수여할 수 없다. 우리는 두 가능성이 있는데 하나는 유기화학이 겨울에 상을 수여하는 경우이고 다른 하나는 수여하지 않는 경우다.

먼저 (i) 유기화학이 겨울에 상을 수여하지 않는 경우. 이 경우 정보8과 문두의 정보에 따르면 그해 무기화학은 여름에 상을 수여해야 한다. 이 경우 정보6에 따르면 무기화학은 가을에 상을 수여할 수 없다.

그다음 (ii) 유기화학이 겨울에 상을 수여하는 경우. 문두의 정보에 따르면 무기화학은 여름 또는 겨울에 상을 수여하는데 이 경우에도 정보6에 따르면 무기화학은 가을에 상을 수여할 수 없다. 이러나저러나 선택지 ④ "가을에 무기화학 분야에 수여한다"는 참일 수 없다. 따라서 정답은 선택지 ④다.

경우 (i)이나 경우 (ii)에서 다른 선택지 진술이 참일 수 있음을 따로 해설하지 않겠다. 특히 경우 (i)에서 가능성이 더 많이 열려 있어 선택지 진술이 왜 참일 수 있는지 더 쉽게 설명할 수 있다.

08. 제시문에 나오는 홑문장 실마리를 잘 찾아야 한다. 먼저 "이 시험관에 물질 D가 들어 있지 않다"는 매우 중요한 홑문장 실마리다. 그다음 "이 시험관 X에 알파, 베타, 감마, 델타 방법을 한 번씩 사용한 결과 모두 양성이 나왔다"도 사실상 홑문장 실마리다. 이로부터 "알파 방법에서 양성이 나왔다", "베타 방법에서 양성이 나왔다", "감마 방법에서 양성이 나왔다", "델타 방법에서 양성이 나왔다"를 얻을 수 있다.

알파 방법에서 "그렇지 않을 때 음성이 나온다"는 "양성이 나오면 그렇다"를 뜻하는데 이는 "양성이 나오면 시험관에 물질 A와 C가 둘 다 들어 있다"를 뜻한다. 베타 방법에 따르면 "양성이 나오면 시험관에 물질 C는 들어 있지만 B는 들어 있지 않다." 델타 방법에 따르면 "양성이 나오면 감마 방법을 이미 썼으며 시험관에 물질 D와 E 둘 가운데 적어도 하나가 들어 있다." 반면 감마 방법에 따르면 "양성이 나오면, 베타 방법을 이미 썼거나 시험관에 물질 B나 D가 들어 있다."

알파에서 양성이 나왔기에 시험관에 A와 C가 들어 있다. 베타에서 양성이 나왔기에 시험관에 B가 들어 있지 않다. 감마에서 양성이 나왔는데 "시험관에 물질 B나 D가 들어 있다"가 거짓이기에 베타 방법을 이미 썼다. 다시 말해 감마 방법 이전에 베타 방법을 썼다. 이는 보기 ㄷ "시험관에 가장 마지막으로 사용한 방법은 베타 방법이 아니다"가 참임을 뜻한다.

델타에서 양성이 나왔기에 감마 방법을 이미 썼으며 시험관에 물질 D와 E 둘 가운데 적어도 하나가 들어 있다. 시험관에 D가 들어 있지 않기에 E가 들어 있어야 한다. 따라서 시험관에 물질 A, C, E는 들어 있고 B와 D는 들어 있지 않다. 보기 ㄱ "시험관 X에 물질 E가 들어 있다"는 참이고, 보기 ㄴ "시험관 X에 적어도 3가지 물질이 들어 있다"는 참이다. 따라서 보기 ㄱ, 보기 ㄴ, 보기 ㄷ은 모두 참이고 정답은 선택지 ⑤다.

노트

a. "ㄱ과 ㄴ 가운데 하나만 참이다"는 "ㄱ과 ㄴ 가운데 하나는 참이고 다른 하나는 거짓이다"를 뜻한다. "주식형 펀드와 해외 펀드 중 하나만 가입한다"는 "주식형 펀드와 해외 펀드 중 하나는 가입하고 다른 하나는 가입하지 않는다"를 뜻한다.

b. "'ㄱ이고 ㄴ'은 거짓이다"는 "ㄱ은 거짓이거나 ㄴ은 거짓이다"를 뜻한다. 따라서 "'C와 E는 위축된다'는 거짓이다"는 "C는 위축되지 않거나 E는 위축되지 않는다"를 뜻한다. 여기서 "'A는 위축된다'는 거짓이다"와 "A는 위축되지 않는다"는 서로 뜻이 같다고 널리 가정된다. 한편 "ㄱ이거나 ㄴ"은 "ㄱ과 ㄴ 가운데 적어도 하나는 참이다"를 뜻한다. 또한 "ㄱ은 거짓이거나 ㄴ은 거짓이다"는 "ㄱ과 ㄴ 가운데 적어도 하나는 거짓이다"를 뜻한다. 따라서 "C는 위축되지 않거나 D는 위축되지 않는다"는 "C와 E 가운데 적어도 하나는 위축되지 않는다"를 뜻한다.

스마트 솔루션

☐ 주어진 정보들 가운데 홑문장 실마리가 있는지 살펴보라. 있다면 곧장 이와 관련된 이면문장 또는 이거나문장이 있는지 둘러보라.

☐ 홑문장 실마리 ㄱ이 주어졌다면 다음 문장들은 관련된 정보들이다.

관련된 정보	쓸 추론규칙	얻는 새로운 정보
ㄱ이면 ㄴ	이면 앞말 없애기	ㄴ
ㄴ이면, ㄱ은 거짓이다.	이면 뒷말 없애기	ㄴ은 거짓이다.
ㄱ은 거짓이거나 ㄴ	이거나 앞말 없애기	ㄴ
ㄴ이거나, ㄱ은 거짓이다.	이거나 뒷말 없애기	ㄴ

S012 이거나와 이면

오늘은 주어진 정보 안에 홑문장으로 된 정보가 없는 논리 퍼즐을 다루겠습니다. 이 경우 먼저 주어진 정보 안에 다음 문장 짝이 있는지 둘러봅니다.

ㄱ이면 ㄴ. ㄱ이면, ㄴ은 거짓이다.

이런 문장 짝이 정보로 주어진다면 우리는 이로부터 "ㄱ은 거짓이다"를 추론할 수 있습니다. 왜냐하면 ㄱ이 참이면 두 문장으로부터 "ㄴ이고, ㄴ은 거짓이다"를 추론할 수 있기 때문입니다. 이는 ㄱ이 참일 수 없음을 뜻합니다.

이면문장은 이거나문장 또는 다른 이면문장으로 바꿀 수 있습니다. 보기를 들어 "ㄱ이면 ㄴ"은 "ㄱ은 거짓이거나 ㄴ"과 뜻이 같고 또한 "ㄴ이 거짓이면 ㄱ은 거짓이다"와도 뜻이 같습니다. 이 때문에 "ㄱ이면 ㄴ. ㄱ이면, ㄴ은 거짓이다" 같은 문장 짝은 "ㄱ이면 ㄴ. ㄴ이면, ㄱ은 거짓이다" 같은 짝 또는 "ㄱ이면 ㄴ. ㄱ은 거짓이거나 ㄴ은 거짓이다" 같은 짝으로 바꿀 수 있습니다. 따라서 한 문장의 이면 앞말을 부정한 것이 다른 문장의 이면 뒷말에 나오는지도 살펴봅니다. 또 마찬가지로 한 문장의 이면 앞말을 부정한 것이 다른 문장의 이거나 앞말 또는 이거나 뒷말에 나오는지도 살펴봅니다.

그다음 주어진 정보들 안에 다음 문장 짝이 있는지 둘러봅니다.

ㄱ이면 ㄴ. ㄱ이 거짓이면 ㄷ.

우리는 "ㄱ이거나, ㄱ은 거짓이다"가 반드시 참임을 압니다. 이 때문에 이 문장 짝으로부터 "ㄴ이거나 ㄷ"이 따라 나옵니다. 운 좋게 ㄴ과 ㄷ이 같은 문장으로 주어진다면 우리는 곧장 ㄴ이 참임을 추론할 수 있습니다. 그 문장 짝은 "ㄱ이면 ㄴ. ㄹ이면 ㄱ" 같은 꼴로 바꿀 수 있습니다. 따라서 한 문장의 이면 앞말이 다른 문장의 이면 뒷말에 다시 나오는지도 살펴봅니다.

S012_01. 다음 진술들이 참일 때, 반드시 참인 것은? **PL201102_18**

$○_1$ 범인의 머리카락이 갈색이거나 키가 크다.

$○_2$ 만약 범인의 머리카락이 갈색이라면, 그는 안경을 쓴다.

$○_3$ 범인은 안경을 쓰거나 왼손잡이다.

$○_4$ 만약 범인의 머리카락이 갈색이라면, 그는 안경을 쓰지 않는다.

$○_5$ 만약 범인이 안경을 쓰지 않는다면, 그는 키가 크지 않다.

---

① 범인은 왼손잡이고 키가 크다.

② 범인은 키가 크고 안경을 쓴다.

③ 범인은 안경을 쓰고 왼손잡이다.

④ 범인의 머리카락이 갈색인지는 확실히 알 수 없지만 키는 크다.

⑤ 범인이 왼손잡이인지도 확실히 알 수 없고 키가 큰지도 확실히 알 수 없다.

S012_02. 다음 글의 내용이 참일 때, 반드시 참인 것만을 〈보기〉에서 모두 고르면? **PL201907_10**

전통문화 활성화 정책의 일환으로 일부 도시를 선정하여 문화관광특구로 지정할 예정이다. 특구 지정 신청을 받아본 결과, A, B, C, D, 네 개의 도시가 신청하였다. 선정과 관련하여 다음 사실이 밝혀졌다.

○$_1$ A가 선정되면 B도 선정된다.

○$_2$ B와 C가 모두 선정되는 것은 아니다.

○$_3$ B와 D 중 적어도 한 도시는 선정된다.

○$_4$ C가 선정되지 않으면 B도 선정되지 않는다.

〈보 기〉

ㄱ. A와 B 가운데 적어도 한 도시는 선정되지 않는다.

ㄴ. B도 선정되지 않고 C도 선정되지 않는다.

ㄷ. D는 선정된다.

---

① ㄱ

② ㄴ

③ ㄱ, ㄷ

④ ㄴ, ㄷ

⑤ ㄱ, ㄴ, ㄷ

S012_03. A, B, C, D, E, F 여섯 사람으로 구성된 부서에서 주말 당직을 정하는데 다음의 조건을 모두 지켜야 한다. 당직을 맡을 수 있는 사람을 바르게 짝지은 것은? **PL201002_34**

○₁ A와 B가 당직을 하면 C도 당직을 한다.

○₂ C와 D 중 한 명이라도 당직을 하면 E도 당직을 한다.

○₃ E가 당직을 하면 A와 F도 당직을 한다.

○₄ F가 당직을 하면 E는 당직을 하지 않는다.

○₅ A가 당직을 하면 E도 당직을 한다.

---

① A, B

② A, E

③ B, F

④ C, E

⑤ D, F

S012_04. 다음 글의 내용이 참일 때, 갑이 반드시 수강해야 할 과목은?

PL202207_17

갑은 A~E 과목에 대해 수강신청을 준비하고 있다. 갑이 수강하기 위해 충족해야 하는 조건은 다음과 같다.

○$_1$ A를 수강하면 B를 수강하지 않고, B를 수강하지 않으면 C를 수강하지 않는다.

○$_2$ D를 수강하지 않으면 C를 수강하고, A를 수강하지 않으면 E를 수강하지 않는다.

○$_3$ E를 수강하지 않으면 C를 수강하지 않는다.

---

① A

② B

③ C

④ D

⑤ E

S012_05. 다음 글의 내용이 참일 때, 반드시 참인 것만을 〈보기〉에서 모두 고르면?

PL201502_13

‘디부’는 두 마법사 사이에서 맺는 신비스런 관계이다. x와 y가 디부라는 것은, y와 x가 디부라는 것도 의미한다.

어둠의 마법사들인 A, B, C, D는 외부와의 접촉을 완전히 차단한 채, 험준한 산악 마을인 나투랄에 살고 있다. 나투랄에 있는 마법사는 이 네 명 외에는 없다. 이들 사이에 다음과 같은 관계가 성립한다.

$\bigcirc_1$ A와 D가 디부라면, A와 B가 디부일 뿐 아니라 A와 C도 디부이다.

$\bigcirc_2$ C와 D가 디부라면, C와 B도 디부이다.

$\bigcirc_3$ D와 A가 디부가 아니고 D와 C도 디부가 아니라면, 나투랄의 그 누구도 D와 디부가 아니다.

$\bigcirc_4$ B와 D가 디부이거나, C와 D가 디부이다.

$\bigcirc_5$ A와 디부가 아닌 마법사가 B, C, D 중에 적어도 한 명은 있다.

〈보 기〉

ㄱ. B와 C는 디부이다.

ㄴ. A와 C는 디부가 아니다.

ㄷ. 나투랄에는 D와 디부가 아닌 마법사가 있다.

---

① ㄴ

② ㄷ

③ ㄱ, ㄴ

④ ㄱ, ㄷ

⑤ ㄱ, ㄴ, ㄷ

S012_06. 5명의 친구 A~E가 모여 '수호천사' 놀이를 하기로 했다. 갑이 을에게 선물을 주었을 때 '갑은 을의 수호천사이다'라고 하기로 약속했고, 다음 〈관계〉처럼 수호천사 관계가 성립되었다. 이후 이들은 다음 〈규칙〉에 따라 추가로 '수호천사' 관계를 맺었다. 이들 외에 다른 사람은 이 놀이에 참여하지 않는다고 할 때, 옳지 않은 것은? **LA200908_12**

〈관계〉

○$_1$ A는 B의 수호천사이다.

○$_2$ B는 C의 수호천사이다.

○$_3$ C는 D의 수호천사이다.

○$_4$ D는 B와 E의 수호천사이다.

〈규칙〉

○$_1$ 갑이 을의 수호천사이고 을이 병의 수호천사이면, 갑은 병의 수호천사이다.

○$_2$ 갑이 을의 수호천사일 때, 을이 자기 자신의 수호천사인 경우에는 을이 갑의 수호천사가 될 수 있고, 그렇지 않은 경우에는 을이 갑의 수호천사가 될 수 없다.

① A는 B, C, D, E의 수호천사이다.
② B는 A의 수호천사가 될 수 있다.
③ C는 자기 자신의 수호천사이다.
④ D의 수호천사와 C의 수호천사는 동일하다.
⑤ E는 A의 수호천사가 될 수 있다.

S012_07. "철수는 안경을 끼지 않았다"는 진술과 모순되는 진술을 이끌어내는 데 필요한 전제를 〈사실〉에서 모두 고르면? **PL200508_11**

〈사실〉

ㄱ. 철수는 농구를 좋아한다.

ㄴ. 철수가 안경을 끼지 않았다면 철수는 서울 출신이다.

ㄷ. 철수가 농구를 좋아한다면 철수는 서울 출신이 아니다.

ㄹ. 철수가 염색을 했다면 철수는 서울 출신이다.

ㅁ. 철수는 농구를 좋아하거나 염색을 했다.

① ㄴ, ㄷ

② ㄱ, ㄴ, ㄷ

③ ㄱ, ㄷ, ㄹ

④ ㄴ, ㄷ, ㅁ

⑤ ㄴ, ㄹ, ㅁ

S012_08. 다음 글의 빈칸에 들어갈 내용으로 적절하지 않은 것은?

PL202303_15

△△부에서는 국가 간 정책 교류를 위해 사무관 A~E 중 UN에 파견할 사무관을 선정하기로 했다. 파견 여부를 정하기 위해 다음의 기준을 세웠다.

○$_1$ A를 파견하면 B를 파견한다.

○$_2$ B를 파견하면 D를 파견하지 않는다.

○$_3$ C를 파견하면 E를 파견하지 않는다.

○$_4$ D를 파견하지 않으면 C를 파견한다.

○$_5$ E를 파견하지 않으면 D를 파견한다.

위의 기준으로는 사무관 세 명의 파견 여부가 확정되지만 두 명의 파견 여부는 확정되지 않는다. 하지만 "[ ]"를 기준으로 추가하면, 모든 사무관의 파견 여부를 확정할 수 있다.

---

① A를 파견하지 않으면 C를 파견한다

② B를 파견하지 않으면 C를 파견한다

③ C를 파견하지 않으면 D를 파견하지 않는다

④ C를 파견하지 않으면 E를 파견하지 않는다

⑤ D나 E를 파견하면 C를 파견한다

S012_09. 다음 글의 내용이 참일 때 반드시 참인 것은?

PL202507_16

△△부에서는 10월에 신설되는 ○○위원회에 파견할 인원을 선발하는 중이다. 박 주무관, 이 주무관, 선 주무관, 남 주무관, 오 주무관이 파견 대상 후보인데, 이와 관련하여 다음과 같은 사실이 알려졌다.

$○_1$ 박 주무관이 선발되면, 오 주무관도 선발된다.
$○_2$ 이 주무관이 선발되면, 남 주무관도 선발된다.
$○_3$ 선 주무관이 선발되면, 박 주무관도 선발된다.
$○_4$ 선 주무관이 선발되거나 이 주무관이 선발된다.

---

① 남 주무관이 선발된다.
② 이 주무관과 선 주무관이 둘 다 선발된다.
③ 박 주무관이 선발되거나 선 주무관이 선발된다.
④ 오 주무관이 선발되지 않으면 박 주무관은 선발된다.
⑤ 남 주무관과 오 주무관 중 적어도 한 사람은 선발된다.

S012 풀이

01. 진술2와 진술4는 "ㄱ이면 ㄴ. ㄱ이면, ㄴ은 거짓이다" 꼴의 문장 짝이다. 이런 문장 짝으로부터 "ㄱ은 거짓이다"를 추론할 수 있다. 따라서 진술2와 진술4로부터 "범인의 머리카락은 갈색이 아니다"를 추론할 수 있다. 이제 "범인의 머리카락은 갈색이 아니다"를 홑문장 실마리로 여기고 추론을 이어간다. 범인의 머리카락이 갈색은 아니기에 진술1에서 이거나 앞말 없애, 범인은 키가 크다. 이것으로 진술5에서 이면 뒷말 없애, 범인은 안경을 쓴다. 따라서 선택지 ② "범인은 키가 크고 안경을 쓴다"는 반드시 참이다.

02. 사실2와 사실4는 둘 다 B와 C에 대해 말한다. 우리는 이 두 정보를 눈여겨봐야 한다. 사실2는 "B가 선정된다면 C는 선정되지 않는다"를 뜻한다.[a] 사실4는 "B가 선정된다면 C는 선정된다"와 뜻이 같다. 따라서 사실2와 사실4는 "ㄱ이면 ㄴ. ㄱ이면, ㄴ은 거짓이다" 꼴의 문장 짝이다. 결국 사실2와 사실4로부터 "B는 선정되지 않는다"를 추론할 수 있다. 이제 "B는 선정되지 않는다"를 홑문장 실마리로 여기고 추론을 이어간다. B는 선정되지 않기에 정보1에서 이면 뒷말 없애, A는 선정되지 않는다. 정보3은 "B는 선정되거나 D는 선정된다"를 뜻한다. B는 선정되지 않기에 정보3에서 이거나 앞말 없애, D는 선정된다.

결국 선정되는 도시는 D고, 선정되지 않는 도시는 A와 B다. C는 주어진 정보로 판단할 수 없다. 보기 ㄱ "A와 B 가운데 적어도 한 도시는 선정되지 않는다"는 참이고 보기 ㄷ "D는 선정된다"도 참이다. 보기 ㄴ "B도 선정되지 않고 C도 선정되지 않는다"는 참인지 거짓인지 알 수 없다. 따라서 반드시 참인 것은 보기 ㄱ과 보기 ㄷ이고 정답은 선택지 ③이다.

03. 조건3과 조건4는 둘 다 E와 F를 이야기한다. 조건3과 조건5는 둘 다 A와 E를 이야기한다. 이 때문에 우리는 이 두 개의 문장 짝을 눈여겨봐야 한다. 특히 조건3과 조건4는 둘 다 E가 당직하는 경우를 다룬다. 조건3에 따르면 F는 당직하고 조건4에 따르면 F는 당직하지 않는다. 이처럼 조건3과 조건4는 "ㄱ이면 ㄴ. ㄱ이면, ㄴ은 거짓이다" 꼴의 문장 짝이다. 결국 조건3과 조

건4로부터 "E는 당직하지 않는다"를 추론할 수 있다.

이제 "E는 당직하지 않는다"를 홑문장 실마리로 여기고 추론을 이어간다. E가 당직하지 않기에 조건5에 따라 A는 당직하지 않는다. 조건1은 저절로 만족된다. 남은 조건2에 따라 C와 D도 당직하지 않는다. 따라서 당직할 수 있는 이는 남은 B와 F밖에 없다. 따라서 정답은 선택지 ③이다.

04. 정보1의 이고 앞말은 A를 수강하는 경우를 다룬다. 정보2의 이고 뒷말은 A를 수강하지 않는 경우를 다룬다. 주어진 정보들 안에 "ㄱ이면 ㄴ. ㄱ이 거짓이면 ㄷ" 꼴의 문장 짝이 들어 있는 셈이다. 갑이 A를 수강한다면, 정보1에 따라, 그는 C를 수강하지 않는다. 갑이 A를 수강하지 않는다면, 정보2와 정보3에 따라, 그는 C를 수강하지 않는다. 이러나저러나 갑은 C를 수강하지 않는다. 정보2에 따라 갑은 D를 수강한다. 따라서 정답은 선택지 ④다.

05. 문장 참말 놀이에 나오는 정보들을 기호화한다면 풀이가 더욱 쉬워진다. "A와 B는 디부 관계에 있음"을 짧게 AB로 쓰겠다. 주어진 정보에 따르면 BA와 AB는 같다. 이 때문에 우리는 디부 관계를 그냥 알파벳 순으로 쓰도록 한다. 나아가 "나투랄의 그 누구도 D와 디부가 아니다"와 "A와 디부가 아닌 마법사가 B, C, D 중에 적어도 한 명은 있다" 따위 표현을 되도록 이거나문장 또는 이면문장으로 바꾼다. 주어진 정보를 기호화하면 다음과 같다.

$○_1$ AD면, AB이고 AC

$○_2$ CD면, BC

$○_3$ 만일 AD가 거짓이고 CD가 거짓이면, AD와 BD와 CD가 모두 거짓이다.

$○_4$ BD거나 CD

$○_5$ AB가 거짓이거나 AC가 거짓이거나 AD가 거짓이다.

쓰는 시간을 줄이려면 "는 거짓이다", "이고", "이거나", "이면" 같은 것까지도 ~, &, ∨, → 따위 말꼴로 바꾸어야 한다.

정보1과 정보5를 눈여겨보라. 정보1의 이면 앞말에 AD가 나오고 정보5에 "AD는 거짓이다"가 나온다. 만일 AD가 참이면, 정보1에 따라, AB와 AC는 참이다. 한편 만일 AD가 참이면, 정보5에 따라, AB는 거짓이거나

AC는 거짓이다. "AB와 AC는 참이다"와 "AB는 거짓이거나 AC는 거짓이다"는 모순 관계다. 이는 AD는 거짓임을 뜻한다. 정보1과 정보5는 이제 저절로 만족되기에 더는 관심을 두지 않아도 된다.

정보4는 정보3의 이면 뒷말이 거짓임을 말해준다. 이면 뒷말 없애기를 써서 정보3의 이면 앞말이 거짓임을 알 수 있다. 우리는 "AD거나 CD"를 얻는데 AD가 거짓이기에 CD가 참임을 알 수 있다.[b] 정보2에 따라 BC도 참이다. 결국 보기 ㄱ은 반드시 참이다. AC는 참인지 거짓인지 모르기에 보기 ㄴ은 반드시 참이지는 않다. AD는 거짓이기에 보기 ㄷ은 반드시 참이다. 따라서 정답은 선택지 ④다.

06. "A는 B의 수호천사다"를 짧게 A ◦ B로 쓰겠다. A ◦ B와 B ◦ A는 늘 같지는 않다. 규칙1에 따르면 관계 ◦는 X ◦ Y와 Y ◦ Z가 성립하면 X ◦ Z도 성립한다. 이를 짧게 "이행성이 성립한다"고 한다. 규칙2에 따르면 X ◦ Y와 Y ◦ Y가 성립하면 Y ◦ X도 성립한다. 아래에서 "관계 ◦를 맺는다"를 짧게 "관계를 맺는다"고 쓰겠다.

관계 ◦는 이행성을 지니기에 관계1, 관계2, 관계3, 관계4에 따르면 A는 B, C, D, E와도 관계를 맺는다. 따라서 선택지 ① "A는 B, C, D, E의 수호천사이다"는 참이다. 관계2, 관계3, 관계4에 따르면 B는 B와도 관계를 맺는다. 관계1과 규칙2에 따라 B는 A와도 관계를 맺는다. 따라서 선택지 ② "B는 A의 수호천사가 될 수 있다"는 참이다. 마찬가지로 관계3, 관계4, 관계2에 따르면 C는 C와도 관계를 맺는다. 이 점에서 선택지 ③ "C는 자기 자신의 수호천사이다"도 참이다.

말했듯이 A는 C 및 D와 관계를 맺는다. 관계2와 관계3에 따르면 B는 C 및 D와 관계를 맺는다. C ◦ C와 D ◦ D가 성립하고 C ◦ D 및 D ◦ C가 성립한다. 곧 C의 수호천사와 D의 수호천사는 A, B, C, D다. 따라서 선택지 ④ "D의 수호천사와 C의 수호천사는 동일하다"는 참이다. 반면 주어진 정보만을 고려할 때 E는 자기 자신과 관계 맺지 않는다. 나아가 다른 누구와도 관계를 맺지 않는다. 이 점에서 선택지 ⑤ "E는 A의 수호천사가 될 수 있다"는 옳게 추론하지 않았다. 따라서 정답은 선택지 ⑤다.

07. 문두를 조금 바꾸었다. 이 문항의 유형은 논리 퍼즐 유형이라기보다 논증

구성 유형이다. 이 절의 다른 문항과 어울리지 않지만 푸는 방식이 문장 참말 놀이와 크게 다르지 않아 여기에 끼워 넣었다.

"철수는 안경을 끼지 않았다"는 진술과 모순이 되는 진술은 "철수는 안경을 낀다"를 함축하는 진술이다. 우리는 〈사실〉에서 "철수는 안경을 낀다"를 추론할 수 있는 전제를 고르면 되겠다. 먼저 사실 ㄴ을 눈여겨봐야 하는데 사실 ㄴ에서 "철수는 안경을 낀다"를 추론하려면 "철수는 서울 출신이 아니다"는 정보가 있어야 한다. 사실 ㄱ과 사실 ㄷ이 있다면 그 정보를 얻을 수 있다. 따라서 사실 ㄱ, 사실 ㄴ, 사실 ㄷ이 있다면 "철수는 안경을 낀다"를 추론할 수 있고, "철수는 안경을 끼지 않았다"는 진술과 모순이 되는 진술을 이끌어낼 수 있다. 결국 정답은 선택지 ②다.

다른 선택지의 진술들로는 바라는 진술을 이끌어낼 수 없다. 선택지 ①의 사실 ㄴ과 사실 ㄷ만으로는 "철수가 농구를 좋아한다면 그는 안경을 낀다" 같은 이면문장만을 추론할 수 있다. 선택지 ③의 사실 ㄱ과 사실 ㄷ과 사실 ㄹ만으로는 "철수는 염색하지 않았다"를 추론할 수 있을 뿐이다. 선택지 ④의 사실 ㄴ과 사실 ㄷ과 사실 ㅁ만으로는 "철수는 안경을 끼거나 염색을 했다" 같은 것을 추론할 수 있을 뿐이다. 선택지 ⑤의 사실 ㄴ과 사실 ㄹ과 사실 ㅁ만으로는 특별한 정보를 추론하지 못한다.

08. 기준1, 기준2, 기준3, 기준4, 기준5는 모두 이면문장이다. 이들 문장에 D의 파견 여부가 더러 나오는데 D를 파견하는 경우와 D를 파견하지 않는 경우를 나눠 추론한다. D를 파견하지 않으면 기준3과 기준4에 따라 E는 파견하지 않는다. 또한 D를 파견하지 않으면 기준5에 따라 E는 파견한다. 결국 D를 파견하지 않으면 모순문장을 추론할 수 있다. 이는 "D를 파견한다"가 참임을 뜻한다. "D를 파견한다"가 참이기에 기준4와 기준5는 이미 만족된다. 이후 추론에 쓸 만한 것은 기준1, 기준2, 기준3이다. 기준2에 따라 B는 파견하지 않는다. 나아가 기준1에 따라 A는 파견하지 않는다. 결국 A, B, D는 파견 여부가 결정되었다. 남은 사람은 C와 E인데 우리가 아직 쓰지 않은 정보는 기준3이다.

이미 파견 여부가 결정된 A, B, D가 나오는 선택지는 ①, ②, ③, ⑤다. 반면 선택지 ④는 그렇지 않다. 선택지 ④를 새 기준으로 추가하면 이러나저러나 E는 파견하지 않음을 추론할 수 있다. 하지만 C의 파견 여부는 확정되지 않는다. 선택지 ①을 새 기준으로 추가하면 C를 파견하고 E는 파견하지 않는다. 선택지 ②, 선택지 ③, 선택지 ⑤를 각각 새 기준으로 추가해도 C는 파견하고 E는 파견하지 않음을 추론할 수 있다. 모든 사무관의 파견 여부를 확정하지는 못하는 기준은 선택지 ④고 이것이 정답이다.

09. 정보2와 정보4에 이 주무관이 나온다. 이 주무관은 선발되거나 선발되지 않는다. 이 주무관이 선발되면 정보2에 따라 남 주무관이 선발된다. 이 주무관이 선발되지 않으면 정보4에 따라 선 주무관이 선발된다. 따라서 정보2와 정보4로부터 다음을 얻는다.

"남" ∨ "선"

여기서 "남"은 "남 주무관이 선발된다"고 "선"은 "선 주무관이 선발된다"다. 아직 안 쓴 정보3에 따르면 "선"이면 "박"이다. 정보1에 따르면 "박"이면 "오"다. 따라서 네 정보로부터 다음을 얻는다.

"남" ∨ "선"&"박"&"오"

이 문장은 이거나문장인데 이거나 앞말과 이거나 뒷말 가운데 적어도 하나는 참이다. 이로부터 선택지 ⑤ "남 주무관과 오 주무관 중 적어도 한 사람은 선발된다"가 반드시 참임을 알 수 있다.

정답이 이미 나왔지만 다른 정보를 추론하겠다. 정보3과 정보4에 선 주무관이 나온다. 선 주무관은 선발되거나 선발되지 않는다. 선 주무관이 선발되면 정보3에 따라 박 주무관이 선발된다. 선 주무관이 선발되지 않으면 정보4에 따라 이 주무관이 선발된다. 따라서 정보3과 정보4로부터 다음을 얻는다.

"박" ∨ "이"

아직 안 쓴 정보1에 따르면 "박"이면 "오"다. 정보2에 따르면 "이"면 "남"이다. 따라서 네 정보로부터 다음을 얻는다.

"박"&"오" ∨ "이"&"남"

이로부터 여러 정보를 추론할 수 있지만 선택지 ⑤ 말고 다른 선택지를 추론할 수는 없다.

노트

a. "ㄱ과 ㄴ 모두가 참은 아니다"는 "ㄱ은 거짓이거나 ㄴ은 거짓이다" 또는 "ㄱ이 참이면 ㄴ은 거짓이다" 또는 "ㄴ이 참이면 ㄱ은 거짓이다"를 뜻한다. "B와 C가 모두 선정되는 것은 아니다"는 "B는 선정되지 않거나 C는 선정되지 않는다" 또는 "B가 선정된다면 C는 선정되지 않는다"를 뜻한다.

b. 이와 다른 방식으로 CD가 참임을 추론할 수 있다. AD가 거짓인 상황에서 CD까지 거짓이면 정보3에 따라서 BD도 거짓이다. 이는 정보4가 참일 수 없음을 뜻한다. 따라서 CD는 참이다.

스마트 솔루션

⚀ 주어진 정보 안에 홑문장이 없다면 특수한 꼴의 문장 짝이 있는지 둘러보라. "ㄱ이면 ㄴ. ㄱ이면, ㄴ은 거짓이다" 꼴의 문장 짝이 있는가? 있다면 이로부터 "ㄱ은 거짓이다"를 추론할 수 있다.

⚁ "ㄱ이면 ㄴ. ㄱ이면, ㄴ은 거짓이다" 꼴의 문장 짝은 여러 다른 모습을 지닐 수 있다. 이면문장은 이거나문장으로 바꿀 수 있고 다른 이면문장으로 바꿀 수 있다.

⚂ "ㄱ이면 ㄴ. ㄱ이 거짓이면 ㄷ" 꼴의 문장 짝이 있는가? 있다면 이로부터 "ㄴ이거나 ㄷ"을 추론할 수 있다. "ㄱ이면 ㄴ. ㄱ이 거짓이면 ㄴ" 꼴의 문장 짝이 있는가? 있다면 이로부터 ㄴ을 추론할 수 있다.

S013 겹문장의 참값

논리 퍼즐 문항들에서 선택지나 보기에 이면문장과 이거나문장이 자주 나타납니다. 오늘은 이면문장과 이거나문장이 참인지 거짓인지를 따지는 방법을 이야기합니다. 쉬운 것 곧 이거나문장의 참값부터 먼저 이야기하겠습니다. 이거나 앞말과 이거나 뒷말 가운데 참말이 있을 때 전체 이거나 문장은 참입니다. 이거나 앞말과 이거나 뒷말이 모두 거짓일 때 전체 이거나 문장도 거짓입니다. 그다음 이면문장의 참값을 이야기합니다. 이면 앞말이 참이고 이면 뒷말이 거짓일 때 전체 이면문장은 거짓입니다. 나머지 모든 때에 이면문장은 참입니다. 따라서 다음은 참말입니다.

- 이면 뒷말이 참이면 전체 이면문장은 참이다.
- 이면 앞말이 거짓이면 전체 이면문장은 참이다.
- 전체 이면문장이 거짓임은 곧 이면 앞말은 참이고 이면 뒷말은 거짓임을 뜻한다.

이를 잊지 마십시오.

보기나 선택지에 "ㄱ이면 ㄴ"이 나올 때 다음 절차에 따라 참값을 따집니다. 먼저 이면 앞말 ㄱ이 참이라고 가정합니다. 이는 주어진 정보들에 정보 ㄱ을 보태는 것과 같습니다. 그런 뒤에 이면 뒷말 ㄴ이 참임을 추론할 수 있는지 따집니다. 만일 ㄴ이 참임을 추론할 수 있다면 이는 "ㄱ이면 ㄴ"이 참임을 뜻합니다. 만일 ㄴ이 참임을 추론할 수 없다면 이는 주어진 정보로부터 "ㄱ이면 ㄴ"을 추론할 수 없음을 뜻합니다. 특히 만일 ㄴ이 거짓임을 추론할 수 있다면 이는 "ㄱ이면 ㄴ"이 거짓임을 뜻합니다. 보기나 선택지에 "ㄱ이거나 ㄴ"이 나올 때 "ㄱ이거나 ㄴ"을 "ㄱ이 거짓이면 ㄴ" 또는 "ㄴ이 거짓이면 ㄱ"으로 바꾸어 이 문장의 참값을 따지면 됩니다.

S013_01. 다음 글의 내용이 참일 때, 반드시 참인 것만을 〈보기〉에서 모두 고르면?

PL201707_06

교수 갑~정 중에서 적어도 한 명을 국가공무원 5급 및 7급 민간경력자 일괄채용 면접위원으로 위촉한다. 위촉 조건은 아래와 같다.

$\bigcirc_1$ 갑과 을 모두 위촉되면, 병도 위촉된다.

$\bigcirc_2$ 병이 위촉되면, 정도 위촉된다.

$\bigcirc_3$ 정은 위촉되지 않는다.

〈보 기〉

ㄱ. 갑과 병 모두 위촉된다.

ㄴ. 정과 을 누구도 위촉되지 않는다.

ㄷ. 갑이 위촉되지 않으면, 을이 위촉된다.

---

① ㄱ

② ㄷ

③ ㄱ, ㄴ

④ ㄴ, ㄷ

⑤ ㄱ, ㄴ, ㄷ

S013_02. 다음 글의 내용이 참일 때, 반드시 참인 것만을 〈보기〉에서 모두 고르면? **PL202011_16**

인접한 지방자치단체인 ○○군을 △△시에 통합하는 안건은 △△시의 5개 구인 A, B, C, D, E 중 3개 구 이상의 찬성으로 승인된다. 안건에 관한 입장은 찬성하거나 찬성하지 않거나 둘 중 하나이다. 각 구의 입장은 다음과 같다.

$○_1$ A가 찬성한다면 B와 C도 찬성한다.

$○_2$ C는 찬성하지 않는다.

$○_3$ D가 찬성한다면 A와 E 중 한 개 이상의 구는 찬성한다.

〈보 기〉

ㄱ. B가 찬성하지 않는다면, 안건은 승인되지 않는다.

ㄴ. B가 찬성하는 경우 E도 찬성한다면, 안건은 승인된다.

ㄷ. E가 찬성하지 않는다면, D도 찬성하지 않는다.

---

① ㄱ

② ㄴ

③ ㄱ, ㄷ

④ ㄴ, ㄷ

⑤ ㄱ, ㄴ, ㄷ

S013_03. 다음 글의 내용이 참일 때, 반드시 참인 것만을 〈보기〉에서 모두 고르면? **PL202007_19**

A, B, C, D, E는 스키, 봅슬레이, 컬링, 쇼트트랙, 아이스하키 등 총 다섯 종목 중 각자 한 종목을 관람하고자 한다. 스키와 봅슬레이는 산악지역에서 열리며, 나머지 종목은 해안지역에서 열린다. 다섯 명의 관람 종목에 대한 조건은 다음과 같다.

○$_1$ A, B, C, D, E는 서로 다른 종목을 관람한다.

○$_2$ A와 B는 서로 다른 지역에서 열리는 종목을 관람한다.

○$_3$ C는 스키를 관람한다.

○$_4$ B가 쇼트트랙을 관람하면, D가 봅슬레이를 관람한다.

○$_5$ E가 쇼트트랙이나 아이스하키를 관람하면, A는 봅슬레이를 관람한다.

〈보 기〉

ㄱ. A가 봅슬레이를 관람하면, D는 아이스하키를 관람한다.

ㄴ. B는 쇼트트랙을 관람하지 않는다.

ㄷ. E가 쇼트트랙을 관람하면, B는 컬링이나 아이스하키를 관람한다.

---

① ㄱ

② ㄴ

③ ㄱ, ㄷ

④ ㄴ, ㄷ

⑤ ㄱ, ㄴ, ㄷ

S013_04. 다음 글의 내용이 참일 때, 반드시 참인 것은? **PL200502_33**

복통의 원인은 생수, 냉면, 생선회 중 하나다. 아래 경우들은 복통 발생과 그 원인을 기술하고 있다.

ㄱ. 갑돌이는 생수와 냉면, 그리고 생선회를 먹었는데 복통을 앓았다.
ㄴ. 을순이는 생수와 생선회는 먹지 않고 냉면만 먹었는데 복통을 앓지 않았다.
ㄷ. 병돌이는 생수와 생선회는 먹었고 냉면은 먹지 않았는데 복통을 앓았다.
ㄹ. 정순이는 생수와 냉면은 먹었고 생선회는 먹지 않았는데 복통을 앓지 않았다.

---

① ㄴ, ㄹ의 경우만 고려한다면 냉면이 복통의 원인이다.
② ㄱ, ㄴ, ㄹ의 경우만 고려한다면 냉면이 복통의 원인이다.
③ ㄱ, ㄷ, ㄹ의 경우만 고려한다면 생수가 복통의 원인이다.
④ ㄴ, ㄷ, ㄹ의 경우만 고려한다면 생선회가 복통의 원인이다.
⑤ ㄱ, ㄴ, ㄷ, ㄹ 모두를 고려한다면 생수가 복통의 원인이다.

S013_05. 다음 정보를 따를 때 추론할 수 없는 것은? **PL201607_18**

○$_1$ 혈당이 낮아지면 혈중 L의 양이 줄어들고, 혈당이 높아지면 그 양이 늘어난다.

○$_2$ 혈중 L의 양이 늘어나면 시상하부 알파 부분에서 호르몬 A가 분비되고, 혈중 L의 양이 줄어들면 시상하부 알파 부분에서 호르몬 B가 분비된다.

○$_3$ 시상하부 알파 부분에서 호르몬 A가 분비되면, 시상하부 베타 부분에서 호르몬 C가 분비되고 시상하부 감마 부분의 호르몬 D의 분비가 억제된다.

○$_4$ 시상하부 알파 부분에서 호르몬 B가 분비되면, 시상하부 감마 부분에서 호르몬 D가 분비되고 시상하부 베타 부분의 호르몬 C의 분비가 억제된다.

○$_5$ 시상하부 베타 부분에서 분비되는 호르몬 C는 물질대사를 증가시키고, 이 호르몬의 분비가 억제될 경우 물질대사가 감소한다.

○$_6$ 시상하부 감마 부분에서 분비되는 호르몬 D는 식욕을 증가시키고, 이 호르몬의 분비가 억제될 경우 식욕이 감소한다.

---

① 혈당이 낮아지면, 식욕이 증가한다.

② 혈당이 높아지면, 식욕이 감소한다.

③ 혈당이 높아지면, 물질대사가 증가한다.

④ 혈당이 낮아지면, 시상하부 감마 부분에서 호르몬의 분비가 억제된다.

⑤ 혈당이 높아지면, 시상하부 알파 부분과 베타 부분에서 각각 분비되는 호르몬이 있다.

S013_06. 다음 글로부터 추리한 것으로 옳은 것만을 〈보기〉에서 있는 대로 고른 것은? **LA200908_14**

20장의 카드가 바닥에 겹치지 않게 놓여 있다. 이 20장의 카드 모두 앞면에는 '음' 또는 '양' 중 하나가, 뒷면에는 '해' 또는 '달' 중 하나가 씌어 있음을 철수는 알고 있다. 이 중 12장이 앞면을 보이는데, 그 가운데 10장에 '음'이, 2장에 '양'이 씌어 있다. 나머지 8장 가운데 3장에 '해'가, 5장에 '달'이 씌어 있다. 이 20장의 카드 중 앞면에 '음'이 쓰인 카드의 뒷면에는 반드시 '달'이 씌어 있다고 영희가 말한다. 철수는 이 말의 진위를 확인하기 위해 카드를 뒤집어 보려 한다. 하지만 철수가 카드 1장을 뒤집을 때마다 영희에게 1만 원씩 내야 한다.

〈보 기〉

ㄱ. 영희의 말이 사실이 아니면, 철수가 영희에게 1만 원을 내고 그 말의 진위를 확인하게 되는 경우가 있을 수 있다.

ㄴ. 영희의 말이 사실이든 아니든, 철수가 영희에게 내는 돈이 12만 원을 초과하기 전에 그 말의 진위를 반드시 확인하게 해주는 방법이 있다.

ㄷ. 영희의 말이 사실이면, 철수가 영희에게 15만 원 이상을 내지 않고는 그 말의 진위를 확인할 수 없다.

---

① ㄱ

② ㄴ

③ ㄷ

④ ㄱ, ㄴ

⑤ ㄴ, ㄷ

S013_07. 다음 글에서 갑이 새롭게 입수한 '정보'로 적절한 것은?

PL202503_14

수사관 갑은 7명의 증인, A, B, C, D, E, F, G의 증언에 관해 다음과 같은 사실을 입수하였다.

$○_1$ A의 증언이 참이라면, G의 증언은 참이 아니다.

$○_2$ B의 증언이 참이라면, D의 증언도 참이다.

$○_3$ C나 E의 증언이 참이라면, G의 증언도 참이다.

$○_4$ F의 증언이 참이 아니라면, D의 증언도 참이 아니다.

갑은 이 사실에 새롭게 입수한 '정보'를 더하여 "A의 증언이 참이라면, F의 증언도 참이다"라는 결론을 이끌어내었다.

---

① A의 증언이 참이라면, B나 C의 증언은 참이다.

② B의 증언이 참이라면, F의 증언은 참이다.

③ C의 증언이 참이라면, A의 증언은 참이 아니다.

④ E의 증언이 참이라면, B의 증언은 참이다.

⑤ F의 증언이 참이라면, E의 증언은 참이 아니다.

S013 풀이

01. 홑문장 실마리는 정보3 "정은 위촉되지 않는다"다. 이에 따르면 정보2의 이면 뒷말은 거짓이기에 정보2의 이면 앞말도 거짓이다. 곧 병은 위촉되지 않는다. 이 때문에 보기 ㄱ "갑과 병 모두 위촉된다"는 거짓이다. 정보1의 이면 뒷말이 거짓이기에 정보1의 이면 앞말도 거짓이다. 곧 갑은 위촉되지 않거나 을은 위촉되지 않는다.

    갑, 을, 병, 정 가운데 적어도 한 명은 위촉되어야 하기에, 위촉되지 않는 병과 정을 빼고, 갑과 을 가운데 적어도 한 명은 위촉되어야 한다. 결국 갑과 을 가운데 한 명은 위촉되고 한 명은 위촉되지 않는다. 다시 말해 한 명이 위촉되지 않으면 다른 한 명은 위촉된다. 따라서 보기 ㄷ "갑이 위촉되지 않으면 을이 위촉된다"는 반드시 참이다.

    한편 보기 ㄴ은 "정과 을 누구도 위촉되지 않는다"는 "정과 을 모두 위촉되지 않는다"를 뜻한다. 을이 위촉되는지 되지 않는지 모르기에 우리는 보기 ㄴ이 참인지 거짓인지 알 수 없다. 오직 보기 ㄷ만 반드시 참이고 정답은 선택지 ②다.

02. 홑문장 실마리는 정보2다. 정보2에 따르면 정보1의 이면 뒷말은 거짓이다. 이로부터 A는 찬성하지 않음을 알 수 있다. 남은 것은 정보3이다. A구는 찬성하지 않기에 정보3의 이면 뒷말 "A와 E 중 한 개 이상의 구는 찬성한다"는 곧 "E가 찬성한다"로 바뀐다. 따라서 정보3이 참이면 "D가 찬성한다면 E는 찬성한다"도 참이다. 이는 보기 ㄷ "E가 찬성하지 않는다면 D도 찬성하지 않는다"가 반드시 참임을 뜻한다.

    보기 ㄱ을 따지려고 ㄱ의 이면 앞말 "B는 찬성하지 않는다"를 가정한다. B까지 찬성하지 않으면 찬성하지 않는 구는 셋이다. 이 경우 ㄱ의 이면 뒷말 "안건은 승인되지 않는다"는 참이다. 이 때문에 보기 ㄱ "B가 찬성하지 않는다면 안건은 승인되지 않는다"는 반드시 참이다.

    보기 ㄴ을 따지려고 ㄴ의 이면 앞말 "B는 찬성한다"를 가정한다. B와 E가 찬성하더라도 D가 반대할 수도 있는데 이 경우 안건은 승인되지 못한다. 다시 말해 ㄴ의 이면 앞말을 가정해도 주어진 정보로부터 ㄴ의 이면 뒷말을 추론할 수 없다. 따라서 보기 ㄴ "B가 찬성하는 경우 E도 찬성한다면 안건은 승인된다"는 반드시 참이지는 않다. 따라서 정답은 선택지 ③이다.

03. 일단 정보3에 따라 C는 스키를 관람한다. 이는 홑문장 실마리다. 하지만 정보들 사이의 논리 관계가 너무 느슨하다. 이럴 때는 보기를 하나씩 살펴보는 것이 낫다. 먼저 보기 ㄱ을 따진다. 이를 따지려고 ㄱ의 이면 앞말 곧 "A는 봅슬레이를 관람한다"를 가정한다. 정보5는 이미 만족된다. 나아가 정보4의 이면 뒷말은 거짓이다. 이것으로 정보4에서 이면 뒷말 없애, B는 쇼트트랙을 관람하지 않는다. 남은 것은 정보2인데 이것만 만족하면 된다. B는 컬링이나 아이스하키 가운데 하나를 관람한다. 결국 A가 봅슬레이를 관람한다고 가정하더라도 "D는 아이스하키를 관람한다"를 추론할 수 없다. 다시 말해 우리는 보기 ㄱ의 이면 뒷말 "D는 아이스하키를 관람한다"를 추론할 수 없다. 이 점에서 보기 ㄱ "A가 봅슬레이를 관람하면 D는 아이스하키를 관람한다"는 반드시 참이지는 않다.

그다음 보기 ㄴ을 따진다. ㄴ의 부정 곧 "B는 쇼트트랙을 관람한다"를 가정한다.[a] 이 경우 정보2에 따라 A는 스키나 봅슬레이를 관람해야 하는데 이미 스키는 C가 관람한다. 결국 A는 봅슬레이를 관람해야 한다. 하지만 이렇게 되면 정보4가 성립할 수 없다. 결국 B가 쇼트트랙을 관람한다고 가정하면 이로부터 모순문장이 따라 나온다. 이는 보기 ㄴ "B는 쇼트트랙을 관람하지 않는다"가 반드시 참임을 뜻한다.

끝으로 보기 ㄷ을 따진다. ㄷ의 이면 앞말 "E는 쇼트트랙을 관람한다"를 가정한다. 이 경우 정보5에 따라 A는 봅슬레이를 관람한다. 정보4는 이미 만족된다. 정보2를 만족하려면 B는 컬링 또는 아이스하키를 관람해야 한다. 다시 말해 ㄷ의 이면 앞말 "E는 쇼트트랙을 관람한다"를 가정한다면 ㄷ의 이면 뒷말 "B는 컬링 또는 아이스하키를 관람한다"를 추론할 수 있다. 이는 보기 ㄷ "E가 쇼트트랙을 관람하면 B는 컬링이나 아이스하키를 관람한다"가 반드시 참임을 뜻한다. 반드시 참인 것은 보기 ㄴ과 보기 ㄷ이고 정답은 선택지 ④다.

04. 원래 문항의 문두와 제시문을 조금 고쳤다. 글은 "음식을 먹고 복통에 걸렸다면 먹은 음식 가운데 복통의 원인이 있고, 음식을 먹고 복통이 걸리

지 않았다면 먹은 음식 가운데 복통의 원인이 없다"를 가정한다. 경우 ㄴ, 경우 ㄷ, 경우 ㄹ만을 고려해보자. 경우 ㄴ에 따르면 냉면은 복통의 원인이 아니다. 경우 ㄹ에 따르면 생수와 냉면은 복통의 원인이 아니다. 경우 ㄷ에 따르면 생수나 생선회는 복통의 원인이다. 따라서 선택지 ④ "ㄴ, ㄷ, ㄹ의 경우만 고려한다면 생선회가 복통의 원인이다"는 반드시 참이다. 결국 정답은 선택지 ④다.

한편 경우 ㄱ, 경우 ㄴ, 경우 ㄷ, 경우 ㄹ를 모두 고려한 것은 곧 경우 ㄴ, 경우 ㄷ, 경우 ㄹ만을 고려한 것과 같다. 이 경우 복통의 원인은 생선회다. 따라서 선택지 ⑤ "ㄱ, ㄴ, ㄷ, ㄹ 모두를 고려한다면 생수가 복통의 원인이다"는 거짓이다. 경우 ㄴ과 경우 ㄹ만을 고려한다면, 냉면은 복통의 원인이 아니고 생수는 복통의 원인이 아니다. 따라서 선택지 ① "ㄴ, ㄹ의 경우만 고려한다면 냉면이 복통의 원인이다"는 거짓이다. 경우 ㄱ, 경우 ㄴ, 경우 ㄹ만을 고려한 것은 곧 경우 ㄴ과 경우 ㄹ만을 고려한 것과 같다. 이 점에서 선택지 ② "ㄱ, ㄴ, ㄹ의 경우만 고려한다면 냉면이 복통의 원인이다"는 거짓이다. 경우 ㄱ, 경우 ㄷ, 경우 ㄹ만을 고려한다면, 생수나 생선회는 복통의 원인이고, 생수와 냉면은 복통의 원인이 아니다. 이 경우 생수는 복통의 원인이 아니고 생선회가 복통의 원인이다. 따라서 선택지 ③ "ㄱ, ㄷ, ㄹ의 경우만 고려한다면 생수가 복통의 원인이다"는 거짓이다.

05. 주어진 정보들이 복잡한데 선택지는 혈당이 낮아지는 경우와 높아지는 경우 둘에 대해서만 나와 있다. 이 때문에 혈당이 낮아지는 경우를 따라가며 관련 선택지를 따지고, 혈당이 높아지는 경우를 따라가며 관련 선택지를 따진다. 혈당이 낮아질 때 일어나는 일을 곧은 밑줄로 긋고 혈당이 높아질 때 일어나는 일을 물결 밑줄로 그어 둘을 구별하는 것도 한 방법이다.

정보1, 정보2, 정보4에 따르면, 혈당이 낮아지면, 시상하부 감마 부분에서 호르몬 D가 분비되고 시상하부 베타 부분에서 호르몬 C의 분비가 억제된다. 하지만 여기서 시상하부 감마 부분에서 억제되는 호르몬이 있음을 추론할 수는 없다. 이 때문에 ④ "혈당이 낮아지면 시상하부 감마 부분에서 호르몬의 분비가 억제된다"를 추론할 수는 없다. 결국 정답은 선택지 ④다. 한편 정보1, 정보2, 정보4, 정보6에 따르면 선택지 ① "혈당이 낮아지면 식욕이 증가한다"는 반드시 참이다. 다른 선택지들이 주어진 정보로부터 어떻게 추론되는지는 따로 설명하지 않겠다.

06. “카드 앞면에 ‘음’이 쓰여 있다”를 짧게 “음”이라 쓰고 “카드 뒷면에 ‘달’이 쓰여 있다”를 짧게 “달”이라 쓰겠다. 다른 진술도 비슷하게 약칭한다. 카드의 앞면과 뒷면이 정해져 있기에 “달”이 아닌 것은 “해”인 것이고, “음”이 아닌 것은 “양”인 것이다.

영희의 말은 다음과 같다: “음”이면 “달”이다. 이 말의 진위를 따지려면 다음을 점검해야 한다.

(i) “음”이고, “달”이 아닌 사례가 있는가? 있다면 영희의 말은 거짓이다. 없다면 이는 곧 아래 (ii)와 같다.
(ii) “음”인 것은 모두 “달”인가? 또한 “달”이 아닌 것은 모두 “음”이 아닌 것인가? 그렇다면 영희의 말은 참이다.

여기서 〈“음”이고, “달”이 아닌 사례〉는 〈“음”이고 “해”인 사례〉다.

점검 (i)과 점검 (ii)를 수행하려면 ‘음’이 써진 10장의 카드와 ‘해’가 써진 3장의 카드를 모두 뒤집어야 한다. 하지만 영희의 말이 사실이 아니면 카드를 한 번만 뒤집은 뒤에 운 좋게 〈“달”이 아니고 “음”인 사례〉가 나올 수 있다. 이 경우 카드를 한 번만 뒤집은 뒤에 점검 (i)을 완료한 셈이다. 이 점에서 보기 ㄱ “영희의 말이 사실이 아니면 철수가 영희에게 1만 원을 내고 그 말의 진위를 확인하게 되는 경우가 있을 수 있다”는 참이다. 하지만 운이 나쁘면 13번을 모두 뒤집어야 점검 (i)을 마친다.

점검 (ii)를 완수하려면 반드시 13장 카드를 모두 뒤집어야 한다. 철수가 점검 (i)과 점검 (ii)를 모두 완수하려면 13만 원이 든다. 이 점에서 보기 ㄴ “영희의 말이 사실이든 아니든 철수가 영희에게 내는 돈이 12만 원을 초과하기 전에 그 말의 진위를 반드시 확인하게 해주는 방법이 있다”는 거짓이다. 또한 보기 ㄷ “영희의 말이 사실이면 철수가 영희에게 15만 원 이상을 내지 않고는 그 말의 진위를 확인할 수 없다”도 거짓이다. 옳게 추리한 것은 보기 ㄱ뿐이고 정답은 선택지 ①이다.

07. 제시문에 따르면, 주어진 네 가지 사실에 새로운 정보를 더하여, “A의 증언이 참이라면, F의 증언도 참이다”를 추론할 수 있다. 이는 주어진 네 가지 사실과 새로운 정보에 “A의 증언은 참이다”를 더하여 “F의 증언도 참

이다"를 추론할 수 있음을 뜻한다. 이에 우리는 주어진 사실에 "A의 증언은 참이다"를 더하겠다. "A의 증언은 참이다"로 사실1에 이면 앞말 없애, G의 증언은 참이 아니다. 이것으로 사실 3에서 이면 뒷말 없애, C의 증언은 거짓이고 E의 증언은 거짓이다.

우리의 목표는 "F의 증언은 참이다"를 추론하는 일이다. 만일 "D의 증언은 참이다"를 추론할 수 있다면, 이것으로 사실4에서 이면 뒷말 없애, "F의 증언은 참이다"를 얻는다. 또는 만일 "B의 증언은 참이다"를 추론할 수 있다면, 이것으로 사실2에서 이면 앞말 없애, "D의 증언은 참이다"를 얻고 나아가 "F의 증언은 참이다"를 얻는다. 만일 선택지 ① "A의 증언이 참이라면, B나 C의 증언은 참이다"를 새로 입수한다면, "A의 증언은 참이다"를 더하여, "B나 C의 증언은 참이다"를 얻는다. 앞에서 "C의 증언은 거짓이고 E의 증언은 거짓이다"를 이미 얻었다. 따라서 선택지 ①의 정보를 입수한다면 "B나 C의 증언은 참이다"와 "C의 증언은 거짓이고 E의 증언은 거짓이다"로부터 "B의 증언은 참이다"를 추론할 수 있다. "B의 증언은 참이다"를 얻을 수 있다면 사실2와 사실4의 도움으로 "F의 증언은 참이다"를 추론할 수 있다. 따라서 선택지 ①의 정보를 입수한다면 우리가 바라는 결론 "A의 증언이 참이라면, F의 증언도 참이다"를 이끌 수 있다.

선택지 ② "B의 증언이 참이라면, F의 증언은 참이다"는 주어진 사실들로부터 추론할 수 있기에, 이는 갑이 새롭게 입수한 '정보'로 적절하지 않다. 선택지 ③ "C의 증언이 참이라면, A의 증언은 참이 아니다"도 마찬가지다. "A의 증언은 참이다"를 가정한 상황에서는 E의 증언은 거짓이기에, 선택지 ④ "E의 증언이 참이라면, B의 증언은 참이다"와 선택지 ⑤ "F의 증언이 참이라면, E의 증언은 참이 아니다"는 저절로 참이다. 이들 또한 새롭게 입수한 '정보'로는 적절하지 않다.

노트

a. 보기 ㄴ은 겹문장이 아니다. 이 경우 이 문장의 부정을 가정한다. 부정을 가정한 뒤 주어진 정보로부터 모순문장을 추론할 수 있다면 주어진 정보로부터 원래 문장을 추론할 수 있다. 부정을 가정한 뒤 주어진 정보로부터 모순문장을 추론할 수 없다면 주어진 정보로부터 원래 문장을 추론할 수 없다.

S013 겹문장의 참값

스마트 솔루션

⚀ 보기나 선택지에 "ㄱ이면 ㄴ"이 나온다면 이면 앞말 ㄱ을 새로운 정보로 가정하라. 주어진 정보들과 새로 보탠 ㄱ으로부터 이면 뒷말 ㄴ을 추론할 수 있다면 우리는 원래 문장 "ㄱ이면 ㄴ"을 주어진 정보로부터 추론할 수 있다.

⚁ 보기나 선택지에 "ㄱ이거나 ㄴ"이 나온다면 "ㄱ이거나 ㄴ"을 "ㄱ이 거짓이면 ㄴ" 또는 "ㄴ이 거짓이면 ㄱ"으로 바꾸어 이를 따지라.

⚂ 문장 "'ㄱ이면 ㄴ'은 거짓이다"는 곧 "ㄱ은 참이고 ㄴ은 거짓이다"를 뜻한다.

⚃ 문장 ㄱ의 부정을 가정한 뒤 주어진 정보들로부터 모순문장을 추론한다면 이는 주어진 정보로부터 ㄱ을 추론한 셈이다.

S014 경우 나누기

논리 퍼즐은 가능한 경우들을 여럿으로 나눠 풀면 조금 더 쉽게 풀 수 있습니다. 첫째, 경우들로 나눌 수 있는 가장 쉬운 꼴은 "ㄱ이면 ㄴ. ㄱ이 거짓이면 ㄷ" 꼴의 문장 짝이 있을 때입니다. 이때 ㄱ이 참인 경우와 ㄱ이 거짓인 경우로 나눠 추론을 이어갑니다. 둘째, 추론의 막바지에 이거나문장 "ㄱ이거나 ㄴ"을 얻었을 뿐 바라는 정보를 아직 얻지 못했을 때입니다. 이럴 때 아직 반영하지 않은 정보가 남았다면 ㄱ이 참인 경우와 ㄴ이 참인 경우로 나눠 남은 정보를 마저 반영합니다.

경우들을 나눈 뒤 각 경우를 하나씩 살펴봐도 됩니다. 하지만 경우의 수만큼 여러 행의 모눈을 만들어 한꺼번에 살피면 푸는 시간을 많이 줄일 수 있습니다. 보기를 들어 대상들 A, B, C, D, E가 있다고 합시다. C가 속성을 만족하는 경우와 만족하지 않는 경우는 다음과 같이 모눈을 만듭니다.

A	B	C	D	E
		○		
		×		

주어진 정보들 가운데 "B와 C 가운데 적어도 하나는 속성을 만족한다"가 있다면 이는 다음 세 경우로 나눌 수 있습니다.

A	B	C	D	E
	○	○		
	○	×		
	×	○		

주어진 정보와 경우를 모눈에 반영하는 제각각의 방식이 있다. 정보를 간추릴 모눈의 꼴이 어떠해야 하며 어떤 방식 어떤 절차로 그 모눈에 정보를 담을지는 손수 연습을 거쳐 조금씩 익히길 바란다. 또한 여기서 선보인 본보기 풀이보다 더 좋은 모눈의 꼴 및 정보를 채우는 절차를 찾아보길 바란다.

S014_01. 신입 직원 갑, 을, 병, 정, 무가 기획과, 인력과, 총무과 가운데 어느 한 부서에 배치될 예정이다. 다음 진술들이 참일 때, 반드시 참인 것은?

PL201304_11

○$_1$ 갑이 총무과에 배치되면, 을은 기획과에 배치된다.

○$_2$ 을이 기획과에 배치되면, 정은 인력과에 배치되지 않는다.

○$_3$ 병이 총무과에 배치되면, 무는 기획과에 배치되지 않는다.

○$_4$ 병이 총무과에 배치되지 않으면, 정은 인력과에 배치된다.

○$_5$ 정이 인력과에 배치되지 않으면, 무는 기획과에 배치된다.

---

① 갑은 총무과에 배치되지 않는다.

② 을은 총무과에 배치된다.

③ 병은 기획과에 배치된다.

④ 정은 인력과에 배치되지 않는다.

⑤ 무는 총무과에 배치된다.

S014_02. 다음 글의 내용이 참일 때, 대책회의에 참석하는 전문가의 최대 인원 수는? **PL202007_12**

8명의 전문가 A~H를 대상으로 코로나19 대책회의의 참석 여부에 관해 조사한 결과 다음과 같은 정보를 얻었다.

$\bigcirc_1$ A, B, C 세 사람이 모두 참석하면, D나 E 가운데 적어도 한 사람은 참석한다.

$\bigcirc_2$ C와 D 두 사람이 모두 참석하면, F도 참석한다.

$\bigcirc_3$ E는 참석하지 않는다.

$\bigcirc_4$ F나 G 가운데 적어도 한 사람이 참석하면, C와 E 두 사람도 참석한다.

$\bigcirc_5$ H가 참석하면, F나 G 가운데 적어도 한 사람은 참석하지 않는다.

---

① 3명
② 4명
③ 5명
④ 6명
⑤ 7명

S014_03. 다음 글의 내용이 참일 때, 반드시 채택되는 업체의 수는?

PL201502_32

농림축산식품부는 구제역 백신을 조달할 업체를 채택할 것이다. 예비 후보로 A, B, C, D, E 다섯 개 업체가 선정되었으며, 그 외 다른 업체가 채택될 가능성은 없다. 각각의 업체에 대해 농림축산식품부는 채택하거나 채택하지 않거나 어느 하나의 결정만을 내린다.

[1]정부의 중소기업 육성 원칙에 따라, 일정 규모 이상의 대기업인 A가 채택되면 소기업인 B도 채택된다. [2]A가 채택되지 않으면 D와 E 역시 채택되지 않는다. [3]그리고 수의학산업 중점육성 단지에 속한 업체인 B가 채택된다면, 같은 단지의 업체인 C가 채택되거나 혹은 타지역 업체인 A는 채택되지 않는다. [4]마지막으로 지역 안배를 위해, D가 채택되지 않는다면, A는 채택되지만 C는 채택되지 않는다.

---

① 1개

② 2개

③ 3개

④ 4개

⑤ 5개

S014_04. 다음에서 추론한 것으로 옳은 것만을 〈보기〉에서 있는 대로 고른 것은? **LA201508_32**

3개의 상자 A, B, C가 다음 조건을 만족한다.

○$_1$ A, B, C 중 적어도 하나에는 상품이 들어 있다.

○$_2$ A에 상품이 들어 있고 B가 비었다면 C에도 상품이 들어 있다.

○$_3$ C에 상품이 들어 있다면 상품이 들어 있는 상자는 2개 이상이다.

○$_4$ A와 C 중 적어도 하나는 빈 상자이다.

〈보 기〉

ㄱ. A에 상품이 들어 있다면 B에도 상품이 들어 있다.

ㄴ. B에 상품이 들어 있다면 A와 C 중 적어도 하나에는 상품이 들어 있다.

ㄷ. C에 상품이 들어 있다면 B에도 상품이 들어 있다.

---

① ㄱ

② ㄴ

③ ㄱ, ㄷ

④ ㄴ, ㄷ

⑤ ㄱ, ㄴ, ㄷ

S014_05. 사무관 **A~E**는 각기 다른 행정구역을 담당하고 있다. 이들이 담당하는 구역의 민원과 관련된 정책안이 제시되었다. 이에 대하여 **A~E**는 찬성과 반대 둘 중 하나의 의견을 제시했다고 알려졌다. 다음 정보가 모두 참일 때, 옳은 것은? **PL201302_31**

○$_1$ A 또는 D 둘 중 적어도 하나가 반대하면, C는 찬성하고 E는 반대한다.

○$_2$ B가 반대하면, A는 찬성하고 D는 반대한다.

○$_3$ D가 반대하면 C도 반대한다.

○$_4$ E가 반대하면 B도 반대한다.

○$_5$ 적어도 한 사람이 반대한다.

---

① A는 찬성하고 B는 반대한다.

② A는 찬성하고 E는 반대한다.

③ B와 D는 반대한다.

④ C는 반대하고 D는 찬성한다.

⑤ C와 E는 찬성한다.

S014_06. 사무관 **A, B, C, D, E**는 다음 조건에 따라 회의에 참석할 예정이다. 반드시 참이라고는 할 수 없는 것은? **PL201206_18**

○$_1$ A가 회의에 참석하면, B도 참석한다.

○$_2$ A가 참석하면 E도 참석하고, C가 참석하면 E도 참석한다.

○$_3$ D가 참석하면, B도 참석한다.

○$_4$ C가 참석하지 않으면, B도 참석하지 않는다.

---

① A가 참석하면, C도 참석한다.

② A가 참석하면, D도 참석한다.

③ C가 참석하지 않으면, D도 참석하지 않는다.

④ D가 참석하면, C도 참석한다.

⑤ E가 참석하지 않으면, B도 참석하지 않는다.

S014_07. 다음 글의 한 과학자가 이미 알고 있었던 참인 명제는?

LA200808_24

어느 과학자는 자신이 세운 가설을 입증하기 위해서 다음과 같은 논리적 관계가 성립하는 여섯 명제 A, B, C, D, E, F의 진위를 확인해야 한다는 것을 발견하였다. 그러나 그는 이들 중 F가 거짓이라는 것과 다른 한 명제가 참이라는 것을 이미 알고 있었기 때문에, 나머지 명제의 진위를 확인할 필요가 없었다.

○$_1$ B가 거짓이거나 C가 참이면, A는 거짓이다.

○$_2$ C가 참이거나 D가 참이면, B가 거짓이고 F는 참이다.

○$_3$ C가 참이거나 E가 거짓이면, B가 거짓이거나 F가 참이다.

---

① A

② B

③ C

④ D

⑤ E

S014_08. A, B, C, D 네 개의 국책 사업 추진 여부를 두고, 정부가 다음과 같은 기본 방침을 정했다고 하자. 이를 따를 때 반드시 참이라고는 할 수 없는 것은? **PL201108_19**

$○_1$ A를 추진한다면, B도 추진한다.

$○_2$ C를 추진한다면, D도 추진한다.

$○_3$ A나 C 가운데 적어도 한 사업은 추진한다.

---

① 적어도 두 사업은 추진한다.

② A를 추진하지 않기로 결정한다면, 추진하는 사업은 정확히 두 개이다.

③ B를 추진하지 않기로 결정한다면, C는 추진한다.

④ C를 추진하지 않기로 결정한다면, B는 추진한다.

⑤ D를 추진하지 않기로 결정한다면, 다른 세 사업의 추진 여부도 모두 정해진다.

S014_09. 다음 글의 내용이 참일 때, 반드시 참인 것만을 〈보기〉에서 모두 고르면? **PL202103_13**

도청에서는 올해 새로 온 수습사무관 7명 중 신청자를 대상으로 요가 교실을 운영할 계획이다. 규정상 신청자가 3명 이상일 때에만 요가 교실을 운영한다. 새로 온 수습사무관 A, B, C, D, E, F, G와 관련해 다음과 같은 사실이 알려져 있다.

$○_1$ F는 신청한다.

$○_2$ C가 신청하면 G가 신청한다.

$○_3$ D가 신청하면 F는 신청하지 않는다.

$○_4$ A나 C가 신청하면 E는 신청하지 않는다.

$○_5$ G나 B가 신청하면 A나 D 중 적어도 한 명이 신청한다.

〈보 기〉

ㄱ. 요가 교실 신청자는 최대 5명이다.

ㄴ. G와 B 중 적어도 한 명이 신청하는 경우에만 요가 교실이 운영된다.

ㄷ. A가 신청하지 않으면 F를 제외한 어떤 수습사무관도 신청하지 않는다.

---

① ㄱ

② ㄷ

③ ㄱ, ㄴ

④ ㄴ, ㄷ

⑤ ㄱ, ㄴ, ㄷ

S014_10. 다음 글의 내용이 참일 때, 반드시 참인 것만을 〈보기〉에서 모두 고르면? **PL202103_34**

A아파트에는 이번 인구총조사 대상자들이 거주한다. A아파트 관리소장은 거주민 수지, 우진, 미영, 양미, 가은이 그 대상이 되었는지 궁금했다. 수지에게 수지를 포함한 다른 친구들의 상황을 물어보았는데 수지는 다음과 같이 답변하였다.

○$_1$ 나와 양미 그리고 가은 중 적어도 한 명은 대상이다.
○$_2$ 나와 양미가 모두 대상인 것은 아니다.
○$_3$ 미영이 대상이 아니거나 내가 대상이다.
○$_4$ 우진이 대상인 경우에만 양미 또한 대상이다.
○$_5$ 가은이 대상이면, 미영도 대상이다.

〈보 기〉

ㄱ. 수지가 대상이 아니라면, 우진은 대상이다.
ㄴ. 가은이 대상이면, 수지와 우진 그리고 미영이 대상이다.
ㄷ. 양미가 대상인 경우, 5명 중 2명만이 대상이다.

---

① ㄱ
② ㄴ
③ ㄱ, ㄷ
④ ㄴ, ㄷ
⑤ ㄱ, ㄴ, ㄷ

S014_11. 다음 대화의 내용이 참일 때, 거짓인 것은? **PL201702_31**

상학: 위기관리체계 점검 회의를 위해 외부 전문가를 위촉해야 하는데, 위촉 후보자는 A, B, C, D, E, F 여섯 사람이야.

일웅: 그건 나도 알고 있어. 그런데 A와 B 중 적어도 한 명은 위촉해야 해. 지진 재해와 관련된 전문가들은 이들 뿐이거든.

상학: 나도 동의해. 그런데 A는 C와 같이 참여하기를 바라고 있어. 그러니까 C를 위촉할 경우에만 A를 위촉해야 해.

희아: 별 문제 없겠는데? C는 반드시 위촉해야 하거든. 회의 진행을 맡을 사람이 필요한데, C가 적격이야. 그런데 C를 위촉하기 위해서는 D, E, F 세 사람 중 적어도 한 명은 위촉해야 해. C가 회의를 진행할 때 도움이 될 사람이 필요하거든.

일웅: E를 위촉할 경우에는 F도 반드시 위촉해야 해. E는 F가 참여하지 않으면 참여하지 않겠다고 했거든.

희아: 주의할 점이 있어. B와 D를 함께 위촉할 수는 없어. B와 D는 같은 학술 단체 소속이거든.

---

① 총 3명만 위촉하는 방법은 모두 3가지이다.

② A는 위촉되지 않을 수 있다.

③ B를 위촉하기 위해서는 F도 위촉해야 한다.

④ D와 E 중 적어도 한 사람은 위촉해야 한다.

⑤ D를 포함하여 최소인원을 위촉하려면 총 3명을 위촉해야 한다.

S014_12. '결정적 정보'에 해당하는 것은? **LA201308_20**

A～E의 증언에 대해서 다음과 같은 〈관계〉가 성립한다는 것이 알려졌다.

〈관계〉

$\bigcirc_1$ A, B, C 가운데 적어도 한 사람의 증언은 참이다.

$\bigcirc_2$ D와 E 가운데 적어도 한 사람의 증언은 참이다.

$\bigcirc_3$ A의 증언이 참이면, C의 증언도 참이고 D의 증언도 참이다.

$\bigcirc_4$ B의 증언이 참이면, E의 증언은 참이 아니다.

〈관계〉만으로는 5명의 증언이 각각 참인지 아닌지가 결정되지 않지만, 어떤 정보가 추가된다면 이들의 증언이 각각 참인지 아닌지가 완전히 결정될 수 있다. 5명의 증언이 각각 참인지 아닌지를 완전히 결정하게 만드는 추가 정보를 '결정적 정보'라고 하자.

---

① A의 증언은 참이다.
② B의 증언은 참이다.
③ C의 증언은 참이다.
④ D의 증언은 참이 아니다.
⑤ E의 증언은 참이 아니다.

S014_13. 다음 글의 내용이 참일 때 반드시 참인 것은? **PL202407_12**

A부서에서는 새로 시작된 프로젝트에 다섯 명의 주무관 가은, 나은, 다은, 라은, 마은의 참여 여부를 점검하고 있다. 주무관들의 업무 전문성을 고려할 때, 다음과 같은 예측을 할 수 있었고 그 예측들은 모두 옳은 것으로 밝혀졌다.

○1 가은이 프로젝트에 참여하면 나은과 다은도 프로젝트에 참여한다.
○2 나은이 프로젝트에 참여하지 않으면 라은이 프로젝트에 참여한다.
○3 가은이 프로젝트에 참여하거나 마은이 프로젝트에 참여한다.

---

① 가은이 프로젝트에 참여하지 않으면 나은이 프로젝트에 참여한다.
② 다은이 프로젝트에 참여하면 마은이 프로젝트에 참여한다.
③ 다은이 프로젝트에 참여하거나 마은이 프로젝트에 참여한다.
④ 라은이 프로젝트에 참여하면 마은이 프로젝트에 참여한다.
⑤ 라은이 프로젝트에 참여하거나 마은이 프로젝트에 참여한다.

S014_14. 다음으로부터 추론한 것으로 옳지 않은 것은? **LA202507_33**

P기관은 연구 프로젝트를 수행하기 위해 수학자, 철학자, 법학자, 경제학자, 통계학자, 천문학자, 심리학자 각 1인을 자문위원으로 위촉하여 총 7명으로 구성된 자문위원회를 발족했다. 자문위원회를 개최했는데, 다음과 같은 사실이 알려졌다.

○$_1$ 천문학자가 참석했다면, 철학자는 참석하지 않았다.

○$_2$ 통계학자가 참석했다면, 경제학자는 참석하지 않았다.

○$_3$ 철학자나 심리학자가 참석하지 않았다면, 수학자와 법학자 둘 다 참석했다.

○$_4$ 통계학자가 참석하지 않았다면, 수학자와 법학자 중에서는 한 사람만 참석했다.

---

① 수학자가 참석했거나, 천문학자가 참석하지 않았다.

② 철학자와 심리학자가 참석했거나, 법학자가 참석했다.

③ 심리학자가 참석하지 않았다면, 경제학자도 참석하지 않았다.

④ 심리학자와 천문학자가 참석했다면, 참석한 자문위원은 총 4명이다.

⑤ 경제학자가 참석했고 수학자가 참석하지 않았다면, 법학자는 참석했지만 천문학자는 참석하지 않았다.

S014 풀이

01. 정보3과 정보4는 "ㄱ이면 ㄴ. ㄱ이 거짓이면 ㄷ" 꼴의 문장 짝이다. 이 경우 ㄱ이 참인 경우와 ㄱ이 거짓인 경우를 나눠 추론한다. 우리는 병이 총무과에 배치되는 경우와 그렇지 않은 경우를 나누겠다. 먼저 (i) 병이 총무과에 배치되는 경우. 정보3에 따르면 무는 기획과에 배치되지 않는다. 정보5에 따라 정은 인력과에 배치된다. (ii) 병이 총무과에 배치되지 않는 경우. 정보4에 따라 정은 인력과에 배치된다. 결국 경우 (i)이든 경우 (ii)든 정은 인력과에 배치된다. 이제 이를 홑문장 실마리로 삼아 추론을 이어간다.

    무엇보다 먼저 선택지 ④ "정은 인력과에 배치되지 않는다"는 거짓이다. 정보2에 따라 을은 기획과에 배치되지 않는다. 나아가 정보1에 따라 갑은 총무과에 배치되지 않는다. 결국 선택지 ① "갑은 총무과에 배치되지 않는다"는 반드시 참이다. 반면 선택지 ②, 선택지 ③, 선택지 ⑤는 참인지 거짓인지 주어진 정보만으로 판가름할 수 없다. 따라서 정답은 선택지 ①이다.

02. 홑문장 실마리가 있는데 곧 정보3이다. 곧 E는 참석하지 않는다. 정보3에 따르면 정보4의 이면 뒷말 "C와 E 두 사람도 참석한다"는 거짓이다. 이는 정보4의 이면 앞말도 거짓임을 뜻한다. 곧 F는 참석하지 않고 G도 참석하지 않는다. 정보5는 이미 만족되었다. 문항을 풀 때 이미 반영한 정보와 이미 만족된 정보는 따로 표시해 두라. 이 정보 말고 다른 정보를 써서 새로운 정보를 추론하는 데 집중해야 한다. 남은 것은 정보1과 정보2다.

    정보2의 이면 뒷말이 거짓이기에 우리는 "C는 참석하지 않거나 D는 참석하지 않는다"를 얻는다. 이제 이 문장의 이거나 앞말이 참인 경우와 이거나 뒷말이 참인 경우로 나눠 마지막 남은 정보1을 반영하겠다. (i) C가 참석하지 않는 경우. 정보1은 이미 만족되었다. 이 경우 참석할 수 있는 최대 인원은 A, B, D, H 4명이다. (ii) D가 참석하지 않는 경우. E도 참석하지 않기에 정보1의 이면 뒷말은 거짓이다. 정보1의 이면 앞말도 거짓이기에 A, B, C 가운데 적어도 한 명은 참석하지 않는다. 이 경우 참석할 수 있는 최대 인원은 A, B, C에서 두 명, 남은 H 이렇게 3명이다. 경우 (i)과 경우 (ii)에서 최대 인원은 4명이고 정답은 선택지 ②다.

03. 이 문항은 기호화로 손쉽게 풀 수 있지만 기호화하지 않은 채 모눈으로 풀어보겠다. 문장1과 문장2는 "ㄱ이면 ㄴ. ㄱ이 거짓이면 ㄷ" 꼴의 문장 짝이다. 여기서 ㄱ은 "A는 채택된다"다. 이 때문에 A가 채택되는 경우와 그렇지 않은 두 경우로 나눈다. 아래에서 ○는 '채택됨'을 뜻하고 ×는 '채택되지 않음'을 뜻한다. 먼저 문장1과 문장2를 반영한다.

A	B	C	D	E
○	○			
×			×	×

그다음 문장3을 반영한다.

A	B	C	D	E
○	○	○		
×			×	×

둘째 경우에서는 문장3의 이면 뒷말이 참이기에 문장3은 저절로 만족된다.

남은 것은 문장4다. 둘째 경우는 문장4를 어긴다. 첫째 경우에서 D가 채택되지 않으면 이미 찾은 정보와 충돌하기에 D는 채택되어야 한다.

A	B	C	D	E
○	○	○	○	?

E는 채택되는지 되지 않는지 알 수 없다. 따라서 반드시 채택되는 업체 수는 A, B, C, D 이렇게 4개고 정답은 선택지 ④다.

04. 정보4에 따르면 가능한 경우는 다음 셋이다. ○는 '상품 있음'을 뜻하고 ×는 '비어 있음'을 뜻한다.

A	B	C
○		×
×		○
×		×

그다음 정보1과 정보3을 담는다.

A	B	C
○		×
×	○	○
×	○	×

정보2에 따르면 C에 상품이 없다면 A는 비었거나 B에 상품이 있다. 이를 반영한다.

A	B	C
○	○	×
×	○	○
×	○	×

이까지 추론을 바탕으로 보기 진술을 따진다.

어느 경우든 B에 상품이 있으니 보기 ㄱ "A에 상품이 들어 있다면 B에도 상품이 들어 있다"와 보기 ㄷ "C에 상품이 들어 있다면 B에도 상품이 들어 있다"는 반드시 참이고 옳게 추론했다. B에 상품이 든 경우는 세 경우인데 셋째 경우에 A와 C 둘 다 빈 상자다. 따라서 보기 ㄴ "B에 상품이 들어 있다면 A와 C 중 적어도 하나에는 상품이 들어 있다"는 옳게 추론하지 못했다. 옳게 추론한 것은 보기 ㄱ과 보기 ㄷ이고 정답은 선택지 ③이다.

05. 정보2와 정보4는 "ㄱ이면 ㄴ. ㄹ이면 ㄱ" 꼴의 문장 짝이다. 이는 사실상 "ㄱ이면 ㄴ. ㄱ이 거짓이면 ㄷ" 꼴의 문장 짝이다. 여기서 ㄱ은 "B는 반대한다"다. 이 때문에 B가 반대하는 경우와 반대하지 않는 경우 곧 찬성하는 경우로 나눠 추론을 이어가겠다.

A	B	C	D	E
	○			
	×			

여기서 ○는 '찬성'을 뜻하고 ×는 '반대'를 뜻한다.

먼저 정보2와 정보4를 담는다.

A	B	C	D	E
	○			○
○	×		×	

각 경우에 정보1을 담는다. 첫째 경우에 정보1의 이면 뒷말 "C는 찬성하고 E는 반대한다"는 거짓이기에 정보1의 이면 앞말도 거짓이어야 한다. 따라서 첫째 경우에 A와 D는 둘 다 찬성해야 한다.

A	B	C	D	E
○	○		○	○
○	×	○	×	×

남은 것은 정보3과 정보5다. 둘째 경우에 정보3을 담을 수 없다. 따라서 둘째 경우는 불가능하다.

결국 우리는 첫째 경우만 따지면 된다. 첫째 경우에 정보3은 저절로 참이고 정보5만 담으면 끝이다.

A	B	C	D	E
○	○	×	○	○

이 모눈을 보건대 선택지 ④ "C는 반대하고 D는 찬성한다"만 참이고 다른 선택지는 모두 거짓이다. 따라서 정답은 선택지 ④다.

06. 정보1과 정보4는 "ㄹ이면 ㄱ. ㅁ이면, ㄱ은 거짓이다" 꼴의 문장 짝이다. 이는 사실상 "ㄱ이면 ㄴ. ㄱ이 거짓이면 ㄷ" 꼴의 문장 짝이다. 여기서 ㄱ은 "B는 참석한다"다. 이 때문에 B가 참석하는 경우와 그렇지 않은 경우로 나눠 추론을 이어가겠다. 아래에서 ○는 '참석함'을 뜻하고 ×는 '참석하지 않음'을 뜻한다.

A	B	C	D	E
	○			
	×			

여기에 정보1, 정보3, 정보4를 반영한다.

A	B	C	D	E
	○	○		
×	×		×	

남은 정보2를 반영하면 다음과 같다.

A	B	C	D	E
?	○	○	?	○
×	×	?	×	?

아직 반영되지 않은 것은 둘째 경우에 정보2의 "C가 참석하면 E도 참석한다"다. 이를 염두에 두고 선택지를 따진다.

A가 참석하는 경우는 첫째 경우뿐인데 이때 C는 참석하지만 D는 참석하는지 않는지 모른다. 선택지 ① "A가 참석하면 C도 참석한다"는 반드시 참이지만, 선택지 ② "A가 참석하면 D도 참석한다"는 반드시 참이지는 않다. C가 참석하지 않는 경우는 둘째 경우뿐인데 이때 D는 참석하지 않는다. 이 때문에 선택지 ③ "C가 참석하지 않으면 D도 참석하지 않는다"는 반드시 참이다. 선택지 ④ "D가 참석하면 C도 참석한다"는 선택지 ③과 뜻이 같다. E가 참석하지 않는 경우는 둘째 경우뿐인데 이 경우에 B는 참석하지 않는다. 따라서 선택지 ⑤ "E가 참석하지 않으면 B도 참석하지 않는다"는 반드시 참이다. 결국 정답은 선택지 ②다.

07. 문두와 제시문을 조금 고쳤다. 주어진 홑문장 실마리 "F는 거짓이다"에서 추론을 시작한다. F는 거짓이기에 정보2의 이면 뒷말은 거짓이다. 이 경우 정보1의 이면 앞말도 거짓이어야 한다. 곧 C는 거짓이고 D는 거짓이다. 여태 얻은 또 앞으로 얻을 명제의 참값을 모눈으로 간추리겠다.

A	B	C	D	E	F
		거	거		거

선택지 ③과 선택지 ④는 정답일 수 없다.

남은 가능성은 세 가지다. 경우의 수가 많지 않으니 이를 하나씩 살펴본다. (i) A가 참인 경우. 정보1에 따라 B는 참이고 C는 거짓이다. 정보3의 이면 뒷말이 거짓이기에 정보3의 이면 앞말은 참이고 E는 참이다.

A	B	C	D	E	F
참	참	거	거	참	거

이 경우 모든 명제의 진위가 정해지고 과학자가 이미 알았던 참인 명제는 A다. 따라서 정답은 선택지 ①이다.

(ii) B가 참인 경우. 정보3으로부터 E가 참임을 알 수 있지만 명제 A의 참값은 알 수 없다. 선택지 ②는 정답일 수 없다.

A	B	C	D	E	F
?	참	거	거	참	거

마지막 (iii) E가 참인 경우. 명제 A와 B의 참값은 알 수 없다.

A	B	C	D	E	F
?	?	거	거	참	거

선택지 ⑤는 정답일 수 없다.

08. 정보3을 반영하려고 다음 세 경우를 따진다. ○는 '추진함'을 뜻하고 ×는 '추진하지 않음'을 뜻한다.

A	B	C	D
○		○	
○		×	
×		○	

여기에 정보1과 정보2를 반영한다.

A	B	C	D
○	○	○	○
○	○	×	?
×	?	○	○

이까지 추론을 바탕으로 각 선택지를 따진다.

선택지 ① "적어도 두 사업은 추진한다"는 세 경우 모두에서 참이다. A를 추진하지 않는 경우는 셋째 경우뿐인데 이 경우에 세 사업이 추진될 수 있다. 이 때문에 선택지 ② "A를 추진하지 않기로 결정한다면 추진하는 사업은 정확히 두 개다"는 반드시 참이지는 않다. B를 추진하지 않는 경우는 셋째 경우뿐인데 이 경우에 C는 추진한다. 이 때문에 선택지 ③ "B를 추진하지 않기로 결정한다면 C는 추진한다"는 반드시 참이다. C를 추진하지 않는 경우는 둘째 경우뿐인데 이 경우에 B는 추진한다. 이 때문에 선택지 ④ "C를 추진하지 않기로 결정한다면 B는 추진한다"는 반드시 참이다. D를 추진하지 않는 경우는 둘째 경우뿐인데 이 경우 A, B, C의 추진 여부는 이미 결정 나 있다. 따라서 선택지 ⑤ "D를 추진하지 않기로 결정한다면 다른 세 사업의 추진 여부도 모두 정해진다"는 반드시 참이다. 따라서 정답은 선택지 ②다.

09. 정보1은 홑문장 실마리인데 정보1과 정보3으로부터 D가 신청하지 않음을 알 수 있다. 하지만 관련 대상이 너무 많아 이들의 정보를 추적하려면 모눈을 만들어야 한다. 주어진 정보들 가운데 "ㄱ이면 ㄴ. ㄱ이 거짓이면 ㄷ" 꼴의 문장 짝은 없다. 다만 정보4와 정보5를 보면 정보4의 이면 앞말에 A가 나오고 정보5의 이면 뒷말에 A가 나온다. 이는 "ㄱ이면 ㄴ. ㄹ이면 ㄱ" 꼴의 문장 짝과 비슷하다. 특히 "A는 신청한다"가 참이면 정보4의 이면 앞말은 참이다. "A는 신청한다"가 거짓이면, D는 신청하지 않기에, 정보5의 이면 뒷말은 거짓이다.

이 때문에 A가 신청하는 경우와 신청하지 않는 경우로 나눠 추론을 이어가고자 한다. 무엇보다 정보1과 정보3을 먼저 반영한다.

A	B	C	D	E	F	G
○			×		○	
×			×		○	

여기서 ○는 '신청함'을 뜻하고 ×는 '신청하지 않음'을 뜻한다. 그다음 정보4와 정보5를 반영한다.

A	B	C	D	E	F	G
○			×	×	○	
×	×		×		○	×

첫째 경우는 저절로 정보5를 만족하고 둘째 경우는 저절로 정보4를 만족한다.

마지막 남은 것은 정보2다. 이를 반영하려면 경우를 더 쪼개야 할 텐데 C를 쪼개도 되고 G를 쪼개도 된다. 보기 진술에 C가 나타나지 않기에 G를 두 경우로 쪼개겠다. 가로줄을 새로 긋는 대신에 쌍점꼴 왼쪽에 G가 신청하는 경우를 쓰고 쌍점꼴 오른쪽에 G가 신청하지 않는 경우를 쓴다.

A	B	C	D	E	F	G
○			×	×	○	○ : ×
×	×		×		○	×

이렇게 쪼갠 뒤에 정보2를 반영한다.

A	B	C	D	E	F	G
○	?	? : ×	×	×	○	○ : ×
×	×	×	×	?	○	×

더 채울 정보는 이제 없다.

이까지 추론을 바탕으로 보기 진술을 따진다. 보기 ㄱ "요가 교실 신청자는 최대 5명이다"는 참이다. 만일 B도 G도 신청하지 않는다면 요가 교실은 운영되지 않는다.[a] 이는 보기 ㄴ "G와 B 중 적어도 한 명이 신청하는 경우에만 요가 교실이 운영된다"가 반드시 참임을 뜻한다. 반면 A가 신청하지 않을 때도 E가 신청할 가능성이 여전히 남아 있다. 보기 ㄷ "A가 신청하지 않으면 F를 제외한 어떤 수습사무관도 신청하지 않는다"는 반드시 참이지는 않다. 따라서 반드시 참인 것은 보기 ㄱ과 보기 ㄴ이고 정답은 ③이다.

10. 이 문항에서 "수지는 다음과 같이 답변하였다"는 예컨대 "수지는 다음과 같은 사실을 알려주었다"로 고쳐야 한다. 그렇게 고치지 않으면, 엄밀히 말해, 이 문항은 출제 오류다. 왜냐하면 "답변하였다"는 사실만으로는 그 답변 내용이 사실임을 말해주지 못하기 때문이다. 아무튼 우리는 "수지는 다음과 같이 답변하였다"를 맥락상 "수지는 다음과 같은 사실을 알려주었다"로 이해하겠다.

정보2에 따르면 수지와 양미 둘 다 대상자일 수는 없다. 따라서 다음과 같은 세 경우를 얻는다. 여기서 ○는 '대상임'을 뜻하고 ×는 '대상 아님'을 뜻한다.

수	우	미	양	가
○			×	
×			○	
×			×	

남은 다른 정보를 차례대로 채우면 될 텐데 먼저 정보1을 반영한다.

수	우	미	양	가
○			×	
×			○	
×			×	○

그다음 정보3을 반영한다. 정보3에 따르면, 수지가 대상이 아니면 미영은 대상이 아니다.

수	우	미	양	가
○			×	
×		×	○	
×		×	×	○

여기에 정보4를 반영한다. 정보4에 따르면, 우진이 대상이 아니면 양미는 대상이 아니다. 또는 양미가 대상이면 우진은 대상이다.

수	우	미	양	가
○			×	
×	○	×	○	
×		×	×	○

남은 정보5를 반영할 텐데 셋째 경우는 불가능하다. 정보5에 따르면, 미영이 대상이 아니면 가은도 대상이 아니다.

수	우	미	양	가
○			×	
×	○	×	○	×

가영이 대상인지 아닌지에 따라 또는 미영이 대상인지 아닌지에 따라 두 경우로 더 나눌 수 있다. 보기 ㄴ에 "가영이 대상이면"이 있으니 가영을 기

준으로 두 경우를 나눈다.

수	우	미	양	가
○		○ : ?	×	○ : ×
×	○	×	○	×

이까지 추론을 바탕으로 보기 진술을 따진다.

수지가 대상이 아닌 경우는 둘째 경우다. 이 경우에 우진은 대상이다. 이 때문에 보기 ㄱ "수지가 대상이 아니라면 우진은 대상이다"는 반드시 참이다. 가영이 대상인 경우는 첫째 경우 왼쪽이다. 이 경우 수진과 미영은 대상이지만 우진이 대상인지 아닌지는 알 수 없다. 이 점에서 보기 ㄴ "가은이 대상이면 수지와 우진 그리고 미영이 대상이다"는 반드시 참이지는 않다. 양미가 대상인 경우는 둘째 경우다. 이 경우 우진과 양미 곧 2명만이 대상이다. 이 때문에 보기 ㄷ "양미가 대상인 경우 5명 중 2명만이 대상이다"는 반드시 참이다. 따라서 반드시 참인 것은 보기 ㄱ과 보기 ㄷ이고 답은 선택지 ③이다.

11. 먼저 희아의 첫째 말로부터 C가 위촉됨을 알 수 있다. 이는 홑문장 실마리다. C가 위촉되기에 D, E, F 가운데 적어도 한 명은 위촉된다.[b] 하지만 이것으로 새로운 홑문장 정보를 추론할 수는 없다. 한편 희아의 둘째 말에 따르면 B와 D가 모두 위촉될 수는 없다. 이 때문에 우리는 다음 세 경우로 나눠 추론을 이어가는 것이 좋겠다. ○는 '위촉됨'을 뜻하고 ×는 '위촉되지 않음'을 뜻한다.

A	B	C	D	E	F
	○	○	×		
	×	○	○		
	×	○	×		

여기에 다른 정보들을 담는데 먼저 일웅의 첫째 말을 반영한다. 상학의 말 "C를 위촉할 경우에만 A를 위촉해야 해"는 "A를 위촉하면 C도 위촉한다"를 뜻한다. C는 늘 위촉되기에 그의 주장은 이미 만족되었다.

A	B	C	D	E	F
?	○	○	×		
○	×	○	○		
○	×	○	×		

아직 반영하지 않은 정보는 "D, E, F 가운데 적어도 한 명을 위촉한다"와 일웅의 둘째 말 "E를 위촉한다면 F도 위촉한다"다. 이제 E를 위촉하는 경우와 그렇지 않은 경우로 나누겠다.

A	B	C	D	E	F
?	○	○	×	○ : ×	
○	×	○	○	○ : ×	
○	×	○	×	○ : ×	

여기에 "E를 위촉한다면 F도 위촉한다"와 "D, E, F 가운데 적어도 한 명을 위촉한다"를 반영한다.

A	B	C	D	E	F
?	○	○	×	○ : ×	○ : ○
○	×	○	○	○ : ×	○ : ?
○	×	○	×	○ : ×	○ : ○

이제 이 모눈을 바탕으로 선택지를 하나씩 따진다.

3명만 위촉하는 방법 가운데서 첫째 경우에는 B, C, F를 위촉하는 방법이 있다. 둘째 경우에는 A, C, D를 위촉하는 방법이 있다. 셋째 경우에는 A, C, F를 위촉하는 방법이 있다. 이렇게 모두 세 가지다. 이 때문에 선택지 ① "총 3명만 위촉하는 방법은 모두 3가지이다"는 참이다. 첫째 경우에서 A를 위촉하지 않을 수 있으니 선택지 ②는 참이다.

B를 위촉하는 경우는 첫째 경우인데 여기서는 F를 늘 위촉한다. 이 때문에 선택지 ③ "B를 위촉하기 위해서는 F도 위촉해야 한다"는 참이다. 첫째 경우와 셋째 경우에서 D와 E를 둘 다 위촉하지 않을 수 있기에 선택지 ④ "D와 E 중 적어도 한 사람은 위촉해야 한다"는 반드시 참이지는 않다. D를 포함하여 최소인원을 뽑는 방법은 둘째 경우에서 A, C, D만 위촉하는 방법이다. 이 때문에 선택지 ⑤ "D를 포함하여 최소인원을 위촉하려면 총 3명을 위촉해야 한다"는 참이다. 따라서 정답은 선택지 ④다.

12. 관계3과 관계4를 반영하려고 다음 네 경우를 살피겠다. A의 증언을 그냥 A라 쓰겠다.

A	B	C	D	E
T	T			
T	F			
F	T			
F	F			

여기에 관계3, 관계4, 관계1을 차례로 담는다.

A	B	C	D	E
T	T	T	T	F
T	F	T	T	
F	T			F
F	F	T		

남은 관계2를 담는다.

A	B	C	D	E
T	T	T	T	F
T	F	T	T	?
F	T	?	T	F
F	F	T	?	?

이까지 추론을 바탕으로 '결정적 정보'를 찾아보겠다.

A의 증언이 참인 경우와 거짓인 경우는 모두 가능하다. 이것은 A의 증언이 참이든 거짓이든 다른 진술의 참값을 결정하기에 충분하지 않음을 뜻한다. 이는 B와 E도 마찬가지다. 이 점에서 선택지 ① "A의 증언은 참이다", 선택지 ② "B의 증언은 참이다", 선택지 ⑤ "E의 증언은 참이 아니다"는 우리가 찾는 정보일 수 없다.

한편 "C의 증언은 거짓이다"는 오직 셋째 경우만 가능하게 하기에 우리가 찾는 그 정보일 수 있다. 반면 선택지 ③ "C의 증언은 참이다"는 다른 진술의 참값을 결정짓지 못한다. 또한 "D의 증언은 참이다"는 다른 진술의 참값을 결정짓지 못한다. 하지만 "D의 증언은 거짓이다"는 오직 넷째 경우만 가능하게 하는데 관계2를 쓴다면 E의 참값도 결정짓는다. 따라서 선택지 ④ "D의 증언은 참이 아니다"는 우리가 찾는 그 정보일 수 있다. 결국 정답은 선택지 ④다.

13. 예측1과 예측3에 따르면 가은의 프로젝트 참여 여부는 문항을 푸는 열쇠다. 가은이 참여하는 경우와 참여하지 않는 경우를 나누어 따지겠다. 첫째 줄에 예측1을 담는데 예측2와 예측3은 저절로 참이다. 둘째 줄에 예측3을 담는데 예측1은 저절로 참이다.

가	나	다	라	마
○	○	○		
×				○

그다음 둘째 줄에 예측2를 담아야 한다. 나은이 참여하는 경우와 참여하지 않는 경우를 나누어 모눈에 정보를 담는다. 앞 경우는 ":"의 왼쪽에 쓰고 뒤 경우는 ":" 오른쪽에 쓰겠다.

가	나	다	라	마
○	○	○		
×	○ : ×		? : ○	○

이 모눈을 바탕으로 선택지를 하나씩 따진다.

선택지 ① "가은이 프로젝트에 참여하지 않으면 나은이 프로젝트에 참여한다"는 거짓인 경우가 있다. 선택지 ② "다은이 프로젝트에 참여하면 마은이 프로젝트에 참여한다"는 참인지 거짓인지 알 수 없다. 선택지 ③ "다은이 프로젝트에 참여하거나 마은이 프로젝트에 참여한다"는 첫째 경우든 둘째 경우든 참이다. 선택지 ④ "라은이 프로젝트에 참여하면 마은이 프로젝트에 참여한다"는 참인지 거짓인지 알 수 없다. 선택지 ⑤ "라은이 프로젝트에 참여하거나 마은이 프로젝트에 참여한다"는 첫째 경우에 참인지 거짓인지 알 수 없다. 따라서 정답은 선택지 ③이다.

14. 선택지를 하나씩 따지면 이 문항은 그다지 어렵지 않게 풀 수 있다. 선택지가 "X이거나 Y" 꼴이면 "X는 거짓이다"를 추가로 가정하여 Y를 추론할 수 있는지를 점검한다. 보기를 들어 선택지 ① "수학자가 참석했거나, 천문학자가 참석하지 않았다"를 따지는데 "수학자는 참석하지 않았다"를 추가로 가정한다. 사실3의 이면 뒷말은 거짓이기에 철학자와 심리학자는

참석했다. 사실1의 이면 뒷말이 거짓이기에 천문학자는 참석하지 않았다. 이는 선택지 ①이 주어진 사실로부터 추론할 수 있음을 뜻한다. 다른 선택지도 이와 비슷하게 따질 수 있다.

표준 풀이법도 그다지 어렵지 않다. 사실3의 이면 뒷말과 사실4의 이면 뒷말을 보건대 수학자와 법학자의 참석 여부에 따라 네 경우를 나누는 것이 좋겠다.

수	철	법	경	통	천	심
○		○				
○		×				
×		○				
×		×				

여기에 사실들을 담는데 사실3과 사실4를 먼저 담는다.

수	철	법	경	통	천	심
○		○		○		
○	○	×				○
×	○	○				○
×	○	×		○		○

그다음 사실1과 사실2를 담는다.

수	철	법	경	통	천	심
○		○	×	○		
○	○	×			×	○
×	○	○			×	○
×	○	×	×	○	×	○

이를 바탕으로 선택지를 하나씩 따진다.

선택지 ① "수학자가 참석했거나, 천문학자가 참석하지 않았다"는 네 경우 모두 참이다. 선택지 ② "철학자와 심리학자가 참석했거나, 법학자가 참석했다"는 네 경우 모두 참이다. 심리학자가 참석하지 않은 경우는 첫째 경우다. 이 경우에서 경제학자는 참석하지 않았다. 따라서 선택지 ③ "심리학자가 참석하지 않았다면, 경제학자도 참석하지 않았다"는 반드시 참이다. 심리학자와 천문학자가 참석할 수 있는 경우는 첫째 경우뿐이다. 만일 천문학자가 참석한다면 철학자는 참석하지 않는다.

수	철	법	경	통	천	심
○	×	○	×	○	○	○

이 경우에 모두 5명이 참가한다. 선택지 ④ "심리학자와 천문학자가 참석했다면, 참석한 자문위원은 총 4명이다"는 거짓이며 주어진 사실로부터 추론할 수 없다. 경제학자가 참석했고 수학자가 참석하지 않았다면 이는 셋째 경우에 해당한다. 셋째 경우에서 법학자는 참석했지만 천문학자는 참석하지 않았다. 따라서 선택지 ⑤ "경제학자가 참석했고 수학자가 참석하지 않았다면, 법학자는 참석했지만 천문학자는 참석하지 않았다"는 추론할 수 있다. 결국 정답은 선택지 ④다.

노트

a. "ㄱ인 경우에만 ㄴ" 또는 "ㄱ일 때만 ㄴ"은 "ㄱ이 거짓이면 ㄴ은 거짓이다" 또는 "ㄴ이면 ㄱ"을 뜻한다. "G와 B 중 적어도 한 명이 신청하는 경우에만 요가 교실이 운영된다"는 "G도 B도 신청하지 않으면 요가 교실은 운영되지 않는다" 또는 "요가 교실이 운영된다면 G와 B 중 적어도 한 명은 신청한다"를 뜻한다.

b. "ㄱ이기 위해서는 ㄴ이어야 한다"는 "ㄴ이 거짓이면 ㄱ은 거짓이다"를 뜻하고 이는 곧 "ㄱ이면 ㄴ"을 뜻한다. 따라서 "C를 위촉하기 위해서는 D, E, F 세 사람 중 적어도 한 명은 위촉해야 해"는 "C를 위촉하면 D, E, F 세 사람 중 적어도 한 명은 위촉한다"를 뜻한다.

스마트 솔루션

⚀ 가능한 경우들로 나눠 추론하면 논리 퍼즐을 조금 더 쉽게 풀 수 있다. 경우의 수만큼 여러 행의 모눈을 만들어 한꺼번에 살피면 푸는 시간을 더 줄일 수 있다.

⚁ 주어진 정보들 안에 다음 꼴의 문장 짝이 있다면 ㄱ이 참인 경우와 ㄱ이 거짓인 경우로 나누라. (i) ㄱ이면 ㄴ. ㄱ이 거짓이면 ㄷ. (ii) ㄱ이면 ㄴ. ㄷ이면 ㄱ. (iii) ㄴ이면 ㄱ. ㄷ이면, ㄱ은 거짓이다.

⚂ 추론의 막바지에 이거나문장 "ㄱ이거나 ㄴ"을 얻었고 아직 반영하지 않은 정보가 남았다면 ㄱ이 참인 경우와 ㄴ이 참인 경우로 나누라.

⚃ "ㄱ과 ㄴ 가운데 하나만 참이다", "ㄱ과 ㄴ 가운데 적어도 하나는 참이다", "ㄱ과 ㄴ 가운데 적어도 하나는 거짓이다" 같은 정보가 있다면 그에 따라 두 경우 또는 세 경우로 나누라.

S015 문장 논리

잘 간추린 정보가 아니라 여러 문장으로 이뤄진 글을 바탕으로 추론해야 할 때가 더러 있습니다. 이런 퍼즐을 풀 때 가장 먼저 해야 하는 일은 홑문장 실마리를 찾는 일입니다. 홑문장 실마리가 없다면 "ㄱ이고 ㄴ" 같은 이고문장을 찾아야 합니다. 겉보기에 이고문장처럼 보이지 않지만 "'ㄱ이면 ㄴ'은 거짓이다" 같은 것도 사실은 이고문장입니다. 왜냐하면 이 문장은 "ㄱ은 참이고 ㄴ은 거짓이다"를 뜻하기 때문입니다. 일단 홑문장 실마리를 찾으면 이면 앞말 없애기나 이면 뒷말 없애기를 할 만한 이면문장이 있는지 둘러봅니다. 또는 이거나 없애기를 할 만한 이거나문장이 있는지 둘러봅니다.

헷갈리는 문장을 만나면 구조가 또렷이 드러나는 쉬운 문장을 머릿속에서 곧바로 떠올려야 합니다. "오직 ㄱ일 때만 ㄴ"은 "ㄱ이 거짓이면 ㄴ은 거짓이다"를 뜻합니다. "ㄱ이기 위해 ㄴ이어야 한다"는 "ㄴ이 거짓이면 ㄱ은 거짓이다"를 뜻합니다. "만일 ㄱ이거나 ㄴ이면 ㄷ"은 "ㄱ이면 ㄷ이고 ㄴ이면 ㄷ"과 뜻이 같습니다. "ㄱ일 경우, ㄴ이면 ㄷ"은 "만일 ㄱ이고 ㄴ이면 ㄷ"과 뜻이 같습니다. 한편 보기와 선택지에서는 대체로 못마땅한 추론을 써서 오답을 만듭니다. 다음 추론은 못마땅한 추론입니다.

- ㄱ이면 ㄴ. 따라서 ㄴ이면 ㄱ
- ㄱ이면 ㄴ. 따라서 ㄱ이 거짓이면 ㄴ은 거짓이다.
- 만일 ㄱ이고 ㄴ이면 ㄷ. ㄱ. 따라서 ㄷ
- ㄱ이면 ㄴ이거나 ㄷ. ㄱ. 따라서 ㄷ
- ㄱ이면 ㄴ이거나 ㄷ. ㄷ은 거짓이다. 따라서 ㄱ은 거짓이다.
- ㄱ이면 ㄴ이거나 ㄷ. ㄱ은 거짓이다. 따라서 ㄷ은 거짓이다.

추론 규칙을 잘못 쓰지 않도록 늘 조심하십시오.

S015_01. 다음 글의 내용이 참일 때, 반드시 참인 것은? **PL201603_08**

[1]만일 A 정책이 효과적이라면, 부동산 수요가 조절되거나 공급이 조절된다. [2]만일 부동산 가격이 적정 수준에서 조절된다면, A 정책이 효과적이라고 할 수 있다. [3]그리고 만일 부동산 가격이 적정 수준에서 조절된다면, 물가 상승이 없다는 전제 하에서 서민들의 삶이 개선된다. [4]부동산 가격은 적정 수준에서 조절된다. [5]그러나 물가가 상승한다면, 부동산 수요가 조절되지 않고 서민들의 삶도 개선되지 않는다. [6]물론 물가가 상승한다는 것은 분명하다.

① 서민들의 삶이 개선된다.
② 부동산 공급이 조절된다.
③ A 정책이 효과적이라면, 물가가 상승하지 않는다.
④ A 정책이 효과적이라면, 부동산 수요가 조절된다.
⑤ A 정책이 효과적이라도, 부동산 가격은 적정 수준에서 조절되지 않는다.

S015_02. 다음 글의 내용이 참이라고 할 때 〈보기〉에서 반드시 참인 것을 모두 고르면? **PL200902_35**

---

[1]진화 심리학의 가르침과 유전자 결정론이 둘 다 옳다면, 인간에게 자유 의지가 있다는 주장은 더 이상 근거가 없어 보인다. 그러나 인간에게 자유 의지가 없다는 말이 과연 성립할 수 있을까? [2]인간에게 자유 의지가 없다면, 우리는 양심과 도덕의 문제에 관심을 가질 필요가 없다. 인간의 행위는 모두 마지못해 한 행위에 불과할 것이기 때문이다. [3]하지만 우리는 양심과 도덕의 문제에 관심을 가질 필요가 있을 뿐만 아니라 그런 문제에 관심을 갖지 않을 수 없다. [4]나아가 만일 유전자 결정론이 옳지 않다면, 우리는 이에 근거하고 있는 현대 생물학의 몇몇 이론을 포기해야 한다. [5] 그런데 우리는 분명히 그럴 수 없다. 그것은 마침내 과학 전반을 불신하는 결과를 낳을 것이기 때문이다.

〈보 기〉

ㄱ. 인간에게 자유 의지가 있다.

ㄴ. 유전자 결정론은 옳지 않다.

ㄷ. 진화 심리학의 가르침은 옳지 않다.

ㄹ. 현대 생물학은 인간의 자유 의지를 설명할 수 없다.

---

① ㄱ, ㄴ

② ㄱ, ㄷ

③ ㄴ, ㄹ

④ ㄱ, ㄷ, ㄹ

⑤ ㄴ, ㄷ, ㄹ

S015_03. 다음 글의 내용이 참일 때, 반드시 참인 것만을 〈보기〉에서 모두 고르면? **PL201907_19**

---

[1]공군이 차기 전투기 도입에서 고려해야 하는 사항은 비행시간이 길어야 한다는 것, 정비시간이 짧아야 한다는 것, 폭탄 적재량이 많아야 한다는 것, 그리고 공대공 전투능력이 높아야 한다는 것, 이상 네 가지이다. 그리고 이 네 가지는 각각 그런 경우와 그런 경우의 반대 둘 중의 하나이며 그 중간은 없다.

[2]전투기의 폭탄 적재량이 많거나 공대공 전투능력이 높다면, 정비시간은 길다. [3]반면에 비행시간이 길면 공대공 전투능력은 낮다. [4]공군은 네 가지 고려사항 중에서 최소한 두 가지 이상을 통과한 기종을 선정해야 한다. 그런데 공군은 위 고려사항 중에서 정비시간이 짧아야 한다는 조건만큼은 결코 포기할 수 없다는 입장이다. [5]따라서 정비시간이 짧아야 한다는 것은 차기 전투기로 선정되기 위한 필수적인 조건이다.

한편, 이번 전투기 도입 사업에 입찰한 업체들 중 하나인 A사는 비행시간이 길고 폭탄 적재량이 많은 기종을 제안했다. 언론에서는 A사의 기종이 선정될 것이라고 예측하였다. 이후 공군에서는 선정 조건에 맞게 네 고려사항 중 둘 이상을 통과한 기종의 전투기를 도입하였는데 그것이 A사의 기종이었는지는 아직 알려지지 않았다.

〈보 기〉

ㄱ. 언론의 예측은 옳았다.
ㄴ. 공군이 도입한 기종은 비행시간이 길다.
ㄷ. 입찰한 업체의 기종이 공대공 전투능력이 높다면, 그 기종은 비행시간이 짧다.

---

① ㄱ
② ㄴ
③ ㄱ, ㄷ
④ ㄴ, ㄷ
⑤ ㄱ, ㄴ, ㄷ

S015_04. 다음 글이 참이라고 할 때 〈보기〉의 진술 중 반드시 참인 것을 모두 고르면? **PL200508_10**

---

[1]전문가 태스크포스의 구성과 홍보팀의 협력 두 가지가 모두 뒷받침된다면 새 인력관리 체계의 성공은 확실히 보장된다. 새 인력관리 체계는 집단 전체에 신선한 의욕을 불어넣을 뿐만 아니라 새로운 활동 역량을 가져다줄 것이다. [2]그뿐 아니라 이 체계가 성공한다면 시스템 내의 세부 영역 간 의사소통도 눈에 띄게 활성화될 것이다. [3]세부 전문영역 간의 활발한 의사소통이 이루어지지 않는다면 시스템 전체 규모의 성장도 이루어질 수 없다.

이런 관계를 잘 아는 경영자는 새 인력관리 체계의 도입을 적극적으로 고려한다. 그런데 전문가 태스크포스를 구성할 경우 적어도 단기적으로는 인건비 지출의 총액이 8% 정도 증가하게 된다는 점이 문제였다. [4]그럼에도 불구하고 경영자는 이미 지난 주에 전문가 태스크포스를 구성했다. 장기적으로는 총 비용 역시 절감되리라고 확신했기 때문이다.

〈보 기〉

ㄱ. 홍보팀의 협력이 없이는 새 인력관리 체계가 성공할 수 없다.

ㄴ. 시스템의 전체 규모가 성장한다면 그것은 새 인력관리 체계가 성공했음을 뜻한다.

ㄷ. 경영자는 단기적인 인건비 지출의 증가가 장기적으로 총 비용의 증가를 수반하는 것은 아니라고 믿는다.

ㄹ. 만일 새 인력관리 체계가 실패한다면 홍보팀의 협력이 없었기 때문이라고 할 수 있다.

---

① ㄱ, ㄷ　　② ㄱ, ㄹ

③ ㄴ, ㄷ　　④ ㄷ, ㄹ

⑤ ㄱ, ㄴ, ㄷ

S015_05. 다음 글의 내용이 참일 때, 반드시 참인 것만을 〈보기〉에서 모두 고르면? **PL201903_34**

---

[1]2016년 1월 출범한 특별업무지원팀 「미래」가 업무적격성 재평가 대상에서 제외된 것은 다행한 일이다. [2]꼬박 일 년의 토론과 준비 끝에 출범한 「미래」의 업무가 재평가로 인해 불필요하게 흔들리는 것은 바람직하지 않다는 인식이 부처 내에 널리 퍼진 덕분이다. [3]물론 가용이나 나윤 둘 중 한 사람이라도 개인 평가에서 부적격 판정을 받을 경우, 「미래」도 업무적격성 재평가를 피할 수 없는 상황이었다. [4]만일 「미래」가 첫 과제로 수행한 드론 법규 정비 작업이 성공적이지 않았다면, 나윤과 다석 둘 중 적어도 한 사람은 개인 평가에서 부적격 판정을 받았을 것이다. [5]아울러 「미래」의 또 다른 과제였던 나노 기술 지원 사업이 성공적이지 않았다면, 라율과 가용 두 사람 중 누구도 개인 평가에서 부적격 판정을 피할 수 없었을 것이다.

〈보 기〉

ㄱ. 「미래」의 또 다른 과제였던 나노 기술 지원 사업이 성공적이었다.

ㄴ. 다석이 개인 평가에서 부적격 판정을 받지 않았다면, 그것은 첫 과제로 수행한 「미래」의 드론 법규 정비 작업이 성공적이었음을 의미한다.

ㄷ. 「미래」가 첫 과제로 수행한 드론 법규 정비 작업이 성공적이지 않았다면, 라율은 개인 평가에서 부적격 판정을 받았다.

---

① ㄱ

② ㄷ

③ ㄱ, ㄴ

④ ㄴ, ㄷ

⑤ ㄱ, ㄴ, ㄷ

S015_06. 다음 글의 내용이 참일 때, 반드시 참인 것만을 〈보기〉에서 모두 고르면? **PL202107_08**

최근 두 주 동안 직원들은 다음 주에 있을 연례 정책 브리핑을 준비해 왔다. 브리핑의 내용과 진행에 관해 알려진 바는 다음과 같다. [1]개인건강정보 관리 방식 변경에 관한 가안이 정책제안에 포함된다면, 보건정보의 공적 관리에 관한 가안도 정책제안에 포함될 것이다. [2]그리고 정책제안을 위해 구성되었던 국민건강 2025팀이 재편된다면, 앞에서 언급한 두 개의 가안이 모두 정책제안에 포함될 것이다. [3]개인건강정보 관리 방식 변경에 관한 가안이 정책제안에 포함되고 국민건강 2025팀 리더인 최팀장이 다음 주 정책 브리핑을 총괄한다면, 프레젠테이션은 국민건강 2025팀의 팀원인 손공정씨가 맡게 될 것이다. [4]그런데 보건정보의 공적 관리에 관한 가안이 정책제안에 포함될 경우, 국민건강 2025팀이 재편되거나 다음 주 정책 브리핑을 위해 준비한 보도자료가 대폭 수정될 것이다. [5]한편, 직원들 사이에서는, 최팀장이 다음 주 정책 브리핑을 총괄하면 팀원 손공정씨가 프레젠테이션을 담당한다는 말이 돌았는데 그 말은 틀린 것으로 밝혀졌다.

〈보 기〉

ㄱ. 개인건강정보 관리 방식 변경에 관한 가안과 보건정보의 공적 관리에 관한 가안 중 어느 것도 정책제안에 포함되지 않는다.

ㄴ. 국민건강 2025팀은 재편되지 않고, 이 팀의 최팀장이 다음 주 정책 브리핑을 총괄한다.

ㄷ. 보건정보의 공적 관리에 관한 가안이 정책제안에 포함된다면, 다음 주 정책 브리핑을 위해 준비한 보도자료가 대폭 수정될 것이다.

---

① ㄱ　② ㄴ

③ ㄱ, ㄷ　④ ㄴ, ㄷ

⑤ ㄱ, ㄴ, ㄷ

S015_07. 다음 글의 내용이 참일 때, 반드시 참인 것은? **PL201702_11**

전 세계적 금융위기로 인해 그 위기의 근원지였던 미국의 경제가 상당한 피해를 입었다. 미국에서는 경제 회복을 위해 통화량을 확대하는 양적완화 정책을 실시할 것인지를 두고 논란이 있었다. 미국의 양적완화는 미국 경제회복에 효과가 있겠지만, 국제 경제에 적지 않은 영향을 줄 수 있기 때문이다.

[1]미국이 양적완화를 실시하면, 달러화의 가치가 하락하고 우리나라의 달러 환율도 하락한다. [2]우리나라의 달러 환율이 하락하면 우리나라의 수출이 감소한다. [3]우리나라 경제는 대외 의존도가 높기 때문에 경제의 주요지표들이 개선되기 위해서는 수출이 감소하면 안 된다.

[4]또 미국이 양적완화를 중단하면 미국 금리가 상승한다. [5]미국 금리가 상승하면 우리나라 금리가 상승하고, 우리나라 금리가 상승하면 우리나라에 대한 외국인 투자가 증가한다. [6]또한 우리나라 금리가 상승하면 우리나라의 가계부채 문제가 심화된다. [7]가계부채 문제가 심화되는 나라의 국내소비는 감소한다. [8]국내소비가 감소하면, 경제의 전망이 어두워진다.

---

① 우리나라의 수출이 증가했다면 달러화 가치가 하락했을 것이다.
② 우리나라의 가계부채 문제가 심화되었다면 미국이 양적완화를 중단했을 것이다.
③ 우리나라에 대한 외국인 투자가 감소하면 우리나라 경제의 전망이 어두워질 것이다.
④ 우리나라 경제의 주요지표들이 개선되었다면 우리나라의 달러 환율이 하락하지 않았을 것이다.
⑤ 우리나라의 국내소비가 감소하지 않았다면 우리나라에 대한 외국인 투자가 감소하지 않았을 것이다.

S015_08. 다음 글의 내용이 모두 참일 때 반드시 참인 것만을 〈보기〉에서 모두 고르면? **PL201803_33**

---

[1]신생벤처기업 지원투자 사업이나 벤처기업 입주지원 사업이 10월에 진행된다면 벤처기업 대표자 간담회도 10월에 열려야 한다. [2]그런데 창업지원센터가 10월에 간담회 장소로 대관되지 않을 경우 벤처기업 입주지원 사업이 10월에 진행된다. [3]만일 대관된다면 벤처기업 입주지원 사업은 11월로 연기된다. [4]또한 기존 중소기업 지원 사업이 10월에 진행된다면 벤처기업 대표자 간담회는 11월로 연기된다. [5]벤처기업 대표자 간담회가 10월에 열릴 경우 창업지원센터는 간담회 장소로 대관된다. [6]벤처기업 대표자 간담회 외의 일로 창업지원센터가 대관되는 일은 없다. [7]이러한 상황에서 신생벤처기업 지원투자 사업과 기존 중소기업 지원 사업 중 한 개의 사업만이 10월에 진행된다는 것이 밝혀졌다.

〈보 기〉

ㄱ. 벤처기업 입주지원 사업은 10월에 진행되지 않는다.
ㄴ. 벤처기업 대표자 간담회는 10월에 진행되지 않는다.
ㄷ. 신생벤처기업 지원투자 사업은 10월에 진행되지 않는다.

---

① ㄱ
② ㄷ
③ ㄱ, ㄴ
④ ㄴ, ㄷ
⑤ ㄱ, ㄴ, ㄷ

S015_09. 다음 글의 내용이 참일 때, 반드시 참인 것만을 〈보기〉에서 모두 고르면? **PL202307_14**

갑은 「공직 자세 교육과정」, 「리더십 교육과정」, 「글로벌 교육과정」, 「직무 교육과정」, 「전문성 교육과정」의 다섯 개 과정으로 이루어진 공직자 교육 프로그램에 참여할 것을 고려하고 있다. [1]갑이 「공직 자세 교육과정」을 이수한다면 「리더십 교육과정」도 이수한다. [2]또한 갑이 「글로벌 교육과정」을 이수한다면 「직무 교육과정」과 「전문성 교육과정」도 모두 이수한다. [3]그런데 갑은 「리더십 교육과정」을 이수하지 않거나 「전문성 교육과정」을 이수하지 않는다.

〈보 기〉

ㄱ. 갑은 「공직 자세 교육과정」을 이수하지 않거나 「글로벌 교육과정」을 이수하지 않는다.

ㄴ. 갑이 「직무 교육과정」을 이수하지 않는다면 「글로벌 교육과정」도 이수하지 않는다.

ㄷ. 갑은 「공직 자세 교육과정」을 이수하지 않는다.

① ㄱ

② ㄷ

③ ㄱ, ㄴ

④ ㄴ, ㄷ

⑤ ㄱ, ㄴ, ㄷ

S015 풀이

01. 무엇보다 먼저 홑문장 실마리를 찾는다. 그것은 문장4와 문장6이다. 그다음 이와 관련된 이면문장과 이거나문장을 찾는다. 그것은 문장2와 문장5다. 문장4로 문장2에서 이면 앞말 없애, [7]A 정책은 효과적이다. 문장7로 문장1에서 이면 앞말 없애, [8]부동산 수요가 조절되거나 공급이 조절된다. 한편 문장6으로 문장5에서 이면 앞말 없애, [9]부동산 수요가 조절되지 않고 서민들의 삶도 개선되지 않는다. 문장9의 이고 뒷말에 따르면 선택지 ① "서민들의 삶이 개선된다"는 거짓이다. 문장9의 이고 앞말로 문장8에서 이거나 앞말 없애, 부동산 공급은 조절된다. 따라서 선택지 ②는 반드시 참이다.

문장7과 문장6에 따르면 선택지 ③ "A 정책이 효과적이라면 물가가 상승하지 않는다"는 거짓이다. 문장7과 문장9의 이고 앞말에 따르면 선택지 ④ "A 정책이 효과적이라면 부동산 수요가 조절된다"는 거짓이다. 문장7과 문장4에 따르면 선택지 ⑤ "A 정책이 효과적이라도 부동산 가격은 적정 수준에서 조절되지 않는다"는 거짓이다. 따라서 정답은 선택지 ②이다.

02. 문장3과 문장5는 홑문장 실마리다. 먼저 문장3에 따르면 문장2의 이면 뒷말은 거짓이다. 문장3으로 문장2에서 이면 뒷말 없애, [6]인간에게 자유 의지가 있다. 따라서 보기 ㄱ은 반드시 참이다. 한편 문장5에 따르면 문장4의 이면 뒷말은 거짓이다. 문장5로 문장4에서 이면 뒷말 없애, [7]유전자 결정론은 옳다. 결국 보기 ㄴ은 거짓이다.

문장6에 따르면 문장1의 이면 뒷말은 거짓이다. 문장6으로 문장1에서 이면 뒷말 없애, [8]진화 심리학의 가르침은 옳지 않거나 유전자 결정론은 옳지 않다. 문장7로 문장8에서 이거나 뒷말 없애, 진화 심리학의 가르침은 옳지 않다. 따라서 보기 ㄷ은 반드시 참이다. 한편 보기 ㄹ "현대 생물학은 인간의 자유 의지를 설명할 수 없다"는 주어진 정보로 판단할 수 없다. 따라서 반드시 참인 주장은 보기 ㄱ과 보기 ㄷ이며 정답은 선택지 ②다.

03. 정보5는 홑문장 실마리다. 정보5에 따르면 차기 전투기에 도입될 기종은

정비시간이 짧아야 한다. 정보2에 따르면 그 전투기는 폭탄 적재량이 많지 않고 공대공 전투능력이 높지도 않다.[a] 그 전투기는 정보1에서 제안된 네 기준 중에서 이미 두 가지 기준을 만족하지 않는다. 정보4에 따르면 적어도 두 가지 기준을 통과해야 하는데 그것은 남은 두 기준 곧 비행시간이 길어야 한다는 것과 정비시간이 짧아야 한다는 것이다. 따라서 보기 ㄴ "공군이 도입한 기종은 비행시간이 길다"는 반드시 참이다.

A사가 제안한 기종은 비행시간이 길고 폭탄 적재량이 많기에 공군에서 도입한 전투기는 A사 기종이 아니다. 보기 ㄱ "언론의 예측은 옳았다"는 거짓이다. 정보3에 따르면 보기 ㄷ "입찰한 업체의 기종이 공대공 전투능력이 높다면 그 기종은 비행시간이 짧다"는 반드시 참이다. 따라서 반드시 참인 것은 보기 ㄴ과 보기 ㄷ이고 정답은 선택지 ④다.

04. 이 글에도 홑문장 실마리가 있는데 그것은 문장4다. 문장4 덕분에 우리는 문장1을 눈여겨봐야 한다. 만일 홍보팀의 협력이 있다면, 문장1과 문장4에 따라, 새 인력관리 체계의 성공은 확실히 보장된다. 거꾸로 만일 새 인력관리 체계가 성공하지 못했다면, 문장1과 문장4에 따라, 홍보팀의 협력이 없었다. 이 때문에 보기 ㄹ "만일 새 인력관리 체계가 실패한다면 홍보팀의 협력이 없었기 때문이라고 할 수 있다"는 반드시 참이다. 우리가 고를 수 있는 것은 선택지 ②와 선택지 ④로 좁혀진다. 보기 ㄹ이 참이라 해서 그 역이 참이지는 않다. 따라서 보기 ㄱ "홍보팀의 협력이 없이는 새 인력관리 체계가 성공할 수 없다"는 반드시 참이지는 않다. 따라서 정답은 선택지 ④다.

시스템 전체 규모가 성장한다면, 문장3에 따라, 세부 전문영역 간의 활발한 의사소통이 이뤄졌다. 하지만 그것으로 새 인력관리 체계가 성공했는지는 알 수 없다. 이 점에서 보기 ㄴ "시스템의 전체 규모가 성장한다면 그것은 새 인력관리 체계가 성공했음을 뜻한다"는 반드시 참이지는 않다. 글의 마지막 몇 문장에 따르면 보기 ㄷ "경영자는 단기적인 인건비 지출의 증가가 장기적으로 총비용의 증가를 수반하는 것은 아니라고 믿는다"는 참이다.

05. 문장1은 이 글의 홑문장 실마리다. 문장1에 따르면 「미래」는 업무적격성

재평가 대상에서 제외되었다. 이는 문장3의 이면 뒷말이 거짓임을 뜻한다. 이것으로 문장3에서 이면 뒷말 없애, “가용이나 나윤 둘 중 한 사람이라도 개인 평가에서 부적격 판정을 받았다”는 거짓이다. 곧 [6]가용은 부적격 판정을 받지 않았고 나윤도 부적격 판정을 받지 않았다. 문장6의 이고 앞말에 따르면 문장5의 이면 뒷말은 거짓이다. 이것으로 문장5에서 이면 뒷말 없애, [7]나노 기술 지원 사업은 성공이었다. 이는 보기 ㄱ이 참임을 뜻한다.

보기 ㄴ을 따지겠다. 보기 ㄴ의 이면 앞말 “다석이 개인 평가에서 부적격 판정을 받지 않았다”를 가정한다. 이 경우 문장4의 이면 뒷말은 거짓이다. 이것으로 문장4에서 이면 뒷말 없애, 드론 법규 정비 작업은 성공이었다. 이는 보기 ㄴ의 이면 뒷말과 같다. 결국 보기 ㄴ의 이면 앞말을 가정하면 보기 ㄴ의 이면 뒷말을 추론할 수 있다. 이는 보기 ㄴ이 참임을 뜻한다.

남은 것은 보기 ㄷ이다. 보기 ㄷ의 이면 앞말 “드론 법규 정비 작업은 성공하지 않았다”를 가정한다. 이것으로 문장4에서 이면 앞말 없애, 나윤과 다석 가운데 적어도 한 명은 부적격 판정을 받았다. 이미 보였듯이 나윤은 부적격 판정을 받았기에 다석이 부적격 판정을 받아야 한다. 하지만 다석의 상황과 라율의 상황을 이어줄 만한 다른 정보는 아무 곳에도 없다. 이처럼 보기 ㄷ의 이면 앞말을 가정해도 보기 ㄷ의 이면 뒷말 “라율은 개인 평가에서 부적격 판정을 받았다”가 따라 나오지 않는다. 이는 보기 ㄷ이 글로부터 추론할 수 없음을 뜻한다. 따라서 반드시 참인 것은 보기 ㄱ과 보기 ㄴ이고 정답은 선택지 ③이다.

06. 겉보기에 이 글에 홑문장 실마리는 없다. 하지만 문장5를 눈여겨보라. “이면문장 ‘ㄱ이면 ㄴ’은 거짓이다”는 “ㄱ은 참이고 ㄴ은 거짓이다”를 뜻한다. 이것은 이고문장인데 이고 없애기를 거쳐 홑문장 실마리를 얻을 수 있다. 이 점에서 문장5는 이 글의 홑문장 실마리 역할을 한다. 문장5에 따르면 [6]최팀장은 다음 주 정책 브리핑을 총괄하고, 팀원 손공정씨는 프레젠테이션을 담당하지 않는다.[b] 이 정보를 갖고 추론할 수 있는 다른 문장을 찾는다. 그것은 문장3이다.

문장3의 이면 뒷말이 거짓이기에 문장3의 이면 앞말도 거짓이다. 하지만 이면 앞말의 이고 뒷말 “국민건강 2025팀 리더인 최팀장은 다음 주 정책 브리핑을 총괄한다”가 참이기에 이고 앞말이 거짓이어야 한다.

따라서 [7]개인건강정보 관리 방식 변경에 관한 가안은 정책제안에 포함되지 않는다. 이것은 문장2의 이면 뒷말이 거짓임을 뜻한다. 따라서 문장2의 이면 앞말도 거짓이다. 곧 [8]정책제안을 위해 구성되었던 국민건강 2025팀은 재편되지 않는다.

이까지 추론을 바탕으로 보기 진술을 따진다. 우리는 문장1의 이면 앞말이 거짓임을 안다. 하지만 우리는 문장1의 이면 뒷말이 참인지 거짓인지 모른다. 따라서 보기 ㄱ "개인건강정보 관리 방식 변경에 관한 가안과 보건정보의 공적 관리에 관한 가안 중 어느 것도 정책제안에 포함되지 않는다"가 참인지 거짓인지 모른다. 문장6과 문장8로부터 보기 ㄴ "국민건강 2025팀은 재편되지 않고 이 팀의 최팀장이 다음 주 정책 브리핑을 총괄한다"가 참임을 알 수 있다.

남은 보기 ㄷ을 따지려 한다. 보기 ㄷ의 이면 앞말 "보건정보의 공적 관리에 관한 가안이 정책제안에 포함된다"를 가정한다. 이 경우 문장4의 이면 앞말은 참이다. 이것으로 문장4에서 이면 앞말 없애, 국민건강 2025팀이 재편되거나 다음 주 정책 브리핑을 위해 준비한 보도자료가 대폭 수정될 것이다. 문장8에 따르면 이 문장의 이거나 앞말은 거짓이다. 이것으로 이거나 앞말 없애, 다음 주 정책 브리핑을 위해 준비한 보도자료가 대폭 수정될 것이다. 이는 보기 ㄷ의 이면 뒷말과 같다. 이처럼 보기 ㄷ의 이면 앞말을 가정하면 보기 ㄷ의 이면 뒷말이 따라 나온다. 이것은 보기 ㄷ이 반드시 참임을 뜻한다. 따라서 반드시 참인 것은 보기 ㄴ과 보기 ㄷ이고 정답은 선택지 ④다.

07. 주어진 문장들은 거의 다 이면문장이다. 특수한 경우가 아니면 우리는 이면문장이나 이거나문장을 추론할 수 있을 뿐이다. 이 때문에 선택지들도 죄다 이면문장이다. 다만 정답은 어렵지 않게 찾을 수 있다. 문장3은 "우리나라 경제의 주요지표들이 개선되었다면 우리나라 수출이 감소되지는 않았다"를 뜻한다.[c] 문장2에 따르면 우리나라 수출이 감소되지 않았다면 우리나라의 달러 환율은 하락하지 않았다. 두 문장을 이면 이어 선택지 ④ "우리나라 경제의 주요지표들이 개선되었다면 우리나라의 달러 환율이 하락하지 않았을 것이다"를 얻는다. 따라서 정답은 선택지 ④다.

다른 선택지들을 하나씩 살펴보겠다. 선택지 ①의 이면 앞말 "우리나라의 수출이 증가했다"를 가정한다. 이 경우 문장2의 이면 뒷말은 거짓이다. 이것은 문장2의 이면 앞말도 거짓임을 뜻한다. 하지만 우리나라의 달러 환율이 하락하지 않았다는 사실로부터 달러화 가치가 하락했음을 추론할 수는 없다. 이 때문에 선택지 ① "우리나라의 수출이 증가했다면 달러화 가치가 하락했을 것이다"는 반드시 참이지는 않다.

문장4에서 문장8까지는 미국이 양적완화를 중단하는 경우의 상황을 이야기한다. 이 상황에서, 문장4와 문장5에 따르면, 미국 금리가 상승하고, 우리나라 금리가 상승하고, 우리나라에 대한 외국인 투자가 증가한다. 또 이 상황에서, 문장4와 문장5와 문장6에 따르면, 우리나라 가계부채 문제가 심화되고, 국내소비가 감소하고, 우리나라 경제 전망이 어두워진다. 하지만 이로부터 선택지 ②, 선택지 ③, 선택지 ⑤를 추론할 수는 없다.

08. 이 글에 홑문장 실마리는 없다. 이럴 때는 경우를 나눠 살펴보는 것이 바람직하다. 경우들을 나누는 기준으로는 문장7이 좋다. 먼저 (i) 신생벤처기업 지원투자 사업만이 10월에 진행되는 경우. 문장1에 따라 벤처기업 대표자 간담회도 10월에 열린다. 문장5에서 이면 앞말 없애, 창업지원센터는 벤처기업 대표자 간담회 장소로 10월에 대관된다. 이렇게 되면 문장3의 이면 앞말이 참이고 이면 앞말 없애, 벤처기업 입주지원 사업은 11월로 연기된다. 경우 (i)은 가능한 경우인데 이 점에서 보기 ㄴ "벤처기업 대표자 간담회는 10월에 진행되지 않는다"와 보기 ㄷ "신생벤처기업 지원투자 사업은 10월에 진행되지 않는다"는 반드시 참이지는 않다. 이까지 추론만으로 정답이 선택지 ①임을 알 수 있다.

풀이의 완전성을 위해 다른 경우도 살펴보겠다. (ii) 기존 중소기업 지원 사업만이 10월에 진행되는 경우. 문장4의 이면 앞말이 참이기에, 이면 앞말 없애, 벤처기업 대표자 간담회는 11월로 연기된다. 문장1의 이면 뒷말이 거짓이기에 문장1의 이면 앞말도 거짓이다. 따라서 신생벤처기업 지원투자 사업이 10월에 진행되지 않고, 벤처기업 입주지원 사업도 10월에 진행되지 않는다. 이렇게 되면 문장2의 이면 뒷말이 거짓인데 이는 문장2의 이면 앞말이 거짓임을 뜻한다. 결국 창업지원센터가 10월에 간담회 장소로 대관된다. 이는 벤처기업 대표자 간담회가 11월로 연기된다는 사실 및 문장6의 사실에 어긋난다. 결국 경우 (ii)는 불가능하다. 경우 (i)

만 가능하기에 벤처기업 입주지원 사업은 11월로 연기된다. 따라서 보기 ㄱ "벤처기업 입주지원 사업은 10월에 진행되지 않는다"는 참이다. 결국 보기 ㄱ만 참이고 예상대로 정답은 선택지 ①이다.

09. 문장1, 문장2, 문장3은 이면문장 또는 이거나문장이다. 홑문장 실마리가 없으니 보기 진술을 하나씩 살피는 것이 낫겠다. 무엇보다 보기 ㄷ은 홑문장인데 이것은 주어진 정보로부터 추론되지 않을 가능성이 높다. 보기 ㄷ이 주어진 정보로부터 추론될 수 있는지를 따지려고 보기 ㄷ의 부정을 가정하겠다. 이를 가정한 뒤 모순문장을 추론할 수 있다면 글로부터 보기 ㄷ을 추론할 수 있다. "갑은 「공직 자세 교육과정」을 이수한다"를 짧게 "공"으로 쓰고, 다른 것들은 "리" "글" "직" "전" 따위로 쓴다. 보기 ㄷ의 부정 곧 "공"을 가정한다. "공"이 참이면, 문장1에서 이면 앞말 없애, "리"는 참이다. 이것으로 문장3에서 이거나 앞말 없애, "전"은 거짓이다. "전"이 거짓이면 문장2의 이면 뒷말은 거짓이다. 이것으로 문장2의 이면 뒷말을 없애, "글"은 거짓이다. 문장1, 문장2, 문장3을 다 썼지만 우리는 보기 ㄷ의 부정을 가정하더라도 모순문장을 추론할 수 없다. 이는 보기 ㄷ이 주어진 정보로부터 추론할 수 없음을 뜻한다. 정답은 선택지 ① 또는 ③이다.

글로부터 보기 ㄴ을 추론할 수 있는지가 정답을 고르는 열쇠기에 보기 ㄴ을 먼저 따지겠다. "직"이 거짓이면 문장2의 이면 뒷말은 거짓이다. 이것으로 문장2의 이면 뒷말을 없애 "글"이 거짓임을 추론할 수 있다. 결국 "직"이 거짓이면 "글"은 거짓이다. 이는 보기 ㄴ이 참임을 뜻한다. 정답은 선택지 ③이다. 풀이가 이미 끝났지만 보기 ㄱ이 추론될 수 있음을 보이겠다. 보기 ㄱ은 "X이거나 Y" 꼴인데 이는 "X가 거짓이면 Y" 꼴로 바꾸어도 괜찮다. 보기 ㄱ은 "'공'이 참이면 '글'은 거짓이다"를 뜻한다. 앞에서 우리는 "공"이 참이면 "글"이 거짓임을 이미 추론했다. 이것은 보기 ㄱ이 참임을 뜻한다. 글로부터 추론할 수 있는 것은 보기 ㄱ과 보기 ㄴ뿐이고 정답은 선택지 ③이다.

노트

a. "만일 ㄱ이거나 ㄴ이면 ㄷ"과 "ㄷ은 거짓이다"로부터 "ㄱ이거나 ㄴ"이 거짓임을 곧 "ㄱ은 거짓이고 ㄴ은 거짓이다"를 추론할 수 있다.

b. “그 말은 틀린 것으로 밝혀졌다”에서 “그 말”은 이면문장이다. “‘최팀장이 다음 주 정책 브리핑을 총괄하면 팀원 손공정씨가 프레젠테이션을 담당한다’는 거짓이다”는 “최팀장은 다음 주 정책 브리핑을 총괄하고 팀원 손공정씨는 프레젠테이션을 담당하지 않는다”를 뜻한다.

c. “ㄱ이기 위해 ㄴ이어야 한다”는 “ㄴ이 거짓이면 ㄱ은 거짓이다”를 뜻한다. 달리 말해 “ㄱ이기 위해 ㄴ이어야 한다”는 “ㄱ이면 ㄴ”을 뜻한다. “경제의 주요지표들이 개선되기 위해서는 수출이 감소하면 안 된다”는 “경제의 주요지표들이 개선되기 위해서는 수출이 감소하지 않아야 한다”를 뜻한다. “경제의 주요지표들이 개선되기 위해서는 수출이 감소하지 않아야 한다”는 “수출이 감소한다면 경제의 주요지표들이 개선되지 않는다” 또는 “경제의 주요지표들이 개선되면 수출이 감소하지 않는다”를 뜻한다.

스마트 솔루션

⚀ 여러 문장으로 이뤄진 글을 바탕으로 추론해야 할 때 가장 먼저 해야 하는 일은 홑문장 실마리를 찾는 일이다. 홑문장 실마리가 없다면 이고문장, 이면문장의 부정, 이거나문장의 부정을 찾으라.

⚁ 일단 홑문장 실마리를 찾으면 이면 앞말 없애기나 이면 뒷말 없애기를 할 만한 이면문장이 있는지 둘러보라. 또는 이거나 없애기를 할 만한 이거나 문장이 있는지 둘러보라.

⚂ 글을 읽으면서 문장들의 구조가 잘 드러나도록 “이면”, “이거나”, “이고” 같은 곳에 동그라미를 그리면서 문장들의 논리 관계를 파악하라.

⚃ 홑문장뿐만 아니라 이고문장도 없다면 경우를 나누어 추론을 이어가라.

S02
풀이말 참말놀이

S021

모든

S022

몇몇

S023

갈래짓기

S021 모든

‘풀이말 참말 놀이’는 ‘문장 참말 놀이’보다 문장을 더 잘게 쪼개 추론을 이어갑니다. 풀이말 참말 놀이는 홑문장을 임자말, 풀이말, “모든”, “몇몇” 따위로 더 쪼갭니다. 여기에는 문장 논리뿐만 아니라 양화 논리 곧 모든몇몇 논리가 적용됩니다. 임자말이 홀이름인 문장을 “홀문장”이라 하고 임자말이 두루이름인 문장을 “두루문장”이라 합니다. 풀이말 참말 놀이에서 실마리는 ‘홀문장 홑문장’입니다. 홀문장 홑문장을 짧게 “홀홑문장”이라 하겠습니다.

풀이말 참말 놀이에서 가장 많이 나타나는 두루문장은 “모든 S는 P다”와 “어느 S도 P가 아니다” 꼴의 문장입니다. 이 문장들은 이면문장으로 바꿔 쓸 수 있습니다.

모든 S는 P다. S는 모두 P다. S 가운데 P 아닌 것은 없다.	무엇이든 그것이 S면 그것은 P다.
모든 S는 P가 아니다. 어느 S도 P가 아니다. S 가운데 P인 것은 없다.	무엇이든 그것이 S면 그것은 P가 아니다.

“모든 S는 P다” 꼴의 문장을 “모두 그렇다 문장”이라 하고 “어느 S도 P가 아니다” 꼴의 문장을 “모두 아니다 문장”이라 합니다. 둘을 모아 “모든문장”이라 합니다.

모든문장은 머릿속에서 이면문장으로 바꾸면 문장 논리의 규칙을 그대로 쓸 수 있습니다. 보기를 들어 “모든 S는 P다. a는 S다”로부터 “a는 P다”를 추론할 수 있고, “모든 S는 P다. a는 P가 아니다”로부터 “a는 S가 아니다”를 추론할 수 있습니다. 또한 “모든 S는 P다. 어느 P도 R이 아니다”로부터 “어느 S도 R이 아니다”를 추론할 수 있습니다.

S021_01. 다음 글의 사실을 바탕으로 신입 사원이 김 과장을 찾기 위해 추측한 내용 중 반드시 참인 것은? **PL200502_15**

김 과장은 오늘 아침 조기 축구 시합에 나갔다. 그런데 김 과장을 한 번도 본 적이 없는 같은 회사의 어떤 신입 사원이 김 과장에게 급히 전할 서류가 있어 직접 축구 시합장을 찾았다. 시합은 이미 시작되었고, 김 과장이 현재 양 팀의 수비수나 공격수 중 한 사람으로 뛰고 있다는 것은 분명하다. 다음은 사실이다.

ㄱ. A팀은 검정색 상의를, B팀은 흰색 상의를 입고 있다.
ㄴ. 양 팀에서 축구화를 신고 있는 사람은 모두 안경을 쓰고 있다.
ㄷ. 양 팀에서 안경 쓴 사람은 모두 수비수이다.

---

① 만약 김 과장이 공격수라면, 안경을 쓰고 있다.
② 김 과장은 흰색 상의를 입고 있거나 축구화를 신고 있다.
③ 만약 김 과장이 B팀의 공격수라면, 축구화를 신고 있지 않다.
④ 만약 김 과장이 검정색 상의를 입고 있다면, 안경을 쓰고 있다.
⑤ 만약 김 과장이 A팀의 수비수라면, 김 과장은 검정색 상의를 입고 있으며 안경도 쓰고 있다.

S021_02. 다음 조건이 모두 성립할 때 반드시 참인 것은? **PL200502_34**

ㄱ. 드라마를 좋아하는 사람은 아무도 뉴스를 좋아하지 않는다.

ㄴ. 스포츠를 좋아하는 사람은 아무도 드라마를 좋아하지 않는다.

ㄷ. 드라마를 좋아하는 사람은 모두 신문 보기보다는 책읽기를 더 좋아한다.

ㄹ. 뉴스를 좋아하는 사람은 모두 책 읽기보다는 신문 보기를 더 좋아한다.

ㅁ. 영미는 책 읽기보다는 신문 보기를, 철수는 신문 보기보다는 책 읽기를 더 좋아한다.

---

① 철수는 드라마를 좋아하지만, 뉴스는 좋아하지 않는다.

② 영미는 뉴스를 좋아하지만, 드라마는 좋아하지 않는다.

③ 영미는 스포츠를 좋아하고, 철수는 뉴스를 좋아하지 않는다.

④ 철수는 스포츠를 좋아하지 않고, 영미는 스포츠를 좋아한다.

⑤ 영미는 드라마를 좋아하지 않고, 철수는 뉴스를 좋아하지 않는다.

S021_03. 다음 포유동물에 대한 진술이 모두 참일 때, 꼬리가 없는 포유동물 A에 관한 설명 중 반드시 참인 것은? **PL200602_14**

○1 모든 포유동물은 물과 육지 중 한 곳에서만 산다.

○2 물에 살면서 육식을 하지 않는 포유동물은 다리가 없다.

○3 육지에 살면서 육식을 하는 포유동물은 모두 다리가 있다.

○4 육지에 살면서 육식을 하지 않는 포유동물은 모두 털이 없다.

○5 육식동물은 모두 꼬리가 있다.

---

① A는 털이 있다.

② A는 다리가 없다.

③ 만약 A가 물에 산다면, A는 다리가 있다.

④ 만약 A가 털이 있다면, A는 다리가 없다.

⑤ 만약 A가 육지에 산다면, A는 다리가 있다.

S021_04. A과 학생들의 수강현황을 조사한 결과 다음과 같은 자료를 얻었다. A과 학생 민주가 경제학을 수강하고 있다는 결론을 이끌어낼 수 있는 정보는? **PL201202_33**

$\bigcirc_1$ 정치학과 사회학을 둘 다 수강하는 학생은 모두 경제학도 수강하고 있다.

$\bigcirc_2$ 경영학과 회계학을 둘 다 수강하는 학생은 모두 경제학도 수강하고 있다.

$\bigcirc_3$ A과 학생은 누구든 논리학이나 역사학 수업 가운데 적어도 하나는 수강하고 있다.

$\bigcirc_4$ 논리학을 수강하는 학생은 모두 정치학도 수강하고 있다.

$\bigcirc_5$ 역사학을 수강하는 학생은 모두 경영학도 수강하고 있다.

---

① 민주는 경영학과 사회학을 수강하고 있다.

② 민주는 논리학과 경영학을 수강하고 있다.

③ 민주는 사회학과 회계학을 수강하고 있다.

④ 민주는 역사학과 정치학을 수강하고 있다.

⑤ 민주는 정치학과 회계학을 수강하고 있다.

S021_05. 다음 글로부터 추리한 것으로 옳은 것은? **LA200908_11**

어떤 회사의 사원 평가 결과 모든 사원이 최우수, 우수, 보통 중 한 등급으로 분류되었다. [1]'최우수'에 속한 사원은 모두 45세 이상이었다. [2]그리고 35세 이상의 사원은 '우수'에 속하거나 자녀를 두고 있지 않았다. [3]'우수'에 속한 사원은 아무도 이직 경력이 없다. [4]'보통'에 속한 사원은 모두 대출을 받고 있으며, 무주택자인 사원 중에는 대출을 받고 있는 사람이 없다. [5]이 회사의 직원 A는 자녀를 두고 있으며 이직 경력이 있는 사원이다.

---

① A는 35세 미만이고 무주택자이다.

② A는 35세 이상이고 무주택자이다.

③ A는 35세 미만이고 주택을 소유하고 있다.

④ A는 45세 미만이고 무주택자이다.

⑤ A는 45세 이상이고 주택을 소유하고 있다.

S021_06. 다음 글의 내용이 참일 때, 반드시 참인 것만을 〈보기〉에서 모두 고르면?

PL201507_16

---

[1]지혜로운 사람은 정열을 갖지 않는다. [2]정열을 가진 사람은 고통을 피할 수 없다. 정열은 고통을 수반하기 때문이다. [3]그런데 사랑을 원하는 사람은 정열을 가진 사람이다. [4]정열을 가진 사람은 행복하지 않다. [5]지혜롭지 않은 사람은 사랑을 원하면서 동시에 고통을 피하고자 한다. [6]그러나 지혜로운 사람만이 고통을 피할 수 있다.

〈보 기〉

ㄱ. 지혜로운 사람은 행복하다.

ㄴ. 사랑을 원하는 사람은 행복하지 않다.

ㄷ. 지혜로운 사람은 사랑을 원하지 않는다.

---

① ㄱ

② ㄴ

③ ㄱ, ㄷ

④ ㄴ, ㄷ

⑤ ㄱ, ㄴ, ㄷ

S021_07. 다음 규정에 비추어 볼 때 반드시 거짓인 주장은? **PL200902_14**

단기 거주 목적의 부동산을 소유하고 있거나 투기 지역에 위치한 부동산을 소유하고 있는 경우, 만일 개인별 합산 부동산의 공시가격이 6억 원을 초과하고 연간 총 근로소득이 부동산 보유 자산의 10% 미만인 다주택 소유자라면, 그 사람은 특별 보유세 부과 대상이다.

---

① 특별 보유세를 부과받은 연봉 1억 원의 김 상무는 공시가격 6억 원을 초과하거나 투기지역에 위치한 주택에 살고 있다.
② 투기지역에 단기 거주 목적으로 공시가격 2억 원을 넘는 3개의 주택을 소유한 백 씨에게 특별 보유세를 부과하지 않는다.
③ 단기 거주 목적이고 투기 지역에 공시가격 30억 원의 오피스텔 한 채를 소유한 연봉 2억 원의 최 씨에게 특별 보유세를 부과하지 않는다.
④ 장기 거주 목적이지만 투기지역에 위치한 각 공시가격 5억 원 상당의 아파트 두 채를 보유한 연봉 5천만 원인 박 씨에게 특별 보유세를 부과한다.
⑤ 공시가격 7억 원 상당의 다주택을 소유하고 있지만 특별 보유세를 부과받지 않고 근로소득이 없는 문 씨는 단기 거주 목적의 부동산을 소유하고 있다.

S021_08. 다음으로부터 추론한 것으로 옳은 것만을 〈보기〉에서 있는 대로 고른 것은? **LA201408_18**

수리 센터에서 A, B, C, D, E 5가지 부품의 불량에 대해 조사한 결과 다음 사실이 밝혀졌다.

○₁ A가 불량인 제품은 B, D, E도 불량이다.

○₂ C와 D가 함께 불량인 제품은 없다.

○₃ E가 불량이 아닌 제품은 B나 D도 불량이 아니다.

〈보 기〉

ㄱ. E가 불량인 제품은 C도 불량이다.

ㄴ. C가 불량인 제품 중에 A도 불량인 제품은 없다.

ㄷ. D는 불량이 아니면서 B가 불량인 제품은, C도 불량이다.

---

① ㄱ

② ㄴ

③ ㄱ, ㄷ

④ ㄴ, ㄷ

⑤ ㄱ, ㄴ, ㄷ

S021_09. 다음 글의 내용이 참일 때, 반드시 참인 것은? **PL202011_15**

갑돌과 정순은 매일 커피를 마시는 흡연자이다. 을순과 병돌은 매년 치석을 없앤다. 그리고 치아의 색깔에 관한 다음의 사실이 알려져 있다.

○$_1$ 치석을 매년 없애지 않고 매일 커피를 마시는 사람의 경우, 그의 이가 노랄 확률은 60% 이상이다.

○$_2$ 치석을 매년 없애지 않는 흡연자의 경우, 그의 이가 노랄 확률은 80% 이상이다.

○$_3$ 치석을 매년 없애지 않고 매일 커피를 마시는 흡연자의 경우, 그의 이가 노랄 확률은 90% 이상이다.

○$_4$ 치석을 매년 없애는 사람의 경우, 그의 이가 노랄 확률은 그의 커피 섭취 및 흡연 여부와 무관하게 20% 미만이다.

---

① 갑돌의 이가 노랄 확률은 80% 이상이다.

② 을순의 이가 노랗지 않을 확률은 80% 미만이다.

③ 병돌이 흡연자라면, 그의 이가 노랄 확률은 20% 이상이다.

④ 병돌이 매일 커피를 마신다면, 그의 이가 노랄 확률은 20% 이상이다.

⑤ 정순이 치석을 매년 없애지 않는다면, 그의 이가 노랄 확률은 90% 이상이다.

S021_10. 다음 글의 내용이 참일 때, 반드시 참인 것은? 단 경수는 농민이 아니다. **PL200508_33**

ㄱ. A, B, C, D 네 개의 구역이 있으며, A구역에는 군인, B구역에는 농민 또는 노동자, C구역에는 행정관료, 그리고 D구역에는 기업가가 산다.

ㄴ. A구역 사람은 모두 B구역 사람만을 좋아하고, D구역 사람을 존경하는 사람은 모두 A구역 사람들뿐이다.

ㄷ. 아파트에 거주하는 모든 사람은 D구역 사람을 좋아하고, 자가용으로 출퇴근하는 모든 사람은 부자이다.

ㄹ. C구역 사람이나 D구역 사람은 모두 부자이다.

ㅁ. C구역 사람은 모두 아파트에 거주한다.

---

① A구역 사람은 경수를 좋아하지 않는다.

② 만일 경수가 기업가를 존경한다면, 경수는 행정관료를 좋아한다.

③ 만일 경수가 부자도 아니고 군인도 아니라면, 경수는 노동자이다.

④ 만일 경수가 자가용으로 출퇴근한다면, 경수는 아파트에 거주한다.

⑤ 만일 경수가 C구역 사람이라면, 경수는 D구역 사람을 좋아하지 않는다.

S021_11. 다음 글의 내용이 참일 때, 반드시 참인 것만을 〈보기〉에서 모두 고르면? **PL201603_28**

이번에 K부서에서는 자기 부서의 정책을 홍보하기 위해 책자를 제작해 배포하였다. 이 홍보 사업에 참여한 K부서의 팀은 A와 B 두 팀이다. 두 팀은 각각 500권의 정책홍보책자를 제작하였다. 그러나 책자를 어떤 방식으로 배포할 것인지에 대해 두 팀 간에 차이가 있었다. A팀은 자신들이 제작한 K부서의 모든 정책홍보책자를 서울이나 부산에 배포한다는 지침에 따라 배포하였다. 한편, B팀은 자신들이 제작한 K부서 정책홍보책자를 서울에 모두 배포하거나 부산에 모두 배포한다는 지침에 따라 배포하였다. 사업이 진행된 이후 배포된 결과를 살펴보기 위해서 서울과 부산을 조사하였다. 조사를 담당한 한 직원은 A팀이 제작·배포한 K부서 정책홍보책자 중 일부를 서울에서 발견하였다. 한편, 또 다른 직원은 B팀이 제작·배포한 K부서 정책홍보책자 중 일부를 부산에서 발견하였다. 그리고 배포 과정을 검토해 본 결과, 이번에 A팀과 B팀이 제작한 K부서 정책홍보책자는 모두 배포되었다는 것과, 책자가 배포된 곳과 발견된 곳이 일치한다는 것이 확인되었다.

〈보 기〉

ㄱ. 부산에는 500권이 넘는 K부서 정책홍보책자가 배포되었다.

ㄴ. 서울에 배포된 K부서 정책홍보책자의 수는 부산에 배포된 K부서 정책홍보책자의 수보다 적다.

ㄷ. A팀이 제작한 K부서 정책홍보책자가 부산에서 발견되었다면, 부산에 배포된 K부서 정책홍보책자의 수가 서울에 배포된 수보다 많다.

---

① ㄱ　　② ㄷ

③ ㄱ, ㄴ　　④ ㄴ, ㄷ

⑤ ㄱ, ㄴ, ㄷ

S021_12. 다음 글의 내용이 참일 때, 반드시 참인 것은? **PL201507_06**

---

[1]도덕성에 결함이 있는 어떤 사람도 공무원으로 채용되지 않는다. [2]업무 능력을 검증받았고 인사추천위원회의 추천을 받았으며 공직관이 투철한, 즉 이 세 조건을 모두 만족하는 지원자는 누구나 올해 공무원으로 채용된다. [3]올해 공무원으로 채용되는 사람들 중에 봉사정신이 없는 사람은 아무도 없다. [4]공직관이 투철한 철수는 올해 공무원 채용 시험에 지원하여 업무 능력을 검증받았다.

---

① 만일 철수가 도덕성에 결함이 없다면, 그는 올해 공무원으로 채용된다.
② 만일 철수가 봉사정신을 갖고 있다면, 그는 올해 공무원으로 채용된다.
③ 만일 철수가 도덕성에 결함이 있다면, 그는 인사추천위원회의 추천을 받지 않았다.
④ 만일 철수가 올해 공무원으로 채용된다면, 그는 인사추천위원회의 추천을 받았다.
⑤ 만일 철수가 올해 공무원으로 채용되지 않는다면, 그는 도덕성에 결함이 있고 또한 봉사정신도 없다.

S021_13. 다음 글의 내용이 참일 때, 최종 선정되는 단체는? **PL201807_10**

○○부는 우수 문화예술 단체 A, B, C, D, E 중 한 곳을 선정하여 지원하려 한다. ○○부의 금번 선정 방침은 다음 두 가지다. [1]첫째, 어떤 형태로든 지원을 받고 있는 단체는 최종 후보가 될 수 없다. [2]둘째, 최종 선정 시 올림픽 관련 단체를 엔터테인먼트 사업(드라마, 영화, K-pop) 단체보다 우선한다.

[3]A 단체는 자유무역협정을 체결한 갑국에 드라마 컨텐츠를 수출하고 있지만 올림픽과 관련된 사업은 하지 않는다. [4]B는 올림픽의 개막식 행사를, C는 폐막식 행사를 각각 주관하는 단체다. [5]E는 오랫동안 한국 음식문화를 세계에 보급해 온 단체다. [6]A와 C 중 적어도 한 단체가 최종 후보가 되지 못한다면, 대신 B와 E 중 적어도 한 단체는 최종 후보가 된다. 반면 게임 개발로 각광을 받은 단체인 D가 최종 후보가 된다면, 한국과 자유무역협정을 체결한 국가와 교역을 하는 단체는 모두 최종 후보가 될 수 없다. [7]후보 단체들 중 가장 적은 부가가치를 창출한 단체는 최종 후보가 될 수 없고, 최종 선정은 최종 후보가 된 단체 중에서만 이루어진다.

[8]○○부의 조사 결과, 올림픽의 개막식 행사를 주관하는 모든 단체는 이미 □□부로부터 지원을 받고 있다. [9]그리고 위 문화예술 단체 가운데 한국 음식문화 보급과 관련된 단체의 부가가치 창출이 가장 저조하였다.

① A
② B
③ C
④ D
⑤ E

S021_14. 다음 정보로부터 올바른 추론을 하고 있는 사람을 〈보기〉에서 모두 고른 것은? **PL200702_11**

지난 달 출고된 소프트웨어 패키지 「빨간 꾸러미」에는 작년 소프트웨어 시장에서 높은 인기를 누렸던 「패키지 블루」의 프로그램들과 유사한 용도의 소프트웨어 프로그램이 여러 개 포함되어 있다. 공부나 문서 작업을 하다가 잠시 머리를 식히는 데 그만인 두더지 잡기 게임이 그 한 예라고 할 수 있다. [1]「패키지 블루」는 2003년에 출시되었던 「유니버스 2004」를 확장한 것으로, 「유니버스 2004」의 프로그램들에다가 사용자들이 아쉬움을 호소했던 몇 가지 기능을 보완하는 부수적 프로그램을 추가하여 만든 것이다. 「유니버스」 시리즈와 「패키지 블루」를 연달아 출시하고 있는 Z사가 어떤 개발·판매 전략을 가지고 있는지를 짐작할 수 있게 하는 장면이라고 하겠다.

「빨간 꾸러미」를 사용하는 사람은 2년 전 출시된 「패키지 오렌지」에 포함되었던 기능을 하나도 아쉬워할 필요가 없을 것이다. 게다가 「빨간 꾸러미」는 소프트웨어 시장의 일반적인 추세와는 달리 용량을 줄여 한 장의 CD에 모두 들어가도록 제작되었다. 이는 「패키지 오렌지」, 「패키지 블루」와의 큰 차이점이다. 「패키지 오렌지」와 「패키지 블루」는 각각 CD 두 장과 석 장으로 구성되어 있을 뿐만 아니라 설치했을 때 차지하는 하드디스크의 양 또한 「빨간 꾸러미」보다 훨씬 크고, 작동 시 필요로 하는 메인메모리의 크기도 더 크다. [2]「패키지 오렌지」와 「패키지 블루」가 거의 동일한 목적과 유사한 기술적 기반 위에서 만들어졌음에도 불구하고 단 한 개의 프로그램도 공통된 것이 없다는 점은 아주 흥미롭다. 이것은 아마 이 두 제품을 개발한 양쪽 개발팀을 이끌어온 두 팀장 간의 유명한 경쟁 의식이 낳은 결과가 아닌가 싶다.

〈보 기〉

수진: 「유니버스 2004」와 「패키지 오렌지」 사이엔 공통된 프로그램이 하나도 없네요.

우보: 「빨간 꾸러미」와 「패키지 블루」는 모두 Z사의 제품이란 말이죠.

미경: 두더지 잡기 게임은 「유니버스 2004」에도 들어 있네요.

---

① 수진　② 우보　③ 미경

④ 수진, 우보　⑤ 우보, 미경

S021_15. 다음 글의 내용이 참일 때, 우수공무원으로 반드시 표창 받는 사람의 수는? **PL201702_32**

지난 1년간의 평가에 의거하여, 우수공무원 표창을 하고자 한다. [1]세 개의 부서에서 갑, 을, 병, 정, 무 다섯 명을 표창 대상자로 추천했는데, 각 부서는 근무평점이 높은 순서로 추천하였다. [2]이들 중 갑, 을, 병은 같은 부서 소속이고 갑의 근무평점이 가장 높다. 추천된 사람 중에서 아래 네 가지 조건 중 적어도 두 가지를 충족하는 사람만 우수공무원으로 표창을 받는다.

○ 소속 부서에서 가장 높은 근무평점을 받아야 한다.
○ 근무한 날짜가 250일 이상이어야 한다.
○ 공무원 교육자료 집필에 참여한 적이 있으면서, 공무원 연수교육에 3회 이상 참석하여야 한다.
○ 정부출연연구소에서 활동한 사람은 그 활동 보고서가 인사혁신처 공식 자료로 등록되어야 한다.

지난 1년 동안 이들의 활동 내역은 다음과 같다. [3]250일 이상을 근무한 사람은 을, 병, 정이다. [4]갑, 병, 무 세 명 중에서 250일 이상을 근무한 사람은 모두 자신의 정부출연연구소 활동 보고서가 인사혁신처 공식 자료로 등록되었다. [5]만약 갑이 공무원 교육자료 집필에 참여하지 않았거나 무가 공무원 교육자료 집필에 참여하지 않았다면, 다섯 명의 후보 중에서 근무한 날짜의 수가 250일 이상인 사람은 한 명도 없다. [6]정부출연연구소에서 활동한 적이 없는 사람은 모두 공무원 연수교육에 1회 또는 2회만 참석했다. [7]그리고 다섯 명의 후보 모두 공무원 연수교육에 3회 이상 참석했다.

---

① 1명
② 2명
③ 3명
④ 4명
⑤ 5명

S021 풀이

01. 원래 문항의 문두와 제시문을 조금 고쳤다. 사실 ㄱ, 사실 ㄴ, 사실 ㄷ은 '모두 그렇다 문장'이다. "모든 S는 P다" 꼴의 문장은 이면문장으로 여기고 추론한다. 주어진 정보들 가운데 홀문장 홑문장은 없다. 홀홑문장이 없기에 우리는 이면문장이나 이거나문장으로 된 정보를 추론할 수 있을 뿐이다. 사실 ㄴ과 사실 ㄷ으로부터 축구화를 신은 사람은 모두 수비수다. 누구든지 그가 수비수가 아니면 그는 축구화를 신지 않았다. 주어진 정보에 따르면 김 과장이 공격수면 그는 수비수가 아니다. 따라서 선택지 ③ "만약 김 과장이 B팀의 공격수라면 축구화를 신고 있지 않다"는 반드시 참이다. 결국 정답은 선택지 ③이다.

    사실 ㄷ에 따르면 누구든지 그가 수비수가 아니면 그는 안경을 쓰지 않았다. 이 점에서 선택지 ① "만약 김 과장이 공격수라면 안경을 쓰고 있다"는 거짓이다. 주어진 정보만으로 안경을 쓴 이가 축구화를 신었는지 그렇지 않은지 알 수 없다. 또 수비수가 안경을 썼는지 그렇지 않은지, 그가 축구화를 신었는지 그렇지 않은지 알 수 없다. 따라서 선택지 ⑤ "만약 김 과장이 A팀의 수비수라면 김 과장은 검정색 상의를 입고 있으며 안경도 쓰고 있다"는 반드시 참이지는 않다.

    김 과장이 흰색 상의를 입지 않았다면 그는 A팀일 텐데 A팀이 모두 축구화를 신는다는 정보가 없다. 따라서 선택지 ② "김 과장은 흰색 상의를 입고 있거나 축구화를 신고 있다"는 반드시 참이지는 않다.[a] 마찬가지로 A팀이 모두 안경을 쓴다는 정보가 없으니 선택지 ④ "만약 김 과장이 검정색 상의를 입고 있다면 안경을 쓰고 있다"도 반드시 참이지는 않다.

02. 조건 ㅁ은 홀홑문장인데 이것은 풀이의 실마리다. 숨은 가정에 따르면 영미와 철수는 사람이다. 영미는 책 읽기보다는 신문 보기를 더 좋아하기에 그는 신문 보기보다는 책 읽기를 더 좋아하지는 않는다. 이 때문에 조건 ㄷ에 따르면 그는 드라마를 좋아하지 않는다. 철수는 신문 보기보다는 책 읽기를 더 좋아하기에 그는 책 읽기보다는 신문 보기를 더 좋아하지 않는다. 이 때문에 조건 ㄹ에 따르면 그는 뉴스를 좋아하지 않는다. 따라서 선

택지 ⑤ "영미는 드라마를 좋아하지 않고 철수는 뉴스를 좋아하지 않는다"는 반드시 참이다. 결국 정답은 선택지 ⑤다. 하지만 철수가 드라마를 좋아하는지 않는지 알 수 없고 영미가 뉴스를 좋아하는지 않는지 알 수 없다. 또한 영미와 철수가 스포츠를 좋아하는지 않는지 알 수 없다. 결국 다른 선택지들은 참인지 거짓인지 알 수 없다.

03. 원래 문항의 문두를 조금 고쳤다. 문두의 표현 "꼬리가 없는 포유동물 A"로부터 "A는 포유동물이고 꼬리가 없다"는 홑홑문장을 얻는다.[b] 이는 풀이의 실마리다. 이것으로 다음 추론을 이어갈 수 있는 다른 정보를 찾는다. 그것은 정보5다. 정보5에 따르면 A는 육식동물이 아니다. 그다음 육식하지 않는 포유동물에 관한 정보를 찾는다. 그것은 정보2와 정보4다. A가 물에 산다면, 정보2에 따라, A는 다리가 없다. 만일 A가 다리가 있다면 A는 물에 살지 않고 육지에 산다. A가 육지에 산다면, 정보4에 따라, A는 털이 없다. 만일 A가 털이 있다면 A는 물에 산다. 또 만일 A가 털이 있다면, A는 물에 살기에 정보2에 따라, A는 다리가 없다. 이 점에서 선택지 ④ "만약 A가 털이 있다면 A는 다리가 없다"는 반드시 참이다. 따라서 정답은 선택지 ④다.

A가 물에 사는지 육지에 사는지 모르기에 A가 털이 있는지 없는지 모른다. 이 때문에 선택지 ① "A는 털이 있다"는 반드시 참이지는 않다. 마찬가지로 A가 물에 사는지 육지에 사는지 모르기에 A가 다리가 있는지 없는지 모른다. 이 때문에 선택지 ② "A는 다리가 없다"는 반드시 참이지는 않다. 만일 A가 물에 산다면 다리가 없기에 선택지 ③ "만약 A가 물에 산다면 A는 다리가 있다"는 거짓이다. 'A가 물에 산다면 다리가 없다'는 까닭에서 '육지에 산다면 다리가 있다'고 말할 수는 없다. 이 때문에 선택지 ⑤ "만약 A가 육지에 산다면 A는 다리가 있다"는 반드시 참이지는 않다.

04. 문두 정보에 따르면 민주는 A과 학생이다. 이 홑홑문장 실마리를 써서 추론을 이어갈 수 있는 것은 정보3이다. 정보3과 정보4 및 정보5에 따라 A과 학생은 누구든 정치학과 경영학 가운데 적어도 하나를 수강한다. 다시 말해 민주는 정치학과 경영학 가운데 적어도 하나를 수강한다. 따라서 만일 민주가 사회학과 회계학을 둘 다 수강한다면, 민주는 사회학 회계학

정치학을 수강하거나 민주는 사회학 회계학 경영학을 수강한다. 결국 만일 민주가 사회학과 회계학을 둘 다 수강한다면, 정보1과 정보2로부터, 그는 경제학도 수강함을 추론할 수 있다. 따라서 정답은 선택지 ③ "민주는 사회학과 회계학을 수강하고 있다"다. 반면 다른 선택지로부터는 민주가 경제학을 수강한다는 결론을 이끌어낼 수 없다.

05. 문장5는 홑홑문장 실마리다. 이 실마리와 연관된 문장을 찾는다. 그것은 문장3과 문장2다. 직원 A는 이직 경력이 있기에 문장3으로부터 그는 우수 사원이 아니다. 또한 그는 자녀를 두었기에 문장2의 풀이말 "'우수'에 속하거나 자녀를 두고 있지 않았다"에 해당하지 않는다. 이는 그가 35세 이상의 사원이 아님을 뜻한다. 따라서 그는 35세 미만이다. 선택지 ② "A는 35세 이상이고 무주택자이다"와 선택지 ⑤ "A는 45세 이상이고 주택을 소유하고 있다"는 거짓이다.

사원 A는 35세 미만이기에 문장1에 따르면 그는 최우수 사원도 아니다. 그는 우수도 최우수도 아니기에 그는 보통 사원이다. 문장4에 따르면 그는 대출을 받았고 이 때문에 무주택 사원이 아니다. 선택지 ① "A는 35세 미만이고 무주택자이다"와 선택지 ④ "A는 45세 미만이고 무주택자이다"는 거짓이다. 반면 선택지 ③ "A는 35세 미만이고 주택을 소유하고 있다"는 반드시 참이다. 따라서 정답은 선택지 ③이다.

06. 문장3과 문장4에 따르면 사랑을 원하는 사람은 행복하지 않고, 문장3과 문장2에 따르면 그는 고통을 피할 수 없으며, 문장3과 문장1에 따르면 그는 지혜로운 사람이 아니다. 따라서 보기 ㄴ "사랑을 원하는 사람은 행복하지 않다"와 보기 ㄷ "지혜로운 사람은 사랑을 원하지 않는다"는 반드시 참이다. 반면 지혜로운 사람이 행복한지 행복하지 않는지 알 수 없다.[c] 이 때문에 보기 ㄱ "지혜로운 사람은 행복하다"는 반드시 참이지는 않다. 반드시 참인 것은 보기 ㄴ과 보기 ㄷ이고 정답은 선택지 ④다.

07. "그는 S지만 그는 P가 아니다"를 만족하는 사례가 있다면 문장 "누구든지 그가 S면 그는 P다"는 거짓이다.[d] 결국 다음 사례가 있다면 주어진 규정은 거짓이다. "그는 단기 거주 목적의 부동산을 소유하고 있거나 투기 지역에 위치한 부동산을 소유하며, 그는 개인별 합산 부동산의 공시가격이 6억 원을 초과하고 연간 총 근로소득이 부동산 보유 자산의 10% 미만인 다주택 소유자지만, 그는 특별 보유세 부과 대상이 아니다."

먼저 선택지 ⑤ "공시가격 7억 원 상당의 다주택을 소유하고 있지만 특별 보유세를 부과받지 않고 근로소득이 없는 문 씨는 단기 거주 목적의 부동산을 소유하고 있다"에서 문 씨는 단기 거주 목적의 부동산을 소유하고 있거나 투기 지역에 위치한 부동산을 소유한다. 또 그는 개인별 합산 부동산의 공시가격이 6억 원을 초과한다. 그는, 근로소득이 없기에, 연간 총 근로소득이 부동산 보유 자산의 10% 미만이며, 다주택 소유자다. 하지만 그는 특별 보유세를 부과받지 않았다. 이는 주어진 조건을 어기는 사례다. 따라서 선택지 ⑤는 반드시 거짓이다.

반면 특별 보유세를 부과받은 사례는 주어진 규정을 어기는 사례일 수 없다.[e] 이 때문에 선택지 ①과 선택지 ④에 나오는 사례는 주어진 규정을 어긴 사례가 아니다. 선택지 ②에 나오는 백 씨는 소득 수준이 알려지지 않았다. 그가 특별 보유세를 부과받지 않더라도 그의 경우가 주어진 규정을 어긴 사례인지 우리는 판단할 수 없다. 선택지 ③에 나오는 최 씨는 다주택 소유자가 아니다. 이 때문에 그의 경우는 주어진 규정을 어긴 사례가 아니다. 따라서 정답은 선택지 ⑤다.

08. 모든문장으로 된 정보도 모눈에 담을 수 있다. 정보1에 따르면 A가 불량일 경우 B, D, E 모두 불량이고 이 경우 정보2에 따라 C에서 불량이 아니다. A가 불량이 아닌 경우 정보2를 반영하여 다시 세 가지 경우로 나눈다. 아래에서 ㅂ은 '불량임'을 뜻하고 ×는 '불량이 아님'을 뜻한다.

A	B	C	D	E
ㅂ	ㅂ	×	ㅂ	ㅂ
×		ㅂ	×	
×		×	ㅂ	
×		×	×	

여기에 남은 정보3을 담는데 쌍점꼴 왼쪽에 E가 불량인 경우를 쓰고 쌍점꼴 오른쪽에 E가 불량이 아닌 경우를 쓰겠다. 정보3은 헷갈리게 써 놓았는데 맥락상 "한 제품이 E에서 불량이 아니면 그것은 B에서 불량이 아니고 D에서도 불량이 아니다"를 뜻하는 것 같다.

A	B	C	D	E
ㅂ	ㅂ	×	ㅂ	ㅂ
×	? : ×	ㅂ	×	ㅂ : ×
×	?	×	ㅂ	ㅂ
×	? : ×	×	×	ㅂ : ×

이까지 추론을 바탕으로 보기 진술을 하나씩 따진다.

한 제품이 E에서 불량이라 해서 C에서 늘 불량이지는 않다. 따라서 보기 ㄱ "E가 불량인 제품은 C도 불량이다"는 반드시 참이지는 않다. 만일 한 제품이 C에서 불량이면 이는 둘째 경우다. 이 경우에서 A는 불량이 아니다. 따라서 보기 ㄴ "C가 불량인 제품 중에 A도 불량인 제품은 없다"는 반드시 참이다. 한 제품이 D에서 불량이 아니고 B에서 불량인 사례는 둘째 경우와 넷째 경우인데 여기서 C는 불량이 아닐 수 있다. 따라서 보기 ㄷ "D는 불량이 아니면서 B가 불량인 제품은 C도 불량이다"는 반드시 참이지는 않다. 옳게 추론한 것은 보기 ㄴ뿐이고 정답은 선택지 ②다.

09. 이 문항은 아마도 추론의 모습을 띤 반드시 추론 문제다. 치석을 매년 없애는 을순과 병돌을 언급한 선택지를 따질 때는 사실4만으로 충분하다. 왜냐하면 나머지 정보는 치석을 매년 없애지 않는 사람들에 관한 정보이기 때문이다. 을순이든 병돌이든 이가 노랄 확률은 20% 미만이고 노랗지 않을 확률은 80% 이상이다. 선택지 ②, 선택지 ③, 선택지 ④가 거짓임을 금방 알 수 있다.

갑돌은 매일 커피를 마시는 흡연자인데 그가 치석을 없애는지 안 없애는지 모르기에 그의 이가 노랄 확률은 알 수 없다. 선택지 ① "갑돌의 이가 노랄 확률은 80% 이상이다"는 반드시 참이지는 않다. 정순은 매일 커피를 마시는 흡연자인데, 그가 치석을 없애지 않는다면, 사실3에 따르면 그의 이가 노랄 확률은 90% 이상이다. 따라서 선택지 ⑤ "정순이 치석을 매년 없애지 않는다면 그의 이가 노랄 확률은 90% 이상이다"는 참이다. 따라서 정답은 선택지 ⑤다.

10. 원래 문항의 문두를 조금 고쳤다. 글에서 "A구역에는 군인이 산다"는 맥락상 "A구역에는 군인만 산다"로 이해하는 것이 좋겠다. 문두의 "경수는 농민이 아니다"는 홑홑문장이다. 하지만 그가 농민이 아니라 해서 그가 B에 살지 않는다고 결론 내려서는 안 된다. 경수가 노동자일 수 있고 그래서 B에 살 가능성이 있다. 만일 그가 B에 산다면, 정보 ㄴ에 따라, 선택지 ① "A구역 사람은 경수를 좋아하지 않는다"는 거짓일 수 있다.

만일 경수가 기업가를 존경한다면, 그는 D 사람을 존경하는 셈이다. 정보 ㄴ에 따르면 경수는 A 사람이어야 한다. 이 경우 경수는 B 사람 곧 '농민이나 노동자'만을 좋아한다. 이 점에서 ② "만일 경수가 기업가를 존경한다면 경수는 행정관료를 좋아한다"는 거짓이다. 만일 경수가 부자도 아니고 군인도 아니면, 정보 ㄹ에 따라, 그는 C 사람도 아니고 D 사람도 아니다. 그는 A 사람이거나 B 사람일 텐데 그는 군인이 아니기에 B 사람이어야 한다. 그는 농민이 아니기에 노동자여야 한다. 따라서 선택지 ③ "만일 경수가 부자도 아니고 군인도 아니라면 경수는 노동자이다"는 반드시 참이다. 결국 정답은 선택지 ③이다.

만일 경수가 자가용으로 출퇴근한다면, 정보 ㄷ에 따라, 그는 부자다. 하지만 부자가 C나 D뿐만 아니라 A나 B에 살 여지가 있기에, 정보 ㅁ을 쓰더라도, 그가 아파트에 거주하는지 거주하지 않는지 알 수 없다. 따라서 선택지 ④ "만일 경수가 자가용으로 출퇴근한다면 경수는 아파트에 거주한다"는 반드시 참이지는 않다. 만일 경수가 C에 산다면, 정보 ㄹ과 정보 ㅁ에 따라, 그는 부자이고 아파트에 산다. 그가 아파트에 산다면 D 사람을 좋아한다. 따라서 선택지 ⑤ "만일 경수가 C구역 사람이라면 경수는 D구역 사람을 좋아하지 않는다"는 거짓이다.

11. 각 팀의 지침은 다음과 같다.

- A팀: K부서의 모든 정책홍보책자를 서울이나 부산에 배포한다.
- B팀: K부서 정책홍보책자를 서울에 모두 배포하거나 부산에 모두 배포한다.

B팀 책자가 부산에서 발견되었기에 B팀 책자 500권 모두가 부산에 배포되었음을 알 수 있다. 하지만 A팀의 지침에 따르면 500권의 책자 모두 서울에 배포되거나 모두 부산에 배포되거나 일부 서울 일부 부산에 배포된다. A팀 책자가 서울에서 발견되었다 해도 우리는 A팀 책자가 모두 서울에 배포되었는지 일부만 서울에 배포되었는지 알 수 없다.

우리가 알 수 있는 것은 부산에 배포된 책은 적어도 500권 곧 500권 이상이라는 사실이다. 한편 서울에 배포된 책은 많아야 500권 곧 500권 이하다. 이 사실로부터 보기 ㄱ이 참임을 추론할 수 없다. 또한 보기 ㄴ이 참임을 추론할 수도 없다. 하지만 만일 A팀 책자가 부산에서 발견되었다면 이는 A팀 책자가 서울과 부산에 분산 배포되었음을 뜻한다. 이는 보기 ㄷ이 참임을 뜻한다. 따라서 정답은 선택지 ②다.

12. 문장4는 홀홀문장 실마리다. 문장4에 따르면 철수는 공직관이 투철하고 업무 능력을 검증받았다. 이 실마리와 관련된 문장을 찾는다. 그것은 문장2다. 만일 그가 인사추천위원회 추천을 받았다면, 문장2에 따라 그는 공무원으로 채용된다. 그렇다고 선택지 ④ "만일 철수가 올해 공무원으로 채용된다면 그는 인사추천위원회의 추천을 받았다"가 반드시 참이지는 않다. 한편 그가 공무원으로 채용된다면, 문장1에 따라 그는 도덕성에 결함이 없다. 따라서 철수가 인사추천위원회 추천을 받았다면, 문장1과 문장2에 따라 그는 도덕성에 결함이 없다. 이면 앞뒤 바꿔 선택지 ③ "만일 철수가 도덕성에 결함이 있다면 그는 인사추천위원회의 추천을 받지 않았다"를 얻을 수 있다. 따라서 선택지 ③은 반드시 참이고 이것이 정답이다.

문장1로부터 철수가 공무원으로 채용된다면 그는 도덕성에 결함이 없음을 추론할 수 있다. 하지만 이로부터 선택지 ① "만일 철수가 도덕성에 결함이 없다면 그는 올해 공무원으로 채용된다"를 추론할 수는 없다. 문장3은 "S 가운데 P는 아무도 없다" 꼴의 문장이다. 이는 "모든 S는 P가 아니다"를 뜻한다. 문장3에 따르면 만일 철수가 올해 공무원에 채용된다면 그는 봉사정신이 있다. 달리 말해 그가 봉사정신이 없다면 그는 올해 공무원에 채용되지 않는다. 그렇다고 선택지 ② "만일 철수가 봉사정신을 갖고 있다면 그는 올해 공무원으로 채용된다"가 반드시 참이지는 않다. 철수가 올해 공무원으로 채용된다면 그는 도덕성에 결함이 없고 봉사정신이 있다. 그렇다고 선택지 ⑤ "만일 철수가 올해 공무원으로 채용되지 않는다면 그는 도덕성에 결함이 있고 또한 봉사정신도 없다"가 반드시 참이지는 않다.

13. 문장1, 문장4, 문장8로부터 B는 선정되지 않는다. 문장7과 문장9 및 문장5로부터 E는 선정되지 않는다. B와 E가 선정되지 않기에 문장6의 이면 뒷말은 거짓이다. 이는 문장6의 이면 앞말도 거짓임을 뜻한다. 따라서 A와 C 모두 최종 후보가 되어야 한다. 한편 문장2, 문장3, 문장4에 따르면 C와 견주어 볼 때 A는 선호되지 않고 최종 선정되지 않는다. 따라서 C가 최종 선정되어야 하고 정답은 선택지 ③이다.

14. 「빨간 꾸러미」가 어느 회사 제품인지는 글에 나와 있지 않다. 이는 우보의 진술이 반드시 참이지는 않음을 뜻한다. 문장1에 따르면 「패키지 블루」는 「유니버스 2004」를 확장했는데 「패키지 블루」에 있는 두더지 잡기 게임이 「유니버스 2004」 안에도 있는지 없는지 알 수 없다. 이는 미경의 진술이 반드시 참이지는 않음을 뜻한다. 반면 문장2에 따르면 「패키지 오렌지」와 「패키지 블루」 사이에 공통된 프로그램이 하나도 없다. 따라서 「유니버스 2004」와 「패키지 오렌지」 사이에도 공통된 프로그램이 하나도 없다. 왜냐하면 「유니버스 2004」에 있는 것은 그 확장판 「패키지 블루」에도 모두 있기 때문이다. 이는 수진의 진술이 반드시 참임을 뜻한다. 따라서 정답은 선택지 ①이다.

15. 갑, 을, 병, 정, 무가 어떤 조건을 충족했는지 모눈을 채워가며 살펴본다. 문장7에 따르면 모든 이가 연수교육에 3회 이상 참석했으니 이는 조건에서 빼겠다.

부서 내 최고 평점	250 이상 근무	집필 참여	보고서 등록

또 모든 이가 연수교육에 3회 이상 참석했기에 문장6에 따르면 이들은 모두 정부출연연구소에서 활동한 적이 있다.[g]

문장1과 문장2에 따르면 정과 무는 각각 다른 부서다. 이 때문에 갑, 정, 무는 각각 부서 내 근무평점이 가장 높다. 문장3은 손쉽게 모눈에 반영할 수 있다. 문장3과 문장4에 따르면 병은 자신의 활동 보고서가 공식 자료로 등록되었다. 이를 모눈에 반영한다.

부서 내 최고 평점	250 이상 근무	집필 참여	보고서 등록
갑, 정, 무	을, 병, 정		병

문장5는 아직 반영하지 못했다. 문장5의 이면 뒷말은 거짓이다. 이 때문에 이 문장의 이면 앞말도 거짓이다. 따라서 갑은 집필에 참여했고 무도 집필에 참여했다.

부서 내 최고 평점	250 이상 근무	집필 참여	보고서 등록
갑, 정, 무	을, 병, 정	갑, 무	병

이 모눈에 따르면 두 조건 이상에 나타나는 이는 갑, 병, 정, 무다. 곧 표창받는 사람은 4명이고 정답은 선택지 ④다.

노트

a. "김 과장은 흰색 상의를 입고 있거나 축구화를 신고 있다"는 곧 "김 과장이 흰색 상의를 입고 있지 않다면 그는 축구화를 신고 있다"를 뜻한다. "김 과장이 흰색 상의를 입고 있지 않다면 그는 축구화를 신고 있다"가 반드시 참이지는 않다면 "김 과장은 흰색 상의를 입고 있거나 축구화를 신고 있다"도 반드시 참이지는 않다.

b. 여기서 A는 동물 개체가 아니라 동물 종일 수 있다. A가 동물 종이라 하더라도 A를 홀이름으로 여겨도 될 것 같다.

c. "지혜로운 사람은 행복하다"를 추론하고자 할 때 문장1 같은 것은 도움이 될 수 있다. 하지만 "지혜롭지 않은 사람은 어떠어떠하다", "어떠어떠한 사람은 지혜롭다", "어떠어떠한 사람은 행복하지 않다", "행복한 사람은 어

떠어떠하다" 따위 문장은 도움이 되지 않는다. 이 점에서 문장4, 문장5, 문장6은 "지혜로운 사람은 행복하다"을 추론하는 데 별 도움이 되지 않는다.

d. "ㄱ일 경우 만일 ㄴ이면 ㄷ"은 "만일 ㄱ이고 ㄴ이면 ㄷ"과 뜻이 같다. "'ㄱ일 경우 만일 ㄴ이면 ㄷ'은 거짓이다"는 곧 "ㄱ이고 ㄴ이며, ㄷ은 거짓이다"를 뜻한다. 문장 "누구든지 그가 S일 경우, 그가 P이면 그는 R이다"를 거짓으로 만드는 사례는 'S이고 P이지만 R이 아닌 사례'다.

e. ㄱ에 맞지 않지만 ㄴ에는 맞는 사례는 "ㄱ이면 ㄴ"을 거짓으로 만들지 못한다. 나아가 ㄱ에 맞지 않는 사례는 "ㄱ이면 ㄴ"을 거짓으로 만들지 못한다. 또한 ㄴ에 맞는 사례는 "ㄱ이면 ㄴ"를 거짓으로 만들지 못한다.

f. 정보3에서 "은 B나 D도 불량이 아니다"는 "도" 때문에 "은 B와 D 모두에서 불량이 아니다"라고 쓰는 것이 차라리 더 나았다. 공식 해설집은 "은 B나 D도 불량이 아니다"를 "은 'B나 D도 불량'이 아니다" 곧 "은 B가 불량이 아니고 D도 불량이 아니다"로 해석했다. 만일 "은 B나 D가 불량이 아니다"라고 썼다면 "은 B나 D가 '불량이 아님'이다"로 읽는 것이 더 자연스럽다. 이렇게 읽는다면 "은 B나 D가 비불량이다"는 "은 B가 비불량이거나 D가 비불량이다"를 뜻한다. 이는 "은 B가 불량이 아니거나 D가 불량이 아니다"를 뜻한다.

g. "모든 S는 P다"와 "모두는 P가 아니다"로부터 "모두는 S가 아니다"를 추론할 수 있다. "정부출연연구소에서 활동한 적이 없는 사람은 모두 공무원 연수교육에 1회 또는 2회만 참석했다"와 "모두는 공무원 연수교육에 3회 이상 참석했다"로부터 "모두는 정부출연연구소에서 활동한 적이 있다"를 추론할 수 있다. 여기서 "모두"는 갑, 을, 병, 정, 무를 말한다.

스마트 솔루션

- "모든 S는 P다" 꼴의 문장이 나온다면 "무엇이든 그것이 S면 그것은 P다"로 바꿔 추론하라. "S 가운데 P는 없다" 또는 "P 가운데 S는 없다"는 "모든 S는 P가 아니다" 또는 "어느 S도 P가 아니다"를 뜻한다.
- 주어진 정보들 가운데 홑홑문장이 있는지 둘러보라. 그것이 바로 풀이의 실마리다. "a는 S다" 꼴의 정보가 주어졌다면 "모든 S는 P다", "모든 S는 R이 아니다", "어느 Q도 S가 아니다", "S 가운데 T는 없다", "U 가운데 S는 없다"로부터 "a는 P다", "a는 R이 아니다", "a는 Q가 아니다", "a는 T가 아

니다", "a는 U가 아니다"를 각각 추론할 수 있다.

⚁ 홀홑문장이 없다면 우리는 대체로 이면문장이거나 두루문장을 추론할 수 있을 뿐이다. 보기나 선택지에 "모든 A는 B다" 문장이 있다면 주어진 정보에 "모든 A는 P다", "모든 S는 A가 아니다", "S 가운데 A는 없다", "A 가운데 S는 없다", "모든 R은 B다", "B 아닌 것은 모두 Q다" 꼴의 문장이 있는지 찾으라.

⚃ "S만이 P다"는 "S가 아닌 것은 모두 P가 아니다"를 뜻한다.

S022 몇몇

'몇몇문장'은 '몇몇 그렇다 문장'과 '몇몇 아니다 문장'으로 나뉩니다. '몇몇문장'은 주어진 두루이름을 만족하는 사물이 '있음'을 이야기합니다. 몇몇 그렇다 문장 "몇몇 S는 P다", "어떤 S는 P다", "일부 S는 P다"는 "S이고 P인 것이 적어도 하나 있다"를 뜻합니다. 몇몇 아니다 문장 "몇몇 S는 P가 아니다", "어떤 S는 P가 아니다", "일부 S는 P가 아니다"는 "S이고 P 아닌 것이 적어도 하나 있다"를 뜻합니다.

한편 모든문장의 부정은 몇몇문장이고 몇몇문장의 부정은 모든문장입니다. "'모든 S는 P다'는 거짓이다"는 "몇몇 S는 P가 아니다"를 뜻하고 "'모든 S는 P가 아니다'는 거짓이다"는 "몇몇 S는 P다"를 뜻합니다. "'몇몇 S는 P다'는 거짓이다"는 "모든 S는 P가 아니다"를 뜻하고 "'몇몇 S는 P가 아니다'는 거짓이다"는 "모든 S는 P다"를 뜻합니다.

주어진 정보에 "몇몇 S는 P다"가 나오면 이 정보를 "a는 S이고 a는 P다"로 바꾸십시오. 여기서 a는 "몇몇 S는 P다"에서 '있다'고 말한 것 가운데 하나입니다. 다른 정보 "몇몇 Q는 R이 아니다"가 나오면 이 정보를 "b는 Q이고 b는 R이 아니다"로 바꾸십시오. 여기서 b는 "몇몇 Q는 R이 아니다"에서 '있다'고 말한 것 가운데 하나입니다. 하지만 a와 b는 다른 것일 수 있고 같은 것일 수 있으니 이를 헷갈리지 않도록 조심해야 합니다.

정보 "일부 S는 P다"와 "모든 P는 R이다"로부터 우리는 "일부 S는 R이다"를 추론할 수 있습니다. 정보 "몇몇 S는 P다"와 "모든 P는 R이다"로부터 우리는 "P이고 R인 것이 있다"를 추론할 수 있습니다. 하지만 정보 "모든 P는 R이다"로부터 우리는 "어떤 P는 R이다"를 추론할 수는 없습니다. 몇몇문장은 '있음'을 말하지만 모든문장은 '있음'을 말하지 않습니다.

S022_01. 다음 글의 내용이 참일 때 반드시 참인 것은? PL202202_31

프랜차이즈 회사 갑은 올해 우수매장을 선정했는데 선정 과정에 본사 경영진이 개입했다는 주장이 있지만 이는 아직 불분명하다. 본사 경영진이 우수매장 선정에 개입했다면, A 매장이 선정되었을 것이다. 한편 B 매장이 선정되었다면, 우수매장 선정에 본사 경영진이 개입했다는 주장이 거짓임이 밝혀진 셈이다. 최종 선정된 우수매장 후보는 A와 B 매장 둘뿐이며 이 중 한 군데만이 선정될 상황이었다. 만약 A 매장이 우수매장으로 선정되었다면, 갑의 매장 대부분이 본사 직영점이라는 주장이 거짓임이 밝혀졌을 것이다. 또한, B 매장이 우수매장으로 선정되었다면, 갑의 매장은 모두 방역 클린 매장이라는 주장과 모두 친환경 매장이라는 주장이 둘 다 거짓인 것은 아니다. 10년째 영업 중인 갑의 B 매장은 방역 클린 매장이지만 친환경 매장은 아니다.

① 갑의 올해 우수매장 선정에 본사 경영진의 개입이 없었다면, A 매장이 선정되었을 것이다.
② 갑의 매장 대부분이 본사 직영점이라면, 갑의 매장은 모두 방역 클린 매장이다.
③ 갑의 매장 중에는 본사 직영점도 아니고 친환경 매장도 아닌 곳이 있다.
④ 우수매장으로 선정된 곳은 방역 클린 매장이자 친환경 매장이다.
⑤ 갑의 매장 중 방역 클린 매장이 아닌 곳도 있다.

S022_02. 다음 글의 내용이 참일 때, 반드시 거짓인 것은? **PL201502_12**

---

[1]착한 사람들 중에서 똑똑한 여자는 모두 인기가 많다. [2]똑똑한 사람들 중에서 착한 남자는 모두 인기가 많다. [3]"인기가 많지 않지만 멋진 남자가 있다"라는 말은 거짓이다. [4]순이는 멋지지 않지만 똑똑한 여자이다. [5]철수는 인기는 많지 않지만 착한 남자이다. 여자든 남자든 당연히 사람이다.

---

① 철수는 똑똑하지 않다.
② 철수는 멋지거나 똑똑하다.
③ 똑똑하지만 멋지지 않은 사람이 있다.
④ 순이가 인기가 많지 않다면, 그녀는 착하지 않다.
⑤ "똑똑하지만 인기가 많지 않은 여자가 있다"라는 말이 거짓이라면, 순이는 인기가 많다.

S022_03. 다음 글의 내용이 참일 때 반드시 참인 것은? **PL200607_07**

한국대학교 생물학과 학생을 대상으로 교양 과목 수강 내역을 조사하였더니, [1]심리학을 수강한 학생 중 몇 명은 한국사를 수강하였고, [2]경제학을 수강한 학생은 모두 정치학을 수강하였다. 그리고 [3]경제학을 수강하지 않은 학생은 아무도 한국사를 수강하지 않은 것으로 나타났다.

---

① 경제학을 수강한 모든 학생은 심리학을 수강하였다.
② 한국사를 수강한 모든 학생은 심리학을 수강하였다.
③ 심리학을 수강한 학생 중 몇 명은 정치학을 수강하였다.
④ 한국사를 수강한 학생은 아무도 정치학을 수강하지 않았다.
⑤ 심리학을 수강하지 않은 학생 중 몇 명은 경제학을 수강하였다.

S022_04. 다음으로부터 추론한 것으로 옳은 것은? **LA201708_26**

어떤 학과의 졸업 예정자 갑~무에 대해 다음이 알려졌다.

$○_1$ 취업을 한 학생은 졸업평점이 3.5 이상이거나 외국어 인증 시험에 합격했다.

$○_2$ 인턴 경력이 있는 학생들 중 취업박람회에 참가하지 않은 학생은 아무도 없었다.

$○_3$ 졸업평점이 3.5 이상이고 취업박람회에 참가한 학생은 모두 취업을 했다.

$○_4$ 외국어 인증시험에 합격하고 인턴 경력이 있는 학생들은 모두 취업을 했다.

---

① 취업박람회에 참가하고 취업을 한 갑은 인턴 경력이 있다.

② 외국어 인증시험에 합격했지만 취업을 하지 못한 을은 취업박람회에 참가하지 않았다.

③ 취업박람회에 참가하고 외국어 인증시험에 합격한 병은 취업을 했다.

④ 취업박람회에 참가하지 않았는데 취업을 한 정은 외국어 인증 시험에 합격했다.

⑤ 인턴 경력이 있고 졸업평점이 3.5 이상인 무는 취업을 했다.

S022_05. 다음 글의 내용이 참일 때, 반드시 참인 것만을 〈보기〉에서 모두 고르면? **PL202207_18**

△△처에서는 채용 후보자들을 대상으로 A, B, C, D 네 종류의 자격증 소지 여부를 조사하였다. 그 결과 다음과 같은 사실이 밝혀졌다.

○$_1$ A와 D를 둘 다 가진 후보자가 있다.

○$_2$ B와 D를 둘 다 가진 후보자는 없다.

○$_3$ A나 B를 가진 후보자는 모두 C는 가지고 있지 않다.

○$_4$ A를 가진 후보자는 모두 B는 가지고 있지 않다는 것은 사실이 아니다.

〈보 기〉

ㄱ. 네 종류 중 세 종류의 자격증을 가지고 있는 후보자는 없다.

ㄴ. 어떤 후보자는 B를 가지고 있지 않고, 또 다른 후보자는 D를 가지고 있지 않다.

ㄷ. D를 가지고 있지 않은 후보자는 누구나 C를 가지고 있지 않다면, 네 종류 중 한 종류의 자격증만 가지고 있는 후보자가 있다.

---

① ㄱ

② ㄷ

③ ㄱ, ㄴ

④ ㄴ, ㄷ

⑤ ㄱ, ㄴ, ㄷ

S022_06. 다음을 참이라고 가정할 때, 반드시 참인 것은? **PL200508_31**

ㄱ. 모든 금속은 전기가 통한다.

ㄴ. 광택이 난다고 해서 반드시 금속은 아니다.

ㄷ. 전기가 통하지 않고 광택이 나는 물질이 존재한다.

ㄹ. 광택이 나지 않으면서 전기가 통하는 물질이 존재한다.

ㅁ. 어떤 금속은 광택이 난다.

---

① 금속이 아닌 물질은 모두 전기가 통하지 않는다

② 전기도 통하고 광택도 나는 물질이 존재한다.

③ 광택을 내지 않고 금속인 물질이 존재한다.

④ 전기가 통하는 물질은 모두 광택이 난다.

⑤ 광택을 내지 않는 금속은 없다.

S022_07. 다음 글의 내용이 참일 때, 반드시 참인 것만을 〈보기〉에서 모두 고르면? **PL202103_35**

철학과에서는 학생들의 수강 실태를 파악하여 향후 학과 교과목 개편에 반영할 예정이다. [1]실태를 파악한 결과, 「논리학」, 「인식론」, 「과학철학」, 「언어철학」을 모두 수강한 학생은 없었다. [2]「논리학」을 수강한 학생들은 모두 「인식론」도 수강하였다. [3]일부 학생들은 「인식론」과 「과학철학」을 둘 다 수강하였다. [4]그리고 「언어철학」을 수강하지 않은 학생들은 누구도 「과학철학」을 수강하지 않았다.

〈보 기〉

ㄱ. 「논리학」을 수강하지 않은 학생이 있다.

ㄴ. 「논리학」과 「과학철학」을 둘 다 수강한 학생은 없다.

ㄷ. 「인식론」과 「언어철학」을 둘 다 수강한 학생이 있다.

---

① ㄱ

② ㄴ

③ ㄱ, ㄷ

④ ㄴ, ㄷ

⑤ ㄱ, ㄴ, ㄷ

S022_08. 다음 글의 내용이 참일 때, 참인지 거짓인지 알 수 있는 것만을 〈보기〉에서 모두 고르면? **PL201907_09**

머신러닝은 컴퓨터 공학에서 최근 주목 받고 있는 분야이다. 이 중 샤펠식 과정은 성공적인 적용 사례들로 인해 우리에게 많이 알려진 학습 방법이다. [1]머신러닝의 사례 가운데 샤펠식 과정에 해당하면서 의사결정트리 방식을 따르지 않는 경우는 없다.

[2]머신러닝은 지도학습과 비지도학습이라는 두 배타적 유형으로 나눌 수 있고, 모든 머신러닝의 사례는 이 두 유형 중 어디엔가 속한다. [3]샤펠식 과정은 모두 전자에 속한다. [4]머신러닝에서 새로 떠오르는 방법은 강화학습인데, 강화학습을 활용하는 모든 경우는 후자에 속한다. [5]그리고 의사결정트리 방식을 적용한 사례들 가운데 강화학습을 활용하는 머신러닝의 사례도 있다.

〈보 기〉

ㄱ. 의사결정트리 방식을 적용한 모든 사례는 지도학습의 사례이다.

ㄴ. 샤펠식 과정의 적용 사례가 아니면서 의사결정트리 방식을 적용한 경우가 존재한다.

ㄷ. 강화학습을 활용하는 머신러닝 사례들 가운데 의사결정트리 방식이 적용되지 않은 경우는 없다.

---

① ㄴ

② ㄷ

③ ㄱ, ㄴ

④ ㄱ, ㄷ

⑤ ㄱ, ㄴ, ㄷ

S022_09. 다음 글의 내용이 참일 때, 참인지 거짓인지 알 수 없는 것은?

PL201403_11

---

[1]"누군가를 사랑하거나 누군가에게 사랑받는 존재만이 의사를 표명할 수 있다"는 주장은 쉽게 받아들이기 어렵지만 참이다. [2]의사를 표명할 수 없는 존재는 사유할 수 없지만, 의사를 표명할 수 있는 존재는 사유할 수 있다. 이와 연관 지어 '사유', '행위', 그리고 '자유의지' 사이의 관계는 다음과 같다.

> [3]첫째, 어떤 존재든지 그것이 사유할 수 있을 때, 그리고 오직 그 때만 행위를 할 수 있다. [4]둘째, 행위를 할 수 없는 존재는 자유의지를 갖지 않는다.

[5]자유의지를 갖지 않는 사람은 없다. 하지만 [6]그 누구에게도 사랑받지 않는 존재들이 있다. [7]그런 존재들 중 하나를 '레이'라고 해 보자.

---

① 레이는 자유의지를 갖지 않거나 행위를 할 수 있다.
② 만일 레이가 사람이라면, 레이는 누군가를 사랑한다.
③ 레이는 누군가를 사랑하거나 자유의지를 갖지 않는다.
④ 만일 레이가 사유할 수 없다면, 레이는 행위를 할 수 없다.
⑤ 만일 레이가 의사를 표명할 수 있다면, 레이는 자유의지를 갖는다.

S022_10. 입사 지원자들에 대한 다음 정보를 토대로 지원자 W에 관하여 바르게 추론한 것만을 〈보기〉에서 모두 고르면? **PL201403_32**

○$_1$ 실무영어 불합격자 가운데 경제학 전공자는 없다.

○$_2$ 실무영어 합격자 가운데 해외연수 경력이 없거나 25세 미만인 지원자는 없다.

○$_3$ 경제학 전공이거나 러시아어 특기자인 지원자 가운데 해외연수 경력이 있는 사람은 없다.

○$_4$ 25세 이상의 지원자로서 러시아어 특기자인 사람은 모두 해외연수 경력이 있다.

〈보 기〉

ㄱ. W는 경제학 전공자가 아니다.

ㄴ. W가 해외연수 경력이 없다면, 25세 미만이다.

ㄷ. W가 러시아어 특기자라면, 해외연수 경력은 없다.

ㄹ. W가 실무영어 합격자라면, 러시아어 특기자가 아니다.

---

① ㄱ, ㄴ

② ㄴ, ㄷ

③ ㄷ, ㄹ

④ ㄱ, ㄴ, ㄹ

⑤ ㄱ, ㄷ, ㄹ

S022_11. 다음 진술들이 모두 참이라고 할 때, 반드시 참이라고 할 수 없는 것은? **PL200702_27**

○$_1$ 모든 사람은 자신에 대해서 호의적인 사람에게 호의적이다.

○$_2$ 어느 누구도 자신을 비방한 사람에게 호의적이지 않다.

○$_3$ 다른 사람을 결코 비방하지 않는 사람이 있다.

○$_4$ 어느 누구도 자기 자신에 대해서 호의적이지도 않고 자기 자신을 비방하지도 않는다.

---

① 두 사람이 서로 호의적이라면, 그 두 사람은 서로 비방한 적이 없다.

② 두 사람이 서로 비방한 적이 없다면, 그 두 사람은 서로 호의적이다.

③ 누구든 다른 모든 사람을 비방한다면, 그 사람에 대해 호의적인 사람은 없다.

④ A라는 사람이 다른 모든 사람을 비방한다면, A에게 호의적이지 않지만 A를 비방하지 않는 사람이 있다.

⑤ 모든 사람이 자신을 비방하지 않는 사람에게 호의적이라면, 모든 사람에게는 각자가 호의적으로 대하는 사람이 적어도 하나는 있다.

S022_12. 다음으로부터 추론한 것으로 옳은 것만을 〈보기〉에서 있는 대로 고른 것은? **LA202007_22**

○$_1$ 모든 사업가는 친절하다.

○$_2$ 성격이 원만하지 않은 모든 사람은 친절하지 않다.

○$_3$ 모든 논리학자는 친절하지 않은 모든 사람을 좋아한다.

○$_4$ 친절하지 않은 모든 사람을 좋아하는 사람은 모두 그 자신도 친절하지 않다.

○$_5$ 어떤 철학자는 논리학자이다.

〈보 기〉

ㄱ. 사업가이거나 논리학자인 갑의 성격이 원만하지 않다면, 갑은 친절하지 않은 모든 사람을 좋아한다.

ㄴ. 을이 논리학자라면, 어떤 철학자는 을을 좋아한다.

ㄷ. 병이 친절하다면, 병은 사업가가 아니거나 철학자가 아니다.

---

① ㄱ

② ㄷ

③ ㄱ, ㄴ

④ ㄴ, ㄷ

⑤ ㄱ, ㄴ, ㄷ

S022_13. 〈원리〉에 따라 추론한 것으로 옳은 것만을 〈보기〉에서 있는 대로 고른 것은? **LA201807_29**

수십 명의 직원이 근무하는 정보국에는 A, B, C 세 부서가 있고, 각 부서에 1명 이상이 소속되어 있다. 둘 이상의 부서에 소속된 직원은 없다. 이들 직원의 감시와 관련하여 세 가지 사실이 알려져 있다.

○$_1$ A의 모든 직원은 B의 어떤 직원을 감시한다. 이는 A 부서에 속한 직원은 누구나 B 부서 소속의 직원을 1명 이상 감시하고 있음을 의미한다.

○$_2$ B의 모든 직원이 감시하는 C의 직원이 있다. 이는 C 부서의 직원 가운데 적어도 한 사람은 B 부서 모든 직원의 감시 대상임을 의미한다.

○$_3$ C의 어떤 직원은 A의 모든 직원을 감시한다. 이는 C 부서에 속한 직원 가운데 적어도 한 사람은 A 부서의 모든 직원을 감시 대상으로 삼고 있음을 의미한다.

〈원리〉

갑이 을을 감시하고 을이 병을 감시하면, 갑은 병을 감시하는 것이다.

〈보 기〉

ㄱ. A의 모든 직원은 C의 직원 가운데 적어도 한 사람을 감시하고 있다.
ㄴ. B의 어떤 직원은 A의 모든 직원을 감시하고 있다.
ㄷ. C의 어떤 직원은 B의 직원 가운데 적어도 한 사람을 감시하고 있다.

---

① ㄱ
② ㄴ
③ ㄱ, ㄷ
④ ㄴ, ㄷ
⑤ ㄱ, ㄴ, ㄷ

S022_14. 다음 글의 내용이 참일 때, 반드시 참인 것만을 〈보기〉에서 모두 고르면? **PL202207_19**

신입사원을 대상으로 민원, 홍보, 인사, 기획 업무에 대한 선호를 조사하였다. [1]조사 결과 민원 업무를 선호하는 신입사원은 모두 홍보 업무를 선호하였지만, 그 역은 성립하지 않았다. [2]모든 업무 중 인사 업무만을 선호하는 신입사원은 있었지만, 민원 업무와 인사 업무를 모두 선호하는 신입사원은 없었다. [3]그리고 넷 중 세 개 이상의 업무를 선호하는 신입사원도 없었다. [4]신입사원 갑이 선호하는 업무에는 기획 업무가 포함되어 있었으며, 신입사원 을이 선호하는 업무에는 민원 업무가 포함되어 있었다.

〈보 기〉

ㄱ. 어떤 업무는 갑도 을도 선호하지 않는다.

ㄴ. 적어도 두 명 이상의 신입사원이 홍보 업무를 선호한다.

ㄷ. 조사 대상이 된 업무 중에, 어떤 신입사원도 선호하지 않는 업무는 없다.

---

① ㄱ

② ㄷ

③ ㄱ, ㄴ

④ ㄴ, ㄷ

⑤ ㄱ, ㄴ, ㄷ

S022_15. 다음 글에서 갑이 새롭게 입수한 '정보'로 적절한 것은?

PL202307_15

월요일부터 목요일까지 하루에 한 차례씩 시험 출제 회의가 열렸다. 회의에 참석한 시험위원들에 관한 자료를 정리하던 주무관 갑은 다음의 사실을 파악하였다.

○$_1$ 월요일에 참석한 시험위원은 모두 수요일에도 참석했다.
○$_2$ 화요일에 참석한 시험위원은 누구도 수요일에는 참석하지 않았다.
○$_3$ 수요일에 참석한 시험위원 중 적어도 한 사람은 목요일에도 참석했다.

갑은 이 사실에 새롭게 입수한 '정보'를 더하여 [4]"월요일에는 참석하지 않았지만 목요일에는 참석한 시험위원이 적어도 한 사람은 있다"는 것을 알아내었다.

---

① 월요일에 참석하지 않은 시험위원이 적어도 한 사람은 있다.
② 화요일에 참석하지 않은 시험위원이 적어도 한 사람은 있다.
③ 수요일에 참석한 시험위원 중 적어도 한 사람은 목요일에 참석하지 않았다.
④ 목요일에는 참석하지 않았지만 월요일에는 참석한 시험위원이 적어도 한 사람은 있다.
⑤ 월요일에 참석한 시험위원 중에는 목요일에 참석한 시험위원은 없다.

S022_16. 다음 글의 내용이 참일 때 반드시 참인 것만을 〈보기〉에서 모두 고르면? **PL202303_34**

부서에서 검토 중인 과제를 여섯 개의 범주, '중점 추진 과제', '타 부서와 협의가 필요한 과제', '많은 예산이 필요한 과제', '장기 시행 과제', '인력 재배치가 필요한 과제', '즉각적인 효과가 나타나는 과제'로 나누어 검토해 본 결과는 다음과 같다.

○₁ 중점 추진 과제 가운데 인력 재배치가 필요한 과제는 없지만 장기 시행 과제는 있다.

○₂ 타 부서와 협의가 필요한 과제 가운데 즉각적인 효과가 나타나는 과제는 없다.

○₃ 많은 예산이 필요한 과제 가운데 즉각적인 효과가 나타나는 과제가 있다.

○₄ 장기 시행 과제 가운데 타 부서와 협의가 필요하지 않은 과제는 모두 인력 재배치가 필요한 과제이다.

○₅ 인력 재배치가 필요한 과제 가운데 많은 예산이 필요한 과제는 없다.

〈보 기〉

ㄱ. 장기 시행 과제이면서 즉각적인 효과가 나타나는 과제 가운데는 많은 예산이 필요한 과제가 없다.

ㄴ. 인력 재배치가 필요하지 않은 과제 가운데 즉각적인 효과가 나타나지 않는 과제가 있다.

ㄷ. 장기 시행 과제가 아니면서 많은 예산이 필요한 과제가 있다.

---

① ㄱ　　② ㄷ

③ ㄱ, ㄴ　　④ ㄴ, ㄷ

⑤ ㄱ, ㄴ, ㄷ

S022 풀이

01. 글로부터 다음은 사실을 알 수 있다. "A는 선정된다"를 짧게 A라 쓰고 "B는 선정된다"를 짧게 B라 쓰겠다.

○₁ A이면, B는 거짓이고, A가 거짓이면 B.

○₂ 경영진이 개입했다면 A이다.

○₃ A이면 매장 대부분이 직영점이지는 않다.

○₄ B이면 "모든 매장은 클린 매장이다"와 "모든 매장은 친환경 매장이다" 가운데 적어도 하나는 참이다.

○₅ 매장 B는 클린 매장이지만 친환경 매장은 아니다.

주어진 정보가 대부분 조건 정보이기에 선택지를 하나씩 살펴보며 따지는 것이 좋겠다.

먼저 선택지 ②를 살펴보려 한다. 이 선택지의 이면 앞말 "갑의 매장 대부분이 본사 직영점이다"를 가정한다. 정보3과 정보4로부터 매장 대부분이 직영점이면 "모든 매장은 클린 매장이다"와 "모든 매장은 친환경 매장이다" 가운데 적어도 하나는 참이다. 정보5에 따르면 몇몇 매장은 친환경 매장이 아니다. 이는 "모든 매장은 친환경 매장이다"가 거짓임을 뜻한다. 따라서 "모든 매장은 클린 매장이다"가 참이어야 한다. 따라서 선택지 ② "갑의 매장 대부분이 본사 직영점이라면 갑의 매장은 모두 방역 클린 매장이다"는 반드시 참이다.

다른 선택지를 살펴보겠다. "갑의 올해 우수매장 선정에 본사 경영진의 개입이 없었다"로부터는 "A 매장이 선정되었다"를 추론할 수 없다. 이 점에서 선택지 ① "갑의 올해 우수매장 선정에 본사 경영진의 개입이 없었다면 A 매장이 선정되었을 것이다"는 반드시 참이지는 않다. 나아가 선택지 ④ "우수매장으로 선정된 곳은 방역 클린 매장이자 친환경 매장이다"도 반드시 참이지는 않다.

선택지 ③과 선택지 ⑤는 '있음'을 주장한다. '있음'을 주장하는 것은 정보5다. 정보5에 따르면 "갑의 매장 중에는 친환경 매장이 아닌 곳이 있다"는 참이다. 하지만 그곳이 본사 직영점이 아닌 매장인지는 알 수 없다. 따라서 선택지 ③ "갑의 매장 중에는 본사 직영점도 아니고 친환경 매장도 아닌 곳이 있다"는 반드시 참이지는 않다. 정보5에 따르면 갑의 매장 중에 친환경 매장이 아닌 곳은 있다. 하지만 방역 클린 매장이 아닌 곳이 있는지는 알 수 없다. 따라서 선택지 ⑤ "갑의 매장 중 방역 클린 매장이 아닌 곳도 있다"는 반드시 참이지는 않다.

02. 주어진 정보 가운데 홀홑문장은 문장4와 문장5인데 이것은 풀이의 실마리다. 문장5에 따르면 철수는 인기가 많지 않다. 이것과 문장3으로부터 "철수는 멋지지 않다"를 추론할 수 있다.[a] 또 철수는 인기가 많지 않기에 문장2에 따르면 그는 '똑똑한 사람들 중에서 착한 남자'가 아니다.[b] 그는 착한 남자이기에 똑똑하지 않아야 한다. 이 때문에 선택지 ② "철수는 멋지거나 똑똑하다"는 거짓이다. 따라서 정답은 선택지 ②다.

이미 추론했듯이 선택지 ① "철수는 똑똑하지 않다"는 참이다. 문장4 때문에 선택지 ③ "똑똑하지만 멋지지 않은 사람이 있다"는 참이다. 만일 순이가 인기가 많지 않다면, 문장1로부터 그는 '착한 사람들 중에서 똑똑한 여자'가 아님을 추론할 수 있다. 그는 똑똑하기에 그는 착하지 않아야 한다. 이 때문에 선택지 ④ "순이가 인기가 많지 않다면 그녀는 착하지 않다"는 참이다. "'똑똑하지만 인기가 많지 않은 여자가 있다'라는 말이 거짓이다"는 "똑똑한 여자는 모두 인기가 많다"를 뜻한다. 만일 똑똑한 여자는 모두 인기가 많다면, 순이는 똑똑하기에 그는 인기가 많다. 이 때문에 ⑤ "'똑똑하지만 인기가 많지 않은 여자가 있다'라는 말이 거짓이라면 순이는 인기가 많다"는 참이다.

03. 원래 문항의 문두와 제시문을 조금 고쳤다. 정보1에 따르면 심리학과 한국사를 수강한 사람이 있다. 그를 a라 하겠다. 정보3에 따르면 a는 경제학을 수강하고, 다시 정보2에 따르면 a는 정치학을 수강한다. a는 심리학과 정치학을 수강하기에 선택지 ③ "심리학을 수강한 학생 중 몇 명은 정치학을 수강하였다"는 반드시 참이다.

정보2에 따르면 경제학을 수강하는 이는 모두 정치학을 수강한다. 하지만 정치학 수강자와 심리학 수강자를 이어주는 모든문장은 없다. 이 때문에 선택지 ① "경제학을 수강한 모든 학생은 심리학을 수강하였다"

는 반드시 참이지는 않다. 정보3에 따르면 한국사를 수강자는 모두 경제학을 수강하고, 정보2에 따르면 그들은 모두 정치학을 수강한다. 마찬가지로 정치학 수강자와 심리학 수강자를 이어주는 모든문장이 없기에, 선택지 ② "한국사를 수강한 모든 학생은 심리학을 수강하였다"는 반드시 참이지는 않다.

정보3과 정보2에 따라 한국사 수강자는 모두 정치학을 수강하기에 선택지 ④ "한국사를 수강한 학생은 아무도 정치학을 수강하지 않았다"는 반드시 참이지는 않다. 주어진 정보 안에는 심리학 비수강자의 있음을 말해주는 몇몇문장이 없다. 이 때문에 선택지 ⑤ "심리학을 수강하지 않은 학생 중 몇 명은 경제학을 수강하였다"는 반드시 참이지는 않다. 따라서 정답은 선택지 ③이다.

04. 선택지를 하나씩 살펴본다. 무가 인턴 경력이 있다면 정보2에 따라 그는 취업박람회에 참가했다. 무는 또한 졸업평점이 3.5이기에 정보3에 따라 그는 취업했다. 따라서 선택지 ⑤ "인턴 경력이 있고 졸업평점이 3.5 이상인 무는 취업을 했다"는 옳게 추론했다. 결국 정답은 선택지 ⑤다.

다른 선택지들이 옳게 추론하지 못한 까닭을 설명하겠다. 선택지 ①과 선택지 ④는 취업한 이에 관한 진술이다. 정보3과 정보4는 취업한 이들에 관한 정보를 주기에 부족하다. 정보1과 정보2로부터 선택지 ①나 선택지 ④가 추론되는지를 살펴야 한다. 정보1에 따르면 갑과 정은 졸업평점이 3.5 이상이거나 외국어 인증 시험에 합격했다. 하지만 갑이 취업박람회에 참가했더라도 이로부터 그가 인턴 경력이 있음을 추론할 수는 없다. 따라서 선택지 ① "취업박람회에 참가하고 취업을 한 갑은 인턴 경력이 있다"는 옳게 추론하지 않았다.

만일 정이 취업박람회를 참가하지 않았다면 정보2에 따르면 그는 인턴 경력이 없다. 하지만 이로부터 정이 외국어 인증 시험에 합격했음을 추론할 수 없다. 따라서 선택지 ④ "취업박람회에 참가하지 않았는데 취업을 한 정은 외국어 인증 시험에 합격했다"는 옳게 추론하지 않았다.

선택지 ②는 취업한 이에 관한 진술인데 정보1은 이 선택지와 거의 무관하다. 을이 취업하지 못했다면 정보4에 따라 그는 외국어 인증시험에 불합격하거나 인턴 경력이 없다. 그는 인증시험에 합격했기에 그는 인턴 경력이 없다. 하지만 정보2를 쓰더라도 을이 취업박람회에 참석하지 못했음을 추론할 수는 없다. 따라서 선택지 ② "외국어 인증시험에 합격했지만 취업을 하지 못한 을은 취업박람회에 참가하지 않았다"는 옳게 추론하지 않았다.

선택지 ③의 문장 구조상 정보1은 이 선택지들의 진위를 따지는 데 도움이 되지 않는다. 병은 취업박람회에 참가했기에 정보2도 이 선택지의 진위를 따지는 데 도움이 되지 않는다. 남은 정보3과 정보4로부터 병이 취업했음을 추론할 수는 없다. 따라서 선택지 ③ "취업박람회에 참가하고 외국어 인증시험에 합격한 병은 취업을 했다"는 옳게 추론하지 않았다.

05. 사실1과 사실4는 '있다' 정보다. 사실4는 "A를 가진 후보자고 B를 가진 이가 있다" 곧 "A와 B를 가진 후보자가 있다"를 뜻한다. 사실1에 있다고 한 이를 a라 쓰고 사실4에서 있다고 한 이를 b라 하겠다. a는 A와 D를 가졌고 b는 A와 B를 가졌다. 사실2에 따르면 a는 B를 갖지 않고 b는 D를 갖지 않는다. 이를 보건대 a와 b는 다른 사람이다. 사실3에 따르면 a와 b는 C를 갖지 않는다. 따라서 a는 A와 D만 가졌고 b는 A와 B만 가졌다. 이 점에서 보기 ㄴ "어떤 후보자는 B를 가지고 있지 않고 또 다른 후보자는 D를 가지고 있지 않다"는 반드시 참이다.

한편 사실3에 따르면 C를 가진 이들은 A와 B를 가질 수 없다. 세 자격증을 가질 수 있는 유일한 방법은 A, B, D를 갖는 것인데 사실2에 따르면 이는 불가능하다. 따라서 보기 ㄱ "네 종류 중 세 종류의 자격증을 가지고 있는 후보자는 없다"는 반드시 참이다.

"D를 가지고 있지 않은 후보자는 누구나 C를 가지고 있지 않다"를 추가하더라도 자격증 하나만 가진 사람이 있음을 추론할 수 없다. 이런 추가 조건 아래서 a와 b는 여전히 두 자격증을 갖는다. 따라서 보기 ㄷ "D를 가지고 있지 않은 후보자는 누구나 C를 가지고 있지 않다면 네 종류 중 한 종류의 자격증만 가지고 있는 후보자가 있다"는 반드시 참이지는 않다. 따라서 반드시 참인 것은 보기 ㄱ과 보기 ㄴ이고 정답은 선택지 ③이다.

06. 정보 ㄱ 빼고 다른 정보들은 모두 '있다' 정보다. 한편 선택지 ①, 선택지 ④, 선택지 ⑤는 모든문장이다. 이들 문장은 정보 ㄱ을 써서 추론해야 한다.[c] 정보 ㄱ으로부터 우리는 "전기 통하지 않는 것은 모두 금속이 아니

다”를 추론할 수 있다. 하지만 선택지 ① “금속이 아닌 물질은 모두 전기가 통하지 않는다”를 추론할 수는 없고 이는 반드시 참이지는 않다. 전기 통하는 것과 광택 나는 것을 이어주는 모든문장은 주어진 정보 안에 없다. 이 점에서 선택지 ④ “전기가 통하는 물질은 모두 광택이 난다”는 주어진 정보로부터 추론할 수 없고 반드시 참이지는 않다. 선택지 ⑤ “광택을 내지 않는 금속은 없다”는 “모든 금속은 광택을 낸다” 또는 “광택 내지 않는 것은 금속이 모두 아니다”를 뜻한다. 정보 ㄱ으로부터 이를 추론할 수는 없다. 따라서 선택지 ⑤도 반드시 참이지는 않다.

정보 ㅁ에 따르면 금속이고 광택 나는 것이 있다. 이 있는 것 가운데 하나를 a라 하면 a는 금속이고 광택 난다. 정보 ㄱ에 따르면 모든 금속은 전기가 통하니 a는 전기가 통한다. 따라서 a는 전기 통하고 광택 난다. 따라서 선택지 ② “전기도 통하고 광택도 나는 물질이 존재한다”는 반드시 참이다. 한편 정보 ㄴ은 광택 나고 금속 아닌 것이 있음을 말하고 정보 ㄷ은 전기 통하지 않고 광택 나는 것이 있음을 말한다. 다시 말해 정보 ㄴ과 정보 ㄷ은 광택 나는 것에 관한 정보다. 정보 ㄹ에 따르면 광택 안 나고 전기 통하는 것이 있다. 하지만 전기 통하는 것이 모두 금속이라는 정보는 주어지지 않았다. 이 점에서 광택 안 나고 금속인 것이 있는지 없는지 알 수 없다. 따라서 선택지 ③ “광택을 내지 않고 금속인 물질이 존재한다”는 반드시 참이지는 않다. 따라서 정답은 선택지 ②다.

07. 이 문항은 벤 그림으로 풀어도 되고 모든몇몇 논리를 써서 풀어도 된다. 두루이름은 “논리학을 수강한 학생”, “인식론을 수강한 학생”, “과학철학을 수강한 학생”, “언어철학을 수강한 학생” 이렇게 모두 4개다. 이를 동그라미로 나타내고 동그라미 이름을 각각 “논” “인” “과” “언”으로 하겠다. 논의 대상은 학생으로 한정한다. 주어진 정보를 벤 그림에 모두 담으면 아래와 같다.

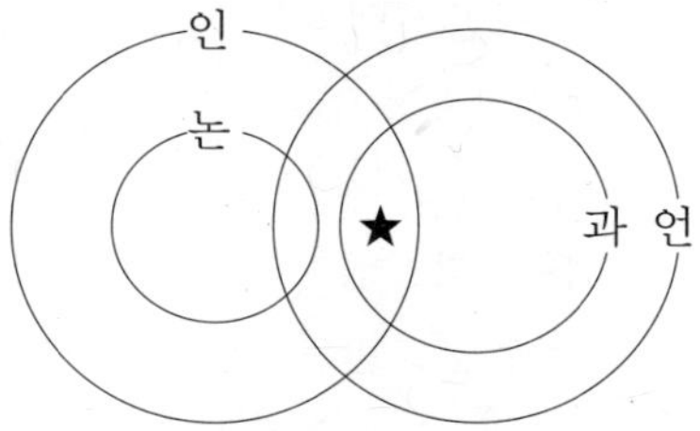

이 그림을 바탕으로 보기 진술을 각각 판단하면 되겠다. 이 그림에 따르면 다음 보기 ㄱ, 보기 ㄴ, 보기 ㄷ은 모두 참이다.

양화 논리 곧 모든몇몇 논리를 써서 이 문항을 풀어보겠다. 보기 ㄴ "「논리학」과 「과학철학」을 둘 다 수강한 학생은 없다"는 "「논리학」 수강 학생은 모두 「과학철학」을 수강하지 않는다"를 뜻한다. 이는 모든문장이기에 문장1과 문장2와 문장4로부터 추론해야 한다. 문장2에 따르면 「논리학」 수강 학생은 모두 「인식론」을 수강한다. 문장4에 따르면 「과학철학」 수강 학생은 모두 「언어철학」을 수강한다. 따라서 「논리학」 수강 학생이 「과학철학」까지 수강한다면 문장2와 문장4에 따라 그는 네 과목 모두를 수강하는 셈이다. 이는 문장1에 어긋나니 「논리학」 수강 학생은 「과학철학」을 수강하지 않아야 한다. 이 점에서 보기 ㄴ은 반드시 참이다.

보기 ㄱ과 보기 ㄷ은 '있다' 정보다. 주어진 정보에서 '있다' 정보는 문장3이다. 문장3에서 있다고 한 것들 가운데 하나를 a라 하면 a는 「인식론」과 「과학철학」을 수강한다. 문장4에 따르면 그는 「언어철학」을 수강한다. 문장1에 따르면 그는 「논리학」을 수강하지 않는다. 따라서 보기 ㄱ "「논리학」을 수강하지 않은 학생이 있다"와 보기 ㄷ "「인식론」과 「언어철학」을 둘 다 수강한 학생이 있다"는 반드시 참이다. 따라서 반드시 참인 것은 보기 ㄱ, 보기 ㄴ, 보기 ㄷ이고 정답은 선택지 ⑤다.

08. 문장5에 따르면 의사결정트리 방식을 적용한 사례고 강화학습을 활용하는 머신러닝의 사례가 있다. 이 사례를 a라 하면 a는 강화학습을 활용한 사례다. 문장4에 따르면 a는 비지도학습 머신러닝이다. 결국 a는 의사결정트리 방식을 적용한 사례고 비지도학습 사례다. 이는 보기 ㄱ "의사결정트리 방식을 적용한 모든 사례는 지도학습의 사례이다"가 거짓임을 뜻한다.

또한 문장3에 따르면 모든 비지도학습 머신러닝은 샤펠식 과정이 아니다. 따라서 a는 샤펠식 과정이 아니다. 결국 a는 샤펠식 과정의 적용 사례가 아니면서 의사결정트리 방식을 적용한 사례다. 따라서 보기 ㄴ "샤펠식 과정의 적용 사례가 아니면서 의사결정트리 방식을 적용한 경우가 존재한다"는 반드시 참이다.

이미 말했듯이 문장5에 따르면 강화학습을 활용하는 머신러닝이고 의사결정트리 방식이 적용되는 사례가 존재한다. 하지만 이로부터 "강화학습을 활용하는 머신러닝 사례가 모두 의사결정트리 방식이 적용된다"고 말할 수는 없다. 이 점에서 보기 ㄷ "강화학습을 활용하는 머신러닝 사례들 가운데 의사결정트리 방식이 적용되지 않은 경우는 없다"는 참인지 거짓인지 알 수 없다. 참인지 거짓인지 알 수 있는 것은 보기 ㄱ과 보기 ㄴ이고 정답은 선택지 ③이다.

09. 선택지를 하나씩 살펴볼 텐데 먼저 선택지 ①을 따지겠다. 레이가 행위할 수 없다면, 문장4로부터, 레이는 자유의지를 갖지 않는다. 이것은 선택지 ① "레이는 자유의지를 갖지 않거나 행위를 할 수 있다"가 반드시 참임을 뜻한다.[d]

만일 레이가 사람이면, 문장5에 따라 레이는 자유의지를 가지며, 문장4에 따라 그는 행위할 수 있다. 문장5에 따라 그는 사유할 수 있고, 문장2에 따라 그는 의사를 표명할 수 있다. 문장1에 따르면 레이는 누군가 사랑하거나 누군가에게 사랑받는다.[e] 문장6과 문장7에 따르면 그는 아무에게도 사랑받지 않으니 그는 누군가를 사랑한다. 따라서 선택지 ② "만일 레이가 사람이라면 레이는 누군가를 사랑한다"는 반드시 참이다. 만일 레이가 자유의지를 갖는다면, 방금 추론했듯이, 그는 누군가를 사랑한다. 따라서 선택지 ③ "레이는 누군가를 사랑하거나 자유의지를 갖지 않는다"는 반드시 참이다.

만일 레이가 사유할 수 없다면, 문장3에 따라 그는 행위할 수 없다. 따라서 선택지 ④ "만일 레이가 사유할 수 없다면 레이는 행위를 할 수 없다"는 반드시 참이다. 만일 레이가 의사를 표명할 수 있다면, 문장2에 따라 그는 사유할 수 있고, 문장3에 따라 그는 행위할 수 있다. 하지만 그가 행위할 수 있더라도 그가 자유의지를 갖는다고 말할 수는 없다. 문장4로부터 "행위할 수 있는 존재는 자유의지를 갖는다"를 추론할 수도 없다. 따라서 선택지 ⑤ "만일 레이가 의사를 표명할 수 있다면 레이는 자유의지를 갖는다"는 글로부터 따라 나오지 않고 반드시 참이지는 않다. 결국 정답은 선택지 ⑤다.

10. 지원자 W는 실무영어 합격자거나 불합격자다. 만일 그가 실무영어 불합격자면, 정보1에 따라 그는 경제학 전공자가 아니다. 한편 지원자 W가 합격자면, 정보2에 따라 그는 해외연수 경력이 있고 25세 이상 지원자다.[f] 그가 해외연수 경력자면, 정보3에 따라 그는 경제학 전공이 아니고 러시아 특기자도 아니다. 이러나저러나 지원자 W는 경제학 전공자가 아니다.[g] 따라서 보기 ㄱ "W는 경제학 전공자가 아니다"는 반드시 참이다. 방금 보였듯이 보기 ㄹ "W가 실무영어 합격자라면 러시아어 특기자가 아니다"도 반드시 참이다.

만일 지원자 W가 해외연수 경력이 없다면, 정보4에 따라 '25세 이상의 지원자로서 러시아어 특기자'가 아니다. 하지만 이로부터 W가 25세 미만임을 추론할 수는 없다. 반면 정보3은 '해외연수 경력이 없는 사람'에 대해 아무것도 말해주지 않는다. 따라서 보기 ㄴ "W가 해외연수 경력이 없다면 25세 미만이다"는 반드시 참이지는 않다.

만일 지원자 W가 러시아어 특기자면, 정보3에 따라 그는 해외연수 경력이 없다. 따라서 보기 ㄷ "W가 러시아어 특기자라면 해외연수 경력은 없다"는 반드시 참이다. 결국 지원자 W에 대해 바르게 추론한 것은 보기 ㄱ, 보기 ㄷ, 보기 ㄹ이고 정답은 선택지 ⑤다.

11. 두 사람이 서로 비방한 적이 있다면, 진술2에 따라 그들은 서로 호의적일 수 없다. 거꾸로 두 사람이 서로 호의적이면 둘은 서로 비방한 적이 없다. 따라서 선택지 ① "두 사람이 서로 호의적이라면 그 두 사람은 서로 비방한 적이 없다"는 반드시 참이다. 하지만 선택지 ①의 역이 성립한다고는 볼 수 없다. 다시 말해 둘이 서로 비방한 적이 없다 해서 둘은 서로 호의적이라고는 말할 수 없다. 진술3은 특정 사람의 존재를 말할 뿐이고 진술4는 자기 자신에 관한 진술일 뿐이다. 따라서 선택지 ② "두 사람이 서로 비방한 적이 없다면 그 두 사람은 서로 호의적이다"는 반드시 참이지는 않다.

누군가 다른 모든 이를 비방한다면, 진술2에 따라 그는 다른 누구에게서도 호의를 받지 못한다. 따라서 선택지 ③ "누구든 다른 모든 사람을 비방한다면 그 사람에 대해 호의적인 사람은 없다"는 반드시 참이다. 그리고 선택지 ③이 말하듯이 A가 다른 모든 사람을 비방한다면 그는 누구에게도 호의를 받지 못한다. 진술3에서 "다른 사람"은 "다른 모든 사람"을 뜻한다. 그래서 진술3에 따르면 A를 결코 비방하지 않는 사람이 있는데 그 사람은 'A에게 호의적이지 않지만 A를 비방하지 않는 사람'이다. 따라서 선택지 ④ "A라는 사람이 다른 모든 사람을 비방한다면 A에게 호의적이지 않지만 A를 비방하지 않는 사람이 있다"는 반드시 참이다.

만일 모든 사람이 자신을 비방하지 않는 사람에게 호의적이라면, 진술3에서 있다고 말한 그 사람은 모든 사람에게서 호의를 받는다. 이 경우 각 사람은 자신이 호의를 베푸는 사람이 적어도 하나는 있게 된다. 따라서 선택지 ⑤ "모든 사람이 자신을 비방하지 않는 사람에게 호의적이라면 모든 사람에게는 각자가 호의적으로 대하는 사람이 적어도 하나는 있다"는 반드시 참이다. 결국 반드시 참이라고 할 수 없는 것은 선택지 ② 뿐이고 정답은 선택지 ②다.

12. 보기를 하나씩 살펴보겠다. 먼저 보기 ㄱ을 따지려고 "사업가이거나 논리학자인 갑의 성격이 원만하지 않다"고 가정한다. 갑은 성격이 원만하지 않기에 정보2에 따라 그는 친절하지 않다. 그는 친절하지 않기에 정보1에 따라 그는 사업가가 아니다. 그는 사업가거나 논리학자기에 그는 논리학자다. 갑은 논리학자기에 정보3에 따라 그는 친절하지 않은 모든 사람을 좋아한다. 따라서 보기 ㄱ "사업가이거나 논리학자인 갑의 성격이 원만하지 않다면 갑은 친절하지 않은 모든 사람을 좋아한다"는 반드시 참이다.

보기 ㄴ을 따지려고 "을은 논리학자다"고 가정한다. 보기 ㄴ의 이면 뒷말은 '있다' 문장이기에 이를 추론하려면 정보5를 써야 한다. 먼저 정보3에 따라 을은 친절하지 않은 모든 사람을 좋아한다. 정보4에 따라 그는 친절하지 않다. 정보5에 따르면 철학자고 논리학자가 있는데 그 가운데 하나를 a라 하겠다. a는 논리학자기에 정보3에 따라 친절하지 않은 모든 사람을 좋아한다. 을은 친절하지 않기에 a는 을도 좋아한다. a는 또한 철학자다. 따라서 철학자 가운데 적어도 한 명은 을을 좋아한다. 결국 보기 ㄴ "을이 논리학자라면 어떤 철학자는 을을 좋아한다"는 반드시 참이다.

보기 ㄷ을 따지려고 "병이 친절하다"고 가정한다. 정보1을 쓰더라도 병이 사업가가 아니라고 추론할 수는 없다. 정보4에 따르면 그는 '친절하지 않은 모든 사람을 좋아하는 사람'이 아니다. 정보3에 따라 병은 논리학자가 아니다. 하지만 정보5를 쓰더라도 병이 철학자가 아니라고 추론할 수는 없다. 이 점에서 보기 ㄷ "병이 친절하다면 병은 사업가가 아니거나 철학자가 아니다"는 주어진 정보로부터 추론할 수 없다. 따라서 옳게 추론한 것은 보기 ㄱ과 보기 ㄴ이고 정답은 선택지 ③이다.

13. 사실2와 사실3은 둘 다 '있다' 정보다. 사실2에서 있다고 한 것 가운데 하나를 c_1이라 하고, 사실3에서 있다고 한 것 가운데 하나를 c_2라 하겠다. 사실1에 따르면 A의 모든 직원은 B의 직원 중 적어도 한 명을 감시한다. 사실2에 따르면 B의 직원은 누구든 c_1을 감시한다. "원리"를 적용하면 A의 모든 직원은 결국 c_1을 감시하는 셈인데 c_1은 C의 직원이다. 따라서 보기 ㄱ "A의 모든 직원은 C의 직원 가운데 적어도 한 사람을 감시하고 있다"는 옳게 추론했다.

사실2에 따르면 B의 직원은 누구나 c_1을 감시한다. 하지만 c_1과 c_2는 같지 않을 수 있다. c_1과 c_2가 다르다면 c_2는 A의 모든 직원을 감시하지만 c_1은 그렇지 않다. 우리는 "원리"를 적용하더라도 B의 적어도 한 직원이 A의 모든 직원을 감시한다는 점을 추론할 수 없다. 따라서 보기 ㄴ "B의 어떤 직원은 A의 모든 직원을 감시하고 있다"는 옳게 추론하지 않았다.

c_2는 A의 모든 직원을 감시한다. A의 모든 직원은 B의 직원 가운데 적어도 한 명을 감시한다. "원칙"에 따르면 c_2는 B의 직원 가운데 적어도 한 명을 감시하는 셈인데 c_2는 C의 직원이다. 따라서 보기 ㄷ "C의 어떤 직원은 B의 직원 가운데 적어도 한 사람을 감시하고 있다"는 옳게 추론했다. 결국 옳게 추론한 것은 보기 ㄱ과 보기 ㄷ이고 정답은 선택지 ③이다.

14. "민원 업무를 좋아하는 신입사원임"을 짧게 "민"이라 쓰겠는데 다른 업무도 마찬가지다. 문장1에 따르면 "모든 민은 홍이다"가 성립한다. 또한 문장1에서 "그 역은 성립하지 않았다"가 성립하려면 다음을 만족하는 사람 a가 있어야 한다. "a는 홍이지만 민은 아니다." 문장2에 따르면 다음을 만족하는 사람 b가 있다. "b는 인이지만 민이 아니고 홍이 아니고 기가 아니다." a와 b는 같은 사람일 수 없다. 또한 문장3에 따르면 "모든 민은 인이

아니다"가 성립한다. 문장4에 따르면 "갑은 기다"와 "을은 민이다"가 성립한다. 문장1에 따르면 "을은 민이고 홍이다." 한편 문장3에 따르면 "을은 민이고 홍이고, 인은 아니고 기는 아니다." 이를 보건대 을은 a가 아니고 b도 아니다. 굳이 모눈으로 간추리면 아래와 같다.

	민원	홍보	인사	기획
갑				○
을	○	○	×	×
a	×	○		
b	×	×	○	×

이까지 추론을 바탕으로 보기 진술을 따지겠다.

갑과 을이 둘 다 선호하지 않을 수도 있는 업무는 인사 업무인데 주어진 정보에 따르면 갑이 인사를 선호하지 않음을 추론할 수 없다. 이 때문에 보기 ㄱ "어떤 업무는 갑도 을도 선호하지 않는다"는 반드시 참이지는 않다. a와 을은 홍보 업무를 선호하는데 a와 을은 다른 사람이다. 이 때문에 보기 ㄴ "적어도 두 명 이상의 신입사원이 홍보 업무를 선호한다"는 반드시 참이다. 을은 민원과 홍보를 선호한다. 갑은 기획을 선호한다. b는 인사를 선호한다. 따라서 보기 ㄷ "조사 대상이 된 업무 중에 어떤 신입사원도 선호하지 않는 업무는 없다"는 반드시 참이다. 반드시 참인 것은 보기 ㄴ과 보기 ㄷ이고 정답은 선택지 ④다.

15. 사실1, 사실2, 사실3만으로 추론할 수 있는 정보를 먼저 찾는다. 수요일 참석 여부가 이들 세 사실에 나오기에 시험위원이 수요일에 참석하는 경우와 불참하는 경우를 나눠 따진다. 나아가 사실1을 반영하려고 시험위원이 월요일에 참석하는 경우와 불참하는 경우를 다시 나눈다. 다만 사실1에 따르면 시험위원이 월요일에 참석하고 수요일에 참석하지 않는 경우는 배제된다.

월	화	수	목
○		○	
×		○	
×		×	

○는 '참석함'을 뜻하고 ×는 '참석하지 않음'을 뜻한다. 여기에 사실2를 담는다. 사실2에 따르면 수요일에 참석한 이는 누구나 화요일에 참석하지 않는다.

월	화	수	목
○	×	○	
×	×	○	
×	○/×	×	

사실3에 나오는 그 사람을 a라 쓰면 a는 수요일과 목요일에 참석한다. 주어진 정보에 따르면 a는 화요일에 참석하지 않는다.

이제 문장4 곧 "월요일에는 참석하지 않았지만 목요일에는 참석한 시험위원이 적어도 한 사람은 있다"를 추론하도록 돕는 새 정보를 찾아야 한다. 문장4는 '있다' 진술이다. 이 진술을 추론하려면 이미 있음이 드러난 a에 관한 사실을 사용하거나 별도의 '있다' 정보를 사용해야 한다. 먼저 이미 있음이 드러난 a에 관한 사실을 사용해 보겠다. a는 이미 목요일에 참석했기에 a가 월요일에 참석하지 않았다는 정보가 추가되면 문장4를 추론할 수 있다. 입수된 새 정보가 앞의 세 경우에서 첫째 경우를 배제한다면 a가 월요일에 참석하지 않았음이 추론된다. 실제로 선택지 ⑤ "월요일에 참석한 시험위원 중에는 목요일에 참석한 시험위원은 없다"가 새로운 정보로 입수되면 첫째 경우는 배제된다. 이 선택지는 "S 중에 P가 없다" 꼴 문장인데 이는 "모든 S는 P가 아니다" 또는 "모든 P는 S가 아니다"를 뜻한다.

풀이는 이미 끝났지만 다른 선택지도 따져 보겠다. 나머지 네 개의 선택지는 별도의 '있다' 정보다. 선택지 ①에 나오는 그 사람이 목요일에는 참석했는지 알 길이 없다. 선택지 ②는 이미 주어진 사실로부터 추론할 수 있다. 선택지 ③과 ④는 문장4를 얻는 데 아무 도움이 되지 않는다. 이들 선택지에서 "있다"고 말한 그 사람은 목요일에 참석하지 않은 사람인데 이 사람에 관한 정보는 목요일에 참석한 사람에 관한 정보를 주지 않는다. 따라서 정답은 선택지 ⑤다.

16. 이 문항은 대놓고 기호 논리를 써서 풀어야 할 것을 요구한다. 많은 수험생이 매우 곤란했을 것 같다. 풀이말 "는 중점 추진 과제다"를 "중"이라 짧

게 쓰고 다른 것도 각각 "협", "많", "장", "인", "즉"으로 짧게 쓴다. 주어진 결과 진술이 많기에 보기 문장을 하나씩 따진다. "P면서 Q인 것 가운데 R인 것은 없다"는 "x가 P고 Q면 x는 R이 아니다"를 뜻한다. 보기 ㄱ은 "한 과제가 '장'이고 '즉'이면 그것은 '많'이 아니다"로 간추릴 수 있다. 이것이 참인지 따지려고 "한 과제가 '장'이고 '즉'이다"를 가정한다. 이 경우 결과2에 따라 그 과제는 '협'이 아니다. 그 과제는 '장'이고 '협'이 아니기에 결과4에 따라 그 과제는 '인'이다. 결과5에 따라 그 과제는 '많'이 아니다. 결국 주어진 결과들로부터 "한 과제가 '장'이고 '즉'이면 그것은 '많'이 아니다"를 추론할 수 있다. 이는 보기 ㄱ이 참임을 뜻한다.

보기 ㄴ은 '있다' 진술이다. 보기 ㄴ에 따르면 '인'이 아니고 '즉'이 아닌 과제가 있다. '있다' 정보를 알려주는 것은 결과1과 결과3이다. 결과3에 따르면 '많'이고 '즉'인 과제가 있다. 이 과제는 보기 ㄴ에서 있다고 말하는 그 과제일 수 없다. 결과1에 따르면 '중'이고 '장'인 과제가 있다. 이 과제를 a라 하겠다. 과제 a는 '중'이기에 결과1에 따르면 이 과제는 '인'이 아니다. 이제 과제 a가 '즉'인지 아닌지 따져야 한다. 과제 a는 '장'인데 만일 이것이 '협'이 아니면 결과4에 따르면 이 과제는 '인'이어야 한다. 하지만 과제 a는 '인'이 아니기에 과제 a는 '협'이다. 결과2에 따르면 과제 a는 '즉'이 아니다. 따라서 과제 a는 '인'이 아니고 '즉'이 아니다. 결국 '인'이 아니고 '즉'이 아닌 과제가 있다. 이는 보기 ㄴ이 참임을 뜻한다.

보기 ㄷ도 '있다' 진술이다. 보기 ㄷ에 따르면 '장'이 아니고 '많'인 과제가 있다. 결과3에 따르면 '많'이고 '즉'인 과제가 있다. 이 과제를 b라 하겠다. 과제 b는 '많'이기에 참인 진술 보기 ㄱ에 따르면 이 과제는 '장'이 아니거나 '즉'이 아니다. 이 과제는 '즉'이기에 이는 '장'이 아니어야 한다. 결국 과제 b는 '장'이 아니고 '많'이다. 따라서 '장'이 아니고 '많'인 과제가 있다. 이는 보기 ㄷ이 참임을 뜻한다. 결국 보기 ㄱ, 보기 ㄴ, 보기 ㄷ은 모두 참이고 정답은 선택지 ⑤다.

노트

a. "'S이지만 P인 것이 있다'는 거짓이다"는 "모든 S는 P가 아니다" 또는 "모든 P는 S가 아니다"를 뜻한다. "'인기가 많지 않지만 멋진 남자가 있다'는 거짓이다"는 "인기가 많지 않은 남자는 모두 멋지지 않다" 또는 "멋진 남

자는 모두 인기가 많다"를 뜻한다.

b. "모든 S는 P다"와 "a는 P가 아니다"로부터 "a는 S가 아니다"를 추론할 수 있다. "똑똑한 사람 중에서 착한 남자는 모두 인기가 많다"와 "철수는 인기가 많지 않다"로부터 "철수는 똑똑한 사람 중에서 착한 남자가 아니다"를 추론할 수 있다. 한편 "똑똑한 사람 중에서 착한 남자"는 "똑똑하고 착한 남자"를 뜻할 뿐이다.

c. '몇몇 그렇다'와 '몇몇 아니다'로부터 '모두 그렇다'나 '모두 아니다'를 추론할 수 없다. '모두 그렇다'와 '모두 아니다'로부터 '몇몇 그렇다'나 '몇몇 아니다'를 추론할 수도 없다. 짧게 말해 모든문장으로부터 몇몇문장을 추론할 수 없고 몇몇문장으로부터 모든문장을 추론할 수 없다.

d. 선택지의 이거나문장 "ㄱ이거나 ㄴ"이 글로부터 따라 나오는지 않는지 살펴보는 방법은 다음과 같다. 첫째, ㄱ의 부정 또는 ㄴ의 부정을 글에 새로운 정보로 추가한다. 둘째, 그다음 남은 ㄴ 또는 ㄱ이 글과 추가 정보로부터 따라 나오는지 살핀다.

e. "오직 S이거나 P만이 R"은 "누구든지 그가 R이면 그는 S이거나 P다"를 뜻한다. "누군가를 사랑하거나 누군가에게 사랑받는 존재만이 의사를 표명할 수 있다"는 "누구든지 그가 의사를 표명할 수 있다면 그는 누군가를 사랑하거나 누군가에게 사랑받는다"를 뜻한다.

f. "S 가운데 P거나 R인 이는 없다"는 "누구든지 그가 S이면 그는 P가 아니고 R도 아니다"를 뜻한다. "실무영어 합격자 가운데 해외연수 경력이 없거나 25세 미만인 지원자는 없다"는 "누구든지 그가 실무영어 합격자면 그는 해외연수 경력이 있고 25세 이상 지원자다"를 뜻한다.

g. "S거나 P 가운데 R인 이는 없다"는 "누구든지 그가 S거나 P면 그는 R이 아니다"를 뜻한다. "누구든지 그가 S거나 P면 그는 R이 아니다"는 "누구든지 그가 R이면 그는 S가 아니고 P도 아니다"로 달리 쓸 수 있다. "경제학 전공자거나 러시아어 특기자인 지원자 가운데 해외연수 경력이 있는 사람은 없다"는 "누구든지 그가 경제학 전공자거나 러시아어 특기자 지원자면 그는 해외연수 경력이 없다"를 뜻한다. 이는 "누구든지 그가 해외연수 경력자면 그는 경제학 전공이 아니고 러시아 특기자 지원자도 아니다"를 뜻한다.

스마트 솔루션

⚀ 모든문장의 부정은 몇몇문장이고 몇몇문장의 부정은 모든문장이다. 하지만 모든문장으로부터 몇몇문장을 추론할 수 없고 몇몇문장으로부터 모든문장을 추론할 수 없다.

⚁ 선택지에 모든문장이 나온다면 주어진 정보에서 두루이름이 겹치는 모든문장들을 둘러보라. 선택지에 몇몇문장이 나온다면 주어진 정보에서 몇몇문장을 둘러보고 두루이름이 겹치는 다른 모든문장을 찾으라.

⚂ 주어진 정보에 "몇몇 S는 P다", "어떤 S는 P다", "일부 S는 P다"가 나오면 이 정보를 "a는 S이고 a는 P다"로 바꾸라.

⚃ 주어진 정보에 "몇몇 S는 P가 아니다", "어떤 S는 P가 아니다", "일부 S는 P가 아니다"가 나오면 이 정보를 "a는 S이고 a는 P가 아니다"로 바꾸라.

S023 갈래짓기

몇몇 풀이말 참말 놀이는 갈래 모눈을 만들면 조금 더 쉽게 풀립니다. 사물들을 두 기준 P와 R에 따라 갈래짓는다면 모두 4가지 모임이 생겨납니다.

	R	R 아님
P		
P 아님		

기준 R에 따라 겹치지 않는 세 모임이 나뉜다면 갈래 모눈은 달라집니다.

	R_1	R_2	R_3
P			
P 아님			

R에 따라 R_1과 R_2로 나뉘지만 이들이 겹칠 때 모눈은 다음처럼 바뀝니다.

	R_1 & $R_2^{\times}$	R_1 & R_2	$R_1^{\times}$ & R_2
P			
P 아님			

여기서 ×는 "아님"이나 "비"를 뜻하고 &는 "이고"를 뜻합니다.

정보들이 다음과 같이 주어진다면 사람들을 무슨 기준으로 갈래짓는 것이 나을까요? "변호사나 회계사는 모두 경영학 전공자다. 경영학 전공자 중 남자는 모두 변호사다. 경영학 전공자 중 여자는 아무도 회계사가 아니다. 회계사고 변호사인 사람이 적어도 하나 있다." 다음 갈래들 가운데 두 개를 골라 보세요. (i) 변호사, 비변호사, (ii) 회계사, 비회계사, (iii) 변호사 회계사, 변호사 비회계사, 비변호사 회계사, 비변호사 비회계사, (iv) 경영학 전공자, 경영학 비전공자, (v) 남자, 여자. 여러 방법이 있겠지만 둘째 정보와 셋째 정보 때문에 갈래 (iv)와 갈래 (v)로 나누는 것이 나아 보입니다.

S023_01. 다음 사실이 지방 소도시 **X**에서 성립하며, 철수가 **X**에 사는 왼손잡이라고 할 때, 반드시 참인 것은? **PL200402_39**

ㄱ. 이 도시에는 남구와 북구, 두 개의 구가 있다.

ㄴ. 아파트에 사는 사람들은 모두 오른손잡이다.

ㄷ. 남구에서 아파트에 사는 사람들은 모두 의심이 많다.

ㄹ. 남구에서 아파트에 살지 않는 사람들은 모두 가난하다.

ㅁ. 북구에서 아파트에 살지 않는 사람들은 의심이 많지 않다

---

① 철수는 가난하지 않다.

② 철수는 의심이 많은 사람이 아니다.

③ 만일 철수가 가난하지 않다면, 철수는 의심이 많지 않다.

④ 만일 철수가 북구에 산다면, 철수는 의심이 많다.

⑤ 만일 철수가 남구에 산다면, 철수는 의심이 많다.

S023_02. 다음 글의 내용이 참일 때, 반드시 참인 것은? **PL202007_20**

도시발전계획의 하나로 관할 지역 안에 문화특화지역과 경제특화지역을 지정하여 활성화하는 정책을 추진하고 있는 A시와 관련하여 다음 사항이 알려졌다.

$○_1$ A시의 관할 지역은 동구와 서구로 나뉘어 있고 갑, 을, 병, 정, 무는 이 시에 거주하는 주민이다.

$○_2$ A시는 문화특화지역과 경제특화지역을 곳곳에 지정하였으나, 두 지역이 서로 겹치는 경우는 없다.

$○_3$ 문화특화지역으로 지정된 곳에서는 모두 유물이 발견되었다.

$○_4$ 동구에서 경제특화지역으로 지정된 곳의 주민은 모두 부유하다.

$○_5$ 서구에 거주하는 주민은 모두 아파트에 산다.

---

① 갑이 유물이 발견된 지역에 거주한다면, 그는 부유하지 않다.

② 을이 부유하다면, 그는 경제특화지역에 거주하고 있다.

③ 병이 아파트에 살지는 않지만 경제특화지역에 거주한다면, 그는 부유하다.

④ 정이 아파트에 살지 않는다면, 그는 유물이 발견되지 않은 지역에 거주한다.

⑤ 무가 문화특화지역에 거주한다면, 그는 아파트에 살지 않는다.

S023_03. 다음 글의 내용이 참일 때, 반드시 참인 것은? **PL201903_33**

$\bigcirc_1$ 김 대리, 박 대리, 이 과장, 최 과장, 정 부장은 A 회사의 직원들이다.

$\bigcirc_2$ A 회사의 모든 직원은 내근과 외근 중 한 가지만 한다.

$\bigcirc_3$ A 회사의 직원 중 내근을 하면서 미혼인 사람에는 직책이 과장 이상인 사람은 없다.

$\bigcirc_4$ A 회사의 직원 중 외근을 하면서 미혼이 아닌 사람은 모두 그 직책이 과장 이상이다.

$\bigcirc_5$ A 회사의 직원 중 외근을 하면서 미혼인 사람은 모두 연금 저축에 가입해 있다.

$\bigcirc_6$ A 회사의 직원 중 미혼이 아닌 사람은 모두 남성이다.

---

① 김 대리가 내근을 한다면, 그는 미혼이다.

② 박 대리가 미혼이면서 연금 저축에 가입해 있지 않다면, 그는 외근을 한다.

③ 이 과장이 미혼이 아니라면, 그는 내근을 한다.

④ 최 과장이 여성이라면, 그는 연금 저축에 가입해 있다.

⑤ 정 부장이 외근을 한다면, 그는 연금 저축에 가입해 있지 않다.

S023_04. 다음으로부터 추론한 것으로 옳지 않은 것은? **LA201608_20**

어느 회사가 새로 충원한 경력 사원들에 대해 다음과 같은 정보가 알려져 있다.

○$_1$ 변호사나 회계사는 모두 경영학 전공자이다.
○$_2$ 경영학 전공자 중 남자는 모두 변호사이다.
○$_3$ 경영학 전공자 중 여자는 아무도 회계사가 아니다.
○$_4$ 회계사이면서 변호사인 사람이 적어도 한 명 있다.

---

① 여자 회계사는 없다.
② 회계사 중 남자가 있다.
③ 회계사는 모두 변호사이다.
④ 회계사이면서 변호사인 사람은 모두 남자이다.
⑤ 경영학을 전공한 남자는 회계사이면서 변호사이다.

S023_05. 다음 글의 내용이 참일 때, 반드시 참인 것은? **PL201507_15**

A교육청은 관할지역 내 중학생의 학력 저하가 심각한 수준에 달했다고 우려하고 있다. A교육청은 이러한 학력 저하의 원인이 스마트폰의 사용에 있다고 보고 학력 저하를 방지하기 위한 방안을 마련하기로 하였다. 자료 수집을 위해 A교육청은 B중학교를 조사하였다. [1]조사 결과에 따르면, B중학교에서 스마트폰을 가지고 등교하는 학생들 중에서 국어 성적이 60점 미만인 학생이 20명, 영어 성적이 60점 미만인 학생이 20명이었다.

[2]B중학교에 스마트폰을 가지고 등교하지만 학교에 있는 동안은 사용하지 않는 학생들 중에 영어 성적이 60점 미만인 학생은 없다. [3]그리고 B중학교에서 방과 후 보충 수업을 받아야 하는 학생 가운데 영어 성적이 60점 이상인 학생은 없다.

① 이 조사의 대상이 된 B중학교 학생은 적어도 40명 이상이다.
② B중학교 학생인 성열이의 영어 성적이 60점 미만이라면, 성열이는 방과 후 보충 수업을 받아야 할 것이다.
③ B중학교 학생인 대석이의 국어 성적이 60점 미만이라면, 대석이는 학교에 있는 동안에 스마트폰을 사용할 것이다.
④ 스마트폰을 가지고 등교하더라도 학교에 있는 동안은 사용하지 않는 B중학교 학생 가운데 방과 후 보충 수업을 받아야 하는 학생은 없다.
⑤ B중학교에서 스마트폰을 가지고 등교하는 학생들 가운데 학교에 있는 동안은 스마트폰을 사용하지 않는 학생은 적어도 20명 이상이다.

S023_06. 다음 글을 토대로 판단할 때, 〈보기〉의 진술 중 반드시 참인 것을 모두 고르면? **PL200902_15**

장애 아동을 위한 특수 교육 학교가 있다. 그 학교에는 키 성장이 멈추거나 더디어서 110cm 미만인 아동이 10명, 심한 약시로 꾸준한 치료와 관리가 필요한 아동이 10명 있다. [1]키가 110cm 미만인 아동은 모두 특수 스트레칭 교육을 받는다. [2]그리고 특수 스트레칭 교육을 받는 아동 중에는 약시인 아동은 없다. [3]어떤 아동이 약시인 경우에만 특수 영상장치가 설치된 학급에서 교육을 받는다. 숙이, 철이, 석이는 모두 이 학교에 다니는 아동이다.

〈보기〉

ㄱ. 특수 스트레칭 교육을 받으면서 특수 영상장치가 설치된 반에서 교육을 받는 아동은 없다.

ㄴ. 숙이가 약시가 아니라면, 그의 키는 110cm 미만이다.

ㄷ. 석이가 특수 영상장치가 설치된 반에서 교육을 받는다면, 그는 키가 110cm 이상이다.

ㄹ. 철이 키가 120cm이고 약시는 아니라면, 그는 특수 스트레칭 교육을 받지 않는다.

① ㄱ, ㄴ

② ㄱ, ㄷ

③ ㄴ, ㄷ

④ ㄴ, ㄹ

⑤ ㄷ, ㄹ

S023_07. 다음 글의 내용이 참일 때, 반드시 참이라고 볼 수 없는 것은?

PL200508_12

실험실에서 광자, 전자, 양성자, 중성자, K 입자를 발생시켰다. 만들어진 입자들의 종류를 구별하기 위하여 입자 검출장치 A, B, C를 차례로 지나가게 하였다. 다음 정보는 모두 참이다.

가. 같은 종류의 입자는 동일한 질량을 갖는다.
나. 가벼운 입자란 광자와 전자만을 말한다. 중성자와 양성자는 무거운 입자에 속한다.
다. 중성자와 광자의 전하는 0이고 양성자와 전자의 전하는 0이 아니다.
라. K 입자 중에는 전하가 0인 것과 0이 아닌 것이 있다.
마. A는 전하가 0이 아닌 입자만을 휘게 한다.
바. B는 가벼운 입자만을 멈추게 한다.
사. C는 무거운 입자와 K 입자만을 멈추게 한다.

---

① 양성자는 A에서 휘고 C에서 멈춘다.
② 광자는 A에서 휘지 않고 B에서 멈춘다.
③ A에서 휘고 B에서 멈추었다면, 그것은 전자이다.
④ A에서 휘지 않고 C에서 멈추었다면, 그것은 중성자이다.
⑤ 위의 사실만으로는 K입자와 그 밖의 무거운 입자들을 구별할 수 없다.

S023_08. 최근 한 동물연구소에서 기존의 동물 분류 체계를 대체할 새로운 분류군과 분류의 기준을 마련하여 발표하였다. 〈발표 내용〉을 토대로 판단할 때 반드시 거짓인 진술은? **PL200702_28**

〈발표 내용〉

1. 이 분류 체계는 다음과 같은 세 가지 분류의 기준을 적용한다.
   (가) 날 수 있는 동물인가, 그렇지 않은가? 날 수 있는가의 여부는 정상적인 능력을 갖춘 성체를 기준으로 한다.
   (나) 벌레를 먹고 사는가, 그렇지 않은가?
   (다) 장 안에 프리모넬라가 서식하는가? 이 경우 '프리모'라 부른다. 아니면 세콘데렐라가 서식하는가? 이 경우 '세콘도'라 부른다. 둘 중 어느 것도 서식하지 않는가? 이 경우 '눌로'라고 부른다. 혹은 둘 다 서식하는가? 이 경우 '옴니오'라고 부른다.
2. 벌레를 먹고 사는 동물의 장 안에 세콘데렐라는 도저히 살 수가 없다.
3. 날 수 있는 동물은 예외 없이 벌레를 먹고 산다. 그러나 그 역은 성립하지 않는다.
4. 벌레를 먹지 않는 동물 가운데 눌로에 속하는 것은 없다.

① 날 수 있는 동물 가운데는 세콘도가 없다.
② 동고비새는 날 수 있는 동물이므로 옴니오에 속한다.
③ 벌쥐가 만일 날 수 있는 동물이라면 그것은 프리모이다.
④ 플라나리아는 날지 못하고 벌레를 먹지도 않으므로 세콘도이다.
⑤ 벌레를 먹는 동물 중에 날지 못하는 것이 적어도 한 종류는 있다.

S023 풀이

01. 원래 문항의 문두를 조금 고쳤다. 이 문항은 양화 논리 곧 모든몇몇 논리를 써서 손쉽게 풀 수 있다. 하지만 이 문항을 갈래 모눈을 만들어 풀어보겠다. 사람들을 남구에 사는 이와 북구에 사는 이로 나누고 아파트에 사는 이와 그렇지 않은 이로 나눈다. 이 경우 갈래 모눈은 다음과 같다.

	남구	북구
아파트 삶		
아파트 안 삶		

여기에 주어진 정보들을 하나씩 담는다.

	남구	북구
아파트 삶	오른손잡이, 의심 많음	오른손잡이
아파트 안 삶	가난함	의심 많지 않음

이 갈래 모눈을 바탕으로 선택지를 하나씩 따진다.

철수는 왼손잡이이기에 그는 오른손잡이가 아니다. 따라서 그는 아파트에 살지 않는다. 이 경우 그는 가난하거나 의심이 많지 않다. 따라서 선택지 ③ "만일 철수가 가난하지 않다면 철수는 의심이 많지 않다"는 반드시 참이다. 철수가 남구에 살든 북구에 살든 선택지 ① "철수는 가난하지 않다"와 선택지 ② "철수는 의심이 많은 사람이 아니다"는 반드시 참이지는 않다. 선택지 ④ "만일 철수가 북구에 산다면 철수는 의심이 많다"는 거짓이다. 선택지 ⑤ "만일 철수가 남구에 산다면 철수는 의심이 많다"는 반드시 참이지는 않다. 따라서 정답은 선택지 ③이다.

02. 이 문항도 모든몇몇 논리를 써서 손쉽게 풀 수 있지만 갈래 모눈을 만들어 풀어보겠다. 사람들을 서구에 사는 이와 동구에 사는 이로 나눈다. 또 사람들을 문화특화지역에 사는 이, 경제특화지역에 사는 이, 이들 지역 바깥에 사는 이로 나눈다. 이 경우 갈래 모눈은 다음과 같다.

	서구	동구
문화특화지역에 삶		
경제특화지역에 삶		
그 밖에 지역에 삶		

여기에 주어진 정보들을 하나씩 담는다.

	서구	동구
문화특화지역에 삶	유물, 아파트에 삶	유물
경제특화지역에 삶	아파트에 삶	부유함
그 밖에 지역에 삶	아파트에 삶	

이 갈래 모눈을 바탕으로 선택지를 하나씩 따진다.

유물이 발견된 지역은 문화특화지역에만 한정되지 않는다. 나아가 동구 경제특화지역 말고 다른 지역이 부유하지 않다고 볼 까닭이 없다. 이 점에서 선택지 ① "갑이 유물이 발견된 지역에 거주한다면 그는 부유하지 않다"는 반드시 참이지는 않다. 부유한 지역은 동구 경제특화지역으로 한정되지 않기에 선택지 ② "을이 부유하다면 그는 경제특화지역에 거주하고 있다"는 반드시 참이지는 않다. 병이 아파트에 살지는 않지만 경제특화지역에 거주한다면 갈래 모눈에 따라 그는 부유하다. 따라서 선택지 ③ "병이 아파트에 살지는 않지만 경제특화지역에 거주한다면 그는 부유하다"는 반드시 참이다. 따라서 정답은 선택지 ③이다.

정이 아파트에 살지 않더라도 문화특화지역에 살 가능성이 있다. 이 점에서 선택지 ④ "정이 아파트에 살지 않는다면 그는 유물이 발견되지 않은 지역에 거주한다"는 반드시 참이지는 않다. 무가 문화특화지역에 거주하더라도 아파트에 살 가능성이 있다. 이 점에서 선택지 ⑤ "무가 문화특화지역에 거주한다면 그는 아파트에 살지 않는다"는 반드시 참이지는 않다.

03. "미혼이 아닌 사람"을 "기혼"이라 하겠다. 정의에 따라 미혼이고 기혼인 이는 없다. 정보2에 따라 내근이고 외근인 이는 없다. 따라서 우리는 직원들을 다음 넷으로 갈래지을 수 있다.

	미혼	기혼
내근		
외근		

여기에 정보3, 정보4, 정보5, 정보6을 담는다.

	미혼	기혼
내근	과장 없음, 부장 없음	남자
외근	연금 저축 가입	대리 없음, 남자

이 모눈을 그릴 때 "과장 없음, 부장 없음"을 "대리"로 쓰지 않도록 주의하라. "대리"라고 쓰면 이 자리에 과장이 올 수 있는지 없는지 부장이 올 수 있는지 없는지 알아차릴 수 없다.

갈래 모눈을 바탕으로 선택지를 하나씩 따진다. 김 대리가 내근하더라도 그는 기혼일 수 있기에 선택지 ① "김 대리가 내근을 한다면 그는 미혼이다"는 반드시 참이지는 않다. 박 대리가 미혼이면서 연금 저축에 가입해 있지 않다면 그는 내근해야 한다. 이 때문에 선택지 ② "박 대리가 미혼이면서 연금 저축에 가입해 있지 않다면 그는 외근을 한다"는 거짓이다. 이 과장이 미혼이 아니면 그는 외근할 수 있기에 선택지 ③ "이 과장이 미혼이 아니라면 그는 내근을 한다"는 반드시 참이지는 않다. 최 과장이 여성이면 그는 미혼이다. 그는 미혼이고 과장이기에 내근할 수 없고 외근해야 한다. 이 경우 그는 연금 저축에 가입해 있다. 이 때문에 선택지 ④ "최 과장이 여성이라면 그는 연금 저축에 가입해 있다"는 반드시 참이다. 정 부장이 외근하더라도 그는 미혼이라면 그는 연금 저축에 가입해 있을 수 있다. 이 때문에 선택지 ⑤ "정 부장이 외근을 한다면 그는 연금 저축에 가입해 있지 않다"는 반드시 참이지는 않다. 따라서 정답은 선택지 ④다.

04. 선택지를 하나씩 살피며 이를 따져도 시간이 그렇게 많이 들지 않는다. 하지만 갈래 모눈을 만들어 이 문항을 풀어보겠다. 사람들을 남자와 여자로 나누고 경영학 전공자와 경영학 비전공자로 나눈다. 여기에 정보1, 정보2, 정보3을 담는다.

	남자	여자
경영 전공	변호사	회계사 아님
경영 비전공	변호사 아님, 회계사 아님	변호사 아님, 회계사 아님

회계사일 수 있는 사람은 경영학 전공자며 남자다. 경영학 전공자며 남자는 모두 변호사이기에 회계사는 모두 변호사다. 이 점에서 선택지 ① "여자 회계사는 없다", 선택지 ③ "회계사는 모두 변호사이다", 선택지 ④ "회계사이면서 변호사인 사람은 모두 남자이다"는 옳게 추론했다.

이제 남은 정보4를 담으려 한다. 회계사며 변호사인 사람 가운데 하나를 a라 하면 a는 경영학 전공자고 남자인 모눈에 놓여야 한다.

	남자	여자
경영 전공	변호사, a	회계사 아님
경영 비전공	변호사 아님, 회계사 아님	변호사 아님, 회계사 아님

a는 회계사이자 남자이기에 선택지 ② "회계사 중 남자가 있다"는 옳게 추론했다. 모든 회계사는 변호사지만 주어진 정보에 따르면 "모든 변호사는 회계사다"를 추론할 수는 없다. 나아가 주어진 정보로부터 "경영학 전공자이고 남자는 모두 회계사다"도 추론할 수 없다. 이 때문에 선택지 ⑤ "경영학을 전공한 남자는 회계사이면서 변호사이다"는 옳게 추론하지 않았다. 따라서 정답은 선택지 ⑤다. 다만 엄격히 말해 "남자 아님"은 곧 "여자임"을 뜻하지 않는다. 또한 남자고 여자인 사람이 있을 수 있다. 이러한 세부가 때때로 출제오류의 지경에 이를 수 있으니 출제자들은 조심해야 한다.

05. 이 문항도 모든몇몇 논리를 써서 풀 수 있지만 갈래 모눈을 만들어 풀어보겠다. B학교 학생들을 학교에서 스마트폰을 쓰는 이와 쓰지 않는 이로 나눈다. 또 이 학교 학생들을 영어 성적이 60점 이상인 이와 60점 미만인 이로 나눈다. 이 경우 갈래 모눈은 다음과 같다.

	스마트폰 씀	스마트폰 안 씀
영어 60점 이상		
영어 60점 미만		

여기에 먼저 문장2를 담고 그다음 문장1을 하나씩 담는다.

	스마트폰 씀	스마트폰 안 씀
영어 60점 이상		
영어 60점 미만	모두 20명	

문장3에 따르면 방과 후 보충 수업을 받아야 하는 학생들은 모두 영어 성적이 60점 미만이다. 곧 영어 성적이 60점 이상 학생은 모두 방과 후 보충 수업을 받지 않아도 된다.

	스마트폰 씀	스마트폰 안 씀
영어 60점 이상	보충 받지 않아도 됨	보충 받지 않아도 됨
영어 60점 미만	모두 20명	

이 갈래 모눈을 바탕으로 선택지를 하나씩 따진다.

무엇보다 이 모눈에 따르면 학교에서 스마트폰을 쓰지 않는 학생들은 모두 방과 후 보충 수업을 받지 않아도 된다. 따라서 선택지 ④ "스마트폰을 가지고 등교하더라도 학교에 있는 동안은 사용하지 않는 B중학교 학생 가운데 방과 후 보충 수업을 받아야 하는 학생은 없다"는 반드시 참이다. 결국 정답은 선택지 ④다.

국어 성적 60점 미만 학생 20명과 영어 성적 60점 미만 학생 20명 사이에 겹치는 학생이 있을 수 있다. 이 때문에 선택지 ① "이 조사의 대상이 된 B중학교 학생은 적어도 40명 이상이다"는 반드시 참이지는 않다. 선택지 ② "B중학교 학생인 성열이의 영어 성적이 60점 미만이라면 성열이는 방과 후 보충 수업을 받아야 할 것이다"는 반드시 참이지는 않다.

이 학교 학생 대석이의 영어 성적이 60점 미만이면 대석이는 학교에 있는 동안에 스마트폰을 쓸 것이다. 하지만 선택지 ③ "B중학교 학생인 대석이의 국어 성적이 60점 미만이라면 대석이는 학교에 있는 동안에 스마트폰을 사용할 것이다"는 반드시 참이지는 않다. 갈래 모눈에 따르면 학교에서 스마트폰을 쓰는 학생은 적어도 20명이다. 그렇다고 선택지 ⑤ "B중학교에서 스마트폰을 가지고 등교하는 학생들 가운데 학교에 있는 동안은 스마트폰을 사용하지 않는 학생은 적어도 20명 이상이다"가 참이지는 않다.

06. 이 문항도 모든몇몇 논리를 써서 풀 수 있지만 갈래 모눈을 만들어 풀어보겠다. 이 학교 학생들을 약시인 아동과 그렇지 않은 아동으로 나누고 키가 110cm 이상 아동과 110cm 미만 아동으로 나눈다. 이 경우 갈래 모눈은 다음과 같다.

	약시	약시 아님
110cm 이상		
110cm 미만		

여기에 문장1, 문장2, 문장3을 담는다. 문장2에 따르면 약시는 누구나 특수 스트레칭 교육을 받지 않는다. 문장1과 문장2에 따르면 110cm 미만이면서 약시인 아동이 있어서는 안 된다. 만일 그런 아동이 있다면 문장1과 문장2가 함께 참일 수는 없다. 문장3에 따르면 약시가 아닌 아동은 특수 영상장치가 설치된 학급에서 교육을 받지 않는다. 아래에서 위첨자 ×는 '교육 받지 않음'을 뜻한다.

	약시	약시 아님
110cm 이상	스트레칭$^{\times}$	특수영상$^{\times}$
110cm 미만		스트레칭, 특수영상$^{\times}$

이 갈래 모눈을 바탕으로 선택지를 하나씩 따진다.

특수 스트레칭 교육과 특수 영상장치 교육을 둘 다 받는 아동은 없다. 따라서 보기 ㄱ "특수 스트레칭 교육을 받으면서 특수 영상장치가 설치된 반에서 교육을 받는 아동은 없다"는 반드시 참이다. 숙이가 약시가 아니더라도 그는 110cm 이상일 수 있다. 이 점에서 보기 ㄴ "숙이가 약시가 아니라면 그의 키는 110cm 미만이다"는 반드시 참이지는 않다. 석이가 특수 영상장치가 설치된 반에서 교육을 받는다면 그는 약시여야 한다. 만일 그가 약시면 그는 키가 110cm 이상이다. 따라서 보기 ㄷ "석이가 특수 영상장치가 설치된 반에서 교육을 받는다면 그는 키가 110cm 이상이다"는 반드시 참이다. 철이의 키가 120cm이지만 약시가 아니면 그가 특수 스트레칭 교육을 받는지 받지 않는지 알 수 없다. 이 점에서 보기 ㄹ "철이 키가 120cm이고 약시는 아니라면 그는 특수 스트레칭 교육을 받지 않는다"는 반드시 참이지는 않다. 따라서 반드시 참인 것은 보기 ㄱ과 보기

ㄷ이고 정답은 선택지 ②다.

07. 원래 문항의 문두와 제시문을 조금 고쳤다. 정보 마는 "A는 전하가 0이 아닌 입자를 휘게 하고, 전하가 0인 입자를 휘게 하지 않는다"를 뜻한다. 정보 바는 "B는 가벼운 입자를 멈추게 하고, 가벼운 입자가 아닌 것을 멈추게 하지 않는다"를 뜻한다. 정보 사는 "C는 무거운 입자와 K 입자를 멈추게 하고, 무거운 입자가 아니고 K 입자도 아닌 것을 멈추게 하지 않는다"를 뜻한다.[a]

이 문항도 모든몇몇 논리를 써서 풀 수 있지만 갈래 모눈을 만들어 풀어본다. 입자들을 전하가 0인 것과 그렇지 않은 것으로 나누고 가벼운 입자와 무거운 입자 및 K 입자로 나눈다. 정보 나에 따르면 광자와 전자 말고 다른 가벼운 입자는 없다. 다만 K 입자가 무거운 입자에 속할 가능성을 남겨둔다. 아무튼 이 경우 갈래 모눈은 다음과 같다.

	전하 0	전하 0 아님
가벼운 입자		
K 입자		
무거운 입자		

여기에 정보들을 담는다. 아래에서 위첨자 ×는 '에 반응하지 않음'을 뜻한다.

	전하 0	전하 0 아님
가벼운 입자	광자, 다른 입자 없음 $A^{\times}$, B, $C^{\times}$	전자, 다른 입자 없음 A, B, $C^{\times}$
K 입자	있음 $A^{\times}$, $B^{\times}$, C	있음 A, $B^{\times}$, C
무거운 입자	중성자 $A^{\times}$, $B^{\times}$, C	양성자 A, $B^{\times}$, C

이 갈래 모눈을 바탕으로 선택지를 하나씩 따진다.

이 갈래 모눈에 따르면 선택지 ① "양성자는 A에서 휘고 C에서 멈춘다"는 반드시 참이다. 선택지 ② "광자는 A에서 휘지 않고 B에서 멈춘다"는 반드시 참이다. 선택지 ③ "A에서 휘고 B에서 멈추었다면 그것은 전자이다"는 반드시 참이다. 만일 A에서 휘지 않고 C에서 멈추었다면 K

입자이거나 무거운 입자다. 따라서 선택지 ④ "A에서 휘지 않고 C에서 멈추었다면 그것은 중성자이다"는 반드시 참이지는 않다. 검출기 A, B, C 어느 것으로도 무거운 입자와 K 입자를 가릴 수 없다. 이 때문에 선택지 ⑤ "위의 사실만으로는 K 입자와 그 밖의 무거운 입자들을 구별할 수 없다"는 반드시 참이다. 결국 정답은 선택지 ④다.

08. 분류 기준1가와 기준1나에 따라 다음과 같이 갈래 모눈을 만든다.

	날 수 있음	날 수 없음
벌레 먹음		
벌레 안 먹음		

여기에 기준2, 기준3, 기준4를 반영한다. 기준3에서 "날 수 있는 동물은 예외 없이 벌레를 먹고 산다"의 역은 성립하지 않는다고 했다. 이는 벌레를 먹고 살지만 날 수 없는 동물이 있음을 말해준다. 이 동물을 a라 하겠다. 아래에서 위첨자 ×는 "아님"을 뜻한다.

	날 수 있음	날 수 없음
벌레 먹음	세콘도$^{\times}$, 옴니오$^{\times}$	a, 세콘도$^{\times}$, 옴니오$^{\times}$
벌레 안 먹음		눌로$^{\times}$

이 모눈을 바탕으로 선택지 진술을 하나씩 살펴본다.

날 수 있는 것 가운데는 세콘도도 없고 옴니오도 없다. 따라서 선택지 ① "날 수 있는 동물 가운데는 세콘도가 없다"는 반드시 참이다. 선택지 ② "동고비새는 날 수 있는 동물이므로 옴니오에 속한다"는 사실 "동고비새는 날 수 있는 동물이고 이 때문에 동고비새는 옴니오에 속한다"를 뜻한다. 이는 그 자체로 참인지 거짓인지 주어진 정보로 알 수 없다. 출제자는 이 선택지 문장을 "동고비새가 날 수 있는 동물이면 동고비새는 옴니오에 속한다"로 이해해 주리라고 생각했던 것 같다. 이 문항에서는 "ㄱ이므로 ㄴ"을 "ㄱ이면 ㄴ"으로 이해해주겠다. 모눈에 따르면 동고비새가 날 수 있는 동물이면 그것은 세콘도가 아니고 옴니오도 아니다. 이 점에서 "동고비새가 날 수 있는 동물이면 동고비새는 옴니오에 속한다"는 거짓이다.

벌쥐가 날 수 있는 동물이면 그것은 세콘도가 아니고 옴니오도 아니다. 그것은 프리모나 눌로다. 따라서 선택지 ③ “벌쥐가 만일 날 수 있는 동물이라면 그것은 프리모이다”는 반드시 참이지는 않다. 플라나리아가 날지 못하고 벌레를 먹지도 않는다면 그것은 눌로가 아니다. 그것은 프리모나 세콘도나 옴니오다. 따라서 선택지 ④ “플라나리아는 날지 못하고 벌레를 먹지도 않으므로 세콘도이다”는 반드시 참이지는 않다. a가 있기에 선택지 ⑤ “벌레를 먹는 동물 중에 날지 못하는 것이 적어도 한 종류는 있다”는 반드시 참이다. 결국 반드시 거짓인 진술은 선택지 ②밖에 없으며 이것이 정답이다. 하지만 이 선택지의 “이므로”를 달리 해석해야 올바를 텐데 이 경우 이 문항은 출제오류에 해당한다.

노트

a. 우리는 “코코는 채소만을 먹는다”로부터 “코코는 채소 아닌 것은 먹지 않는다”를 추론할 수 있다. 하지만 우리는 “코코는 채소만을 먹는다”로부터 “코코는 채소를 먹는다”를 추론할 수 있는지 논란의 여지가 있다. 일상어에서 “코코는 채소만을 먹는다”로부터 “코코는 채소를 먹는다”를 추론할 수 있는 것으로 보인다. 결국 일상어에서 “코코는 채소만을 먹는다”는 “코코는 채소를 먹고, 코코는 채소 아닌 것을 먹지 않는다”를 뜻한다고 봐야 한다. “a는 S만을 P한다”에서처럼 목적어 자리에 “만”이 올 때 “a는 S만을 P한다”는 “a는 S를 P하고, a는 S 아닌 것을 P하지 않는다”로 이해하는 것이 좋겠다. 다만 엄밀한 학술 맥락에서 그렇게 뜻풀이하는 것이 언제나 맞는지 논란의 여지가 있다. 반면 주어 자리에 “만”이 올 때는 확실히 주의해야 한다. “a만이 P다”는 “a는 P고, a 아닌 이는 P가 아니다”를 뜻한다고 볼 수 있다. 하지만 “S만이 P다”는 “모든 S는 P이고, 모든 S 아닌 것은 P가 아니다”를 뜻하지 않는다. 여기서 a는 홀이름이고, S와 P는 두루이름이다.

스마트 솔루션

⚀ 몇몇 풀이말 참말 놀이는 갈래 모눈을 만들면 조금 더 쉽게 풀린다.

⚁ 주어진 정보에 "사물들은 P인 것과 P 아닌 것이 있다. 또 사물들은 R인 것과 R 아닌 것이 있다"가 있다면 다음과 같이 갈래 모눈을 만든다.

	R	R 아님
P		
P 아님		

⚂ 이와 같이 갈래 모눈을 만든 뒤 주어진 다른 정보를 갈래 모눈에 담는다. 보기를 들어 "P이고 R인 것은 없다"와 "모든 Q은 R이다"가 있다면 이 정보는 다음과 같이 담을 수 있다.

	R	R 아님
P	X	Q 아님
P 아님		Q 아님

S03
거짓말 놀이

S031

하나만 거짓말

S032

모두 거짓말

S033

불확실한 정보

S031 하나만 거짓말

거짓말 놀이는 참인 진술과 거짓인 진술을 함께 준 뒤 새로운 정보를 추론하게 하는 퍼즐입니다. 오늘은 거짓말 놀이 가운데 거짓 진술이 오직 하나만 주어진 퍼즐을 다루려 합니다. 진술들 가운데 하나만 거짓인 논리 퍼즐이 주어졌다면 먼저 함께 참일 수 없는 짝이 있는지 둘러봅니다. '함께 참일 수 없는 짝'은 양립할 수 없는 짝, 일관되지 않은 짝, 배타 관계에 있는 짝, 상충하는 짝입니다. 그런 짝이 있다면 나머지 진술은 모두 참입니다. 참인 진술들을 바탕으로 참말 놀이와 똑같은 방식으로 추론을 이어갑니다. 바라는 정보를 아직 추론하지 못했다면 두 경우를 나눕니다. 보기를 들어 진술 ㄱ과 진술 ㄴ이 함께 참일 수 없다면 진술 ㄱ이 거짓인 경우와 진술 ㄴ이 거짓인 경우로 나눕니다. 물론 진술 ㄱ이 참인 경우와 진술 ㄴ이 참인 경우로 나눠도 됩니다.

때때로 주어진 진술들 안에 반드시 참인 진술 또는 반드시 거짓인 진술이 있을 수 있습니다. 그런 진술이 없고 함께 참일 수 없는 진술 짝도 없다면 다른 방법을 찾아야 합니다. 그 가운데 하나는 함께 참일 수 없는 세 진술 모임을 찾는 길입니다. 만일 그런 모임이 있다면 나머지 진술은 모두 참입니다. 참인 진술들을 바탕으로 참말 놀이와 똑같은 방식으로 추론을 이어갑니다. 바라는 정보를 아직 추론하지 못했다면 여러 경우로 나눠 추론합니다. 보기를 들어 진술 {ㄱ, ㄴ, ㄷ}이 함께 참일 수 없다면 진술 ㄱ만 거짓인 경우, 진술 ㄴ만 거짓인 경우, 진술 ㄷ만 거짓인 경우로 나눕니다.

추론을 이어갈 만한 진술, 진술 짝, 진술 모임을 찾을 수 없다면 '거짓이다 넣기'를 해야 합니다. 한 진술을 골라 그것을 참이라 가정한 뒤 모순문장을 추론할 수 있다면 그 진술은 거짓입니다. 한 진술을 골라 그것을 거짓이라 가정한 뒤 모순문장을 추론할 수 있다면 그 진술은 참입니다.

S031_01. 다음으로부터 바르게 추론한 것은? **LA201208_14**

이번 학기에 4개의 강좌 「수학사」, 「정수론」, 「위상수학」, 「조합수학」이 새로 개설된다. 수학과장은 강의 지원자 A, B, C, D, E 중 4명에게 각 한 강좌씩 맡기려 한다. 배정 결과를 궁금해 하는 A ~ E는 다음과 같이 예측했다.

A: "B가 「수학사」 강좌를 담당하고 C는 강좌를 맡지 않을 것이다."
B: "C가 「정수론」 강좌를 담당하고 D의 말은 참일 것이다."
C: "D는 「조합수학」이 아닌 다른 강좌를 담당할 것이다."
D: "E가 「조합수학」 강좌를 담당할 것이다."
E: "B의 말은 거짓일 것이다."

배정 결과를 보니 이 중 한 명의 진술만 거짓이고, 나머지는 참임이 드러났다.

---

① A는 「수학사」를 담당한다.
② B는 「위상수학」을 담당한다.
③ C는 강좌를 맡지 않는다.
④ D는 「조합수학」을 담당한다.
⑤ E는 「정수론」을 담당한다.

S031_02. 다음 글에서 추론할 수 있는 것은? **PL201302_12**

다문화 자녀들이 한국 생활에 잘 적응하도록 돕기 위해서는 이들과 문화적으로 교류할 수 있는 인재가 필요하다. 이에 정부는 다문화 자녀들과 문화적으로 소통할 수 있는 대학 인재를 양성하기로 하였다. 이를 위해 장학제도가 마련되었는데, 올해 다문화 모집 분야는 이해, 수용, 확산, 융합, 총 4분야이고, 각 분야마다 한 명씩 선정되었다.

최종심사에 오른 갑, 을, 병, 정, 무는 심사결과에 대해 다음과 같이 추측하였는데, 이 중 넷은 옳았지만 하나는 틀렸다.

갑: "을이 이해분야에 선정되었거나, 정이 확산분야에 선정되었다."
을: "무가 수용분야에 선정되었거나, 정이 확산분야에 선정되지 않았다."
병: "을은 이해분야에 선정되지 않았고, 무는 수용분야에 선정되지 않았다."
정: "갑은 융합분야에 선정되었고, 무는 수용분야에 선정되었다."
무: "병을 제외한 나머지 학생들이 선정되었고, 정이 확산분야에 선정되었다."

① 갑은 선정되지 않았다.
② 을이 이해분야에 선정되었다.
③ 병이 확산분야에 선정되었다.
④ 정이 수용분야에 선정되었다.
⑤ 무가 융합분야에 선정되었다.

S031_03. 다음 글의 내용이 참일 때, A가 반드시 수강할 과목만을 모두 고르면?

PL201603_29

사무관 A는 국가공무원인재개발원에서 수강할 과목을 선택하려 한다. A가 선택할 과목에 대해 갑~무가 다음과 같이 진술하였는데 이 중 한 사람의 진술은 거짓이고 나머지 사람들의 진술은 모두 참인 것으로 밝혀졌다.

갑: 법학을 수강할 경우, 정치학도 수강한다.

을: 법학을 수강하지 않을 경우, 윤리학도 수강하지 않는다.

병: 법학과 정치학 중 적어도 하나를 수강한다.

정: 윤리학을 수강할 경우에만 정치학을 수강한다.

무: 윤리학을 수강하지만 법학은 수강하지 않는다.

---

① 윤리학

② 법학

③ 윤리학, 정치학

④ 윤리학, 법학

⑤ 윤리학, 법학, 정치학

S031_04. 다음 글의 내용이 참일 때, 반드시 참인 것만을 〈보기〉에서 모두 고르면? **PL202011_17**

일반행정 직렬 주무관으로 새로 채용된 갑진, 을현, 병천은 행정안전부, 고용노동부, 보건복지부에 한 명씩 배치되는 것으로 정해졌다. 가인, 나운, 다은, 라연은 배치 결과를 궁금해 하며 다음과 같이 예측했는데, 이 중 한 명의 예측만 틀렸음이 밝혀졌다.

가인: 을현은 행정안전부에, 병천은 보건복지부에 배치될 거야.
나운: 을현이 행정안전부에 배치되면, 갑진은 고용노동부에 배치될 거야.
다은: 을현이 행정안전부에 배치되지 않으면, 병천이 행정안전부에 배치될 거야.
라연: 갑진은 고용노동부에, 병천은 행정안전부에 배치될 거야.

〈보 기〉

ㄱ. 갑진은 고용노동부에 배치된다.
ㄴ. 을현은 행정안전부에 배치된다.
ㄷ. 라연의 예측은 틀렸다.

---

① ㄱ
② ㄴ
③ ㄱ, ㄷ
④ ㄴ, ㄷ
⑤ ㄱ, ㄴ, ㄷ

S031_05. 다음으로부터 추론한 것으로 옳은 것은? **LA201408_20**

어떤 회사가 A, B, C, D 네 부서에 한 명씩 신입 사원을 선발하였다. 지원자는 총 5명이었으며, 선발 결과에 대해 다음과 같이 진술하였다. 이 중 1명의 진술만 거짓으로 밝혀졌다.

지원자1: 지원자2가 A 부서에 선발되었다.

지원자2: 지원자3은 A 또는 D 부서에 선발되었다.

지원자3: 지원자4는 C 부서가 아닌 다른 부서에 선발되었다.

지원자4: 지원자5는 D 부서에 선발되었다.

지원자5: 나는 D 부서에 선발되었는데, 지원자1은 선발되지 않았다.

---

① 지원자1은 B 부서에 선발되었다.

② 지원자2는 A 부서에 선발되었다.

③ 지원자3은 D 부서에 선발되었다.

④ 지원자4는 B 부서에 선발되었다.

⑤ 지원자5는 C 부서에 선발되었다.

S031_06. 다음 다섯 사람 중 오직 한 사람만이 거짓말을 한다고 할 때, 거짓말을 하는 사람은? **PL200602_15**

A: B는 거짓말을 하고 있지 않다.

B: C의 말이 참이면 D의 말도 참이다.

C: E는 거짓말을 하고 있다.

D: B의 말이 거짓이면 C의 말은 참이다.

E: A의 말이 참이면 D의 말은 거짓이다.

---

① A

② B

③ C

④ D

⑤ E

S031_07. 다음 글의 내용이 참일 때 반드시 거짓인 것은? **PL200602_13**

경찰서에서 목격자 세 사람이 범인에 관하여 다음과 같이 진술하였다.

A: 영희가 범인이거나 순이가 범인입니다.

B: 순이가 범인이거나 보미가 범인입니다.

C: 영희가 범인이 아니거나 또는 보미가 범인이 아닙니다.

경찰에서는 이미 이 사건이 한 사람의 단독 범행인 것을 알고 있었다. 그리고 한 진술은 거짓이고 나머지 두 진술은 참이라는 것이 나중에 밝혀졌다. 안타깝게도 어느 진술이 거짓인지는 밝혀지지 않았다.

---

① 영희가 범인이다.

② 순이가 범인이다.

③ 보미가 범인이다.

④ 보미는 범인이 아니다.

⑤ 영희가 범인이 아니면 순이도 범인이 아니다.

S031_08. 다음 글의 내용이 참일 때 반드시 참이라고는 할 수 없는 것은?

PL202303_33

사무관 갑, 을, 병, 정, 무는 각 부처에 배치될 예정이다. 하나의 부처에 여러 명의 사무관이 배치될 수는 있지만, 한 명의 사무관이 여러 부처에 배치되는 일은 없다. 이들은 다음과 같이 예측하였다.

갑: 내가 환경부에 배치되면, 을 또한 환경부에 배치된다.

을: 내가 환경부에 배치되면, 병은 통일부에 배치된다.

병: 갑이 환경부에 배치되지 않으면, 무와 내가 통일부에 배치된다.

정: 병이 통일부에 배치되지 않고 갑은 환경부에 배치된다.

무: 갑이 통일부에 배치되고 정은 교육부에 배치된다.

발표 결과 이들 중 네 명의 예측은 옳고 나머지 한 명의 예측은 그른 것으로 드러났다.

---

① 갑은 통일부에 배치된다.

② 을은 환경부에 배치된다.

③ 병은 통일부에 배치된다.

④ 정은 교육부에 배치된다.

⑤ 무는 통일부에 배치된다.

S031_09. 다음 글의 내용이 참이라고 할 때, 반드시 참인 것만을 <보기>에서 모두 고르면? **PL202403_34**

A 지역 국립병원에서는 내과, 외과, 산부인과에 의사를 채용한다는 공고를 냈다. 채용 공고를 보고 가은, 나은은 내과에, 다연, 라연은 외과에, 마영, 바영은 산부인과에 지원하였다. 이후 과거 해당 병원에 인턴 경험이 있는 가은은 내과에 합격하였다. 한편 이 사실을 아직 모르는 직원들인 갑, 을, 병, 정은 다음과 같이 지원자들의 합격 여부를 예측하였다.

갑: 나은이 합격하지 않았거나 바영이 합격하지 않았다면, 가은 또한 합격하지 않았다.
을: 다연과 마영이 모두 합격하였다.
병: 나은과 바영이 모두 합격하였다면, 다연은 합격하지 않았다.
정: 라연이 합격하거나 마영이 합격하였다.

추후 나머지 지원자들의 합격 여부를 확인한 결과 이들 예측 중 세 명의 예측은 옳고 나머지 한 명의 예측은 그른 것으로 드러났다.

〈보 기〉

ㄱ. 나은과 다연 중 적어도 한 명은 합격한다.
ㄴ. 내과, 외과, 산부인과 각각에 적어도 한 명씩은 합격한다.
ㄷ. 최소 세 명, 최대 여섯 명이 합격할 수 있다.

① ㄴ
② ㄷ
③ ㄱ, ㄴ
④ ㄱ, ㄷ
⑤ ㄱ, ㄴ, ㄷ

S031 풀이

01. A의 진술을 짧게 "A"라 쓸 텐데 다른 이들의 진술도 마찬가지다. 먼저 함께 참일 수 없는 짝이 있는지 둘러본다. "A"와 "B"는 함께 참일 수 없고 하나는 거짓이다. 이는 "C", "D", "E"가 참임을 뜻한다. "E"는 참이기에 "B"는 거짓이다. "A"는 참이기에 선택지 ③ "C는 강좌를 맡지 않는다"는 바르게 추론했다. 따라서 정답은 선택지 ③이다.

    "A"는 참이기에 B는 수학사를 담당한다. 이 때문에 선택지 ① "A는 「수학사」를 담당한다"와 선택지 ② "B는 「위상수학」을 담당한다"는 거짓이다. "D"는 참이기에 E는 「조합수학」을 담당한다. 이 때문에 선택지 ④ "D는 「조합수학」을 담당한다"와 선택지 ⑤ "E는 「정수론」을 담당한다"는 거짓이다.

02. 각 사람의 진술을 짧게 "갑", "을", "병", "정", "무"라 하겠다. 먼저 이고문장을 살펴보면 "병"과 "정"은 함께 참일 수 없다. 결국 "갑", "을", "무"는 참이다. "무"가 참이니 확산분야에는 정이 선정되었다. 선택지 ③과 ④는 거짓이다. "을"이 참이니 수용분야에는 무가 선정되었다. 선택지 ⑤도 거짓이다. 결국 "병"은 거짓이고 "정"이 참인데 이 때문에 융합분야에는 갑이 선정되었다. 선택지 ①도 거짓이다. 남은 을은 이해분야에 선정되어야 한다. 따라서 정답은 선택지 ②다.

03. 원래 문항의 문두와 제시문을 조금 바꾸었다. 각 사람의 진술을 짧게 "갑", "을", "병", "정", "무"라 하겠다. 다섯 진술 가운데 하나가 거짓이다. 먼저 함께 참일 수 없는 진술의 짝을 찾는다. "을"과 "무"는 함께 참일 수 없다. 서로 부정 관계 곧 모순 관계에 있기에 하나가 참이면 다른 하나는 거짓이다. 남은 "갑", "병", "정"은 참이다.

    이들 진술에서 또렷하게 얻을 수 있는 정보는 없다. 이럴 때는 경우들을 나누는 것이 쉬운 길이다. 법학의 수강 여부가 중요한 정보이니 이를 기준으로 두 경우를 나눈다.

	수강 과목	비수강 과목
법학 수강		
법학 비수강		

첫째 경우에서 "갑"에 따르면 A는 정치학을 수강하고 "정"에 따르면 윤리학을 수강한다. 둘째 경우에서 "병"에 따르면 A는 정치학을 수강하고 "정"에 따르면 윤리학을 수강한다.

	수강 과목	비수강 과목
법학 수강	법, 정, 윤	
법학 비수강	정, 윤	법

참고로 첫째 경우는 "무"가 거짓인 경우고 둘째 경우는 "을"이 거짓인 경우다. 아무튼 두 경우에서 A가 반드시 수강할 과목은 윤리학과 정치학이다. 따라서 정답은 선택지 ③이다.

04. "한 명의 예측만 틀렸음이 밝혀졌다"는 헷갈리는 말인데 맥락상 "한 명은 틀렸고 다른 세 명은 옳았다"를 뜻한다. "한 명의 예측만 틀렸음이 밝혀졌다"를 "한 명의 예측은 틀렸고 다른 이들의 예측은 맞는지 틀렸는지 밝혀지지 않았다"로 읽게 되면 주어진 문제가 너무 복잡해지고 어렵게 된다. 처음 출제할 때 "다음과 같이 예측했는데 이 중 한 명의 예측만 틀렸다"고 했으면 더 나았을 것 같다.

먼저 함께 참일 수 없는 짝을 찾는다. 가인과 라연의 말은 함께 참일 수 없다. 둘 가운데 한 명의 예측은 거짓이고 남은 나운과 다은의 예측은 참이다. 이제 우리는 다음 두 경우를 얻는다.

갑진	을현	병천
고용부	행안부	
	행안부 아님	행안부

여기에 빈칸을 채우면 다음과 같다.

갑진	을현	병천
고용부	행안부	보복부
		행안부

첫째 경우에서 가인의 예측은 참이고 라연의 예측은 거짓이다. 둘째 경우에서 가인의 예측은 거짓이다. 가연의 예측이 참이면 갑진은 고용부에 배치되어야 한다.

갑진	을현	병천
고용부	행안부	보복부
고용부	보복부	행안부

이까지 추론을 바탕으로 보기 진술을 따진다.

두 경우 모두에서 보기 ㄱ "갑진은 고용노동부에 배치된다"는 참이다. 보기 ㄴ "을현은 행정안전부에 배치된다"는 참이지는 않다. 보기 ㄷ "라연의 예측은 틀렸다"는 반드시 참이지는 않다. 참인 것은 보기 ㄱ밖에 없고 정답은 선택지 ①이다.

05. 지원자1의 진술을 짧게 "1"이라 쓰겠다. 함께 참일 수 없는 두 진술을 찾기 쉽지 않다. 하지만 한 부서에 한 명만 선발되기에 {"1", "2", "4"}는 함께 참일 수 없다. 이 가운데 거짓말이 있다. 이것은 "3"과 "5"가 참임을 뜻한다. 따라서 지원자5는 D 부서에 선발된다. 정답이 될 수 있는 것은 선택지 ②와 선택지 ④밖에 없다.

"5"는 참이기에 "4"도 참이다. 따라서 "1"이 거짓이거나 "2"가 거짓이다. 이제 우리는 두 가능한 경우를 따지겠다. 위첨자 ×는 '그 부서 아님'을 뜻한다.

	1	2	3	4	5
"1"만 거짓	탈락			$C^{\times}$	D
"2"만 거짓	탈락			$C^{\times}$	D

여기에 나머지 참인 진술을 담는다.

	1	2	3	4	5
"1"만 거짓	탈락	C	A	B	D
"2"만 거짓	탈락	A	C	B	D

이 모눈을 보건대 반드시 참인 것은 지원자4가 B 부서에 선발되었다는 사실이다. 따라서 선택지 ④ "지원자4는 B 부서에 선발되었다"만 옳게 추론했고 정답은 선택지 ④다. 사실 "1"만 거짓인 경우를 따지자마자 정답이 선택지 ④밖에 없음을 금방 알 수 있다.

06. 원래 문항의 문두를 조금 고쳤다. A의 진술을 짧게 "A"라 쓰겠는데 다른 진술도 마찬가지다. 쉬운 문장 "A"와 "C"를 눈여겨보라. 먼저 "C"가 거짓이라 가정한다. 이 경우 "A"와 "D" 및 "E" 따위는 참이어야 한다. 하지만 "A"와

"D"가 참이면 "E" 곧 "A의 말이 참이면 D의 말은 거짓이다"는 참일 수 없다. 이는 "C"가 거짓일 수 없음을 뜻한다. 따라서 "C"는 참이고 거짓말하는 사람은 E다. 결국 정답은 선택지 ⑤다.

07. 원래 문항의 문두와 제시문을 조금 고쳤다. C의 진술은 무조건 반드시 참이다. 왜냐하면 이 진술은 "'영희는 범인이고 보미는 범인이다'는 거짓이다"를 뜻하기 때문이다. 만일 순이가 범인이면 A와 B의 진술 모두 참이다. 이 경우 세 진술 모두 참이니 결국 순이는 범인이 아니어야 한다. 따라서 선택지 ② "순이는 범인이다"는 반드시 거짓이다. 결국 정답은 선택지 ②다.

한편 A의 진술이 거짓이면 범인은 보미기에 선택지 ③ "보미가 범인이다"는 반드시 거짓이지는 않다. B의 진술이 거짓이면 범인은 영희기에 선택지 ① "영희가 범인이다"는 반드시 거짓이지는 않다. 범인이 영희일 수 있기에 선택지 ④ "보미는 범인이 아니다"와 선택지 ⑤ "영희가 범인이 아니면 순이도 범인이 아니다"는 반드시 거짓이지는 않다.

08. 한 명의 예측은 거짓이기에 이들 예측 가운데 함께 참일 수 없는 예측의 짝을 찾는다. 갑의 예측을 짧게 "갑"으로 쓰겠는데 다른 이의 예측도 마찬가지다. "정"에 따르면 갑은 환경부에 배치되고 "무"에 따르면 갑은 통일부에 배치된다. 결국 "정"과 "무" 가운데 하나는 거짓이다. 이 때문에 "갑", "을", "병"은 참이다. 이것들을 반영하려고 갑이 환경부에 배치되는 경우와 그렇지 않은 경우를 나눈다. 아래에서 위첨자 ×는 '배치되지 않음'을 뜻한다.

갑	을	병	정	무
환경				
환경$^{\times}$				

여기에 "갑", "을", "병"을 담는다.

갑	을	병	정	무
환경	환경	통일		
환경$^{\times}$		통일		통일

두 경우에서 병은 통일부에 배치된다. 이는 "정"이 거짓이고 "무"가 참임을 뜻한다. "무"를 반영하면 첫째 경우는 불가능하다.

갑	을	병	정	무
통일		통일	교육	통일

선택지 ② "을은 환경부에 배치된다"는 글로부터 추론할 수 없지만 나머지는 글로부터 추론할 수 있다. 따라서 정답은 선택지 ②다.

09. 갑, 을, 병, 정의 진술을 각각 "갑", "을", "병", "정"이라 쓰겠다. 이들 가운데 하나는 거짓인데 각 진술이 거짓인 경우들을 하나씩 따지겠다. 먼저 "정"이 거짓이면 마영은 합격하지 않아야 한다. 이는 "을"이 거짓임을 뜻하는데 나머지 세 진술이 참이어야 한다는 조건을 어긴다. 따라서 "정"은 참이다. 우리는 세 가지 경우만 따지면 된다. 먼저 "갑"이 거짓인 경우를 따진다. 참고로 "'X이면 Y'는 거짓이다"는 "X이고, Y는 거짓이다"를 뜻한다. "갑"이 거짓이면, '나은이 합격하지 않았거나 바영이 합격하지 않았고' 가은은 합격했다.

갑	"갑"은 거짓	"을"은 거짓	"병"은 거짓
가은	○	○	○
나은	나$^{\times}$∨바$^{\times}$		
다연	○		
라연	?		
마영	○		
바영	나$^{\times}$∨바$^{\times}$		

여기서 "나$^{\times}$∨바$^{\times}$"는 "'나은이 합격하지 않았거나 바영이 합격하지 않았다"를 뜻한다. "갑"이 거짓이면, "을"은 참이어야 한다. 이 경우 다연은 합격했고 이 경우 "병"의 이면 뒷말은 거짓이다. "병"이 참이려면 "병"의 이면 앞말이 거짓이어야 한다. 문장을 잘 살펴보면 "갑"의 이면 앞말은 "병"의 이면 앞말의 부정인데 "병"의 이면 앞말은 거짓이다. 이처럼 "갑"이 거짓이라 가정해도 아무 모순이 없다.

그다음 "을"이 거짓인 경우를 따진다. "A이면 X"와 "A가 거짓이면 Y"로부터 "X이거나 Y"를 추론할 수 있다. "갑"과 "병"은 참이기에 이로부터 "가은은 합격하지 않았거나 다연은 합격하지 않았다"를 얻는다. 가연은 합격했기에 다연은 합격하지 않아야 한다. 이 경우 "을"이 거짓임이 저절로 성립된다. "갑"의 이면 뒷말이 거짓인 상황에서 "갑"이 참이라면 "갑"의 이면 앞말은 거짓이어야 한다. 따라서 나은은 합격하고 바영도 합격해야 한다.

갑	"갑"은 거짓	"을"은 거짓	"병"은 거짓
가은	○	○	○
나은	나$^{\times}$∨바$^{\times}$	○	
다연	○	×	
라연	?	라∨바	
마영	○	라∨바	
바영	나$^{\times}$∨바$^{\times}$	○	

"정"은 참이기에 "라∨바"를 모눈에 넣었다.

마지막으로 "병"이 거짓인 경우를 따진다. 이 경우에 나은과 바영이 모두 합격하였고, 다연도 합격해야 한다. "을"은 참이기에 마영도 합격하고 "정"은 저절로 참이다.

갑	"갑"은 거짓	"을"은 거짓	"병"은 거짓
가은	○	○	○
나은	나$^{\times}$∨바$^{\times}$	○	○
다연	○	×	○
라연	?	라∨바	?
마영	○	라∨바	○
바영	나$^{\times}$∨바$^{\times}$	○	○

"갑"의 이면 앞말이 거짓이기에 "갑"도 저절로 참이다. "병"이 거짓이라 가정해도 아무 모순이 없다. 이 모눈을 바탕으로 보기를 따진다. 보기 ㄱ "나은과 다연 중 적어도 한 명은 합격한다"는 반드시 참이다. 보기 ㄴ "내과, 외과, 산부인과 각각에 적어도 한 명씩은 합격한다"가 반드시 참이지는 않다. 아무도 외과에 합격하지 않을 가능성이 있다. 보기 ㄷ "최소 세 명, 최대 여섯 명이 합격할 수 있다"는 참이다. 최소 세 명이 합격하는 경우는 "갑"이 거짓인 경우고 최대 여섯 명이 합격하는 경우는 "병"이 거짓인 경우다.

조금 더 짧게 풀이하는 방법을 소개한다. 주어진 보기가 거짓일 수 있는지를 따진다. 보기가 거짓이라 가정해서 모순이 생기면 해당 보기는 참이다. 보기 ㄱ을 거짓이라 가정하면 나연도 다연도 합격하지 않는다. 이 경우 "을"은 거짓인데 나머지 세 진술은 참이다. 하지만 이미 "갑"의 이면 뒷말은 거짓이었는데 "갑"의 이면 앞말이 참이 되어 "갑"은 거짓이다. 이는 나머지 세 진술이 참이어야 한다는 조건을 어긴다. 보기 ㄱ을 거짓이라 가정하면 모순이 생기기에 보기 ㄱ은 참이다.

보기 ㄴ을 거짓이라 가정한다. 내과는 이미 적어도 한 명은 합격했다. "을"와 "정" 때문에 산부인과에 누군가 합격했을 가능성이 있다. 이 때문에 외과에 아무도 합격하지 않았다고 가정한다. 곧 다연과 라연은 불합격했다. 이 경우 "을"은 거짓이다. 나머지 세 진술은 참이다. "병"은 저절로 참이다. "갑"이 참이어야 하기에 나은은 합격하고 바영도 합격해야 한다. "정"이 참이려면 마영은 합격해야 한다.

가은	나은	다연	라연	마영	바영
○	○	×	×	○	○

합격자와 불합격자를 이렇게 가정하면 주어진 조건을 모두 만족하면서도 보기 ㄴ이 거짓일 수 있다. 이는 보기 ㄴ이 반드시 참이지는 않음을 뜻한다.

보기 ㄷ의 진술을 따지는 일은 쉽지 않다. 먼저 보기 ㄷ은 그 자체로 가능성 진술이다. 모든 사람이 합격하는 경우를 가정해도 모순이 생기지 않는다면 "최대 여섯 명이 합격할 수 있다"는 반드시 참이다. 실제로 모든 사람이 합격하는 경우를 가정해도 모순이 생기지 않는다. 그다음 3명만 합격하는 사례를 만들 수 있지만 2명만 합격하는 사례를 만들 수 없어야 한다. 가은은 합격이고, "정" 때문에 라연과 마영 가운데 한 명은 합격한다. 다음 두 사례를 생각할 수 있다.

가은	나은	다연	라연	마영	바영
○	×	×	○	×	×
○	×	×	×	○	×

이 경우 "갑"과 "을"은 거짓이다. 따라서 2명만 합격하는 사례를 만들 수 없다. 반면 3명만 합격하는 사례는 만들 수 있다. "갑"을 거짓으로 만들고 다른 세 진술을 참으로 만드는 사례다.

가은	나은	다연	라연	마영	바영
○	×	○	○	×	×

이 사례에서는 "을", "병", "정"은 참이다. 따라서 주어진 조건 아래서 최소 3명은 합격하고 최대 6명까지 합격한다. 이는 보기 ㄷ이 참임을 뜻한다.

스마트 솔루션

⚀ 진술들 가운데 하나만 거짓인 논리 퍼즐이 주어졌다면 먼저 함께 참일 수 없는 짝이 있는지 둘러보라. 만일 그런 짝이 있다면 나머지 진술은 모두 참이다.

⚁ 반드시 참인 진술, 반드시 거짓인 진술, 함께 참일 수 없는 진술 짝이 없다면, 함께 참일 수 없는 세 진술 모임을 찾으라.

⚂ 한 진술을 골라 그것을 참이라 가정한 뒤 모순문장을 추론할 수 있다면 그 진술은 거짓이다. 한 진술을 골라 그것을 거짓이라 가정한 뒤 모순문장을 추론할 수 있다면 그 진술은 참이다.

⚃ 한 진술을 골라 그것을 참이라 가정하더라도 모순문장을 추론할 수 없다면 그 진술은 참일 가능성이 높다. 시간이 없다면 그 진술이 참이라 여기고 풀이를 이어가라. 하지만 시간이 난다면 그 진술을 거짓이라 가정한 뒤 모순문장이 추론되는지를 꼭 점검해야 한다.

⚄ 한 진술을 참이라 가정해도 모순문장이 추론되지 않고 거짓이라 가정해도 모순문장이 추론되지 않는다면, 그 진술은 참인지 거짓인지 주어진 정보만으로 결정할 수 없다.

S032 여러 거짓말

거짓 진술이 오직 둘만 있는 퍼즐에서는 함께 참일 수 없는 짝을 둘 찾습니다. 예컨대 참인지 거짓인지 모르는 진술 ㄱ, ㄴ, ㄷ, ㄹ, ㅁ이 주어졌습니다. 진술 ㄱ과 진술 ㄴ이 함께 참일 수 없고 진술 ㄷ과 진술 ㄹ이 함께 참일 수 없다면 이 네 진술 가운데 적어도 둘은 거짓이고 남은 진술 ㅁ은 참입니다. 참인 진술 ㅁ을 실마리 삼아 다른 참인 진술을 찾습니다. '함께 참일 수 없는 문장의 짝'과 '하나가 참이면 다른 하나도 참인 문장의 짝'에 낯설지 않도록 평소에 훈련해야 합니다. 서로 모순 관계 곧 서로 부정 관계에 있는 문장 짝은 함께 참일 수 없고 함께 거짓일 수 없습니다.

이면문장이 진술로 주어질 때가 많은데 알다시피 이면문장은 다음 특징을 갖습니다. 첫째, 문장 "ㄱ이면 ㄴ"의 부정은 "ㄱ이고, ㄴ은 거짓이다"입니다. 둘째, 이면 뒷말이 참이면 전체 이면문장은 참입니다. 진술 ㄴ이 참이면 진술 "ㄱ이면 ㄴ"도 참입니다. 셋째, 이면 앞말이 거짓이면 전체 이면문장은 참입니다. 진술 ㄱ이 거짓이면 진술 "ㄱ이면 ㄴ"도 참입니다. 이 규칙은 참말 놀이와 거짓말 놀이에서 자주 쓰이니 꼭 외워두길 바랍니다.

주어진 진술들에서 거짓말의 개수나 참말의 개수가 정해지지 않더라도 먼저 '함께 참일 수 없는 짝', '함께 거짓일 수 없는 짝', '서로 모순 관계에 있는 짝'을 찾습니다. 그런 다음 여러 경우로 나눠 하나씩 살핍니다. 만일 진술 ㄱ과 진술 ㄴ이 함께 참일 수 없다면 진술 ㄱ이 참인 경우와 진술 ㄴ이 참인 경우로 나눕니다. 만일 사람 가가, 나나, 다다 가운데 참말만 하는 사람이 한 사람만 있다면 가가만 참말하는 경우, 나나만 참말하는 경우, 다다만 참말하는 경우로 나눕니다. 또는 만일 사람 가가, 나나, 다다 가운데 거짓말만 하는 사람이 한 사람만 있다면 가가만 거짓말하는 경우, 나나만 거짓말하는 경우, 다다만 거짓말하는 경우로 나눕니다.

S032_01. 다음 세 진술이 모두 거짓일 때, 유물 **A~D** 중에서 전시되는 유물의 총 개수는? **PL201707_24**

$○_1$ A와 B 가운데 어느 하나만 전시되거나, 둘 중 어느 것도 전시되지 않는다.

$○_2$ B와 C 중 적어도 하나가 전시되면, D도 전시된다.

$○_3$ C와 D 어느 것도 전시되지 않는다.

---

① 0개

② 1개

③ 2개

④ 3개

⑤ 4개

S032_02. 다음 글의 내용이 모두 참일 때, 귀가 조치된 사람을 모두 고르면?

PL201302_11

공금횡령사건과 관련해 갑, 을, 병, 정이 참고인으로 소환되었다. 이들 중 갑, 을, 병은 소환에 응하였으나 정은 응하지 않았다.

○₁ 참고인 네 명 가운데 한 명이 단독으로 공금을 횡령했다.

○₂ 소환된 갑, 을, 병 가운데 한 명만 진실을 말했다.

○₃ 갑은 '을이 공금을 횡령했다', 을은 '내가 공금을 횡령했다', 병은 '정이 공금을 횡령했다'라고 진술했다.

○₄ 위의 세 정보로부터 공금을 횡령하지 않았음이 명백히 파악된 사람은 모두 귀가 조치되었다.

---

① 병

② 갑, 을

③ 갑, 병

④ 을, 병

⑤ 갑, 을, 병

S032_03. 다음 글의 내용이 모두 참일 때, 용의자 **A, B, C, D, E** 가운데 살인범은? **PL200402_18**

어떤 살인 사건이 2003년 12월 23일 밤 11시에 한강 고수부지에서 발생했다. 범인은 한 명이며, 현장에서 칼로 피해자를 찔러 죽인 것이 확인되었다. 하지만 현장에 범인 외에 몇 명의 사람이 있었는지는 확인되지 않았다. 이 사건의 용의자 A, B, C, D, E가 있다. 아래에는 이들의 진술 내용이 기록되어 있다. 이 다섯 사람 중에 오직 두 명만이 거짓말을 하고 있고, 그 거짓말을 하는 두 명 중에 한 명이 범인이다.

A: 나는 살인 사건이 일어난 밤 11시에 서울역에 있었다.
B: 그날 밤 11시에 나는 A, C와 함께 있었다.
C: B는 그날 밤 11시에 A와 춘천에 있었다.
D: B의 진술은 참이다.
E: C는 그날 밤 11시에 나와 단둘이 함께 있었다.

---

① A
② B
③ C
④ D
⑤ E

S032_04. 다음 글의 내용이 모두 참일 때 반드시 참인 것만을 〈보기〉에서 모두 고르면? **PL201803_14**

A부서에서는 올해부터 직원을 선정하여 국외 연수를 보내기로 하였다. 선정 결과 가영, 나준, 다석이 미국, 중국, 프랑스에 한 명씩 가기로 하였다. A부서에 근무하는 갑~정은 다음과 같이 예측하였다.

갑: 가영이는 미국에 가고 나준이는 프랑스에 갈 거야.

을: 나준이가 프랑스에 가지 않으면, 가영이는 미국에 가지 않을 거야.

병: 나준이가 프랑스에 가고 다석이가 중국에 가는 그런 경우는 없을 거야.

정: 다석이는 중국에 가지 않고 가영이는 미국에 가지 않을 거야.

하지만 을의 예측과 병의 예측 중 적어도 한 예측은 그르다는 것과 네 예측 중 두 예측은 옳고 나머지 두 예측은 그르다는 것이 밝혀졌다.

〈보 기〉

ㄱ. 가영이는 미국에 간다.

ㄴ. 나준이는 프랑스에 가지 않는다.

ㄷ. 다석이는 중국에 가지 않는다.

---

① ㄱ

② ㄴ

③ ㄱ, ㄷ

④ ㄴ, ㄷ

⑤ ㄱ, ㄴ, ㄷ

S032_05. 다음 글의 내용이 모두 참일 때, 쓰레기를 무단투기한 사람은?

PL201002_35

쓰레기를 무단투기하는 사람을 찾기 위해 고심하던 주민센터 직원은 다섯 명의 주민 A, B, C, D, E를 면담했다. 이들은 각자 아래와 같이 이야기했다. 이 가운데 두 명의 이야기는 모두 거짓이지만 세 명의 이야기는 모두 참이다. 다섯 명 가운데 한 명이 범인이다.

A: 쓰레기를 무단투기하는 것을 나와 E만 보았다. B의 말은 모두 참이다.
B: 쓰레기를 무단투기한 것은 D이다. D가 쓰레기를 무단투기하는 것을 E가 보았다.
C: D는 쓰레기를 무단투기하지 않았다. E의 말은 참이다.
D: 쓰레기를 무단투기하는 것을 세 명의 주민이 보았다. B는 쓰레기를 무단투기하지 않았다.
E: 나와 A는 쓰레기를 무단투기하지 않았다. 나는 쓰레기를 무단투기하는 사람을 아무도 보지 못했다.

---

① A
② B
③ C
④ D
⑤ E

S032_06. 다음 글의 내용이 참일 때, 반드시 참인 것은? **PL201304_31**

A, B, C 세 사람이 어떤 표결에 참여해 찬성했거나 반대했거나 기권했다. 그리고 표결이 끝난 후 세 사람이 아래와 같이 두 가지 진술을 각각 했는데, 그 두 진술 가운데 하나는 참이고 다른 하나는 거짓이다.

A: $○_1$ 나는 찬성했다.
$○_2$ B와 C 중 적어도 하나는 찬성했다.
B: $○_1$ A는 찬성했고, C는 기권하지 않았다.
$○_2$ 나는 기권했다.
C: $○_1$ A는 기권했고, B는 찬성했다.
$○_2$ 나는 기권했다.

---

① A와 B는 모두 찬성했다.
② A와 B는 모두 기권했다.
③ A와 C는 모두 찬성했다.
④ B와 C는 모두 반대했다.
⑤ B와 C는 모두 기권했다.

S032_07. 다음 글의 내용이 참일 때, 반드시 참인 것은? **PL200508_32**

3개의 방에 아래와 같은 안내문이 붙어 있다.

◦ 방A의 안내문: 방B에는 괴물이 들어 있다.
◦ 방B의 안내문: 이 방은 비어 있다.
◦ 방C의 안내문: 이 방에는 보물이 들어 있다.

이 중 2개의 방에는 보물과 괴물이 각각 들어 있고, 나머지 방은 비어 있다. 괴물이 들어 있는 방의 안내문은 거짓이며 3개의 안내문 중 단 하나만 참이다.

---

① 방A에는 반드시 보물이 들어 있다.
② 방B에 보물이 들어 있을 수 있다.
③ 괴물을 피하려면 방B를 택하면 된다.
④ 방C에는 반드시 괴물이 들어 있다.
⑤ 방C에는 보물이 들어 있을 수 있다.

S032_08. 뇌물수수 혐의자 **A~D**에 관한 다음 진술들 중 하나만 참일 때, 이들 가운데 뇌물을 받은 사람의 수는? **PL201803_32**

○$_1$ A가 뇌물을 받았다면, B는 뇌물을 받지 않았다.

○$_2$ A와 C와 D 중 적어도 한 명은 뇌물을 받았다.

○$_3$ B와 C 중 적어도 한 명은 뇌물을 받지 않았다.

○$_4$ B와 C 중 한 명이라도 뇌물을 받았다면, D도 뇌물을 받았다.

---

① 0명

② 1명

③ 2명

④ 3명

⑤ 4명

S032_09. 다음을 참이라고 가정할 때, 반드시 참인 것만을 〈보기〉에서 모두 고르면? **PL201408_08**

○ A, B, C, D 중 한 명의 근무지는 서울이다.

○ A, B, C, D는 각기 다른 한 도시에서 근무한다.

○ 갑, 을, 병 각각의 두 진술 중 하나는 참이고 다른 하나는 거짓이다.

○ 갑은 "A의 근무지는 광주이다"와 "D의 근무지는 서울이다"라고 진술했다.

○ 을은 "B의 근무지는 광주이다"와 "C의 근무지는 세종이다"라고 진술했다.

○ 병은 "C의 근무지는 광주이다"와 "D의 근무지는 부산이다"라고 진술했다.

〈보 기〉

ㄱ. A의 근무지는 광주이다.

ㄴ. B의 근무지는 서울이다.

ㄷ. C의 근무지는 세종이다.

---

① ㄱ

② ㄷ

③ ㄱ, ㄴ

④ ㄴ, ㄷ

⑤ ㄱ, ㄴ, ㄷ

S032_10. 다음 글의 내용이 참일 때, 반드시 참인 것만을 〈보기〉에서 모두 고르면? **PL202107_07**

A 기술원 해수자원화기술 연구센터는 2014년 세계 최초로 해수전지 원천 기술을 개발한 바 있다. 연구센터는 해수전지 상용화를 위한 학술대회를 열었는데 학술대회로 연구원들이 자리를 비운 사이 누군가 해수전지 상용화를 위한 핵심 기술이 들어 있는 기밀 자료를 훔쳐 갔다. 경찰은 수사 끝에 바다, 다은, 은경, 경아를 용의자로 지목해 학술대회 당일의 상황을 물으며 이들을 심문했는데 이들의 답변은 아래와 같았다.

바다: 학술대회에서 발표된 상용화 아이디어 중 적어도 하나는 학술대회에 참석한 모든 사람들의 관심을 받았어요. 다은은 범인이 아니에요.

다은: 학술대회에 참석한 사람들은 누구나 학술대회에서 발표된 하나 이상의 상용화 아이디어에 관심을 가졌어요. 범인은 은경이거나 경아예요.

은경: 학술대회에 참석한 몇몇 사람은 학술대회에서 발표된 상용화 아이디어 중 적어도 하나에 관심이 있었어요. 경아는 범인이 아니에요.

경아: 학술대회에 참석한 모든 사람들이 어떤 상용화 아이디어에도 관심이 없었어요. 범인은 바다예요.

수사 결과 이들은 각각 참만을 말하거나 거짓만을 말한 것으로 드러났다. 그리고 네 명 중 한 명만 범인이었다는 것이 밝혀졌다.

〈보 기〉

ㄱ. 바다와 은경의 말이 모두 참일 수 있다.

ㄴ. 다은과 은경의 말이 모두 참인 것은 가능하지 않다.

ㄷ. 용의자 중 거짓말한 사람이 단 한 명이면, 은경이 범인이다.

---

① ㄱ
② ㄴ
③ ㄱ, ㄷ
④ ㄴ, ㄷ
⑤ ㄱ, ㄴ, ㄷ

S032_11. 다음으로부터 추론한 것으로 옳은 것만을 〈보기〉에서 있는 대로 고른 것은? **LA201308_33**

한 아파트에서 발생한 범죄 사건의 용의자로 유석, 소연, 진우가 경찰에서 조사를 받았다. 사건이 발생한 아파트에서 피해자와 같은 층에 사는 사람은 이 세 사람뿐인데, 이들은 각각 다음과 같이 차례로 진술하였다. 이 중 진우의 두 진술 ⓔ와 ⓕ는 모두 참이거나 또는 모두 거짓이다.

유석: ⓐ "범행 현장에서 발견된 칼은 진우의 것이다."
ⓑ "나는 피해자를 만나본 적이 있다."
소연: ⓒ "피해자와 같은 층에 사는 사람은 모두 피해자를 만난 적이 있다."
ⓓ "피해자와 같은 층에 사는 사람 중에서 출근이 가장 늦은 사람은 유석이다."
진우: ⓔ "유석의 두 진술은 모두 거짓이다."
ⓕ "소연의 두 진술은 모두 참이다."

〈보 기〉

ㄱ. ⓑ가 거짓이면, 범행 현장에서 발견된 칼은 진우의 것이다.
ㄴ. ⓒ가 참이면, 범행 현장에서 발견된 칼은 진우의 것이다.
ㄷ. ⓐ가 거짓이고 ⓓ가 참이면, 소연과 진우 중 적어도 한 사람은 피해자를 만난 적이 없다.

---

① ㄱ
② ㄴ
③ ㄱ, ㄷ
④ ㄴ, ㄷ
⑤ ㄱ, ㄴ, ㄷ

S032_12. 다음으로부터 추론한 것으로 옳은 것만을 〈보기〉에서 있는 대로 고른 것은? **LA202107_34**

어떤 사건에 대하여 네 명의 용의자 갑, 을, 병, 정에게 물었더니 다음과 같이 각각 대답하였다.

갑: "병은 범인이다. 범인은 두 명이다."

을: "내가 범인이다. 정은 범인이 아니다."

병: "나는 범인이다. 범인은 나를 포함하여 세 명이다."

정: "나는 범인이 아니다. 갑은 범인이다."

각각 두 문장으로 구성된 갑, 을, 병, 정 네 사람 각자의 대답에서 한 문장은 참이고 다른 한 문장은 거짓이라고 한다.

〈보 기〉

ㄱ. 갑의 대답 중 "범인은 두 명이다"는 거짓이다.

ㄴ. 을은 범인이다.

ㄷ. 병과 정 중에서 한 명만 범인이면 갑은 범인이 아니다.

---

① ㄱ

② ㄴ

③ ㄱ, ㄷ

④ ㄴ, ㄷ

⑤ ㄱ, ㄴ, ㄷ

S032_13. 다음 글의 내용이 참일 때, 진위를 알 수 없는 것은? **PL200802_14**

네 개의 상자 A, B, C, D 중의 어느 하나에 두 개의 진짜 열쇠가 들어 있고, 다른 어느 한 상자에 두 개의 가짜 열쇠가 들어 있다. 또한 각 상자에는 다음과 같이 두 개의 안내문이 쓰여 있는데, 각 상자의 안내문 중 적어도 하나는 참이다.

○ A상자: 1) 어떤 진짜 열쇠도 순금으로 되어 있지 않다.
　　　　　2) C 상자에 진짜 열쇠가 들어 있다.

○ B상자: 1) 가짜 열쇠는 이 상자에 들어 있지 않다.
　　　　　2) A 상자에는 진짜 열쇠가 들어 있다.

○ C상자: 1) 이 상자에 진짜 열쇠가 들어 있다.
　　　　　2) 어떤 가짜 열쇠도 구리로 되어 있지 않다.

○ D상자: 1) 이 상자에 진짜 열쇠가 들어 있고, 모든 진짜 열쇠는 순금으로 되어 있다.
　　　　　2) 가짜 열쇠 중 어떤 것은 구리로 되어 있다.

---

① B상자에 가짜 열쇠가 들어 있지 않다.
② C상자에 진짜 열쇠가 들어 있지 않다.
③ D상자의 안내문 1)은 거짓이다.
④ 가짜 열쇠 중 어떤 것은 구리로 되어 있다.
⑤ 어떤 진짜 열쇠도 순금으로 되어 있지 않다.

S032_14. 다음 글의 내용이 모두 참일 때, 반드시 참인 것은? **PL201803_34**

윗마을에 사는 남자는 참말만 하고 여자는 거짓말만 한다. 아랫마을에 사는 남자는 거짓말만 하고 여자는 참말만 한다. 이 마을들에 사는 이는 남자거나 여자다. 윗마을 사람 두 명과 아랫마을 사람 두 명이 다음과 같이 대화하고 있다.

갑: 나는 아랫마을에 살아.

을: 나는 아랫마을에 살아. 갑은 남자야.

병: 을은 아랫마을에 살아. 을은 남자야.

정: 을은 윗마을에 살아. 병은 윗마을에 살아.

---

① 갑은 윗마을에 산다.

② 갑과 을은 같은 마을에 산다.

③ 을과 병은 다른 마을에 산다.

④ 을, 병, 정 가운데 둘은 아랫마을에 산다.

⑤ 이 대화에 참여하고 있는 이들은 모두 여자다.

S032_15. 다음 글의 내용이 참일 때 반드시 참인 것은? **PL202103_36**

K 부처는 관리자 연수과정에 있는 연수생 중에 서류심사와 부처 면접을 통해 새로운 관리자를 선발하기로 하였다. 먼저 서류심사를 진행하여 서류심사 접수자 중 세 명만을 면접 대상자로 결정하고 나머지 접수자들은 탈락시킨다. 그리고 면접 대상자들을 상대로 면접을 진행하여, 두 명만 새로운 관리자로 선발한다. 서류심사 접수자는 갑, 을, 병, 정, 무 총 5명이다. 다음은 이들이 나눈 대화이다.

갑: 나는 면접 대상자로 결정되었고 병은 서류심사에서 탈락했어.
을: 나는 서류심사에서 탈락했지만 병은 면접 대상자로 결정되었어.
병: 무는 새로운 관리자로 선발되었어.
정: 나는 새로운 관리자로 선발되었고 면접에서 병과 무와 함께 있었어.
무: 나는 갑과 정이랑 함께 면접 대상자로 결정되었어.

대화 이후 서류심사 결과와 부처 면접 결과가 모두 공개되자, 이들 중 세 명의 진술은 참이고 나머지 두 명의 진술은 거짓인 것으로 밝혀졌다.

---

① 갑은 면접 대상자로 결정되었다.
② 을은 서류심사에서 탈락하였다.
③ 병은 면접 대상자로 결정되었다.
④ 정은 새로운 관리자로 선발되었다.
⑤ 무는 새로운 관리자로 선발되지 않았다.

S032_16. 다음 글의 내용이 참일 때, 반드시 참인 것은? **PL201702_12**

A국은 B국의 동태를 살피도록 세 명의 사신을 파견하였다. 세 명의 사신은 각각 세 가지 주장을 했는데, 각 사신의 주장 중 둘은 참이고 나머지 하나는 거짓이다.

〈사신 1〉

$○_{11}$ B국은 군수물자를 확보할 수 있다면 전쟁을 일으킬 것이다.

$○_{12}$ B국은 문화적으로 미개하지만 우리 나라의 문화에 관심을 많이 갖고 있다.

$○_{13}$ B국은 종래의 봉건적인 지배권이 약화되어 있고 정치적으로도 무척 혼란스러운 상황이다.

〈사신 2〉

$○_{21}$ B국이 전쟁을 일으킨다면 약하지 않았던 종래의 봉건적인 지배권이 한층 더 강화될 것이다.

$○_{22}$ B국은 우리 나라의 문화에 관심을 많이 갖고 있을 뿐만 아니라 독창적이고 훌륭한 문화를 발전시켜 왔다.

$○_{23}$ B국에는 서양 상인들이 많이 들어와 활동하고 있으며 신흥 상업 도시가 발전되어 있지만, 종래의 봉건적인 지배권이 약화되었다고 보기 어렵다.

〈사신 3〉

$○_{31}$ B국은 약하지 않았던 종래의 봉건적인 지배권을 한층 더 강화하고 있다.

$○_{32}$ B국은 군수물자를 확보하고 있기는 하지만 전쟁을 일으킬 생각은 없는 것이 분명하다.

$○_{33}$ B국의 신흥 상업 도시가 더욱 발전한다면 우리 나라의 문화에도 더욱 큰 관심을 갖게 될 것이다.

---

① B국은 문화적으로 미개하다.

② B국은 정치적으로 안정되어 있다.

③ B국은 군수물자를 확보하고 있다.

④ B국은 A국의 문화에 관심이 없다.

⑤ B국은 전쟁을 일으킬 생각이 없다.

S032_17. 다음 글의 내용이 참일 때, 반드시 참인 것은? **PL202005_12**

호텔 A에서 살인 사건이 발생했고, 손님 중에 범인(들)이 있다. 이 사건에 대하여 갑, 을, 병 세 사람이 각각 다음과 같이 두 개씩 진술을 했다. 이 세 사람 중 한 사람의 진술은 모두 참이고 다른 한 사람의 진술은 모두 거짓이며, 또 다른 한 사람의 진술은 하나는 참이고 다른 하나는 거짓이다.

갑: "이 사건의 범인은 단독범이고, 그는 이 호텔의 2층에 묵고 있다." "이 호텔 2층의 방은 모두 손님이 투숙하고 있어 2층에는 빈방이 없다."

을: "이 사건이 단독범의 소행이라면, 그 범인은 이 호텔의 5층에 투숙하고 있다." "이 사건의 범인은 단독범이 아니고 그들은 같은 방에 투숙하고 있지도 않다."

병: "이 사건이 단독범의 소행이 아니라면, 범인들은 같은 방에 투숙하고 있다." "이 호텔의 모든 방은 손님이 투숙하고 있어 빈방이 없다."

---

① 갑의 진술 둘 다 거짓일 수 있다.

② 2층에는 빈방이 없지만, 다른 층에는 빈방이 있다.

③ 병의 진술이 둘 다 거짓이라면, 갑의 진술 중 하나는 거짓이다.

④ 을의 진술이 둘 다 거짓이라면, 이 사건은 단독범의 소행이 아니다.

⑤ 갑의 진술 중 하나만 참이라면, 이 사건의 범인은 단독범이 아니다.

S032_18. 다음으로부터 추론한 것으로 옳은 것만을 <보기>에서 있는 대로 고른 것은? **LA202407_34**

갑, 을, 병, 정 네 사람이 각자 사과를 가지고 있었는데, 그 개수는 4개 이상 7개 이하로 각각 달랐다. 네 사람은 자신이 가지고 있는 사과를 1개 또는 2개 먹었고, 각자에게 남은 사과의 개수는 각각 달랐다. 이들은 사과를 먹은 후 다음과 같이 말했는데, 이 중 사과를 1개 먹은 사람이 한 말은 참, 2개 먹은 사람이 한 말은 거짓으로 밝혀졌다.

갑: 정이 먹은 사과는 1개야.
을: 갑에게는 4개의 사과가 남아있어.
병: 내가 먹은 사과의 개수와 정이 먹은 사과의 개수를 합하면 3개야.
정: 을은 사과를 2개 먹었어.

〈보 기〉

ㄱ. 갑이 처음에 가지고 있던 사과는 5개이다.
ㄴ. 을에게 남은 사과는 6개이다.
ㄷ. 병이 먹은 사과의 개수와 정이 먹은 사과의 개수는 같다.

① ㄱ
② ㄴ
③ ㄱ, ㄷ
④ ㄴ, ㄷ
⑤ ㄱ, ㄴ, ㄷ

S032_19. 다음으로부터 추론한 것으로 옳은 것만을 <보기>에서 있는 대로 고른 것은? **LA202507_34**

갑, 을, 병, 정 4명의 용의자의 혐의 개수는 각자 1개 이상이며, 그들의 혐의 개수를 모두 더하면 10개이다. 각 용의자는 다음과 같이 말했는데, 이 중 혐의 개수가 2개인 용의자의 말은 거짓이고, 혐의 개수가 2개가 아닌 용의자의 말은 참이다.

갑: 을과 병의 혐의 개수를 더하면 5개이다.
을: 병과 정의 혐의 개수를 더하면 5개이다.
병: 갑과 정의 혐의 개수를 더하면 5개이다.
정: 갑과 을의 혐의 개수를 더하면 4개이다.

〈보 기〉

ㄱ. 을의 혐의 개수는 2개이다.
ㄴ. 병의 혐의 개수는 정의 혐의 개수보다 많다.
ㄷ. 거짓을 말한 용의자가 참을 말한 용의자보다 많다.

---

① ㄱ
② ㄴ
③ ㄱ, ㄷ
④ ㄴ, ㄷ
⑤ ㄱ, ㄴ, ㄷ

S032 풀이

01. 세 진술이 모두 거짓이면 각 진술의 부정은 참이다. 진술2의 부정은 참이기에 B와 C 중 적어도 하나는 전시되고, D는 전시되지 않는다. 진술3의 부정은 참이고 D는 전시되지 않기에 C는 전시된다. 진술1의 부정은 참이기에 A와 B 모두 전시된다. 따라서 전시되는 유물은 A, B, C고 정답은 선택지 ④다.

02. 원래 문항의 문두와 선택지를 조금 바꾸었다. 정보2에 따르면 갑, 을, 병의 진술 가운데 오직 하나만 참이다. 이들의 각 진술을 "갑", "을", "병"이라 하겠다. 을이 공금을 횡령했다고 가정하면 정보3에 따르면 "갑"과 "을"이 둘 다 참이다. 이는 불가능하니 을은 공금을 횡령하지 않았다. 따라서 오직 "병"만이 참이다. 곧 공금을 횡령한 이는 정이다. 정보1에 따라, 갑, 을, 병은 횡령하지 않았고, 정보4에 따라 이들은 모두 귀가 조치되었다. 따라서 정답은 선택지 ⑤다.

03. 원래 문항의 문두와 선택지를 조금 바꾸었다. A의 진술을 짧게 "A"라 쓰겠는데 다른 이의 진술도 마찬가지다. "A"와 "C"는 함께 참일 수 없고 "B"와 "E"는 함께 참일 수 없다. 여기서 거짓말이 둘 있으니 남은 "D"는 참이다. "D"에 따르면 "B"는 참이다. 따라서 그날 밤 11시에 A, B, C는 함께 있었다. 물론 "E"는 거짓이다.

"A"와 "C" 가운데 거짓말하는 사람은 한 명뿐이다. 따라서 둘 가운데 "A"만 참이거나 "C"만 참이다. 만일 "A"가 참이면 A, B, C는 모두 사건 당시 서울역에 있었다. 이들은 사건 현장에 없었으니 이들은 범인일 수 없다. 다른 거짓말한 E가 범인이다. 만일 "C"가 참이면 A, B, C는 모두 사건 당시 춘천에 있었다. 이들은 사건 현장에 없었으니 이들은 범인일 수 없다. 다른 거짓말한 E가 범인이다. 따라서 이러나저러나 범인은 E이며 정답은 선택지 ⑤다.

04. 문장 논리로 이 퍼즐을 쉽게 풀 수 있지만 모눈을 그려 풀겠다. 각 진술을 "갑", "을", "병", "정"으로 쓰겠다. 조건에 따르면 "을"과 "병" 가운데 적어

도 하나는 거짓이다. 참말이 두 개가 되려면 “갑”과 “정” 가운데 적어도 하나는 참이야 한다. 물론 내용상 “갑”과 “정”이 한꺼번에 참일 수 없기에 “갑”과 “정” 가운데 적어도 하나는 거짓이다. 이 때문에 다음 두 경우를 살핀다.

	옳은 예측들	그른 예측들
“갑”이 참		
“정”이 참		

“갑”이 참이면 “을”은 참이지만 “병”과 “정”은 거짓이다. “정”이 참이면 “을”이 참이고 “병”도 참이다.

	옳은 예측들	그른 예측들
“갑”이 참	갑, 을	병, 정
“정”이 참	을, 병, 정	갑

둘째 경우는 불가능하다. “갑”이 참이기에 가영은 미국에 가고, 나준은 프랑스에 가고, 다석은 중국에 간다. 따라서 정답은 ①이다.

05. 원래 문항의 문두와 선택지를 조금 바꾸었다. A의 두 말을 각각 A1, A2로 쓰는데 다른 이들의 말도 마찬가지다. A1과 D1은 함께 참일 수 없고 B1과 C1은 함께 참일 수 없다. 이를 말한 A, B, C, D 가운데 적어도 둘은 거짓말한다. 남은 E는 참말해야 한다. C2는 참이기에 C1도 참이고 B1과 B2는 둘 다 거짓이다. A2는 거짓이기에 A1도 거짓이고 D1과 D2는 둘 다 참이다. 참말들에 따르면 E, A, D, B는 무단투기하지 않았는데 이 때문에 무단투기한 이는 남은 C다. 따라서 정답은 선택지 ③이다.

06. 원래 문항의 문두와 제시문을 조금 바꾸었다. 아무 진술 하나를 골라 그것이 참인 경우와 거짓인 경우로 나눈다. 우리는 진술 A1이 참인 경우와 거짓인 경우로 나눠 살피겠다. (i) A1은 참이고 A2는 거짓인 경우. 이 경우 C1은 거짓이고 C2는 참이다. C2가 참이기에 B1은 거짓이고 B2는 참이다. A는 찬성했고, B는 기권했고, C는 기권했다. 그다음 (ii) A1은 거짓이고 A2는 참인 경우. 이 경우 A1이 거짓이기에 B1은 거짓이고 B2는 참이

다. B는 기권했다. 이 때문에 C1은 거짓이고 C2는 참이다. 따라서 C는 기권했다. 하지만 이는 A2가 참이어야 한다는 조건을 어긴다. 따라서 둘째 경우는 불가능하다. 첫째 경우에 따르면, A는 찬성했고, B는 기권했고, C는 기권했다. 선택지 ⑤ 빼고 다른 선택지들은 모두 거짓이다. 따라서 정답은 선택지 ⑤다.

07. 원래 문항의 문두와 제시문을 조금 고쳤다. 방A의 안내문을 짧게 "A"로 쓰겠다. "C"가 참이면 다른 두 방의 안내문은 거짓이어야 한다. 이 경우 B에 괴물이 없어야 하고 비어 있어야 한다. 하지만 이렇게 되면 "B"는 참인데 이는 불가능하다. 따라서 "C"는 참일 수 없다. "C"는 거짓이고 C에는 괴물이 있거나 비었다. 남은 "A"와 "B" 가운데 하나만 참이다.

이제 "A"만 참인 경우와 "B"만 참인 경우로 나누겠다.

참	보물	괴물	빈
"A"	A	B, "B"는 거짓	C
"B"	A, "A"는 거짓	C	B

이까지 추론을 바탕으로 선택지를 하나씩 따진다. 선택지 ① "방A에는 반드시 보물이 들어 있다"는 반드시 참이다. 어느 경우든 B에 보물이 있을 수는 없기에 선택지 ② "방B에 보물이 들어 있을 수 있다"는 거짓이다. B에 괴물이 있을 수 있기에 선택지 ③ "괴물을 피하려면 방B를 택하면 된다"는 거짓이다. C는 비었을 수 있기에 선택지 ④ "방C에는 반드시 괴물이 들어 있다"는 거짓이다. 어느 경우든 C에 보물이 있을 수 없기에 선택지 ⑤ "방C에는 보물이 들어 있을 수 있다"는 거짓이다. 따라서 정답은 선택지 ①이다.

08. 진술들에서 가장 많이 나오는 이는 B와 C다. 만일 "B는 뇌물을 받지 않았다"가 참이면 진술1과 진술3은 함께 참이다. 따라서 B는 뇌물을 받았다. 만일 "D는 뇌물을 받았다"가 참이면 진술2와 진술4는 함께 참이다. 따라서 D는 뇌물을 받지 않았다. 만일 "C는 뇌물을 받지 않았다"가 참이면 진술3은 참이다. 진술1은 거짓이기에 A는 뇌물을 받아야 하는데 이렇게 되면 진술2까지 참이다. 따라서 C는 뇌물을 받았다. C가 뇌물을 받았다면 진술2는 참이고 나머지는 거짓이다. 진술1은 거짓이기에 A는 뇌물을 받았다. 따

라서 뇌물을 받은 이는 A, B, C고 모두 3명이다. 정답은 선택지 ④다.

09. 갑의 진술 "A의 근무지는 광주이다"가 참인 경우와 거짓인 경우를 따진다. (i) "A의 근무지는 광주이다"가 참인 경우. 을과 병의 첫째 진술은 거짓이고 각 둘째 진술은 참이다. 따라서 A는 광주, B는 서울, C는 세종, D는 부산이 근무지다. (ii) "A의 근무지는 광주이다"가 거짓인 경우. 갑의 둘째 진술은 참이기에 D는 서울이 근무지다. 병의 둘째 진술은 거짓이기에 병의 첫째 진술 "C의 근무지는 광주이다"는 참이다. 하지만 이 경우 을의 첫째 진술과 둘째 진술은 모두 거짓이다. 따라서 "A의 근무지는 광주이다"가 거짓인 경우는 불가능하다. 결국 경우 (i)만 가능하고 아까 말했듯이 이 경우 A는 광주, B는 서울, C는 세종, D는 부산이 근무지다. 따라서 보기 ㄱ, 보기 ㄴ, 보기 ㄷ은 모두 참이고 정답은 선택지 ⑤다.

10. 바다의 첫째 진술을 짧게 "바1"로 쓰고 둘째 진술을 "바2"로 쓰겠는데 다른 이의 진술도 마찬가지다. 은1과 경1은 함께 참일 수 없다. 조건에 따라 경1이 참이면 경2도 참이다. 경2 곧 "범인은 바다예요"가 참이면 은2는 참이다. 결국 은1은 거짓이지만 은2는 참이다. 이는 주어진 조건을 어긴다. 결국 경1이 참일 수는 없고 경1과 경2는 거짓이다. 따라서 범인은 바다가 아니다. 경1과 은1은 부정 관계이기에 은1은 참이다. 이는 은2도 참임을 뜻한다. 따라서 경아는 범인이 아니다.

결국 범인은 다은이거나 은경이다. (i) 범인이 다은인 경우. 이 경우 바다2는 거짓이고 바다1도 거짓이다. 다은2는 거짓이고 다은1도 거짓이다. (ii) 범인이 은경인 경우. 이 경우 바다2와 다은2가 참이기에 바다1과 다은1도 참이다. 결국 보기 ㄱ "바다와 은경의 말이 모두 참일 수 있다"는 참이다. 다은과 은경의 말이 모두 참일 수 있기에 보기 ㄴ "다은과 은경의 말이 모두 참인 것은 가능하지 않다"는 거짓이다. 거짓말한 사람이 한 명이면 바다와 다은이 모두 참말해야 하는데 이 경우 범인은 은경이다. 따라서 보기 ㄷ "용의자 중 거짓말한 사람이 단 한 명이면 은경이 범인이다"는 반드시 참이다. 따라서 반드시 참인 것은 보기 ㄱ과 보기 ㄷ이고 정답은 선택지 ③이다.

11. 진우의 두 진술이 참인 경우와 두 진술이 거짓인 경우를 각각 살핀다. 먼저 진우의 두 진술이 참인 경우다. 이 경우 유석의 두 진술은 거짓이고 소연의 두 진술은 참이다. ⓑ가 거짓이기에 유석은 피해자를 만난 적이 없다. 이는 참인 진술 ⓒ와 어울릴 수 없다. 따라서 이 경우는 불가능하고 진우의 두 진술은 모두 거짓이다. 진우의 두 진술이 모두 거짓이기에 유석의 두 진술에서 적어도 한 진술은 참이다. 또한 소연의 두 진술에서 적어도 한 진술은 거짓이다. 이까지 추론을 바탕으로 보기 진술을 따진다.

진술 ⓑ가 거짓이면 ⓐ가 참이기에 범행 현장에서 발견된 칼은 진우의 것이다. 따라서 보기 ㄱ "ⓑ가 거짓이면 범행 현장에서 발견된 칼은 진우의 것이다"는 옳게 추론했다. 한편 ⓒ가 참이면 ⓑ도 참이다. 유석의 진술에서 적어도 한 진술이 참이라는 조건이 이미 만족되었다. 이 경우 우리는 ⓐ가 참인지 거짓인지 알 수 없다. 곧 범행 현장에서 발견된 칼이 진우의 것인지 알 수 없다. 이 점에서 보기 ㄴ "ⓒ가 참이면 범행 현장에서 발견된 칼은 진우의 것이다"는 옳게 추론하지 않았다.

진술 ⓐ가 거짓이고 ⓓ가 참이면 ⓑ는 참이고 ⓒ는 거짓이다. "나는 피해자를 만나본 적이 있다"가 참인데 "피해자와 같은 층에 사는 사람은 모두 피해자를 만난 적이 있다"가 거짓이면, 소연과 진우 중 적어도 한 사람은 피해자를 만난 적이 없다. 따라서 보기 ㄷ "ⓐ가 거짓이고 ⓓ가 참이면 소연과 진우 중 적어도 한 사람은 피해자를 만난 적이 없다"는 옳게 추론했다. 결국 옳게 추론한 것은 보기 ㄱ과 보기 ㄷ이고 정답은 선택지 ③이다.

12. 갑의 첫째 진술을 짧게 "갑1"이라 하겠는데 다른 이들의 진술도 마찬가지다. 갑1과 병1은 함께 참이거나 함께 거짓이다. 만일 갑1과 병1이 함께 거짓이면 갑2와 병2도 함께 참이어야 한다. 하지만 갑2와 병2는 함께 참일 수는 없다. 따라서 갑1과 병1은 함께 참이고 갑2와 병2는 함께 거짓이다. 따라서 병은 범인이고 범인은 두 명이 아니다. 또한 보기 ㄱ "갑의 대답 중 '범인은 두 명이다'는 거짓이다"는 반드시 참이다.

한편 을2와 정1은 함께 참이거나 함께 거짓인데 두 경우를 나눠 살펴본다. (i) 을2와 정1이 함께 참인 경우. 을2는 참이기에 정은 범인이 아니고 을1은 거짓이기에 을은 범인이 아니다. 정2는 거짓이기에 갑은 범인이 아니다. 이 경우 범인은 병 한 명이고 이는 갑2와 병2가 둘 다 거짓이라는 사실과 어울린다. 을은 범인이 아닐 수 있으니 보기 ㄴ "을은 범인이다"는 반드시 참이지는 않다.

(ii) 을2와 정1이 함께 거짓인 경우. 을2가 거짓이기에 정은 범인이다. 을1이 참이기에 을은 범인이다. 정2는 참이기에 갑은 범인이다. 따라서 범인은 갑, 을, 병, 정 네 명이고 이는 갑2와 병2가 둘 다 거짓이라는 사실과 어울린다. 병과 정 중에서 한 명만 범인이면 경우 (i)이 성립하는 경우인데 이 경우에 갑은 범인이 아니다. 따라서 보기 ㄷ "병과 정 중에서 한 명만 범인이면 갑은 범인이 아니다"는 반드시 참이다. 옳게 추론한 것은 보기 ㄱ과 보기 ㄷ이고 정답은 선택지 ③이다.

13. 문두와 제시문을 조금 바꾸었다. 8개의 안내문을 A1, A2 따위로 짧게 쓰겠다. 함께 참일 수 없는 짝은 다음과 같다.

A1|D1, A2|D1, C1|D1, C2|D2

D1이 참이면 A1과 A2는 함께 거짓이다. 상자의 안내문 둘 다가 거짓일 수 없으니 D1은 참이어서는 안 되고 거짓이어야 한다. 자연스레 D2는 참이고 C2는 거짓이다. 이제 다음 두 경우를 나눠 살펴본다.

A1	A2	B1	B2	C1	C2	D1	D2	진짜 열쇠 상자
	T				F	F	T	
	F				F	F	T	

상자의 두 안내문 가운데 적어도 하나는 참이어야 한다는 조건을 반영한다.

A1	A2	B1	B2	C1	C2	D1	D2	진짜 열쇠 상자
	T			T	F	F	T	C
T	F			T	F	F	T	C

하지만 A2와 C1은 뜻이 같기에 함께 참이거나 함께 거짓이어야 한다. 따라서 둘째 경우는 불가능하다. 또한 A2가 참이면 당연히 B2는 거짓이다. 이 경우 B1은 참이어야 한다.

A1	A2	B1	B2	C1	C2	D1	D2	진짜 열쇠 상자
?	T	T	F	T	F	F	T	C

이까지 추론을 바탕으로 선택지의 참값을 하나씩 따진다.

B1이 참이니 선택지 ① "B상자에 가짜 열쇠가 들어 있지 않다"는

참이다. 상자 C에 진짜 열쇠가 들어 있으니 선택지 ② "C상자에 진짜 열쇠가 들어 있지 않다"는 거짓이다. D1은 거짓이니 선택지 ③ "D상자의 안내문 1)은 거짓이다"는 참이다. D2는 참이니 선택지 ④ "가짜 열쇠 중 어떤 것은 구리로 되어 있다"는 참이다. A1은 참인지 거짓인지 가릴 수 없으니 선택지 ⑤ "어떤 진짜 열쇠도 순금으로 되어 있지 않다"는 진위를 알 수 없다. 따라서 정답은 선택지 ⑤다.

14. 원래 문항의 문두와 제시문을 조금 바꾸었다. 거짓말쟁이 물음은 한 명제를 잡고 그것이 참인 경우와 거짓인 경우를 나눠 따지면 쉽게 풀린다. 아무 명제를 잡아도 되는데 을에 관한 것이 많으니까 을의 진술이 모두 참인 경우와 모두 거짓인 경우로 나눈다. 각 사람의 진술을 "갑", "을", "병", "정"으로 짧게 쓴다. 을의 진술이 모두 참인 경우, 을은 아랫마을에 살고 갑은 남자다. 나아가 을은 여자여야 한다. 병은 참말과 거짓말을 하나씩 하는데 이는 주어진 조건을 어긴다. 따라서 을의 진술이 모두 참인 경우는 불가능하다.

결국 을의 두 진술은 모두 거짓이다. 이 경우 을은 윗마을에 살고 갑은 여자다. 을은 거짓말하고 윗마을에 살기에 그는 여자다.

	갑	을	병	정
참값		F		
마을		윗		
남녀	여	여		

"병"은 거짓이고 "정"은 참이다. 따라서 병은 윗마을에 산다. 을과 병은 윗마을에 살기에 남은 갑과 정은 아랫마을에 살아야 한다.

	갑	을	병	정
참값		F	F	T
마을	아	윗	윗	아
남녀	여	여		

병은 윗마을에 살고 거짓말하기에 여자다. 아랫마을에서 참말하는 이는 여자고 아랫마을에서 여자는 참말한다. 이 정보를 모눈에 넣는다.

	갑	을	병	정
참값	T	F	F	T
마을	아	윗	윗	아
남녀	여	여	여	여

이 모눈을 바탕으로 선택지를 하나씩 따진다.

갑은 아랫마을에 살기에 선택지 ① "갑은 윗마을에 산다"는 거짓이다. 갑과 을은 다른 마을에 살기에 선택지 ② "갑과 을은 같은 마을에 산다"는 거짓이다. 을과 병은 같은 마을에 살기에 선택지 ③ "을과 병은 다른 마을에 산다"는 거짓이다. 을과 병은 윗마을에 살기에 선택지 ④ "을, 병, 정 가운데 둘은 아랫마을에 산다"는 거짓이다. 이 대화에 참여하는 이들은 모두 여자기에 선택지 ⑤는 참이다. 따라서 정답은 선택지 ⑤다.

15. 갑의 진술과 을의 진술은 함께 참일 수 없기에 갑과 을 가운데 적어도 한 명은 거짓말한다. 만일 갑과 을이 둘 다 거짓말한다면 병, 정, 무의 진술은 모두 참이어야 한다. 이 경우 갑, 병, 정, 무가 면접 대상자여야 하는데 이는 주어진 정보와 어긋난다. 따라서 갑과 을 가운데 오직 한 명만 거짓말한다. 이제 다음 두 경우로 나누어 추론을 이어가겠다.

갑	을	병	정	무
T	F			
F	T			

갑의 말이 참이면 정의 말은 거짓이다. 을의 말이 참이면 무의 말은 거짓이다. 거짓 진술은 오직 둘밖에 없다는 점을 써서 다음을 얻는다.

갑	을	병	정	무
T	F	T	F	T
F	T	T	T	F

참인 진술 셋에 담긴 정보를 차례대로 반영한다.

갑	을	병	정	무
T, 면접	F, 탈락	T, 탈락	F, 면접	T, 선발
F, 탈락	T, 탈락	T, 면접	T, 선발	F, 선발

이 모눈을 바탕으로 선택지들을 하나씩 따진다.

갑은 서류심사에서 탈락했을 가능성이 있기에 선택지 ① "갑은 면접 대상자로 결정되었다"는 반드시 참이지는 않다. 반면 선택지 ② "을은 서류심사에서 탈락하였다"는 반드시 참이다. 병은 서류심사에서 탈락했을 가능성이 있기에 선택지 ③ "병은 면접 대상자로 결정되었다"는 반드시 참이지는 않다. 정이 관리자로 선발되지 않았을 가능성이 있기에 선택지 ④ "정은 새로운 관리자로 선발되었다"는 반드시 참이지는 않다. 무는 관리자로 선발되었기에 선택지 ⑤ "무는 새로운 관리자로 선발되지 않았다"는 거짓이다. 따라서 정답은 선택지 ②다.

16. 함께 참일 수 없는 문장들의 짝을 찾는데 따지기 쉬운 이고문장만을 먼저 살펴본다. 다음 짝들은 양립할 수 없다.

진술12|진술22, 진술13|진술23, 진술13|진술31, 진술32|진술11

이들 진술 가운데 아무거나 하나를 잡고 경우들을 따지면 된다. 진술13이 다른 것과 간섭을 많이 하기에 진술13이 참인 경우와 거짓인 경우를 따지겠다.

	11	12	13	21	22	23	31	32	33
진술13이 참			T			F	F		
진술13이 거짓			F						

각 사신의 한 진술이 거짓이면 그의 다른 두 진술은 참임을 반영한다.

	11	12	13	21	22	23	31	32	33
진술13이 참			T	T	T	F	F	T	T
진술13이 거짓	T	T	F						

참인 진술을 바탕으로 남은 진술의 진위를 따진다.

진술32가 참이면 진술11은 거짓이다. 남은 진술12는 저절로 참이다.

	11	12	13	21	22	23	31	32	33
진술13이 참	F	T	T	T	T	F	F	T	T
진술13이 거짓	T	T	F						

하지만 첫째 경우에서는 진술12와 진술22가 양립할 수 없다는 사실을 어긴다. 따라서 첫째 경우 곧 진술13이 참인 경우는 불가능하다. 우리는 둘째 경우만 따진다.

	11	12	13	21	22	23	31	32	33
진술13이 거짓	T	T	F						

진술11이 참이기에 진술32는 거짓이고 남은 진술31과 진술33은 참이다. 진술12가 참이기에 진술22는 거짓이고 남은 진술21과 진술23은 참이다.

	11	12	13	21	22	23	31	32	33
진술13이 거짓	T	T	F	T	F	T	T	F	T

이 모눈을 바탕으로 선택지를 하나씩 따진다.

참인 진술12에 따르면 선택지 ① "B국은 문화적으로 미개하다"는 참이다. 진술13은 거짓이기에 B국이 정치적으로 혼란스러운 상황인지 안정되어 있는지 알 수 없다. 이 때문에 선택지 ② "B국은 정치적으로 안정되어 있다"는 참인지 거짓인지 알 수 없다. 진술32는 거짓이기에 선택지 ③ "B국은 군수물자를 확보하고 있다"가 참인지 거짓인지 알 수 없다. 다른 참인 진술들로부터도 이 선택지의 진위를 추론할 수 없다. 참인 진술12에 따르면 B국은 우리 나라의 문화에 관심이 많기에 선택지 ④ "B국은 A국의 문화에 관심이 없다"는 거짓이다. 진술32는 거짓이기에 선택지 ⑤ "B국은 전쟁을 일으킬 생각이 없다"가 참인지 거짓인지 알 수 없다. 다른 참인 진술들로부터도 이 선택지의 진위를 추론할 수 없다. 따라서 정답은 선택지 ①이다.

17. 갑의 두 진술은 각각 "갑1", "갑2"라 짧게 쓰고 다른 이들의 진술도 이와 비슷하게 짧게 쓰겠다. 다음 세 경우를 나눠 살펴본다.

둘 다 참말	참인 진술	거짓 진술
갑	갑1, 갑2	
을	을1, 을2	
병	병1, 병2	

갑1과 을1은 함께 참일 수 없다. 갑1과 을2도 함께 참일 수 없다. 을2의 부정이 곧 병1이기에 을2와 병1도 함께 참일 수 없고 함께 거짓일 수 없다. 갑1이 참이면 병1은 참이다. 병2가 참이면 갑2도 참이다. 또한 둘 다 거짓말하는 이와 하나만 참말하는 이가 반드시 있어야 한다.

둘 다 참말	참인 진술	거짓 진술
갑	갑1, 갑2, 병1	을1, 을2, 병2
을	을1, 을2	갑1, 병1
병	병1, 병2, 갑2	갑1, 을1, 을2

을이 참말만 하는 경우 만일 병2가 참이면 갑2도 참이기에 둘 다 거짓말 하는 이가 없게 된다. 따라서 이 경우 병2는 거짓이어야 한다.

둘 다 참말	참인 진술	거짓 진술
갑	갑1, 갑2, 병1	을1, 을2, 병2
을	을1, 을2, 갑2	갑1, 병1, 병2
병	병1, 병2, 갑2	갑1, 을1, 을2

참말들을 바탕으로 정보를 간추리면 다음과 같다. (i) 갑이 참말만 하는 경우: 범인은 단독범이고, 2층에 묵고, 호텔에 빈방이 있지만 2층에는 빈방이 없다. (ii) 을이 참말만 하는 경우: 범인은 단독범이 아니고, 다른 방에 투숙하고, 호텔에 빈방이 있지만 2층에는 빈방이 없다. (iii) 병이 참말만 하는 경우: 범인은 단독범이고, 2층에도 5층에도 투숙하지 않고, 호텔 전체에 빈방이 없다.

이까지 추론을 바탕으로 선택지를 하나씩 따진다. 세 경우에서 갑의 진술이 둘 다 거짓일 수는 없기에 선택지 ① "갑의 진술 둘 다 거짓일 수 있다"는 거짓이다. 경우 (iii)처럼 호텔 전체에 빈방이 없을 수 있기에 선택지 ② "2층에는 빈방이 없지만 다른 층에는 빈방이 있다"는 반드시 참이지는 않다. 병의 진술이 둘 다 거짓이면 경우 (ii)인데 이 경우 갑의 진술 가운데 하나는 거짓이다. 따라서 선택지 ③ "병의 진술이 둘 다 거짓이라면 갑의 진술 중 하나는 거짓이다"는 반드시 참이다. 을의 진술이 둘 다 거짓이면 경우 (i)이거나 경우 (iii)인데 이 경우 이 사건은 단독범의 소행이다. 따라서 선택지 ④ "을의 진술이 둘 다 거짓이라면 이 사건은 단독범의 소행이 아니다"는 거짓이다. 경우 (iii)에서 갑의 한 진술만 참이고 이 사건의 범인은 단독범이다. 이 때문에 선택지 ⑤ "갑의 진술 중 하나만 참이라면 이 사건의 범인은 단독범이 아니다"는 반드시 참이지는 않다. 따라서 정답은 선택지 ③이다.

18. 정답은 선택지 ④다. 네 사람의 진술 가운데 아무 하나를 잡고 이 진술을 참 또는 거짓이라 가정한 뒤 풀이를 시작할 수 있다. 다만 병의 진술은 눈여겨볼 만하다. 그의 진술 "내가 먹은 사과의 개수와 정이 먹은 사과의 개수를 합하면 3개야"가 참이면, 참인 진술을 한 병은 사과 1개를 먹고 정은 사과 2개를 먹어야 한다. 그의 진술이 거짓이면 거짓 진술을 한 병은 사과 2개를 먹어야 한다. 그의 진술이 거짓이 되려면 병과 정이 실제로 먹은 사과 개수는 2개나 4개여야 한다. 그 개수가 2개일 수 없고 4개여야 하기에 정은 사과 2개를 먹어야 한다. 따라서 이러나저러나 정은 사과 2개를 먹어야 하고 그의 진술은 거짓이다.

정의 진술 "을은 사과를 2개 먹었어"는 거짓이기에 을은 사과 1개를 먹었다. 을의 진술 "갑에게는 4개의 사과가 남아 있어"는 참이다. 아까 정은 사과 2개를 먹었음이 밝혀졌기에 갑의 진술은 거짓이다. 따라서 갑은 사과 2개를 먹었다. 곧 갑은 처음에 사과 6개를 가졌고 지금은 4개를 가졌다. 남은 을, 병, 정이 처음 가진 사과는 4개, 5개, 7개 가운데 하나다.

	진위	먹은 사과	처음 사과	남은 사과
갑	거짓	2	6	4
A			4	
B			5	
C			7	

이들에게 남은 사과 개수는 모두 다르기에 B의 남은 사과는 4일 수 없고 3이다. A의 남은 사과는 3일 수 없으니 2다. 이를 바탕으로 모눈을 더 채운다.

	진위	먹은 사과	처음 사과	남은 사과
갑	거짓	2	6	4
A	거짓	2	4	2
B	거짓	2	5	3
C	?	?	7	?

이미 드러났듯 을의 진술은 참이고 정의 진술은 거짓이다. 참말하는 을이 A나 B일 수 없으니 을은 C여야 한다.

	진위	먹은 사과	처음 사과	남은 사과
갑	거짓	2	6	4
A	거짓	2	4	2
B	거짓	2	5	3
을	참	1	7	6

이를 보건대 보기 ㄱ은 거짓이고, 보기 ㄴ과 ㄷ은 참이다. 따라서 정답은 선택지 ④다.

19. 갑, 을, 병, 정의 말을 각각 "갑", "을", "병", "정"이라 쓰겠다. 전체 혐의 개수는 10개기에 정의 말 "갑과 을의 혐의 개수를 더하면 4개이다"와 을의 말 "병과 정의 혐의 개수를 더하면 5개이다"는 함께 참일 수 없다. 적어도 하나는 거짓이다. "을"을 참이라 가정한다. 병과 정의 혐의 개수가 5개기에 갑과 을의 혐의 개수는 5개다. 이 경우 "정"은 거짓이고 정의 혐의 개수는 2개다. 병과 정의 혐의 개수가 5개기에 병의 혐의 개수는 3이고 그는 참말해야 한다. "병"이 참이면 갑의 혐의 개수는 3이어야 한다.

"을"이 참인 경우	갑	을	병	정
	3		3	2
	5		5	

하지만 이 경우 을의 혐의 개수는 2개여야 하고 그가 참말한다는 가정에 위배된다. 따라서 "을"은 거짓이고 결국 을의 혐의 개수는 2다.

이제 을의 혐의 개수를 언급하는 진술에서 "갑"과 "정"이 있다. 이들 가운데 하나가 참이라 가정하는데 "갑"이 참이라 가정한다. 이 경우 을과 병의 혐의 개수 합은 5개여야 하는데 병의 혐의 개수는 3이고 그는 참말한다. 병의 말 "갑과 정의 혐의 개수를 더하면 5개이다"는 이 경우 참이다.

"갑"이 참인 경우	갑	을	병	정
		2	3	

갑과 정의 혐의 개수 합은 5여야 하는데 갑의 혐의는 2가 아니기에 이들의 가능한 혐의 개수는 (1, 4), (3, 2), (4, 1)이고 이 가운데 "정"의 진위와 혐의 개수가 조화를 이루는 조합은 (3, 2)뿐이다.

"갑"이 참인 경우	갑	을	병	정
	3	2	3	2

하지만 이 경우 을의 진술 "병과 정의 협의 개수를 더하면 5개이다"는 참이고 "을"이 거짓이라는 사실을 위배한다. 따라서 "갑"은 거짓이다. 갑의 협의 개수는 2고 을의 협의 개수는 2기에 "정"은 참이다.

갑	을	병	정
2	2		

"갑"이 거짓이려면 병의 협의 개수는 3이어서는 안 된다. 병과 정의 가능한 협의 개수는 (1, 5), (2, 4), (5, 1)이다. 이 가운데 "병"의 진위와 협의 개수가 조화를 이루는 조합은 (2, 4)뿐이다.

갑	을	병	정
2	2	2	4

이를 바탕으로 보기를 따진다. 보기 ㄱ "을의 협의 개수는 2개이다"는 참이다. 보기 ㄴ "병의 협의 개수는 정의 협의 개수보다 많다"는 거짓이다. 보기 ㄷ "거짓을 말한 용의자가 참을 말한 용의자보다 많다"는 참이다. 따라서 보기 ㄱ과 ㄷ만 옳게 추론했고 정답은 선택지 ③이다.

스마트 솔루션

⚀ 거짓 진술이 오직 둘만 있는 퍼즐에서는 함께 참일 수 없는 짝을 둘 찾으라. 그 두 짝에 나오지 않는 남은 진술은 참이다. 그 진술을 실마리 삼아 추론을 이어가라.

⚁ 주어진 진술들에서 거짓말의 개수나 참말의 개수가 정해지지 않더라도 먼저 '함께 참일 수 없는 짝', '함께 거짓일 수 없는 짝', '서로 모순 관계에 있는 짝'을 찾으라. 서로 모순 관계 곧 서로 부정 관계에 있는 문장 짝은 함께 참일 수 없고 함께 거짓일 수 없다.

⚂ 이면문장의 특징을 잘 외워두라. 문장 "ㄱ이면 ㄴ"의 부정은 "ㄱ이고, ㄴ은 거짓이다"다. 이면 뒷말이 참이면 전체 이면문장은 참이다. 이면 앞말이 거짓이면 전체 이면문장은 참이다. 더불어 모든문장의 부정과 몇몇문장의 부정도 잘 외워두라.

⚃ 진술들 사이의 관계가 너무 복잡하면 가능한 경우를 나눠 하나씩 살피라. 이를 살필 때 경우 모눈을 만들면 정보들을 갈피 있게 담을 수 있다

S033 불확실한 정보

맞는 성명을 추론해야 하는 다음 퍼즐을 생각해 보겠습니다. 혜민, 민준, 서현은 세 외부 인사들의 이름을 제대로 기억하지만 성은 잘못 기억합니다. 다만 이들은 한 외부 인사의 성명만은 맞게 기억합니다. 외부 인사의 이름은 "지후", "준수", "진서"고 성은 "김", "이", "최"입니다. 예컨대 혜민이 말한 성명은 "김지후", "최준수", "이진서"였습니다. 이 퍼즐을 푸는 방법이 많을 텐데 추론을 어떻게 시작해야 할까요? (i) 지후의 성명은 "김지후", "이지후", "최지후"이니 이 세 경우를 살핀다. (ii) 혜민이 말한 세 성명 곧 "김지후", "최준수", "이진서" 가운데 하나가 맞는 성명이니 이 세 경우를 살핀다. 푸는 과정에 따라 풀이 시간이 달라집니다. 똑같은 문항을 여러 다른 방법으로 풀어보면 더 쉬운 길을 고르는 능력이 조금씩 자랍니다.

지난 회의의 날짜와 요일을 추론해야 하는 다음 퍼즐을 생각해 보겠습니다. 가영, 나영, 다영은 이를 각기 다르게 기억하는데 한 사람은 월, 일, 요일 세 사항 중 하나만 맞혔고, 한 사람은 하나만 틀렸고, 한 사람은 어느 것도 맞히지 못했습니다. 예컨대 가영은 회의가 5월 8일 목요일에 열렸다고 기억합니다. 회의는 5월이나 6월, 8일이나 10일, 화 목 금 중 하루에 열렸습니다. 이 퍼즐을 푸는 방법이 많을 텐데 추론을 어떻게 시작해야 할까요? (i) 하나만 맞힌 사람이 가영인 경우, 나영인 경우, 다영인 경우를 살핀다. (ii) 하나만 틀린 사람이 가영인 경우, 나영인 경우, 다영인 경우를 살핀다. (iii) 죄다 틀린 사람이 가영인 경우, 나영인 경우, 다영인 경우를 살핀다. (iv) 회의가 열린 두 가지 달을 하나씩 가정하여 살핀다. (v) 회의가 열린 두 가지 날을 하나씩 가정하여 살핀다. (vi) 회의가 열린 세 가지 요일을 하나씩 가정하여 살핀다. (vii) 회의가 열린 12 가지 경우를 차례대로 하나씩 살핀다.

S033_01. 다음 글의 내용이 참일 때, 외부 인사의 성명이 될 수 있는 것은?

PL201502_33

사무관들은 지난 회의에서 만났던 외부 인사 세 사람에 대해 얘기하고 있다. 사무관들은 외부 인사들의 이름은 모두 정확하게 기억하고 있다. 하지만 그들의 성(姓)에 대해서는 그렇지 않다.

혜민: 김지후와 최준수와는 많은 대화를 나눴는데, 이진서와는 거의 함께 할 시간이 없었어.

민준: 나도 이진서와 최준수와는 시간을 함께 보낼 수 없었어. 그런데 지후는 최씨였어.

서현: 진서가 최씨였고, 다른 두 사람은 김준수와 이지후였지.

세 명의 사무관들은 외부 인사에 대하여 각각 단 한 명씩의 성명만을 올바르게 기억하고 있으며, 외부 인사들의 가능한 성씨는 김씨, 이씨, 최씨 외에는 없다.

---

① 김진서, 이준수, 최지후
② 최진서, 김준수, 이지후
③ 이진서, 김준수, 최지후
④ 최진서, 이준수, 김지후
⑤ 김진서, 최준수, 이지후

S033_02. 다음 글의 내용이 참일 때, 반드시 참인 것만을 〈보기〉에서 모두 고르면? **PL201903_13**

세 사람, 가영, 나영, 다영은 지난 회의가 열린 날짜와 요일에 대해 다음과 같이 기억을 달리하고 있다.

○₁ 가영은 회의가 5월 8일 목요일에 열렸다고 기억한다.

○₂ 나영은 회의가 5월 10일 화요일에 열렸다고 기억한다.

○₃ 다영은 회의가 6월 8일 금요일에 열렸다고 기억한다.

추가로 다음 사실이 알려졌다.

○₄ 회의는 가영, 나영, 다영이 언급한 월, 일, 요일 중에 열렸다.

○₅ 세 사람의 기억 내용 가운데, 한 사람은 월, 일, 요일의 세 가지 사항 중 하나만 맞혔고, 한 사람은 하나만 틀렸으며, 한 사람은 어느 것도 맞히지 못했다.

〈보 기〉

ㄱ. 회의는 6월 10일에 열렸다.

ㄴ. 가영은 어느 것도 맞히지 못한 사람이다.

ㄷ. 다영이 하나만 맞힌 사람이라면 회의는 화요일에 열렸다.

① ㄱ

② ㄷ

③ ㄱ, ㄴ

④ ㄴ, ㄷ

⑤ ㄱ, ㄴ, ㄷ

S033_03. 다음 글의 내용이 참일 때, 가해자인 것이 확실한 사람(들)과 가해자가 아닌 것이 확실한 사람(들)의 쌍으로 적절한 것은? **PL201807_25**

폭력 사건의 용의자로 A, B, C가 지목되었다. 조사 과정에서 A, B, C가 각각 〈아래〉와 같이 진술하였는데, 이들 가운데 가해자는 거짓만을 진술하고 가해자가 아닌 사람은 참만을 진술한 것으로 드러났다.

〈아 래〉

A: 우리 셋 중 정확히 한 명이 거짓말을 하고 있다.

B: 우리 셋 중 정확히 두 명이 거짓말을 하고 있다.

C: A, B 중 정확히 한 명이 거짓말을 하고 있다.

	가해자인 것이 확실	가해자가 아닌 것이 확실
①	A	C
②	B	없음
③	B	A, C
④	A, C	B
⑤	A, B, C	없음

S033_04. 다음으로부터 추론한 것으로 옳지 않은 것은? **LA201907_32**

네 명의 피의자 갑, 을, 병, 정은 다음과 같이 진술하였다. 단 이 네 명 이외에 범인이 존재할 가능성은 없다.

갑: 병이 범인이다.

을: 나는 범인이 아니다.

병: 정이 범인이다.

정: 병의 진술은 거짓이다.

---

① 범인이 두 명이면 범인 중 적어도 한 명의 진술은 거짓이다.

② 거짓인 진술을 한 사람이 세 명이면 을은 범인이다.

③ 범인이 세 명이면 두 명 이상의 진술이 거짓이다.

④ 병과 정 중에 적어도 한 명의 진술은 거짓이다.

⑤ 을이 범인이 아니면 두 명 이상의 진술이 참이다.

S033 풀이

01. 혜민은 "김지후", "최준수", "이진서" 가운데 한 이름을 정확히 맞히었으니 다음 세 경우를 나눠 따지면 되겠다. 선택지를 살펴보건대 세 사람은 모두 성이 다르다고 가정한다. 만일 "김지후"가 맞는 이름이면 다른 둘은 각기 성을 서로 바꾸면 맞는 이름이 나온다.

맞힌 이름	맞는 이름	민준이 맞힌 이름	서현이 맞힌 이름
김지후	이준수, 최진서	없음	
최준수	이지후, 김진서	최준수	이지후
이진서			

첫째 경우는 불가능한 경우고 서현이 맞힌 이름은 따지지 않아도 된다. 둘째 경우가 맞는 경우이기에 바로 정답을 찾을 수 있다. 맞는 이름은 최준수, 이지후, 김진서다. 따라서 정답은 선택지 ⑤다.

이제 이들의 성이 같을 수도 있음을 열어 놓고 풀어보겠다. 혜민, 민준, 서현이 각각 기억하는 외부 인사의 '성'은 아래와 같다.

	지후	준수	진서
혜민의 기억	"김"	"최"	"이"
민준의 기억	"최"	"최"	"이"
서현의 기억	"이"	"김"	"최"

(i) 먼저 외부 인사 지후의 성이 "김"이라 가정한다. 혜민, 민준, 서현은 오직 한 명의 성만 올바르게 기억하기에 혜민의 기억에서 준수와 진서의 성은 올바르지 않아야 한다.

	지후	준수	진서
혜민의 기억	김	~~"최"~~	~~"이"~~
민준의 기억	~~"최"~~	~~"최"~~	~~"이"~~
서현의 기억	~~"이"~~	"김"	"최"

따라서 준서의 성은 "최"가 아니며 진서의 성은 "이"가 아니다. 이 경우 민준의 기억에서 세 외부 인사의 성은 모두 올바르지 않다. 이 경우는 불가능하다. 따라서 지후의 성은 "김"이 아니다.

(ii) 외부 인사 지후의 성이 "최"라 가정한다. 이 경우 민준의 기억에

서 준수와 진서의 성은 올바르지 않아야 한다.

	지후	준수	진서
혜민의 기억	~~“김”~~	~~“최”~~	~~“이”~~
민준의 기억	최	~~“최”~~	~~“이”~~
서현의 기억	~~“이”~~	“김”	“최”

따라서 준수의 성은 “최”가 아니며 진서의 성은 “이”가 아니다. 이 경우 혜민의 기억에서 세 외부 인사의 성은 모두 올바르지 않다. 이 경우는 불가능하다. 따라서 지후의 성은 “최”도 아니며 그의 성은 남은 “이”다. 이를 보건대 가능한 답은 선택지 ②거나 ⑤다.

(iii) 서현의 기억에서 지후의 성은 올바르니 준수의 성과 진서의 성은 올바르지 않아야 한다.

	지후	준수	진서
혜민의 기억	~~“김”~~	“최”	“이”
민준의 기억	~~“최”~~	“최”	“이”
서현의 기억	이	~~“김”~~	~~“최”~~

준수의 성은 “김”이 아니고 진서의 성은 “최”가 아니다. 이는 선택지 ②가 오답임을 뜻한다. 가능한 선택지는 ⑤뿐이다. 혜민과 민준의 기억에서 적어도 한 성은 올바르기에 “최준수”나 “이진서”가 올바른 이름이다.

02. 회의가 열릴 수 있는 날은 5월 또는 6월, 8일 또는 10일, 화요일이나 목요일이나 금요일이다. 이 모든 경우는 2×2×3 곧 12가지다. 이 경우들을 모두 따져 볼 수는 없다. 가능한 경우들을 줄일 수 있는 다른 길을 찾아야 한다. 그것은 올바른 회의 날짜에 주목하는 대신 잘못 기억한 사람에 주목하는 방법이다.

주어진 정보에 따르면 가영, 나영, 다영 가운데 한 사람은 월, 일, 요일을 아예 맞히지 못했다. 우리는 그 사람을 찾는 것이 좋겠다. 그 사람이 가영인 경우, 나영인 경우, 다영인 경우 이렇게 세 가지를 살펴본다.

죄다 틀린 사람	실제 날짜	다른 사람이 맞힌 것	
가영	6월 10일 화	나영: 일, 요일	다영: 월
	6월 10일 금	나영: 일	다영: 월, 요일
나영	6월 8일 목	가영: 일, 요일	다영: 월, 일
	6월 8일 금	가영: 일	다영: 다 맞힘
다영	5월 10일 화	가영: 월	나영: 다 맞힘
	5월 10일 목	가영: 월, 요일	나영: 월, 일

이를 보건대 나영이 죄다 틀린 경우와 다영이 죄다 틀린 경우는 정보5를 만족할 수 없다. 나영과 다영은 죄다 틀린 사람일 수 없으니 죄다 틀린 사람은 가영이다. 이까지 추론을 바탕으로 보기 진술을 따진다. 다음 세 진술은 모두 참이다. 보기 ㄱ. 회의는 6월 10일에 열렸다. 보기 ㄴ. 가영은 어느 것도 맞히지 못했다. 보기 ㄷ. 다영이 하나만 맞힌 사람이라면 회의는 화요일에 열렸다. 따라서 정답은 선택지 ⑤다.

03. A의 진술을 짧게 "A"로 쓸 텐데 다른 진술도 마찬가지다. 먼저 다음 세 경우로 나눈다.

	"A"	"B"	"C"
한 명만 거짓말	T	F	T
두 명만 거짓말	F	T	T
모두 거짓말	F	F	F

둘째 경우에서 실제로 거짓말하는 사람은 A밖에 없으니 둘째 경우는 불가능하다. 첫째 경우와 셋째 경우에서 "B"는 늘 거짓이다. B는 가해자가 확실하다. 하지만 "A"와 "C"의 참값은 경우에 따라 다르기에 이들은 가해자인지 아닌지 확실하지 않다. 따라서 정답은 선택지 ②다.

04. 갑의 진술을 짧게 "갑"이라 쓸 텐데 다른 이의 진술도 마찬가지다. "병"과 "정"이 함께 참이면 정은 범인이고 범인이 아니다. 따라서 "병"과 "정"은 함께 참일 수 없다. 이 점에서 선택지 ④ "병과 정 중에 적어도 한 명의 진술은 거짓이다"는 옳게 추론했다. 마찬가지로 "병"과 "정"은 함께 거짓일 수 없다. 따라서 "병"과 "정"은 하나는 참 하나는 거짓이다.

선택지에 을에 관한 진술이 두 개 나오니 우리는 다음 네 경우를 살펴보겠다. 위첨자 ×는 '아님'을 뜻한다.

"갑"	"을"	"병"	"정"	범인
	T	T	F	을×, 정
	F	T	F	을, 정
	T	F	T	을×, 정×
	F	F	T	을, 정×

우리는 범인이 세 명이고 한 사람만 거짓말하는 경우를 만들 수 있다. 그것은 갑, 병, 정이 범인이고 "갑"이 참인 경우다. 이 점에서 선택지 ③ "범인이 세 명이면 두 명 이상의 진술이 거짓이다"는 옳게 추론하지 않았다. 따라서 정답은 선택지 ③이다.

선택지 ①을 따질 텐데 범인이 두 명이라 가정한다. 범인이 둘 일 수 있는 경우는 네 경우 모두다. 첫째 경우와 둘째 경우에서 범인 정은 거짓말한다. 넷째 경우에 범인 을은 거짓말한다. 셋째 경우는 갑과 병이 모두 범인이어야 하는데 이 경우 범인 병은 거짓말한다. 네 경우 모두에서 범인 중 적어도 한 명의 진술은 거짓이다. 따라서 선택지 ① "범인이 두 명이면 범인 중 적어도 한 명의 진술은 거짓이다"는 옳게 추론했다.

거짓 진술한 사람이 세 명이면 둘째 경우나 넷째 경우다. 이 경우들에서 을은 반드시 범인이다. 따라서 선택지 ② "거짓인 진술을 한 사람이 세 명이면 을은 범인이다"는 옳게 추론했다. 을이 범인이 아닌 경우는 첫째 경우와 셋째 경우인데 적어도 두 명은 참말했다. 이 점에서 선택지 ⑤ "을이 범인이 아니면 두 명 이상의 진술이 참이다"는 옳게 추론했다.

스마트 솔루션

⚀ 불확실한 상황에서 여러 경우를 나눠야 한다면 참인 정보에서 다른 참인 정보로 나아갈 수 있는 경우들로 나누라. 예컨대 "그들은 각각 단 한 명의 외부 인사 성명을 올바르게 기억한다"는 정보가 주어진다면 가능한 올바른 이름의 경우를 하나씩 살피라.

⚁ 불확실한 상황에서는 가장 극단의 경우를 따지라. 예컨대 "한 사람은 월, 일, 요일 세 사항 중 하나만 맞혔고, 한 사람은 하나만 틀렸고, 한 사람은 어느 것도 맞히지 못했다"는 정보가 주어졌다면 "어느 것도 맞히지 못한 사람"에 관한 정보가 가장 많은 것을 알려준다.

⚂ 푸는 방법이 여러 가지인 퍼즐을 놓고 여러 가지 풀이를 시도하면서 풀이의 지름길을 직관하는 능력을 키우라.

S04
무리, 짝, 자리

S041 무리짓기

오늘부터 본격 논리 퍼즐을 다룹니다. 그것은 무리짓기, 헤아리기, 짝짓기, 자리매김, 일정 관리 퍼즐입니다. 이 가운데 무리짓기 퍼즐은 특정 조건을 만족하는 무리를 만듦으로써 관련 정보를 추론하는 퍼즐입니다. 다음 세 조건에 따라 A반 4명, B반 3명, C반 3명, D반 2명을 다시 세 팀으로 나누는 퍼즐을 생각해 보겠습니다. "각 학생은 어느 한 팀에만 포함된다. 각 팀은 최소한 3개의 반의 학생을 포함한다. 특정 반의 학생 전체를 포함한 팀은 없다." 우리는 주어진 조건에 맞게 A, A, A, A, B, B, B, C, C, C, D, D를 세 팀으로 무리짓는 다양한 방법을 생각해 내야 합니다.

우리는 8권의 고서를 조건에 맞게 소장자 갑, 을, 병에게 무리짓는 퍼즐을 풀 것입니다. 우리는 또 조건에 맞게 사무관 갑, 을, 병, 정, 무에서 둘 또는 셋을 뽑아 팀을 네 번 만들어 각기 다른 지역에 출장을 보내는 퍼즐을 다룰 것입니다. 이러한 무리짓기 퍼즐은 참말 놀이와 비슷한 방식으로 풀 수 있습니다. 다만 참말 놀이 퍼즐과 무리짓기 퍼즐의 차이를 또렷이 인식하는 것은 퍼즐을 빠르게 푸는 데 도움이 될 것입니다. 참말 놀이 퍼즐은 바라는 정보를 얻으려고 가능한 문장의 참값에 따라 경우를 나눕니다. 무리짓기 퍼즐은 바라는 정보를 얻으려고 가능한 무리에 따라 경우를 나눕니다.

참값에 따라 경우를 나눌 때는 한 문장의 참값은 두 가지기에 두 경우로 나눠집니다. 찬성하는 무리와 반대하는 무리를 나눌 때는 두 개의 무리로 나누는 것이라 마치 한 문장의 참값을 나눌 때와 비슷합니다. 하지만 소장자 갑, 을, 병에 고서들을 나눌 때는 세 개의 무리로 나눠야 합니다. 한 대상이 한 무리에만 들어가는 퍼즐이 있고 한 대상이 여러 무리에 들어갈 수 있는 퍼즐이 있습니다. 두 가지 퍼즐의 다름을 인식하는 것도 풀이에 도움이 될 것입니다.

S041_01. 다음으로부터 추론한 것으로 옳은 것만을 〈보기〉에서 있는 대로 고른 것은? **LA201807_30**

다음과 같이 10개의 숫자가 사각형 안에 적혀 있다.

1	2	3
4	5	6
7	8	9
	0	

숫자가 적혀 있는 두 사각형이 한 변을 서로 공유할 때 두 숫자가 '인접'한다고 하자. 서로 다른 6개의 숫자를 한 번씩만 사용하여 만든 암호에 대하여 다음 정보가 알려져 있다.

$○_1$ 4와 인접한 숫자 중 두 개가 사용되었다.

$○_2$ 6이 사용되었다면 9도 사용되었다.

$○_3$ 8과 인접한 숫자 중 한 개만 사용되었다.

〈보 기〉

ㄱ. 8이 사용되었다.

ㄴ. 2와 3은 모두 사용되었다.

ㄷ. 5, 6, 7 중에 사용된 숫자는 한 개이다.

① ㄱ

② ㄴ

③ ㄱ, ㄷ

④ ㄴ, ㄷ

⑤ ㄱ, ㄴ, ㄷ

S041_02. 다음에서 추론한 것으로 옳은 것만을 〈보기〉에서 있는 대로 고른 것은? **LA201708_28**

A반 4명, B반 3명, C반 3명, D반 2명으로 구성된 동아리를 세 개의 팀으로 나누는데, 다음 조건을 만족한다.

$○_1$ 각 학생은 어느 한 팀에만 포함된다.

$○_2$ 각 팀은 최소한 3개의 반의 학생을 포함한다.

$○_3$ 특정 반의 학생 전체를 포함한 팀은 없다.

〈보 기〉

ㄱ. 각 팀의 학생의 수가 모두 같을 수 있다.

ㄴ. A반, B반, C반으로만 구성된 6명인 팀이 있을 수 있다.

ㄷ. B반, C반, D반으로만 구성된 5명인 팀이 있을 수 없다.

---

① ㄱ

② ㄷ

③ ㄱ, ㄴ

④ ㄴ, ㄷ

⑤ ㄱ, ㄴ, ㄷ

S041_03. 다음 글의 내용이 참일 때 반드시 거짓인 것은? **PL202202_30**

갑, 을, 병 세 사람이 A, B, C, D, E, F, G, H의 총 8권의 고서를 나누어 소장하고 있다. 이와 관련해 다음과 같은 사실이 알려져 있다.

$\bigcirc_1$ 갑이 가장 많은 고서를 소장하고 있으며, 그 다음은 을이며, 병은 가장 적은 수의 고서를 소장하고 있다.

$\bigcirc_2$ A, B, C, D, E는 서양서이며, F, G, H는 동양서이다.

$\bigcirc_3$ B를 소장한 이는 D도 소장하고 있으나 C는 소장하고 있지 않다.

$\bigcirc_4$ E를 소장한 이는 F도 소장하고 있으나 그 외 다른 동양서를 소장하고 있지는 않다.

$\bigcirc_5$ G를 소장한 이는 서양서를 소장하고 있지 않다.

$\bigcirc_6$ H는 갑이 소장하고 있다.

---

① 갑은 A와 D를 소장하고 있다.

② 을은 3권의 책을 소장하고 있다.

③ 병은 G를 소장하고 있다.

④ C를 소장한 이는 E도 소장하고 있다.

⑤ D를 소장한 이는 F도 소장하고 있다.

S041_04. 다음으로부터 추론한 것으로 옳은 것만을 〈보기〉에서 있는 대로 고른 것은? **LA202107_32**

오래전에 바다에 침몰했던 배에서 총 6개의 유물 A, B, C, D, E, F가 발견되었다. 이 유물들은 각각 고구려, 백제, 신라 중 한 나라에서 만들었다고 한다. 역사학자들은 이 6개의 유물을 정밀 조사하여 다음과 같은 사실을 밝혀냈다.

○$_1$ C와 E는 같은 나라에서 만들었다.

○$_2$ A와 C는 다른 나라에서 만들었다.

○$_3$ 신라에서 만든 유물의 수는 백제에서 만든 유물의 수보다 크다.

○$_4$ B는 고구려에서 만들었고 F는 백제에서 만들었다.

〈보 기〉

ㄱ. A는 백제에서 만든 유물이 아니다.

ㄴ. C가 고구려에서 만든 유물이면 D는 신라에서 만든 유물이다.

ㄷ. E를 만든 나라의 유물이 가장 많다.

---

① ㄱ

② ㄴ

③ ㄱ, ㄷ

④ ㄴ, ㄷ

⑤ ㄱ, ㄴ, ㄷ

S041_05. 다음으로부터 추론한 것으로 옳은 것만을 〈보기〉에서 있는 대로 고른 것은? **LA201308_21**

6명의 선수 A, B, C, D, E, F가 참가하는 어떤 게임은 다음 조건을 만족한다고 한다. 이 게임에서 선수 X가 선수 Y에게 우세하면 선수 Y는 선수 X에게 열세인 것으로 본다.

$\bigcirc_1$ A, B, C 각각은 D, E, F 중 정확히 2명에게만 우세하다.

$\bigcirc_2$ D, E, F 각각은 A, B, C 중 정확히 2명에게만 열세이다.

$\bigcirc_3$ A는 D와 E에게 우세하다.

〈보 기〉

ㄱ. C는 E에게 우세하다.

ㄴ. F는 B와 C에게 열세이다.

ㄷ. B가 E에게 우세하면 C는 D에게 우세하다.

---

① ㄱ

② ㄴ

③ ㄷ

④ ㄱ, ㄷ

⑤ ㄴ, ㄷ

S041_06. 다음 글의 내용이 참일 때, 반드시 거짓인 것은? **PL201807_20**

사무관 갑, 을, 병, 정, 무는 정책조정부서에 근무하고 있다. 이 부서에서는 지방자치단체와의 업무 협조를 위해 지방의 네 지역으로 사무관들을 출장 보낼 계획을 수립하였다. [1]원활한 업무 수행을 위해서, 모든 출장은 위 사무관들 중 두 명 또는 세 명으로 구성된 팀 단위로 이루어진다. 네 팀이 구성되어 네 지역에 각각 한 팀씩 출장이 배정된다. 네 지역 출장 날짜는 모두 다르며, 모든 사무관은 최소한 한 번 출장에 참가한다. [2]이번 출장 업무를 총괄하는 사무관은 단 한 명밖에 없으며, 그는 네 지역 모두의 출장에 참가한다. [3]더불어 업무 경력을 고려하여, 단 한 지역의 출장에만 참가하는 것은 신임 사무관으로 제한한다. [4]정책조정부서에 근무하는 신임 사무관은 한 명밖에 없다. [5]이런 기준 아래에서 출장 계획을 수립한 결과, 을은 갑과 단둘이 가는 한 번의 출장 이외에 다른 어떤 출장도 가지 않으며, 병과 정이 함께 출장을 가는 경우는 단 한 번밖에 없다. [6]그리고 네 지역 가운데 광역시가 두 곳인데, 단 두 명의 사무관만이 두 광역시 모두에 출장을 간다.

① 갑은 이번 출장 업무를 총괄하는 사무관이다.
② 을은 광역시에 출장을 가지 않는다.
③ 병이 갑, 무와 함께 출장을 가는 지역이 있다.
④ 정은 총 세 곳에 출장을 간다.
⑤ 무가 출장을 가는 지역은 두 곳이고 그 중 한 곳은 정과 함께 간다.

S041_07. 다음으로부터 바르게 추론한 것만을 〈보기〉에서 있는 대로 고른 것은? **LA201208_13**

가~마팀이 현재 수행하고 있는 과제의 수는 다음과 같다.

가팀: 0

나팀: 1

다팀: 2

라팀: 2

마팀: 3

이 과제에 추가하여 8개의 새로운 과제 a, b, c, d, e, f, g, h를 다음 〈지침〉에 따라 가~마팀에 배정한다.

〈지침〉

○₁ 어느 팀이든 새로운 과제를 적어도 하나는 맡아야 한다.

○₂ 기존에 수행하던 과제를 포함해서 한 팀이 맡을 수 있는 과제는 최대 4개이다.

○₃ 기존에 수행하던 과제를 포함해서 4개 과제를 맡는 팀은 둘이다.

○₄ a, b는 한 팀이 맡아야 한다.

○₅ c, d, e는 한 팀이 맡아야 한다.

〈보 기〉

ㄱ. a를 나팀이 맡을 수 없다.

ㄴ. f를 가팀이 맡을 수 있다.

ㄷ. 기존에 수행하던 과제를 포함해서 2개 과제를 맡는 팀이 반드시 있다.

---

① ㄱ　　② ㄴ

③ ㄱ, ㄷ　　④ ㄴ, ㄷ

⑤ ㄱ, ㄴ, ㄷ

S041_08. 다음 글의 내용이 참일 때, 반드시 참인 것만을 〈보기〉에서 모두 고르면? **PL201903_12**

A 부서에서는 새로운 프로젝트인 〈하늘〉을 진행할 예정이다. 이 부서에는 남자 사무관 가훈, 나훈, 다훈, 라훈 4명과 여자 사무관 모연, 보연, 소연 3명이 소속되어 있다. 아래의 조건을 지키면서 이들 가운데 4명을 뽑아 〈하늘〉 전담팀을 꾸리고자 한다.

$○_1$ 남자 사무관 가운데 적어도 한 사람은 뽑아야 한다.

$○_2$ 여자 사무관 가운데 적어도 한 사람은 뽑지 말아야 한다.

$○_3$ 가훈, 나훈 중 적어도 한 사람을 뽑으면, 라훈과 소연도 뽑아야 한다.

$○_4$ 다훈을 뽑으면, 모연과 보연은 뽑지 말아야 한다.

$○_5$ 소연을 뽑으면, 모연도 뽑아야 한다.

〈보 기〉

ㄱ. 남녀 동수로 팀이 구성된다.

ㄴ. 다훈과 보연 둘 다 팀에 포함되지 않는다.

ㄷ. 라훈과 모연 둘 다 팀에 포함된다.

---

① ㄱ

② ㄷ

③ ㄱ, ㄴ

④ ㄴ, ㄷ

⑤ ㄱ, ㄴ, ㄷ

S041_09. 네 명의 여성 사무관 **A, B, C, D**와 세 명의 남성 사무관 **E, F, G**는 어떤 정책을 도입할 것인지를 두고 토론하고 있다. 그들 가운데 네 명은 정책 도입에 찬성하고, 세 명은 반대한다. 이들의 찬반 성향이 다음과 같다고 할 때 반드시 참이라고는 할 수 없는 것은? **PL201002_13**

○1 남성 사무관 가운데 적어도 한 사람은 반대하지만 그들 모두 반대하는 것은 아니다.

○2 A와 B 가운데 적어도 한 사람은 반대한다.

○3 B가 찬성하면 A와 E는 반대한다.

○4 B가 찬성하면 C와 D도 찬성하고, C와 D가 찬성하면 B도 찬성한다.

○5 F가 찬성하면 G도 찬성하고, F가 반대하면 A도 반대한다.

---

① A와 F는 같은 입장을 취한다.

② B와 F는 서로 다른 입장을 취한다.

③ C와 D는 같은 입장을 취한다.

④ E는 반대한다.

⑤ G는 찬성한다.

S041_10. 다음 글로부터 바르게 추론될 수 없는 것은? **LA201008_33**

용의자에 관한 정보를 2개의 서류철에 담아 관리하고 있다. 1번 서류철에는 용의자 A, B, C에 관한 서류가 있고, 2번 서류철에는 D, E, F에 관한 서류가 있다. 이 두 서류철을 근거로 해서 다음과 같이 추가로 두 개의 서류철을 만들었다.

$○_1$ 1번 서류철에 포함된 사람이 2번 서류철에 포함된 사람 중 2명과 만난 적이 있을 경우, 이 3명의 서류를 복사하여 3번 서류철에 넣는다.

$○_2$ 2번 서류철에 포함된 사람이 1번 서류철에 포함된 사람 중 2명과 만난 적이 있을 경우, 이 3명의 서류를 복사하여 4번 서류철에 넣는다.

다음과 같이 사실이 알려져 있다.

$○_3$ A가 만난 적이 있는 사람은 E뿐이다.

$○_4$ 3번 서류철은 C에 관한 서류와 D에 관한 서류를 포함한다.

---

① B와 E가 만난 적이 있다면 4번 서류철은 E에 관한 서류를 포함한다.

② C와 D가 만난 적이 없다면 4번 서류철은 A에 관한 서류를 포함한다.

③ C와 D가 만난 적이 없다면 3번 서류철은 F에 관한 서류를 포함하지 않는다.

④ C와 E가 만난 적이 있다면 4번 서류철은 E에 관한 서류를 포함한다.

⑤ C와 E가 만난 적이 없다면 C와 F는 만난 적이 있다.

S041_11. 다음으로부터 추론한 것으로 옳은 것만을 〈보기〉에서 있는 대로 고른 것은? **LA202307_34**

A, B, C, D, E, F, G 종류의 LED 전구로 다음과 같은 네 개의 전광판을 만들었다.

A	B	C	E

A	C	D	F

B	D	E	G

C	E	F	G

이 LED 전구들은 다음 규칙에 따라 켜지거나 꺼진다.

○$_1$ 각 전광판에 켜진 LED 전구의 개수는 0 또는 2 또는 4이다.

○$_2$ 같은 종류의 LED 전구는 한꺼번에 켜지거나 한꺼번에 꺼진다.

○$_3$ A, B, C 중에서 켜져 있는 종류는 하나이다.

〈보기〉

ㄱ. A 종류의 LED 전구는 켜져 있다.

ㄴ. 켜져 있는 LED 전구의 종류가 3가지이면 D 종류의 LED 전구는 켜져 있다.

ㄷ. F 종류의 LED 전구가 켜져 있으면 G 종류의 LED 전구도 켜져 있다.

---

① ㄱ　　② ㄷ

③ ㄱ, ㄴ　　④ ㄴ, ㄷ

⑤ ㄱ, ㄴ, ㄷ

01. 이 퍼즐은 암호에 쓰는 숫자 무리와 쓰이지 않는 숫자 무리를 찾는 퍼즐이다. 정보3에 따르면 {5, 7, 9, 0} 가운데 하나만 사용되었다. 정보1에 따르면 {1, 5, 7} 가운데 두 개만 사용되었다. 여기서 5와 7이 둘 다 사용된다면 정보3을 어긴다. 따라서 1은 반드시 사용되었고 5와 7 가운데 하나만 사용되었다. 정보3을 만족하려면 {5, 7, 9, 0}에서 9와 0은 사용되지 않아야 한다. 정보2에 따르면 6은 사용되지 않는다. 따라서 {1, 2, 3, 4, 8}은 반드시 사용되고 {5, 7} 가운데 하나만 사용된다. 보기 ㄱ "8이 사용되었다", 보기 ㄴ "2와 3은 모두 사용되었다", 보기 ㄷ "5, 6, 7 중에 사용된 숫자는 한 개다"는 모두 참이고 옳게 추론했다. 따라서 정답은 선택지 ⑤다.

02. 보기 진술을 하나씩 따진다. 보기 ㄱ "각 팀의 학생 수가 모두 같을 수 있다"는 쉽게 참이다. 한 팀을 4명씩으로 구성하는 방법 가운데 하나는 다음이다.

AABC, ABCD, ABCD

그다음 보기 ㄴ을 따진다. A반, B반, C반으로만 구성된 6명 팀이 있으려면 세 명으로 다른 두 팀을 만들어야 한다. 한 사례는 다음과 같다.

ACD, BCD, AAABBC

따라서 보기 ㄴ "A반, B반, C반으로만 구성된 6명인 팀이 있을 수 있다"는 옳게 추론했다.

그다음 보기 ㄷ을 따진다. B반, C반, D반으로만 구성된 5명 팀이 있으려면, 다른 한 팀은 4명이고 다른 한 팀은 3명이어야 한다. 이 두 팀에 4명의 A들이 나눠서 가야 한다. 3명 팀에 1명의 A만 갈 수 있다. 하지만 남은 3명의 A가 4명 팀에 갈 수는 없다. 따라서 보기 ㄷ "B반, C반, D반으로만 구성된 5명인 팀이 있을 수 없다"는 옳게 추론했다. 옳게 추론한 것은 보기 ㄱ, 보기 ㄴ, 보기 ㄷ이고 정답은 선택지 ⑤다.

03. 만일 병이 2권을 갖는다면 을과 갑은 각각 적어도 3권과 4권을 가져야 한

다. 8권으로 이렇게 나눠 가질 수는 없다. 따라서 병은 1권을 소장해야 한다. 정보6에 따르면 갑은 H를 소장한다. 갑이 E를 소장한다면 정보4에 어긋난다. 따라서 갑은 E를 소장할 수 없다. 또한 병도 E를 소장할 수 없다. 왜냐하면 병이 E를 소장한다면 정보4에 따라 그는 F도 소장해야 하기 때문이다. 따라서 E는 을이 소장해야 하고 그는 F를 소장하지만 G를 소장하지 않는다. G를 소장하는 이는 갑도 아니다. 왜냐하면 갑이 G를 소장한다면 정보5에 따라 갑은 오직 H와 G만 소장하는 결과가 빚어지기 때문이다. 따라서 G를 소장하는 이는 병이다.

이까지 정보를 모눈에 간추린다.

갑	을	병	미정
H	E, F	G	A, B, C, D

만일 B를 소장한 이가 을이라면 정보3에 따라 을은 적어도 4권을 소장하게 되는데 이는 주어진 조건에 어긋난다. 결국 B를 소장하는 이는 갑이고 갑은 B와 D를 소장하지만 C를 소장하지 않는다. C를 소장할 이는 을밖에 없다. 남은 A는 갑이 소장해야 한다.

갑	을	병	미정
A, B, D, H	C, E, F	G	-

따라서 반드시 거짓인 문장은 선택지 ⑤ "D를 소장한 이는 F도 소장하고 있다"다. 다른 선택지는 반드시 참이다.

04. 이 문항은 6개 유물을 고구려 유물, 백제 유물, 신라 유물 세 무리로 나누는 무리짓기 퍼즐이다. 이를 대상 6개와 세 속성을 이어주는 짝짓기 퍼즐로 여길 수도 있다. A를 만든 나라에 따라 다음 세 경우로 나눠 살펴본다. 정보4는 쉽게 반영할 수 있다.

A	B	C	D	E	F
고	고				백
백	고				백
신	고				백

여기에 정보1, 정보2, 정보3을 담는다. 첫째 경우에 C와 E에 백제나 신라가

올 수 있지만 정보3에 따라 백제는 올 수 없기에 신라가 와야 한다. 둘째 경우에 C와 E에 고구려나 신라가 와야 하는데 정보3에 따라 고구려가 올 수 없기에 신라가 와야 한다. 셋째 경우에 C와 E에 고구려나 백제가 올 수 있지만 정보3에 따라 백제는 올 수 없기에 고구려가 와야 한다.

A	B	C	D	E	F
고	고	신		신	백
백	고	신		신	백
신	고	고		고	백

정보3을 어기지 않도록 D 자리에 올 수 있는 나라를 채운다.

A	B	C	D	E	F
고	고	신	고∨신	신	백
백	고	신	신	신	백
신	고	고	신	고	백

이까지 추론을 바탕으로 보기 진술을 따진다.

A는 백제의 유물일 수 있기에 보기 ㄱ "A는 백제에서 만든 유물이 아니다"는 반드시 참이지는 않고 옳게 추론하지 않았다. C가 고구려가 만든 유물이면 셋째 경우여야 하는데 이 경우에 E는 신라의 유물이다. 따라서 보기 ㄴ "C가 고구려에서 만든 유물이면 D는 신라에서 만든 유물이다"는 반드시 참이고 옳게 추론했다. 첫째 경우에서 E를 만든 나라는 신라고 이 경우 고구려가 3개 신라가 2개일 가능성이 있다. 이 때문에 보기 ㄷ "E를 만든 나라의 유물이 가장 많다"는 옳게 추론하지 않았다. 옳게 추론한 것은 보기 ㄴ뿐이고 정답은 선택지 ②다.

05. 정보3에 따르면 D는 A에게 열세고 E는 A에게 열세다. 한편 B는 D와 E에게 우세일 수 없다. 그 까닭은 다음과 같다. B는 D와 E에게 우세면 D는 B에게 열세고 E는 B에게 열세다. D는 A와 B에게 열세기에 정보2에 따르면 C에게는 열세이지 않다. 마찬가지로 E는 C에게 열세이지 않다. 나아가 D와 E는 각각 C에게 열세이지 않기에 C는 D와 E 각각에게 우세이지 않다. 이 경우 C는 정보1을 지킬 수 없다. 이처럼 B는 D와 E에게 우세라고 가정할 수 없기에 B는 D와 E에게 우세일 수 없다고 결론내려야 한다. 마찬가지 까닭에서 C는 D와 E에게 우세일 수 없다.

이는 A, B, C 각자는 D, E, F에서 다른 둘을 골라야 함을 뜻한다. 따라서 다음이 가능한 경우다. "A가 우세한 선수 집합"을 짧게 「A」로 쓰겠다.

「A」= {D, E}

「B」= {D, F} ∨ {E, F}

「C」= {D, F} ∨ {E, F}

이까지 추론을 바탕으로 보기 진술을 따진다.

C는 E에게 우세하지 않을 수 있기에 보기 ㄱ "C는 E에게 우세하다"는 옳게 추론하지 않았다. 어느 경우든 B와 C는 F에게 우세기에 F는 B에게 열세고 C에게도 열세다. 따라서 보기 ㄴ "F는 B와 C에게 열세이다"는 옳게 추론했다. B가 E에게 우세면 「B」= {E, F}인 경우다. 이 경우에 「C」= {D, F}가 성립해야 한다. 곧 C는 D에게 우세하다. 따라서 보기 ㄷ "B가 E에게 우세하면 C는 D에게 우세하다"는 옳게 추론했다. 옳게 추론한 것은 보기 ㄴ과 보기 ㄷ이고 정답은 선택지 ⑤다.

06. 갑, 을, 병, 정, 무는 네 무리로 나눠지는데 한 사람이 여러 무리에 들어갈 수 있다. 문장5에 따르면 을은 한 번밖에 출장 가지 않는데 갑과 단둘이 갔다. 따라서 {갑, 을}이 한 팀을 이뤄 출장 가는데 병, 정, 무는 여기에 참여하지 않았다. 문장2에서 말한 네 지역 모두 출장 갈 수 있는 사람은 갑밖에 없다. 문장2에 따르면 갑은 총괄 사무관이고 문장4에 따르면 을은 신임 사무관이다. 선택지 ① "갑은 이번 출장 업무를 총괄하는 사무관이다"는 참이다. 문장5에 따르면 병과 정이 함께 가는 출장이 오직 한 번 있었는데 여기에 갑이 참석해야 한다. 문장1에 따르면 팀의 정원은 최대 3명이기에 {갑, 병, 정}이 한 팀을 이뤄 출장 간다.

문장3에 따르면 병, 정, 무는 적어도 두 군데 참여해야 한다. 결국 네 개의 가능한 팀 구성은 다음과 같다.

{갑, 을}, {갑, 병, 정}, {갑, 병, 무}, {갑, 정, 무}

이 팀 구성에 따르면 선택지 ③ "병이 갑, 무와 함께 출장을 가는 지역이 있다"는 참이다. 또한 선택지 ⑤ "무가 출장을 가는 지역은 두 곳이고 그 중 한 곳은 정과 함께 간다"도 반드시 참이다. 정이 참석하는 곳은 두 곳밖에 없기에 선택지 ④ "정은 총 세 곳에 출장을 간다"는 거짓이다. 문장6에 따르면 {갑, 을}이 간 곳은 광역시가 아니어야 한다. 따라서 선택지 ② "을은 광역시에 출장을 가지 않는다"는 참이다. 결국 정답은 선택지 ④다.

07. 정보1, 정보4, 정보5에 따르면 f, g, h는 {a, b}를 맡은 팀과 {c, d, e}를 맡은 팀을 빼고 남은 다른 세 팀에게 하나씩 배정되어야 한다. 정보5와 정보2에 따르면 {c, d, e}는 가팀이나 나팀이 맡는다. 이 때문에 우리는 다음 두 경우를 나눠 추론한다. (i) 가팀이 {c, d, e}를 맡는 경우. 정보1에 따르면 마팀은 네 과제를 이미 채웠다. 정보4와 정보2에 따라 {a, b}를 맡을 수 있는 팀은 나팀, 다팀, 라팀이다. 만일 나팀이 {a, b}를 맡는다면 네 과제를 채운 팀은 마팀 하나밖에 없다. 따라서 나팀은 {a, b}를 맡을 수 없고 다팀이나 라팀이 {a, b}를 맡아야 한다.

(ii) 나팀이 {c, d, e}를 맡는 경우. 이미 나팀은 네 과제를 채웠다. 말했듯이 정보1에 따르면 마팀도 네 과제를 채운다. 정보3에 따르면 네 과제를 채운 다른 팀은 없다. 따라서 정보4와 정보2에 따라 {a, b}를 맡을 수 있는 팀은 가팀밖에 없다. 이까지 추론을 바탕으로 보기 진술을 따진다.

경우 (i)이든 경우 (ii)든 나팀이 a를 맡을 수는 없다. 따라서 보기 ㄱ "a를 나팀이 맡을 수 없다"는 바르게 추론했다. 경우 (i)이든 경우 (ii)든 가팀이 f를 맡을 수는 없다. 따라서 보기 ㄴ "f를 가팀이 맡을 수 있다"는 바르게 추론하지 않았다. 경우 (i)에서 나팀은 기존에 수행하던 과제를 포함해 두 과제를 맡아야 한다. 경우 (ii)에서 가팀은 새로운 과제 둘을 맡아야 한다. 따라서 보기 ㄷ "기존에 수행하던 과제를 포함해서 2개 과제를 맡는 팀이 반드시 있다"는 바르게 추론했다. 바르게 추론한 것은 보기 ㄱ과 보기 ㄷ이고 정답은 선택지 ③이다.

08. 이 퍼즐은 남자 4명과 여자 3명에서 조건에 맞게 4명을 뽑아 무리를 만드는 퍼즐이다. 다만 이를 참말 놀이와 비슷하게 풀겠는데 모눈을 만들어 추론하겠다. 7명 가운데 누가 뽑히는지 누가 뽑히지 않는지 전혀 알려지지 않았다. 다만 모든몇몇문장이나 이면문장으로 정보가 주어졌다. 이럴 때는 처음부터 가능한 경우들을 넓게 펼쳐 각각 따지는 것이 좋다. 정보3은 많은 것을 알려주는 것 같다. 이 때문에 다음 네 경우로 나눠 추론을 이어간다. ○는 '뽑힘'을 뜻하고 ×는 '뽑히지 않음'을 뜻한다.

S041 무리짓기

가	나	다	라	모	보	소
○	○					
○	×					
×	○					
×	×					

먼저 정보3과 정보5를 반영한다.

가	나	다	라	모	보	소
○	○		○	○		○
○	×		○	○		○
×	○		○	○		○
×	×					

첫째 경우는 뽑히는 사람이 4명을 넘기기에 불가능하다.

그다음 정보2와 정보4를 반영한다.

가	나	다	라	모	보	소
○	×	×	○	○	×	○
×	○	×	○	○	×	○
×	×					

셋째 경우에서 다훈이 뽑히면 모연과 보연이 뽑히지 않는데 이 경우 4명을 채울 수 없다. 다훈은 뽑히지 않아야 하고 나머지 네 명이 뽑혀야 한다. 하지만 이 경우 정보2를 어긴다. 따라서 셋째 경우는 불가능하다.

이까지 추론을 바탕으로 보기 진술을 따진다. 보기 ㄱ "남녀 동수로 팀이 구성된다", 보기 ㄴ "다훈과 보연 둘 다 팀에 포함되지 않는다", 보기 ㄷ "라훈과 모연 둘 다 팀에 포함된다"는 모두 참이다. 따라서 정답은 선택지 ⑤다.

09. 조건2를 반영하려고 다음 세 경우를 나눠 추론하려 한다. ○는 '찬성'을 뜻하고 ×는 '반대'를 뜻한다.

A	B	C	D	E	F	G
○	×					
×	○					
×	×					

조건3, 조건4, 조건5, 조건1을 차례대로 반영한다.

A	B	C	D	E	F	G
○	×			×	○	○
×	○	○	○	×		
×	×					

B가 반대하는 첫째 경우와 셋째 경우에서는, 조건4에 따르면 C와 D 가운데 적어도 하나는 반대해야 한다.

한편 C와 D가 둘 다 반대하면 네 명 찬성이 불가능하다. 따라서 C와 D가 둘 다 반대해서는 안 된다.

A	B	C	D	E	F	G
○	×	○ : ×	× : ○	×	○	○
×	○	○	○	×		
×	×	○ : ×	× : ○			

둘째 경우에서 찬성하는 사람을 넷으로 만드는 길은 F가 반대하고 G가 찬성하는 길밖에 없다. 왜냐하면 F가 찬성하면, 조건5에 따라 G도 찬성해야 하기 때문이다. 셋째 경우에서는 정보1을 만족하면서 네 명이 찬성할 길은 없다. 따라서 셋째 경우는 불가능하다.

A	B	C	D	E	F	G
○	×	○ : ×	× : ○	×	○	○
×	○	○	○	×	×	○

이까지 추론을 바탕으로 선택지를 따진다.

A와 F는 둘 다 찬성하거나 둘 다 반대하기에 선택지 ① "A와 F는 같은 입장을 취한다"는 참이다. B와 F가 둘 다 찬성하는 경우가 없고 둘 다 반대하는 경우도 없다. 선택지 ② "B와 F는 서로 다른 입장을 취한다"는 참이다. C와 D가 한 명은 찬성하고 한 명은 반대하는 경우가 있기에 선택지 ③ "C와 D는 같은 입장을 취한다"는 반드시 참이지는 않다. 가능한 모든 경우

에서 E는 반대하기에 선택지 ④ "E는 반대한다"는 참이다. 가능한 모든 경우에서 G는 찬성하기에 선택지 ⑤ "G는 찬성한다"는 참이다. 따라서 정답은 선택지 ③이다.

10. 아주 독특한 무리짓기 퍼즐이다. {A, B, C}와 {D, E, F} 사이의 만남이 매우 중요한 정보다. "사람 X가 사람 Y를 만난 적이 있다"를 짧게 XY라 쓰겠다. XY가 성립하면 당연히 YX도 성립한다. 모눈에 A행과 D열이 만나는 곳에 두 사람이 만난 적이 있는지 없는지를 표시한다. ○는 '만난 적 있음'을 뜻하고 ×는 '만난 적 없음'을 뜻한다.

	D	E	F
A	×	○	×
B			
C			

사실4에 따르면 C는 D, E, F 가운데 두 명과 만난 적이 있다. 이까지 추론을 바탕으로 선택지를 하나씩 살핀다.

C에 관한 정보가 매우 중요한데 선택지 ②와 선택지 ③을 살펴보려고 "C와 D가 만난 적이 없다"고 가정한다. 이 경우 CD, CE, CF 가운데 적어도 둘은 참이기에 CE와 CF는 참이다.

	D	E	F
A	×	○	×
B			
C	×	○	○

이 경우 C는 E와 F를 만났고 조건1에 따라 C, E, F는 3번 서류철에 있어야 한다. 이 점에서 선택지 ③ "C와 D가 만난 적이 없다면 3번 서류철은 F에 관한 서류를 포함하지 않는다"는 거짓이고 바르게 추론하지 않았다. 따라서 정답은 선택지 ③이다.

마찬가지로 C와 D가 만난 적이 없다면 E는 A와 C를 만난 셈이다. 조건2에 따라 E, A, C는 4번 서류철에 있어야 한다. 이는 선택지 ② "C와 D가 만난 적이 없다면 4번 서류철은 A에 관한 서류를 포함한다"가 참임을 뜻한다. 다른 선택지들도 이같이 따질 수 있다.

11. 이 문항은 불이 켜진 것과 꺼진 것을 무리짓는 물음으로 여길 수 있다. 규칙3에 따르면 첫째 전광판의 A, B, C 가운데 하나만 켜져 있다. 규칙1에 따라 E는 반드시 켜져야 한다. 가능한 경우는 다음 셋이다.

A	B	C	E	A	C	D	F	B	D	E	G	C	E	F	G
○	×	×	○	○	×			×		○		×	○		
×	○	×	○	×	×			○		○		×	○		
×	×	○	○	×	○			×		○		○	○		

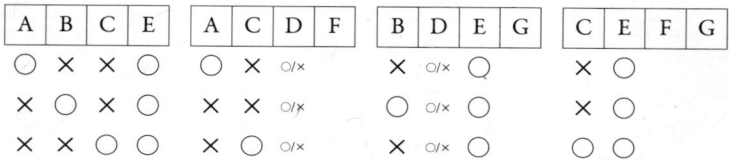

남은 D, F, G 가운데 아무 하나를 골라 켜진 경우와 꺼진 경우를 따진다. 우리는 D를 고르겠다.

A	B	C	E	A	C	D	F	B	D	E	G	C	E	F	G
○	×	×	○	○	×	○/×		×	○/×	○		×	○		
×	○	×	○	×	×	○/×		○	○/×	○		×	○		
×	×	○	○	×	○	○/×		×	○/×	○		○	○		

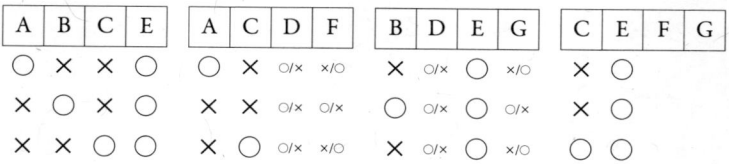

규칙1에 따라 남은 F와 G가 켜져 있을지 꺼져 있을지 결정한다.

A	B	C	E	A	C	D	F	B	D	E	G	C	E	F	G
○	×	×	○	○	×	○/×	×/○	×	○/×	○	×/○	×	○		
×	○	×	○	×	×	○/×	○/×	○	○/×	○	○/×	×	○		
×	×	○	○	×	○	○/×	×/○	×	○/×	○	×/○	○	○		

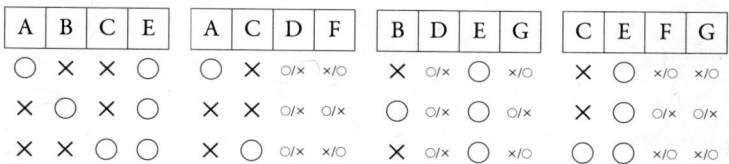

이를 넷째 전광판에 적용한다.

A	B	C	E	A	C	D	F	B	D	E	G	C	E	F	G
○	×	×	○	○	×	○/×	×/○	×	○/×	○	×/○	×	○	×/○	×/○
×	○	×	○	×	×	○/×	○/×	○	○/×	○	○/×	×	○	○/×	○/×
×	×	○	○	×	○	○/×	×/○	×	○/×	○	×/○	○	○	×/○	×/○

첫째 경우와 둘째 경우는 규칙1을 만족하지 못한다. 결국 셋째 경우만 가능하다. 셋째 경우에 따르면 보기 ㄱ은 옳지 않다. 켜진 LED 전구의 종류가 3가지면 이는 D가 켜진 경우인데 이 경우 D는 켜져 있다. 따라서 보기 ㄴ은 옳다. F 종류의 LED 전구가 켜져 있으면 이는 D가 꺼진 경우인데 이

경우 G도 켜져 있다. 따라서 보기 ㄷ은 옳다. 옳게 추론한 것은 보기 ㄴ과 보기 ㄷ이고 정답은 선택지 ④다.

스마트 솔루션

⊡ 주어진 퍼즐이 단순한 참말 놀이 퍼즐이 아니라 무리짓기 퍼즐이면 무리가 만족해야 하는 조건에 먼저 주목하라.

⊡ 한 대상이 여러 무리에 들어갈 수 있는지 없는지를 잘 살피라.

S042 헤아리기

헤아리기 퍼즐은 무리에 들어가는 대상의 최소 수 또는 최대 수를 헤아리는 퍼즐입니다. 또한 대상의 이름을 제시하는 대신에 속성을 만족하는 대상의 수를 정보로 줌으로써 관련 속성을 만족하는 대상의 수를 셈하는 퍼즐도 이에 해당합니다. 정보를 매우 촘촘하게 준다면 무리에 들어가는 대상이 정확히 고정되기에 대상의 수도 하나로 고정될 것입니다. 따라서 헤아리기 퍼즐은 대체로 정보를 매우 느슨하게 준다는 특징을 갖습니다. 물론 조건에 만족하는 대상들이 명확히 특정되고 나아가 그 대상의 수도 하나로 고정되는 헤아리기 퍼즐도 있습니다. 이런 헤아리기 퍼즐은 통상의 참말 놀이 퍼즐과 다를 바 없습니다.
최소 수 또는 최대 수를 헤아리는 퍼즐에서는 속성을 만족하는 대상의 수 또는 순서수를 정보로 주곤 합니다. 이 경우 간단한 덧셈을 해야 하는데 이를 빠르게 하는 사람이 있고 느리게 하는 사람이 있습니다. 이런 퍼즐에 쓰이는 덧셈에 낯설지 않도록 미리 연습해 놓는 것이 바람직합니다. 보기를 들어 m개 다른 수를 더해 수 n을 만드는 방법 같은 것입니다. 다른 수 셋으로 10을 만드는 방법은 {1, 2, 7}, {1, 3, 6}, {1, 4, 5}, {2, 3, 5}입니다. 이를 빨리 찾고 빨리 셈하는 것이 논리 퍼즐의 고갱이는 아니지만 이에 미리 낯을 익히는 일은 풀이 시간을 줄이는 데 도움이 될 것입니다.

이미 말했듯이 최소 수 또는 최대 수를 헤아리는 퍼즐은 대체로 정보를 다소 느슨하게 줍니다. 이 때문에 바라는 정보를 문장 논리나 모든몇몇 논리로 곧장 추론하려 애쓰지 말기를 바랍니다. 오히려 곧바로 여러 가능한 경우로 나눠 모눈을 써서 추론을 이어가는 것이 낫습니다. 경우를 너무 많이 나누면 풀이 시간이 길어지지만 경우를 고작 둘로만 나누면 바라는 정보를 추론하지 못할 수도 있습니다.

S042_01. 다음 글의 내용이 참일 때, **A**부처의 공무원으로 채용될 수 있는 지원자들의 최대 인원은? **PL201507_22**

금년도 공무원 채용시 A부처에서 요구되는 자질은 자유민주주의 가치확립, 건전한 국가관, 헌법가치 인식, 나라 사랑이다. A부처는 이 네 가지 자질 중 적어도 세 가지 자질을 지닌 사람을 채용할 것이다. 지원자는 갑, 을, 병, 정이다. 이 네 사람이 지닌 자질을 평가했고 다음과 같은 정보가 주어졌다.

○$_1$ 갑이 지닌 자질과 정이 지닌 자질 중 적어도 두 개는 일치한다.

○$_2$ 헌법가치 인식은 병만 가진 자질이다.

○$_3$ 만약 지원자가 건전한 국가관의 자질을 지녔다면, 그는 헌법가치 인식의 자질도 지닌다.

○$_4$ 건전한 국가관의 자질을 지닌 지원자는 한 명이다.

○$_5$ 갑, 병, 정은 자유민주주의 가치확립이라는 자질을 지니고 있다.

---

① 0명

② 1명

③ 2명

④ 3명

⑤ 4명

S042_02. 정책 갑에 대하여 **A~G**는 찬성이나 반대 중 한 의견을 제시하였다. 이들의 찬반 의견이 다음과 같다고 할 때, 반대 의견을 제시한 사람의 최소 인원은? **PL201603_09**

○$_1$ A나 B가 찬성하면, C와 D도 찬성한다.

○$_2$ B나 C가 찬성하면, E도 찬성한다.

○$_3$ D는 반대한다.

○$_4$ E와 F가 찬성하면, B나 D 중 적어도 하나는 찬성한다.

○$_5$ G가 반대하면, F는 찬성한다.

---

① 2명
② 3명
③ 4명
④ 5명
⑤ 6명

S042_03. 여섯 개의 모듈 **A**, **B**, **C**, **D**, **E**, **F**로 다음 〈규칙〉에 따라 전자시스템을 구축한다고 하자. 전자시스템 구축에 사용할 수 있는 모듈의 최대 개수와 최소 개수는? **PL201102_16**

〈규 칙〉

○$_1$ 각 모듈은 중복해서 사용하지 않는다.

○$_2$ E는 반드시 사용한다.

○$_3$ 만약 A와 B를 함께 사용하는 경우가 아니라면, C와 F를 함께 사용한다.

○$_4$ 만약 C와 D를 함께 사용한다면, E는 사용하지 않는다.

○$_5$ 만약 B나 C를 사용한다면, F는 사용한다.

○$_6$ 만약 C와 E를 함께 사용하는 경우가 아니라면, A나 B 둘 중에 하나를 반드시 사용해야 하고 A와 B를 함께 사용할 수는 없다.

① 최대 4개, 최소 1개

② 최대 4개, 최소 2개

③ 최대 4개, 최소 3개

④ 최대 5개, 최소 2개

⑤ 최대 5개, 최소 3개

S042_04. 기술평가회의를 개최하기 위해 **A, B, C, D, E** 중에서 평가위원을 위촉하려고 한다. 다음 제약조건에서 위촉할 수 있는 위원의 최소 인원과 최대 인원은? **PL201202_32**

○₁ A, B 중 최소 한 명은 회의에 참석해야 한다.

○₂ A가 참석하면, C도 참석해야 한다.

○₃ B가 불참하면, D도 불참해야 한다.

○₄ C가 참석하면, D, E 중 최소 한 명은 참석해야 한다.

○₅ E가 불참하면, C는 참석해야 한다.

○₆ D, E가 모두 참석하면, B는 불참해야 한다.

---

① 최소 1명, 최대 3명

② 최소 2명, 최대 3명

③ 최소 2명, 최대 4명

④ 최소 3명, 최대 4명

⑤ 최소 3명, 최대 5명

S042_05. 다음 글의 내용이 모두 참일 때 반드시 참인 것만을 〈보기〉에서 모두 고르면? **PL201803_15**

대한민국의 모든 사무관은 세종, 과천, 서울 청사 중 하나의 청사에서만 근무하며, 세 청사의 사무관 수는 다르다. 단, 세종 청사의 사무관 수가 서울 청사의 사무관 수보다 많다. 세 청사 중 사무관 수가 두 번째로 많은 청사의 사무관은 모두 일자리 창출 업무를 겸임한다. 세 청사의 사무관들 중 갑~정에 관하여 다음과 같은 사실이 알려져 있다.

○$_1$ 갑과 병 중 적어도 한 명은 세종 청사에서 근무하고, 정은 서울 청사에서 근무한다.

○$_2$ 일자리 창출 업무를 겸임하지 않는 사람은 이들 중 을뿐이다.

○$_3$ 과천 청사에서 근무하는 사무관은 이들 중 2명이다.

○$_4$ 을이 근무하는 청사는 사무관 수가 가장 적은 청사가 아니다.

〈보 기〉

ㄱ. 갑, 을, 병, 정 중 사무관 수가 가장 적은 청사에서 일하는 사무관은 일자리 창출 업무를 겸임하지 않는다.

ㄴ. 을이 세종 청사에서 근무하거나 병이 서울 청사에서 근무한다.

ㄷ. 정이 근무하는 청사의 사무관 수가 가장 적다.

---

① ㄱ

② ㄷ

③ ㄱ, ㄴ

④ ㄴ, ㄷ

⑤ ㄱ, ㄴ, ㄷ

S042_06. 다음 글의 내용이 참일 때, 영희가 들은 수업의 최소 개수와 최대 개수는? **PL201903_14**

심리학과에 다니는 가영, 나윤, 다선, 라음은 같은 과 친구인 영희가 어떤 수업을 들었는지에 대해 이야기했다. 이들은 영희가 「인지심리학」, 「성격심리학」, 「발달심리학」, 「임상심리학」 중에서만 수업을 들었다는 것은 알고 있지만, 구체적으로 어떤 수업을 듣고 어떤 수업을 듣지 않았는지에 대해서는 잘 알지 못했다. 그들은 다음과 같이 진술했다.

$○_1$ 영희가 「성격심리학」을 듣지 않았다면, 영희는 대신 「발달심리학」과 「임상심리학」을 들었다.

$○_2$ 영희가 「임상심리학」을 들었다면, 영희는 「성격심리학」 또한 들었다.

$○_3$ 영희가 「인지심리학」을 듣지 않았다면, 영희는 「성격 심리학」도 듣지 않았고 대신 「발달심리학」을 들었다.

$○_4$ 영희는 「인지심리학」도 「발달심리학」도 듣지 않았다.

추후 영희에게 확인해 본 결과 이들 진술 중 세 진술은 옳고 나머지 한 진술은 그른 것으로 드러났다.

	최소	최대
①	1개	2개
②	1개	3개
③	1개	4개
④	2개	3개
⑤	2개	4개

S042_07. 다음 글의 내용이 참일 때, 반드시 참인 것은? **PL202005_11**

외교부에서는 남자 6명, 여자 4명으로 이루어진 10명의 신임 외교관을 A, B, C 세 부서에 배치하고자 한다. 이때 따라야 할 기준은 다음과 같다.

○$_1$ 각 부서에 적어도 한 명의 신임 외교관을 배치한다.

○$_2$ 각 부서에 배치되는 신임 외교관의 수는 각기 다르다.

○$_3$ 새로 배치되는 신임 외교관의 수는 A가 가장 적고, C가 가장 많다.

○$_4$ 여자 신임 외교관만 배치되는 부서는 없다.

○$_5$ B에는 새로 배치되는 여자 신임 외교관의 수가 새로 배치되는 남자 신임 외교관의 수보다 많다.

---

① A에는 1명의 신임 외교관이 배치된다.

② B에는 3명의 신임 외교관이 배치된다.

③ C에는 5명의 신임 외교관이 배치된다.

④ B에는 1명의 남자 신임 외교관이 배치된다.

⑤ C에는 2명의 여자 신임 외교관이 배치된다.

S042_08. 다음 글의 내용을 토대로 5명의 기업윤리 심의위원을 선정하려고 할 때, 반드시 참인 것은? **PL201302_32**

후보자는 총 8명으로, 신진 윤리학자 1명과 중견 윤리학자 1명, 신진 경영학자 4명과 중견 경영학자 2명이다. 위원의 선정은 다음 조건을 만족해야 한다.

○₁ 윤리학자는 적어도 1명 선정되어야 한다.
○₂ 신진 학자는 4명 이상 선정될 수 없다.
○₃ 중견 학자 3명이 함께 선정될 수는 없다.
○₄ 신진 윤리학자가 선정되면 중견 경영학자는 2명 선정되어야 한다.

---

① 윤리학자는 2명이 선정된다.
② 신진 경영학자는 3명이 선정된다.
③ 중견 경영학자가 2명 선정되면 윤리학자 2명도 선정된다.
④ 신진 경영학자가 2명 선정되면 중견 윤리학자 1명도 선정된다.
⑤ 중견 윤리학자가 선정되지 않으면 신진 경영학자 2명이 선정된다.

S042_09. 다음 글의 내용이 참일 때, 반드시 참인 것은? **PL202107_09**

A, B, C, D를 포함해 총 8명이 학회에 참석했다. 이들에 관해서 알려진 정보는 다음과 같다.

○$_1$ 아인슈타인 해석, 많은 세계 해석, 코펜하겐 해석, 보른 해석 말고도 다른 해석들이 있고, 학회에 참석한 이들은 각각 하나의 해석만을 받아들인다.

○$_2$ 상태 오그라듦 가설을 받아들이는 이들은 모두 5명이고, 나머지는 이 가설을 받아들이지 않는다.

○$_3$ 상태 오그라듦 가설을 받아들이는 이들은 코펜하겐 해석이나 보른 해석을 받아들인다.

○$_4$ 코펜하겐 해석이나 보른 해석을 받아들이는 이들은 상태 오그라듦 가설을 받아들인다.

○$_5$ B는 코펜하겐 해석을 받아들이고, C는 보른 해석을 받아들인다.

○$_6$ A와 D는 상태 오그라듦 가설을 받아들인다.

○$_7$ 아인슈타인 해석을 받아들이는 이가 있다.

---

① 적어도 한 명은 많은 세계 해석을 받아들인다.

② 만일 보른 해석을 받아들이는 이가 두 명이면, A와 D가 받아들이는 해석은 다르다.

③ 만일 A와 D가 받아들이는 해석이 다르다면, 적어도 두 명은 코펜하겐 해석을 받아들인다.

④ 만일 오직 한 명만이 많은 세계 해석을 받아들인다면, 아인슈타인 해석을 받아들이는 이는 두 명이다.

⑤ 만일 코펜하겐 해석을 받아들이는 이가 세 명이면, A와 D 가운데 적어도 한 명은 보른 해석을 받아들인다.

S042_10. 다음 글의 내용이 참일 때, 반드시 참인 것만을 〈보기〉에서 모두 고르면? **PL202307_16**

국제해양환경회의에 5명의 대표자가 참석하여 A, B, C, D 4개 정책을 두고 토론회를 열었다. 대표자들은 모두 각 정책에 대해 찬반 중 하나의 입장을 분명하게 표명했으며, 각자 하나 이상의 정책에 찬성하고 하나 이상의 정책에 반대한 것으로 드러났다. 그들의 입장을 정리한 결과는 다음과 같다..

$○_1$ A에 찬성하는 대표자는 2명이다.

$○_2$ A에 찬성하는 대표자는 모두 B에 찬성한다.

$○_3$ B에 찬성하는 대표자 중에 C에 찬성하는 사람과 반대하는 사람은 동수이다.

$○_4$ B와 D에 모두 찬성하는 대표자는 아무도 없다.

$○_5$ D에 찬성하는 대표자는 2명이다.

$○_6$ D에 찬성하는 대표자는 모두 C에 찬성한다.

〈보 기〉

ㄱ. 3개 정책에 반대하는 대표자가 있다.

ㄴ. B에 찬성하는 대표자는 2명이다.

ㄷ. C에 찬성하는 대표자가 가장 많다.

---

① ㄱ

② ㄴ

③ ㄱ, ㄷ

④ ㄴ, ㄷ

⑤ ㄱ, ㄴ, ㄷ

S042 풀이

01. 정보2에 따르면 갑, 을, 정은 헌법가치 인식을 갖지 않는다. 정보3에 따르면 갑, 을, 정은 건전한 국가관도 갖지 않는다. 따라서 이미 두 자질을 갖지 못한 갑, 을, 정은 채용되지 않는다. 반면 정보4에 따르면 병은 건전한 국가관을 갖는다. 정보2와 정보5에 따라 병은 헌법가치 인식과 자유민주주의 가치 확립도 갖는다. 따라서 병 한 사람만 A부처에 채용되고 최대 1명이 A부처에 채용된다. 결국 정답은 선택지 ②다.

02. 정보3에 따르면 D는 반대한다. 이는 정보1의 이면 뒷말 "C와 D도 찬성한다"가 거짓임을 뜻한다. 이것으로 정보1에서 이면 뒷말 없애 "A와 B 모두 반대한다"를 얻는다. 정보2를 반영하려고 C가 찬성하는 경우와 반대하는 경우를 각각 따지겠다. ○는 '찬성'을 뜻하고 ×는 '반대'를 뜻한다.

A	B	C	D	E	F	G
×	×	○	×			
×	×	×	×			

먼저 첫째 경우에 정보들을 반영하겠다. 첫째 경우에서 정보2에 따르면 E는 찬성한다. 정보4에서 이면 뒷말 "B나 D 중 적어도 하나는 찬성한다"는 거짓이기에 이면 앞말 "E와 F가 찬성한다"도 거짓이다. 다시 말해 이들 가운데 적어도 한 명은 반대한다. 따라서 F는 반대한다. 나아가 정보5에 따르면 G는 찬성한다.

A	B	C	D	E	F	G
×	×	○	×	○	×	○
×	×	×	×			

둘째 경우가 어떠하든 반대하는 이의 최소 인원은 4명이다. 따라서 정답은 선택지 ③이다.

03. 규칙2에 따라 E는 사용하고, 규칙4에 따라 C와 D 가운데 적어도 하나는 사용하지 않는다. 이제 다음 세 경우를 나눠 살핀다. 여기서 ○는 '사용'을 뜻하고 ×는 '사용하지 않음'을 뜻한다.

A	B	C	D	E	F
		○	×	○	
		×	○	○	
		×	×	○	

첫째 경우에 조건5를 반영한다. 둘째 경우와 셋째 경우에서는 규칙3의 이면 뒷말이 거짓이다. 따라서 이 경우들에서 규칙3의 이면 앞말은 거짓이다. 곧 이 경우들에서 A와 B는 함께 사용한다.

A	B	C	D	E	F
		○	×	○	○
○	○	×	○	○	
○	○	×	×	○	

둘째 경우와 셋째 경우는 조건6을 만족할 수 없으니 두 경우는 불가능하다. 남은 경우는 첫째 경우다. 첫째 경우에서는 조건3과 조건6을 포함해 이미 모든 조건을 만족한다. 따라서 최대 5개 모듈을 사용할 수 있고 최소 3개의 모듈을 사용해야 한다. 따라서 정답은 선택지 ⑤다.

04. 조건1을 만족하도록 다음 세 경우를 살핀다. ○는 '참석'을 뜻하고 ×는 '불참'을 뜻한다.

A	B	C	D	E
○	○			
○	×			
×	○			

조건2, 조건3, 조건6을 반영한다.

A	B	C	D	E
○	○	○	적어도 1명 불참	
○	×	○	×	
×	○		적어도 1명 불참	

남은 것은 조건4와 조건5다. 먼저 첫째 경우와 둘째 경우에 조건4를 반영한다.

A	B	C	D	E
○	○	○	1명만 참석	
○	×	○	×	○
×	○		적어도 1명 불참	

셋째 경우에는 아직 조건4와 조건5를 반영하지 않았다.

이까지 추론을 바탕으로 위촉 최소 인원과 최대 인원을 셈한다. 5명을 위촉할 수는 없다. 첫째 경우에서는 4명을 위촉할 수 있다. 셋째 경우에서는 D와 E가 모두 불참하면 조건4와 조건5를 만족할 수는 없다. 다시 말해 D와 E 가운데 한 명은 참석해야 한다. 최소 인원은 E는 참석하고 C와 D는 참석하지 않는 경우다. 이때 참석 인원은 2명이다. 따라서 위촉 인원은 최소 2명 최대 4명이고, 정답은 선택지 ③이다.

05. 개별 사람은 갑, 을, 병, 정 이렇게 네 사람이다. 이 사람의 근무지는 세종, 과천, 서울이고, 이들은 일자리 창출 업무를 겸임하거나 하지 않는다. 우리는 정보1과 정보2를 다음 모눈으로 간추릴 수 있다.

과천	서울	세종
	정	갑∨병

겸임	비겸임
갑, 병, 정	을

한편 정보3을 만족하려면 남은 을은 과천에 근무해야 한다. 나아가 갑과 병 가운데 한 명은 과천에 근무해야 한다.

과천	서울	세종
을, 갑∨병	정	갑∨병

을은 과천에 근무하는데 비겸임이기에 그는 사무관 수가 두 번째로 많은 청사의 사무관이 아니다. 정보4를 만족하려면 과천은 사무관 수가 가장 많은 청사여야 한다. 따라서 각 청사의 사무관 수는 다음과 같다.

서울 〈 세종 〈 과천

이까지 추론을 바탕으로 보기 진술을 따진다.

갑, 을, 병, 정 가운데 사무관 수가 가장 적은 청사 곧 서울에서 일하는 사무관은 정이다. 정은 겸임이다. 따라서 보기 ㄱ "갑, 을, 병, 정 중 사무관 수가 가장 적은 청사에서 일하는 사무관은 일자리 창출 업무를 겸임하지 않는다"는 거짓이다. 을은 과천에서 근무하고 병은 과천 또는 세종에서 근무하기에 보기 ㄴ "을이 세종 청사에서 근무하거나 병이 서울 청사에서 근무한다"는 거짓이다. 정은 서울에서 근무하고 서울은 사무관 수가 가장 적기에 보기 ㄷ은 참이다. 따라서 정답은 선택지 ②다.

06. 각 과목 이름을 짧게 첫 글자만 따서 쓰겠다. 주어진 진술 넷 가운데 셋은 참이고 하나는 거짓이다. 진술3과 진술4로부터 모순문장을 추론할 수 있다. 이는 진술3과 진술4가 함께 참일 수 없음을 뜻한다. 진술3과 진술4 가운데 적어도 하나는 거짓이다. 따라서 진술1과 진술2는 참이다. 진술1과 진술2를 이면 이어 "영희가 「성」을 듣지 않았다면 영희는 「성」을 들었다"가 나온다. 이것은 영희가 「성」을 들었음을 뜻한다.[a]

이제 진술3이 참인 경우와 진술4가 참인 경우 각각을 따져본다. (i) 진술3이 참인 경우. 영희는 「성」을 들었기에 진술3에서 이면 뒷말 없애 그는 「인」을 들었다. 저절로 진술4는 거짓이 된다. 간추리면

들은 과목	모름	안 들은 과목
「성」, 「인」	「발」, 「임」	

(ii) 진술4가 참인 경우. 영희는 「인」도 듣지 않고 「발」도 듣지 않았다. 영희는 「성」을 들었기에 저절로 진술3은 거짓이 된다. 간추리면

들은 과목	모름	안 들은 과목
「성」	「임」	「인」, 「발」

따라서 영희는 최소 1과목을 듣고 최대 4과목을 들었다. 정답은 선택지 ③이다.

07. 다섯 정보 가운데 문항을 푸는 데 가장 도움이 되는 것은 정보5다. 정보2와 정보3에 따르면 부서 B에 오는 신임 외교관은 5명 이상일 수 없다. 왜냐하면 이 경우 부서 C에 6명이 와야 하기 때문이다. 결국 정보4와 정보5를 만족하는 부서 B의 가능한 배치는

여자 2, 남자 1

여자 3, 남자 1

뿐이다. 이것은 선택지 ④가 옳음을 뜻한다.

정답을 찾았지만 풀이의 완전성을 위해 나머지 선택지도 따져보겠다. 앞의 가능한 두 경우를 만족하는 부서 배치는 다음과 같다.

부서 A	부서 B	부서 C
1	3	6
2	3	5
1	4	5

부서 A에 2명이 배치될 수 있기에 선택지 ① "A에는 1명의 신임 외교관이 배치된다"는 반드시 참이지는 않다. 부서 B에 4명이 배치될 수 있기에 선택지 ② "B에는 3명의 신임 외교관이 배치된다"는 반드시 참이지는 않다. 부서 C에 6명이 배치될 수 있기에 선택지 ③ "C에는 5명의 신임 외교관이 배치된다"는 반드시 참이지는 않다. 배치 가능성 (2, 3, 5)인 경우에 부서 C에 여자 1명이 배치될 수 있기에 선택지 ⑤ "C에는 2명의 여자 신임 외교관이 배치된다"는 반드시 참이지는 않다.

08. 신진 윤리학자 1명을 "ㅅ"이라 하고 중견 윤리학자 1명을 "ㅈ"이라 하겠다. ㅅ은 선정되거나 선정되지 않는다. (i) ㅅ이 선정되는 경우. 이 경우 조건4에 따라 중견 경영학자 2명이 선정되어야 한다. 조건3에 따라 ㅈ은 선정되지 않는다. 신진 경영학자 2명이 남은 둘을 채운다. 조건1과 조건2는 저절로 만족된다. (ii) ㅅ이 선정되지 않는 경우. 이 경우 조건4는 저절로 만족된다. 나아가 조건1에 따라 ㅈ이 선정되어야 한다. 남은 4명은 경영학자에게서 채워야 한다. 신진 경영학자 3명과 중견 경영학자 1명을 선정하는 것이 조건2와 조건3을 만족하는 유일한 방법이다.

윤리학자는 오직 1명만 선정되니 선택지 ① "윤리학자는 2명이 선정된다"는 거짓이다. 신진 경영학자가 2명 선정될 수 있으니 선택지 ② "신진 경영학자는 3명이 선정된다"는 반드시 참이지는 않다. 중견 경영학자 2명은 선정될 수 있지만 윤리학자 2명은 선정될 수 없다. 이 때문에 선택지 ③ "중견 경영학자가 2명 선정되면 윤리학자 2명도 선정된다"는 거짓이다. 신진 경영학자가 2명 선정되는 경우는 ㅈ이 아니라 ㅅ이 선정되는 경우다. 따라서 선택지 ④ "신진 경영학자가 2명 선정되면 중견 윤리학자 1명도 선정된다"는 거짓이다. 중견 윤리학자가 선정되지 않으면 신진 윤리학자가 선정된다. 이 경우 신진 경영학자 2명이 선정되어야 한다. 따라서 선택지 ⑤ "중견 윤리학자가 선정되지 않으면 신진 경영학자 2명이 선정된다"는 반드시 참이다. 따라서 정답은 선택지 ⑤다.

09. 정보3과 정보4에 따르면 한 학회 참석자는 상태 오그라듦 가설을 받아들일 때 오직 그때만 그는 코펜하겐 해석이나 보른 해석을 받아들인다. 학회 참석자 8명을 다음과 같이 나타내고 정보5, 정보6, 정보3, 정보4를 반영한다. 각 해석은 첫 글자를 따서 짧게 쓰겠다. ∨는 "이거나"를 뜻한다.

A	B	C	D	E	F	G	H
코∨보	코	보	코∨보				

여기에 정보2를 담는다. 오그라듦 가설을 받아들이는 다른 한 사람을 E라 하겠다. 정보1에서 다른 해석들을 X라 하겠다. 정보4와 정보1에 따르면 오그라듦 가설을 받아들이지 않는 이들은 "아"나 "많"이나 X를 받아들인다.

A	B	C	D	E	F	G	H
코∨보	코	보	코∨보	코∨보	아∨많∨X	아∨많∨X	아∨많∨X

정보7에서 "있다"고 말한 이를 F라 하겠다.

A	B	C	D	E	F	G	H
코∨보	코	보	코∨보	코∨보	아	아∨많∨X	아∨많∨X

우리는 주어진 정보를 모눈에 모두 담았다.

이까지 추론을 바탕으로 선택지를 하나씩 살펴본다. 아무도 많은 세계 해석을 받아들이지 않을 수 있기에 선택지 ① "적어도 한 명은 많은 세계 해석을 받아들인다"는 반드시 참이지는 않다. E가 보른 해석을 받아들이고 A와 D가 코펜하겐 해석을 받아들일 수도 있다. 이 때문에 선택지 ② "만일 보른 해석을 받아들이는 이가 두 명이면 A와 D가 받아들이는 해석은 다르다"는 반드시 참이지는 않다. 만일 A와 D가 받아들이는 해석이 다르다면 한 사람은 코펜하겐 해석을 받아들이고 다른 한 사람은 보른 해석을 받아들인다. 이 경우 코펜하겐 해석을 받아들이는 이는 적어도 둘이다. 따라서 선택지 ③ "만일 A와 D가 받아들이는 해석이 다르다면 적어도 두 명은 코펜하겐 해석을 받아들인다"는 반드시 참이다. 결국 정답은 선택지 ③이다.

G만 많은 해석을 받아들이더라도 H는 다른 해석 X를 받아들일 수 있다. 이 경우 아인슈타인 해석을 받아들이는 이는 여전히 한 명이다. 따라서 선택지 ④ "만일 오직 한 명만이 많은 세계 해석을 받아들인다면 아인슈타인 해석을 받아들이는 이는 두 명이다"는 반드시 참이지는 않다. 코펜하겐 해석을 받아들이는 이가 세 명이 되는 경우에는 A와 D는 코펜하겐 해석을 받아들이고 E가 보른 해석을 받아들이는 경우가 있다. 이 때문에 선택지 ⑤ "만일 코펜하겐 해석을 받아들이는 이가 세 명이면 A와 D 가운데 적어도 한 명은 보른 해석을 받아들인다"는 반드시 참이지는 않다.

10. 대표자 5명을 대1, 대2, 대3, 대4, 대5로 쓰고 이들이 각 정책에 어떤 견해를 갖는지 모눈으로 나타낸다. 먼저 결과1을 반영하려고 A에 찬성하는 두 명의 대표자를 대1과 대2로 잡는다. ○는 '찬성함'을 뜻하고 ×는 '반대함'을 뜻한다.

	A	B	C	D
대1	○			
대2	○			
대3	×			
대4	×			
대5	×			

여기에 결과2를 담는다.

	A	B	C	D
대1	○	○		
대2	○	○		
대3	×			
대4	×			
대5	×			

결과3을 만족하려면 정책 B를 찬성하는 사람은 짝수여야 한다. 정책 B를 찬성하는 사람은 2명 또는 4명이다. 정책 B를 찬성하는 사람이 4명이면 결과4에 따라 정책 D를 찬성하는 사람은 기껏해야 1명이다. 이는 결과5를 만족할 수 없다. 따라서 정책 B를 찬성하는 사람은 2명이다.

	A	B	C	D
대1	○	○		
대2	○	○		
대3	×	×		
대4	×	×		
대5	×	×		

여기에 결과3과 결과4를 반영한다. 결과3에 따르면 대1과 대2 가운데 한 사람만 정책 C를 찬성한다. 그를 누구로 잡든 상관없기에 그를 대1로 잡는다.

	A	B	C	D
대1	○	○	○	×
대2	○	○	×	×
대3	×	×		
대4	×	×		
대5	×	×		

결과5를 담는데 대3과 대4를 정책 D를 찬성하는 사람으로 잡는다. 대3, 대4, 대5 가운데 2명이면 누구라도 괜찮다.

	A	B	C	D
대1	○	○	○	×
대2	○	○	×	×
대3	×	×		○
대4	×	×		○
대5	×	×		×

이제 남은 사실6을 담는다.

	A	B	C	D
대1	○	○	○	×
대2	○	○	×	×
대3	×	×	○	○
대4	×	×	○	○
대5	×	×		×

이까지 추론을 바탕으로 보기 진술을 따진다. 보기 ㄱ "3개 정책에 반대하는 대표자가 있다"는 참이고, 보기 ㄴ "B에 찬성하는 대표자는 2명이다"는 참이고, 보기 ㄷ "C에 찬성하는 대표자가 가장 많다"는 참이다. 따라서 정답은 선택지 ⑤다.

노트

a. "ㄱ이면, ㄱ은 거짓이다"는 "ㄱ은 거짓이다"를 뜻한다. "ㄱ이 거짓이면 ㄱ"은 ㄱ을 뜻한다.

스마트 솔루션

⚀ 최소 수 또는 최대 수를 헤아리는 퍼즐은 대체로 정보를 다소 느슨하게 준다. 이런 퍼즐은 여러 가능한 경우로 나눈 뒤 모눈을 써서 추론을 이어가라.

⚁ 헤아리기 퍼즐이라 하더라도 통상의 참말 놀이 퍼즐과 다를 바 없는 퍼즐이 많다. 참말 놀이 퍼즐은 다른 모든 논리 퍼즐의 바탕이다.

⚂ 헤아리기 퍼즐에 때때로 쓰이는 덧셈에 낯설지 않도록 미리 연습하라.

S043 짝짓기

짝짓기 퍼즐은 대상과 속성을 연결하는 퍼즐인데 흔히 "속성 연결"로 불립니다. 주어진 퍼즐이 짝짓기 퍼즐임을 확신한다면 곧장 짝짓기 모눈을 만드는 것이 낫습니다. 대상 A, B, C, D와 속성 X, Y, Z가 주어졌다면 짝짓기 모눈은 다음과 같습니다.

	X	Y	Z
A			
B			
C			
D			

모눈의 빈칸에 각 대상에 맞는 속성을 넣습니다. X가 직업 같은 것이면 그에 맞는 "광부", "농부", "의사" 같은 것을 넣습니다. X에 맞는지 맞지 않는지에 따라 ○나 ×를 넣기도 합니다.

행과 열 곧 가로줄과 세로줄을 바꾸어도 상관없습니다. 하지만 무엇을 세로줄로 하고 무엇을 가로줄로 하느냐에 따라 풀이 시간이 줄어들기도 합니다. X, Y, Z의 차례, A, B, C, D의 차례가 풀이에 중요한 변수가 되는 퍼즐도 있습니다. 나아가 A, B, C, D를 놓는 차례 자체가 하나의 정보로 주어질 때도 있습니다. 족두리, 치마, 고무신처럼 사람이 입는 것이고 위치가 위 가운데 아래이면 이 속성은 위아래 위치에 따라 세로줄에 두는 것이 낫습니다. 광수, 수덕, 원태가 나란히 살고 광수가 가운데 살면 대상을 가로줄에 놓고 수덕 광수 원태 또는 원태 광수 수덕 차례로 놓는 것이 낫습니다.

짝짓기 퍼즐은 모눈을 어떻게 만드느냐에 따라 풀이 시간이 매우 달라집니다. 짝짓기 퍼즐을 풀면서 여러 가지 짝짓기 모눈을 만들어보십시오. 이런 과정을 거치며 자연스레 가장 빠르게 풀도록 돕는 모눈을 재빨리 떠올리는 능력을 갖추게 될 것입니다.

S043_01. 다음 내용이 참일 때, 반드시 참이라고는 할 수 없는 것은?

PL201206_24

어떤 국가에 7개 행정구역 A, B, C, D, E, F, G가 있다.

○$_{1}$ A는 C 이외의 모든 구역들과 인접해 있다.

○$_{2}$ B는 A, C, E, G와만 인접해 있다.

○$_{3}$ C는 B, E와만 인접해 있다.

○$_{4}$ D는 A, G와만 인접해 있다.

○$_{5}$ E는 A, B, C와만 인접해 있다.

○$_{6}$ F는 A와만 인접해 있다.

○$_{7}$ G는 A, B, D와만 인접해 있다.

각 구역은 4개 정책 a, b, c, d 중 하나만 추진할 수 있고, 각 정책은 적어도 한 번씩은 추진된다. 또한 다음 조건을 만족해야 한다.

○$_{7}$ 인접한 구역끼리는 같은 정책을 추진해서는 안 된다.

○$_{8}$ A, B, C는 각각 a, b, c 정책을 추진한다.

---

① E는 d 정책을 추진할 수 있다.

② F는 b나 c나 d 중 하나의 정책만 추진할 수 있다.

③ D가 d 정책을 추진하면, G는 c 정책만 추진할 수 있다.

④ E가 d 정책을 추진하면, G는 c 정책만 추진할 수 있다.

⑤ G가 d 정책을 추진하면, D는 b 혹은 c 정책만 추진할 수 있다.

S043_02. 다음 글의 내용이 참일 때, 반드시 참이라 할 수 없는 것을 〈보기〉에서 모두 고른 것은? **PL200702_09**

수덕, 원태, 광수는 임의의 순서로 빨간색·파란색·노란색 지붕을 가진 집에 나란히 이웃하여 살고, 개·고양이·원숭이라는 서로 다른 애완동물을 기르며, 광부·농부·의사라는 서로 다른 직업을 갖는다. 다음 정보가 알려져 있다.

가. 광수는 광부이다.
나. 가운데 집에 사는 사람은 개를 키우지 않는다.
다. 농부와 의사의 집은 서로 이웃해 있지 않다.
라. 노란 지붕 집은 의사의 집과 이웃해 있다.
마. 파란 지붕 집에 사는 사람은 고양이를 키운다.
바. 원태는 빨간 지붕 집에 산다.

〈보 기〉

ㄱ. 수덕은 빨간 지붕 집에 살지 않고, 원태는 개를 키우지 않는다.
ㄴ. 노란 지붕 집에 사는 사람은 원숭이를 키우지 않는다.
ㄷ. 수덕은 파란 지붕 집에 살거나, 원태는 고양이를 키운다.
ㄹ. 수덕은 개를 키우지 않는다.
ㅁ. 원태는 농부다.

---

① ㄱ, ㄴ
② ㄴ, ㄷ
③ ㄷ, ㄹ
④ ㄱ, ㄴ, ㅁ
⑤ ㄱ, ㄷ, ㅁ

S043_03. 다음 글의 내용이 참일 때, 반드시 참이 되는 것은? **PL200802_30**

콩쥐, 팥쥐, 향단, 춘향 네 사람은 함께 마을 잔치에 참석하기로 했다. 족두리, 치마, 고무신을 빨간색, 파란색, 노란색, 검은색 색깔별로 총 12개의 물품을 공동으로 구입하여, 각 사람은 각각 다른 색의 족두리, 치마, 고무신을 하나씩 빠짐없이 착용하기로 했다. 예를 들어 어떤 사람이 빨간 족두리, 파란 치마를 착용한다면, 고무신은 노란색 또는 검은색으로 착용해야 한다. 다음 〈정보〉가 알려져 있다.

〈정보〉

ㄱ. 선호하는 것을 배정받고, 싫어하는 것은 배정받지 않는다.

ㄴ. 콩쥐는 빨간색 치마를 선호하고 파란색 고무신을 싫어한다.

ㄷ. 팥쥐는 노란색 치마를 싫어하고 검은색 고무신을 선호한다.

ㄹ. 향단은 검은색 치마를 싫어한다.

ㅁ. 춘향은 빨간색을 싫어한다.

---

① 콩쥐는 검은 족두리를 배정받는다.

② 팥쥐는 노란 족두리를 배정받는다.

③ 향단이는 파란 고무신을 배정받는다.

④ 춘향이는 검은 치마를 배정받는다.

⑤ 빨간 고무신을 배정받은 사람은 파란 족두리를 배정받는다.

S043_04. 다음 글의 내용이 참일 때, 반드시 참이라고는 할 수 없는 것은?

PL202005_31

직원 갑, 을, 병, 정, 무를 대상으로 A, B, C, D 네 개 영역에 대해 최우수, 우수, 보통 가운데 하나로 분류하는 업무 평가를 실시하였다. 그리고 그 결과는 다음과 같았다.

$○_1$ 모든 영역에서 보통 평가를 받은 직원이 있다.

$○_2$ 모든 직원이 보통 평가를 받은 영역이 있다.

$○_3$ D 영역에서 우수 평가를 받은 직원은 모두 A 영역에서도 우수 평가를 받았다.

$○_4$ 갑은 C 영역에서만 보통 평가를 받았다.

$○_5$ 을만 D 영역에서 보통 평가를 받았다.

$○_6$ 병, 정은 A, B 두 영역에서 최우수 평가를 받았고 다른 직원들은 A, B 어디서도 최우수 평가를 받지 않았다.

$○_7$ 무는 1개 영역에서만 최우수 평가를 받았다.

---

① 갑은 A 영역에서 우수 평가를 받았다.

② 을은 B 영역에서 보통 평가를 받았다.

③ 병은 C 영역에서 보통 평가를 받았다.

④ 정은 D 영역에서 최우수 평가를 받았다.

⑤ 무는 A 영역에서 우수 평가를 받았다.

S043_05. 다음으로부터 추론한 것으로 옳은 것은?

LA201408_19

동물 애호가 A, B, C, D가 키우는 동물의 종류에 대해서 다음 사실이 알려져 있다.

$○_1$ A는 개, C는 고양이, D는 닭을 키운다.

$○_2$ B는 토끼를 키우지 않는다.

$○_3$ A가 키우는 동물은 B도 키운다.

$○_4$ A와 C는 같은 동물을 키우지 않는다.

$○_5$ A, B, C, D 각각은 2종류 이상의 동물을 키운다.

$○_6$ A, B, C, D는 개, 고양이, 토끼, 닭 외의 동물은 키우지 않는다.

---

① B는 개를 키우지 않는다.

② B와 C가 공통으로 키우는 동물이 있다.

③ C는 키우지 않지만 D가 키우는 동물이 있다.

④ 3명이 공통으로 키우는 동물은 없다.

⑤ 3종류의 동물을 키우는 사람은 없다.

S043_06. 다음에서 추론한 것으로 옳은 것만을 〈보기〉에서 있는 대로 고른 것은? **LA201708_25**

컴퓨터 사용자 갑, 을, 병, 정의 아이디와 패스워드를 다음 규칙으로 정하고자 한다.

○$_1$ 아이디는 apple, banana, cherry, durian 중 하나이다.

○$_2$ 패스워드는 apple, banana, cherry, durian 중 하나이다.

○$_3$ 하나의 아이디를 두 명 이상이 같이 쓸 수 없다.

○$_4$ 하나의 패스워드를 두 명 이상이 같이 쓸 수 없다.

○$_5$ 사용자의 아이디와 패스워드는 같을 수 없다.

○$_6$ 을의 아이디는 cherry이다.

○$_7$ 정의 패스워드는 durian이다.

○$_8$ 병의 아이디는 아이디가 banana인 사용자의 패스워드와 같다.

〈보 기〉

ㄱ. 정의 아이디는 apple이다.

ㄴ. 갑의 패스워드가 cherry라면 을과 병의 패스워드를 확정할 수 있다.

ㄷ. 아이디가 durian인 사용자의 패스워드로 banana를 쓸 수 있다.

---

① ㄱ

② ㄷ

③ ㄱ, ㄴ

④ ㄴ, ㄷ

⑤ ㄱ, ㄴ, ㄷ

S043_07. A~E 사건 중 인질범이 투항할 가능성이 높은 것은? **LA200908_29**

인질협상팀은 '위압적 언동 약화', '범인·인질 간 대화 증가', '교섭 빈도 증가', '요구 수준 저하', '합의 사항 이행'이라는 5개 징후를 통해 인질범과의 협상 진전 여부를 판단한다. 이 5개 징후 사이에는 다음과 같은 〈관계〉가 있으며, 이 중 4개 이상의 징후가 나타나면 인질범이 투항할 가능성이 높은 것으로 본다. 인질사건 A, B, C, D, E에서 아래 〈상황〉이 나타났다.

〈관계〉

○$_1$ '위압적 언동 약화'와 '교섭 빈도 증가'는 동시에 나타난다.

○$_2$ '요구 수준 저하'가 나타나면 '범인·인질 간 대화 증가'가 나타난다.

○$_3$ '합의 사항 이행'이 나타나면 '범인·인질 간 대화 증가'와 '교섭 빈도 증가'가 나타난다.

〈상황〉

○$_1$ '위압적 언동 약화'가 A 사건에서 나타났다.

○$_2$ '범인·인질 간 대화 증가'가 B 사건에서 나타났고 C 사건에서는 나타나지 않았다.

○$_3$ '교섭 빈도 증가'가 C 사건과 D 사건에서 나타났다.

○$_4$ '요구 수준 저하'가 E 사건에서 나타났고 A 사건에서는 나타나지 않았다.

○$_5$ '합의 사항 이행'이 D 사건에서 나타나지 않았다.

○$_6$ 각 징후는 1개 이상 3개 이하의 사건에서 나타났다.

---

① A　　② B

③ C　　④ D

⑤ E

S043_08. 다음 글의 내용이 참일 때 반드시 참인 것은? **PL202202_12**

수습 사무관 갑, 을, 병, 정을 A, B, C, D 네 도시 중 필요한 도시에 배치해 연수 프로그램을 시행하였다. 이와 관련해 다음과 같은 사실이 알려져 있다.

$○_1$ 세 명 이상의 수습 사무관이 배치되는 도시는 없다.
$○_2$ 두 도시 이상에 배치되는 수습 사무관은 아무도 없다.
$○_3$ 갑이 A시에 배치되면, 을은 C시에 배치되지 않는다.
$○_4$ 갑은 B시에 배치되지 않는다.
$○_5$ 을과 병은 같은 시에 배치된다.
$○_6$ 병이 B시에 배치되면, 갑은 D시에 배치되지 않는다.
$○_7$ D시에는 한 명이 배치된다.

---

① 갑이 C시에 배치되면, 병은 A시에 배치된다.
② 을이 B시에 배치되지 않으면, 정은 D시에 배치된다.
③ 병이 C시에 배치되면, 갑은 D시에 배치되지 않는다.
④ 정이 D시에 배치되면, 갑은 A시에 배치된다.
⑤ 정이 D시에 배치되지 않으면, 을은 B시에 배치되지 않는다.

S043_09. 다음 글의 내용이 참일 때 반드시 참인 것만을 〈보기〉에서 모두 고르면? **PL202202_11**

행복대학교 학생은 매 학기 성적, 봉사, 외국어, 윤리, 체험이라는 다섯 영역에 관해 평가 받는다. 이 중 두 영역은 동창회 장학금과 재단 장학금 수혜자를 선정할 때 고려하는 영역이기도 하다. 그 두 영역 중에서 어느 쪽이든 한 영역의 기준만 충족하면 동창회 장학금을 받고, 두 영역의 기준을 모두 충족하면 재단 장학금을 받는다. 그 외의 경우에는 둘 중 어느 것도 받지 못한다. 단, 두 장학금을 동시에 받을 수는 없다. 이 학교 학생 갑, 을, 병에 관하여 다음과 같은 사실이 알려져 있다.

○ 갑은 봉사 영역과 외국어 영역 기준을 충족하지 못하고 성적 영역 기준은 충족했는데, 동창회 장학금 수혜자가 아니다.
○ 을은 성적 영역 기준을 충족하지 못하고 나머지 네 영역 기준은 충족했는데, 재단 장학금 수혜자가 아니다.
○ 병은 성적 영역과 윤리 영역 기준을 충족했는데, 동창회 장학금 수혜자이다.

〈보 기〉

ㄱ. 성적 영역 기준만 충족한 행복대학교 학생은 동창회 장학금 수혜자가 된다.
ㄴ. 체험 영역 기준을 충족하지 못한 행복대학교 학생은 재단 장학금 수혜자가 되지 못한다.
ㄷ. 봉사 영역과 외국어 영역 기준만 충족한 행복대학교 학생은 동창회 장학금과 재단 장학금 중 어느 쪽 수혜자도 되지 못한다.

---

① ㄱ
② ㄴ
③ ㄱ, ㄷ
④ ㄴ, ㄷ
⑤ ㄱ, ㄴ, ㄷ

S043_10. 정희, 철수, 순이, 영희는 다음 조건에 따라 영어, 불어, 독어, 일어를 배운다. 반드시 참인 것은? **PL201202_11**

$○_1$ 네 사람은 각각 최소한 한 가지 언어를 그리고 많아야 세 가지 언어를 배운다.

$○_2$ 한 사람만 영어를 배운다.

$○_3$ 두 사람만 불어를 배운다.

$○_4$ 독어를 배우는 사람은 최소 두 명이다.

$○_5$ 일어를 배우는 사람은 모두 세 명이다.

$○_6$ 정희나 철수가 배우는 어떤 언어도 순이는 배우지 않는다.

$○_7$ 순이가 배우는 어떤 언어도 영희는 배우지 않는다.

$○_8$ 정희가 배우는 언어는 모두 영희도 배운다.

$○_9$ 영희가 배우는 언어 중에 정희가 배우지만 철수는 배우지 않는 언어가 있다.

---

① 순이는 일어를 배운다.

② 순이는 영어, 불어를 배운다.

③ 철수는 독어, 일어를 배운다.

④ 영희는 불어, 독어, 일어를 배운다.

⑤ 정희는 영어, 불어, 독어를 배운다.

S043_11. 다음 글의 내용이 참일 때 반드시 참인 것은? **PL202407_13**

가훈은 모든 게임에서 2인 1조로 다른 조를 상대해야 한다. 게임은 구슬치기, 징검다리 건너기, 줄다리기, 설탕 뽑기 순으로 진행되며 다른 게임은 없다. 이에 가훈은 남은 참가자 갑, 을, 병, 정, 무 중 각각의 게임에 적합한 서로 다른 인물을 한 명씩 선택하여 조를 구성할 계획을 세웠다. 게임의 총괄 진행자는 가훈의 선택에 대해 다음과 같이 예측하였다.

○$_1$ 갑은 설탕 뽑기에 선택되고 무는 징검다리 건너기에 선택된다.
○$_2$ 을이 구슬치기에 선택되거나 정이 줄다리기에 선택된다.
○$_3$ 을은 구슬치기에 선택되지 않고 무는 징검다리 건너기에 선택되지 않는다.
○$_4$ 병은 어떤 게임에도 선택되지 않고 정은 줄다리기에 선택된다.
○$_5$ 무가 징검다리 건너기에 선택되거나 정이 줄다리기에 선택되지 않는다.

가훈의 조 구성 결과 이 중 네 예측은 옳고 나머지 한 예측은 그른 것으로 밝혀졌다.

---

① 갑이 어느 게임에도 선택되지 않았다.
② 을이 구슬치기에 선택되었다.
③ 병이 줄다리기에 선택되었다.
④ 정이 징검다리 건너기에 선택되었다.
⑤ 무가 설탕 뽑기에 선택되었다.

S043_12. 다음 글의 내용이 참일 때 반드시 거짓인 것은? **PL202503_33**

물품을 분류하는 기준은 다음과 같다. 모든 물품은 '노란색', '구체', '5kg'이라는 세 가지 조건 가운데 적어도 한 가지를 만족하는데, 그 세 조건 중 둘만 만족하는 것들을 양품으로 분류하고, 나머지는 불량품으로 분류한다.

1~5번까지 다섯 개의 검수 대상 물품이 있으며, 위의 세 가지 조건 및 양품 여부와 관련하여 다음의 사실이 알려졌다.

$○_1$ 1번은 노란색이고, 양품이다.
$○_2$ 2번은 1번과 공통으로 만족하는 조건이 없으며, 불량품이다.
$○_3$ 3번은 2번과 공통으로 만족하는 조건이 있으며, 양품이다.
$○_4$ 4번은 3번과 공통으로 만족하는 조건이 없으며, 구체이다.
$○_5$ 5번은 4번과 공통으로 만족하는 조건이 있으며, 5kg이 아니다.
$○_6$ 다섯 개의 물품 중 양품이 불량품보다 더 많다.

---

① 5번은 양품이다.
② 4번은 불량품이다.
③ 1~5번 중 구체인 물품은 모두 5kg이다.
④ 1~5번 중 노란색인 물품은 모두 양품이다.
⑤ 1~5번 중 5kg인 양품은 모두 노란색이다.

S043 풀이

01. 이 문항은 참말 놀이 퍼즐이지만 짝짓기 퍼즐로 여기고 풀어보겠다. A, B, C가 추진하는 정책은 이미 정해졌기에 남은 D, E, F, G와 정책 a, b, c, d를 어떻게 짝지어야 할지 모눈을 그려 추적한다. 이들은 정책 a를 추진할 수 없기에 모눈에서 뺐다. 먼저 B 및 C와 인접한 구역은 각각 b와 c를 추진할 수 없다. E는 남은 d를 추진해야 한다. 아래에서 ○는 '추진함'을 뜻하고 ×는 '추진하지 않음'을 뜻한다.

	b	c	d
D			?
E	×	×	○
F			
G	×		!

정보4에 따르면 D와 G는 인접하기에 다른 정책을 추진해야 한다. 이까지 추론을 바탕으로 선택지를 하나씩 따진다. G는 c나 d를 추진할 수 있기에 선택지 ④ "E가 d 정책을 추진하면 G는 c 정책만 추진할 수 있다"는 반드시 참이지는 않다. 따라서 정답은 선택지 ④다. 다른 선택지들이 참임은 모눈으로부터 금방 알 수 있다.

02. 문두와 제시문을 조금 바꾸었다. 정보 가와 정보 다에 따르면 가운데 사는 사람은 광부 광수다. 정보 라에 따르면 그의 지붕은 노랗고, 정보 나에 따르면 그는 개를 키우지 않는다. 이들 정보를 다음과 같이 나타낼 수 있다. 위첨자 ×는 "아님"을 뜻한다. 정보 바도 함께 반영했다. 광수가 가운데 살기에 수덕과 원태 사이에 광수를 두었음을 눈여겨보라.

수덕	광수	원태
	광부	
파란 지붕	노란 지붕	빨간 지붕
	개$^{\times}$	

세로줄에 대상의 속성 '직업', '지붕 색깔', '키우는 반려동물'을 쓰지 않은 까닭은 빈칸의 내용상 그것을 쓰지 않아도 헷갈리지 않기 때문이다.

여기에 남은 정보 마를 담는다.

수덕	광수	원태
	광부	
파란 지붕	노란 지붕	빨간 지붕
고양이	원숭이	개

이 모눈에 따르면 보기 ㄱ "수덕은 빨간 지붕 집에 살지 않고 원태는 개를 키우지 않는다"는 거짓이다. 보기 ㄴ "노란 지붕 집에 사는 사람은 원숭이를 키우지 않는다"는 거짓이다. 보기 ㄷ "수덕은 파란 지붕 집에 살거나 원태는 고양이를 키운다"는 참이다. 보기 ㄹ "수덕은 개를 키우지 않는다"는 참이다. 보기 ㅁ "원태는 농부다"는 참인지 거짓인지 알 수 없고 반드시 참이라 할 수 없다. 따라서 반드시 참이라 할 수 없는 것은 보기 ㄱ, 보기 ㄴ, 보기 ㅁ이고 정답은 선택지 ④다.

03. 문두와 제시문을 조금 바꾸었다. 각 사람과 속성을 짝짓기 위해 다음 모눈을 그린다. 머리, 허리, 발의 상하 위치에 따라 족두리, 치마, 고무신의 차례가 정해졌는데 이 때문에 대상들이 가로줄에 갔다. 대상은 가나다순으로 쓸 수 있지만 문두 또는 제시문에 주어진 차례로 썼다.

	콩쥐	팥쥐	향단	춘향
족두리				
치마				
고무신				

정보 ㄴ, 정보 ㄷ, 정보 ㄹ, 정보 ㅁ을 반영한다. 위첨자 ×는 '착용 안 함'을 뜻한다.

	콩쥐	팥쥐	향단	춘향
족두리				빨×
치마	빨	노×	검×	빨×
고무신	파×	검		빨×

각기 다른 색깔을 입어야 한다는 정보를 반영한다.

	콩쥐	팥쥐	향단	춘향
족두리	빨×	검×		빨×
치마	빨	검×, 노×, 빨×	검×, 빨×	빨×
고무신	검×, 빨×, 파×	검	검×	검×, 빨×

"검×, 노×, 빨×"은 "파"를 뜻하고 "검×, 빨×, 파×"는 "노"를 뜻한다.

	콩쥐	팥쥐	향단	춘향
족두리	노×, 빨×	검×, 파×	노×	검×, 빨×
치마	빨	파	검×, 빨×, 파×	빨×, 파×
고무신	노	검	검×, 노×	검×, 빨×

이렇게 하나씩 채워나간다.

	콩쥐	팥쥐	향단	춘향
족두리	노×, 빨×	빨	노×, 빨×	노
치마	빨	파	노	검
고무신	노	검	빨	파

이까지 추론을 바탕으로 선택지 진술을 따진다.

콩쥐는 검정 또는 파랑 족두리를 배정받기에 선택지 ① "콩쥐는 검은 족두리를 배정받는다"는 반드시 참이지는 않다. 팥쥐는 빨간 족두리를 배정받기에 선택지 ② "팥쥐는 노란 족두리를 배정받는다"는 거짓이다. 향단은 빨간 고무신을 배정받기에 선택지 ③ "향단이는 파란 고무신을 배정받는다"는 거짓이다. 춘향은 검은 치마를 배정받기에 선택지 ④ "춘향이는 검은 치마를 배정받는다"는 참이다. 빨간 고무신을 배정받은 사람은 향단인데 그는 검정이나 파란 족두리를 배정받는다. 이 때문에 선택지 ⑤ "빨간 고무신을 배정받은 사람은 파란 족두리를 배정받는다"는 반드시 참이지는 않다. 따라서 정답은 선택지 ④다.

04. 이 문항은 사람과 평가 결과를 이어주는 짝짓기 퍼즐이다. 다음 모눈에 해당 정보를 채워 넣겠다. 아래에서 "최"는 '최우수 평가'이고 "최×"는 '최우수 평가 아님'을 뜻한다. 다른 것도 비슷한 방식으로 짧게 썼다. 먼저 정보4, 정보5, 정보6을 반영한다.

	A	B	C	D
갑	보×, 최×	보×, 최×	보	보×
을	최×	최×		보
병	최	최		보×
정	최	최		보×
무	최×	최×		보×

위에서 "보×, 최×"는 '우수'를 뜻하고 짧게 쓰면 "우"다.

정보1을 담으려면 을은 모든 영역에서 보통 평가를 받아야 한다. 정보2를 담으려면 C 영역은 모든 사원이 보통 평가를 받아야 한다. 정보7을 담으려면 무는 D 영역에서 최우수 평가를 받아야 한다.

	A	B	C	D
갑	우	우	보	보×
을	보	보	보	보
병	최	최	보	보×
정	최	최	보	보×
무	최×	최×	보	최

남은 것은 정보3이다. "D 영역에서 우수 평가를 받은 직원은 모두 A 영역에서도 우수 평가를 받았다"는 "A 영역에서 우수 평가를 받지 않은 이는 모두 D 영역에서 우수 평가를 받은 직원이 아니다"를 뜻한다.

	A	B	C	D
갑	우	우	보	보×
을	보	보	보	보
병	최	최	보	보×, 우×
정	최	최	보	보×, 우×
무	최×	최×	보	최

위에서 "보×, 우×"는 '최우수'를 뜻하고 짧게 쓰면 "최"다. 주어진 정보 7개를 모두 반영했으니 이제 각 선택지를 따지면 된다. 이 모눈에 따르면 선택지 ⑤를 빼고 모두 참이다. 무는 A 영역에서 보통 평가를 받을 가능성이 있다. 따라서 답은 선택지 ⑤다.

05. 각 사람이 여러 동물을 겹쳐서 키우기에 아래와 같이 모눈을 만들어 정보를 채운다. ○는 '키움'을 뜻하고 ×는 '안 키움'을 뜻한다. 먼저 정보1과 정

보2를 담는다.

	개	고양이	토끼	닭
A	○			
B			×	
C		○		
D				○

그다음 정보3과 정보4를 담는다.

	개	고양이	토끼	닭
A	○	×	×	
B	○		×	
C	×	○		
D				○

정보5에 따라 A가 무엇을 키우는지 결정된다.

	개	고양이	토끼	닭
A	○	×	×	○
B	○		×	
C	×	○		
D				○

다시 정보3과 정보4를 반영한다. 이 경우 C가 무엇을 키우는지 결정된다.

	개	고양이	토끼	닭
A	○	×	×	○
B	○		×	○
C	×	○	○	×
D				○

이까지 추론을 바탕으로 선택지를 하나씩 따진다.

B는 개를 키우기에 선택지 ① "B는 개를 키우지 않는다"는 거짓이고 옳게 추론하지 못했다. B와 C가 공통으로 키우는 동물이 있는지 없는지 모르기에 선택지 ② "B와 C가 공통으로 키우는 동물이 있다"는 옳게 추론하지 않았다. 닭은 C가 키우지 않지만 D는 키운다. 이 때문에 선택지 ③ "C는 키우지 않지만 D가 키우는 동물이 있다"는 옳게 추론했다. 닭은

3명이 공통으로 키우는 동물이기에 선택지 ④ "3명이 공통으로 키우는 동물은 없다"는 거짓이고 옳게 추론하지 못했다. 3가지 동물을 키우는 사람이 있는지 없는지 모르기에 선택지 ⑤ "3종류의 동물을 키우는 사람은 없다"는 옳게 추론하지 않았다. 따라서 정답은 선택지 ③이다.

06. 네 대상에 두 가지 속성 곧 아이디와 패스워드를 이어줘야 한다. 아이디나 패스워드로 쓰이는 "apple", "banana", "cherry", "durian"을 각각 짧게 a, b, c, d라 쓰겠다. 정보5, 정보6, 정보7에 따르면 을의 패스워드는 a나 b이고, 정의 아이디는 a나 b다.

	갑	을	병	정
아이디		c		a나 b
패스워드		a나 b		d

병의 아이디는 b일 수 없다. 왜냐하면 아이디가 b인 사람의 패스워드가 b일 수 없기 때문이다. 따라서 병의 아이디는 a나 d다.

	갑	을	병	정
아이디		c	a나 d	a나 b
패스워드		a나 b		d

만일 정의 아이디가 a면 병의 아이디는 d다. 만일 정의 아이디가 b면 병의 아이디는 d다. 이러나저러나 병의 아이디는 d다. 병의 아이디가 d이기에 패스워드가 d인 사람 곧 정의 아이디는 b여야 한다. 남은 갑의 아이디는 a다.

	갑	을	병	정
아이디	a	c	d	b
패스워드		a나 b		d

이까지 추론을 바탕으로 보기 진술을 따진다.

먼저 보기 ㄱ "정의 아이디는 apple이다"는 거짓이고 옳게 추론하지 못했다. 갑의 패스워드가 c면 을과 병은 a나 b 가운데 하나일 텐데 어느 것을 하더라도 조건을 어기지 않는다. 이 점에서 보기 ㄴ "갑의 패스워드가 cherry라면 을과 병의 패스워드를 확정할 수 있다"는 거짓이고 옳게 추론하지 못했다. 아이디가 d인 사람은 병인데 그는 패스워드로 b를 쓸 수 있다. 따라서 보기 ㄷ "아이디가 durian인 사용자의 패스워드로 banana를 쓸 수 있다"는 참이고 옳게 추론했다. 결국 옳게 추론한 것은 보기 ㄷ뿐이고 정답은 선택지 ②다.

07. 사건들이 여러 징후를 갖고 각 징후가 여러 사건에 나타날 수 있으니 모눈을 다음과 같이 만든다. "위압적 언동 약화" 따위를 짧게 "위약"으로 쓴다. 상황6을 빼고 해당 정보를 곧바로 담는다. ○는 '나타남'을 뜻하고 ×는 '안 나타남'을 뜻한다.

	위약	대증	교증	요저	합이
A	○			×	
B		○			
C		×	○		
D			○		×
E				○	

관계1과 관계2에 따라 모눈을 채운다.

	위약	대증	교증	요저	합이
A	○		○	×	
B		○			
C		×	○		
D			○		×
E		○		○	

그다음 관계3 및 상황6에 따라 모눈을 채운다. 채울 수 없을 때까지 남은 정보를 담는다.

	위약	대증	교증	요저	합이
A	○	○	○	×	○
B	×	○	×		×
C	○	×	○	×	×
D	○	×	○	×	×
E	×	○	×	○	×

이까지 추론을 바탕으로 판단해 볼 때 사건 A는 4개의 징후가 나타났다. 따라서 A는 인질범이 투항할 가능성이 높고 정답은 선택지 ①이다.

08. 정보5와 정보7에 따라 D에는 을도 병도 배치될 수 없다. 정이 D에 배치되는지 안 되는지에 따라 선택지 ②, 선택지 ④, 선택지 ⑤를 따져볼 수 있겠다. 정이 D에 배치되지 않으면 정보7에 따라 갑이 D에 배치되어야 한다. 갑이 D에 배치된다면 정보6에 따라 병은 B에 배치되지 않아야 하고, 정보5에 따라 을도 B에 배치되지 않아야 한다. 따라서 선택지 ⑤ "정이 D시에 배치되지 않으면 을은 B시에 배치되지 않는다"는 반드시 참이다. 결국 정답은 선택지 ⑤다.

이 퍼즐을 짝짓기 퍼즐로 여기고 짝짓기 모눈을 그려 풀어보려 한다. 모눈에 먼저 정보4를 담는다. 정보5와 정보7에 따라 D에는 을도 병도 배치될 수 없다. 아래에서 ○는 '배치됨'을 뜻하고 ×는 '배치되지 않음'을 뜻한다.

	A	B	C	D
갑		×		
을				×
병				×
정				

우리는 D에 갑이 배치되는 경우와 정이 배치되는 두 경우를 따지겠다. 쌍점 왼쪽에는 D에 갑이 배치되는 경우고 오른쪽은 D에 정이 배치되는 경우다.

	A	B	C	D
갑	× : ?	×	× : ?	○ : ×
을				×
병				×
정	? : ×	? : ×	? : ×	× : ○

여기에 정보6을 담는다. 정보5도 반영했다.

	A	B	C	D
갑	× : ?	×	× : ?	○ : ×
을		× : ?		×
병		× : ?		×
정	? : ×	? : ×	? : ×	× : ○

주어진 정보에 따르면 아무도 배치되지 않는 도시가 있는지 없는지 모른다. 이까지 추론을 바탕으로 선택지를 따진다.

갑이 C에 배치되는 경우는 쌍점 오른쪽인데 이 경우 병이 A에 굳이 배치되지 않아도 된다. 이 점에서 선택지 ① "갑이 C시에 배치되면 병은 A시에 배치된다"는 반드시 참이지는 않다. 을이 B에 배치되지 않는 경우는 쌍점 왼쪽과 오른쪽 모두 가능한데 정이 D에 굳이 배치되지 않아도 된다. 이 점에서 선택지 ② "을이 B시에 배치되지 않으면 정은 D시에 배치된다"는 반드시 참이지는 않다.

병이 C에 배치되는 경우라도 갑은 D에 배치될 수 있다. 이 점에서 선택지 ③ "병이 C시에 배치되면 갑은 D시에 배치되지 않는다"는 반드시 참이지는 않다. 정이 D에 배치되는 경우는 쌍점 왼쪽인데 이 경우 갑은 A 또는 C에 배치된다. 이 점에서 선택지 ④ "정이 D시에 배치되면 갑은 A시에 배치된다"는 반드시 참이지는 않다. 정이 D에 배치되지 않는 경우는 쌍점 왼쪽인데 을은 B에 배치되지 않는다. 이 때문에 선택지 ⑤ "정이 D시에 배치되지 않으면 을은 B시에 배치되지 않는다"는 반드시 참이다.

09. 먼저 "동창회 장학금과 재단 장학금 수혜자를 선정할 때 고려하는 영역" 두 개를 찾아보겠다. 두 영역을 "그 영역들"이라 하겠다. 주어진 사실을 다음 모눈으로 간추릴 수 있다.

	성적	봉사	외국어	윤리	체험	장학금	
						동창	재단
갑	○	×	×			×	
을	×	○	○	○	○		×
병	○			○		○	

을에 관한 정보로부터 '그 영역들' 안에 '성적'이 들어가야 한다.

갑에 관한 정보로부터 갑은 재단 장학금 수혜자여야 함을 알 수 있다. 왜냐하면 그가 재단 장학금 수혜자가 아니면 그는 동창 장학금 수혜자가 되어야 하는데 이는 주어진 정보와 어긋난다. 모눈은 다음과 같이 바뀐다. '그 영역들' 안에 들어가는 영역은 밑줄을 그었다.

	성적	봉사	외국어	윤리	체험	장학금	
						동창	재단
갑	○	×	×			×	○
을	×	○	○	○	○		×
병	○			○		○	

갑이 재단 장학금 수혜자기에 '윤리'나 '체험' 가운데 딱 하나가 '그 영역들'에 들어가고 갑은 그 영역을 충족했다.

병에 관한 정보에 따르면 '윤리'는 '그 영역들'에 들어가지 않는다. 왜냐하면 만일 '윤리'가 '그 영역들'에 들어간다면 병은 재단 장학금 수혜자가 되어야 하기 때문이다. 결국 '체험'이 '그 영역들'에 들어가야 하고 병은 이 영역을 충족하지 못했다. 따라서 다음 모눈을 얻는다.

	성적	봉사	외국어	윤리	체험	장학금	
						동창	재단
갑	○	×	×		○	×	○
을	×	○	○	○	○		×
병	○			○	×	○	

이까지 추론을 바탕으로 보기 진술을 하나씩 따진다.

모눈에 따르면 성적 영역 기준만 충족한 행복대학교 학생은 '그 영역들' 가운데 오직 하나만 충족했다. 이 때문에 보기 ㄱ "성적 영역 기준만 충족한 행복대학교 학생은 동창회 장학금 수혜자가 된다"는 참이다. 체험 영역 기준을 충족하지 못한 행복대학교 학생은 '그 영역들' 가운데 하나를 충족하지 못했다. 이 때문에 보기 ㄴ "체험 영역 기준을 충족하지 못한 행복대학교 학생은 재단 장학금 수혜자가 되지 못한다"는 참이다. 봉사 영역과 외국어 영역 기준만 충족한 행복대학교 학생은 '그 영역들' 가운데 하나도 충족하지 못했다. 이 때문에 보기 ㄷ "봉사 영역과 외국어 영역 기준만 충족한 행복대학교 학생은 동창회 장학금과 재단 장학금 중 어느 쪽 수혜자도 되지 못한다"는 참이다. 따라서 반드시 참인 것은 보기 ㄱ, 보기 ㄴ, 보기 ㄷ이고 정답은 선택지 ⑤다.

10. 조건6과 조건7에 따르면 정희, 철수, 영희가 배우는 언어는 순이가 배우지 않는다. 다시 말해 순이가 배우는 언어는 정희도, 철수도, 영희도 배우

지 않는다. 순이가 배우는 언어는 오직 한 사람만 배우는 언어다. 조건2, 조건3, 조건4, 조건5에 따르면 이 언어는 영어다. 나아가 만일 순이가 다른 언어를 배운다면 다른 이는 그 언어를 배울 수 없는데 이렇게 되면 조건3, 조건4, 조건5를 만족할 수 없다. 따라서 순이는 영어만 배우고 다른 세 사람은 일어를 배운다. 우리는 다음 모눈을 얻는다.

	영어	불어	독어	일어
정희	×			○
철수	×			○
순이	○	×	×	×
영희	×			○

여기서 ○는 '배움'을 뜻하고 ×는 '배우지 않음'을 뜻한다. 선택지 ①, 선택 ②, 선택지 ⑤는 거짓이다. 정답은 선택지 ③이거나 선택지 ④다.

영희가 불어를 배우지 않으면 정희도 배우지 않기에 조건3을 만족할 수 없다. 영희가 독어를 배우지 않으면 정희도 배우지 않기에 조건4를 만족할 수 없다. 결국 영희는 독어와 불어를 모두 배워야 한다.

	영어	불어	독어	일어
정희	×			○
철수	×			○
순이	○	×	×	×
영희	×	○	○	○

따라서 선택지 ④ "영희는 불어, 독어, 일어를 배운다"는 반드시 참이고 정답은 ④다.

여기서 풀이가 끝나지만 남은 모눈을 채워 보겠다. 선택지 ③이 반드시 따라 나오는지 않는지 따지겠다. 철수는 독어를 배우거나 배우지 않는다. 그가 독어를 배우는 경우를 쌍점 왼쪽에 쓰고 배우지 않는 경우를 쌍점 오른쪽에 쓰겠다.

11. 먼저 그른 예측이 무엇인지 찾아야 한다. 예측1과 예측3에 "무는 징검다리 건너기에 선택된다"와 "무는 징검다리 건너기에 선택되지 않는다"가 각각 나오는 데 두 예측은 함께 참일 수 없다. 이 경우 예측2, 예측4, 예측5는 옳기에 이를 바탕으로 추론을 이어간다. 다음 모눈을 써서 갑, 을, 병,

정, 무가 각각 무슨 게임에 적합할지를 짝짓는다.

	구슬치기	징검다리	줄다리기	설탕뽑기
갑				
을				
병				
정				
무				

예측4에 따르면 정은 줄다리기에 선택된다. 이것으로 예측5에서 이거나 앞말 없애 무는 징검다리 건너기에 선택된다. 예측3에 따르면 병은 아무 게임에도 선택되지 않는다. 정은 줄다리기에 선택되기에 예측2는 저절로 참이다.

	구슬치기	징검다리	줄다리기	설탕뽑기
갑				
을				
병	×	×	×	×
정			○	
무		○		

이 모눈에 따르면 예측3은 그르다. 예측1은 옳아야 하기에 갑은 설탕뽑기에 선택되어야 하고 남은 을은 구슬치기에 선택되어야 한다.

	구슬치기	징검다리	줄다리기	설탕뽑기
갑				○
을	○			
병	×	×	×	×
정			○	
무		○		

이 모눈에 따르면 선택지 ② "을이 구슬치기에 선택되었다"는 참이다. 다른 선택지는 모두 거짓이다.

12. 이 문항을 풀려면 다섯 가지 제품과 그 속성을 짝지어야 한다. 다음 모눈을 만드는 일로 짝짓기를 시작한다. 먼저 사실1과 사실2를 담는다.

	노랑	구체	5kg	양/불량
1번	○			양
2번	×			불량
3번				
4번				
5번				

여기에 사실3, 사실4, 사실5를 담는다.

	노랑	구체	5kg	양/불량
1번	○			양
2번	×			불량
3번		×		양
4번		○		
5번			×	

3번 제품이 구체가 아닌 까닭은 사실4 때문이다. 3번 제품은 양품이기에 두 조건만 만족해야 한다. 사실3에 따라 2번 제품은 불량품이면서 3번 제품과 공통점을 가져야 한다. 이로부터

	노랑	구체	5kg	양/불량
1번	○			양
2번	×	×	○	불량
3번	○	×	○	양
4번		○		
5번			×	

를 얻는다. 여기에 사실2와 사실5를 써서 빈 모눈을 채운다.

	노랑	구체	5kg	양/불량
1번	○	○	×	양
2번	×	×	○	불량
3번	○	×	○	양
4번	×	○	×	불량
5번			×	

끝으로 사실5에 따라 5번은 양품이다.

	노랑	구체	5kg	양/불량
1번	○	○	×	양
2번	×	×	○	불량
3번	○	×	○	양
4번	×	○	×	불량
5번	○	○	×	양

선택지 ① "5번은 양품이다"는 참이다. 선택지 ② "4번은 불량품이다"는 참이다. 선택지 ③ "1~5번 중 구체인 물품은 모두 5kg이다"는 거짓이다. 선택지 ④ "1~5번 중 노란색인 물품은 모두 양품이다"는 참이다. 선택지 ⑤ "1~5번 중 5kg인 양품은 모두 노란색이다"는 참이다. 따라서 정답은 선택지 ③이다.

스마트 솔루션

⚀ 한 퍼즐에 대상들이 여럿 주어지고 그 대상이 만족하는 속성들이 여럿 주어진다면 이 퍼즐은 짝짓기 퍼즐이다. 이 경우 곧장 짝짓기 모눈을 만들라.

⚁ 가로줄에 대상을 놓을지 속성을 놓을지 잠깐 생각해 보라. 퍼즐에서 대상을 놓는 차례가 하나의 정보가 되는지 또한 속성을 놓는 차례가 하나의 정보가 되는지 잠깐 생각해 보라.

⚂ 짝짓기 퍼즐을 풀면서 여러 가지 짝짓기 모눈을 만들어 풀어보라. 이런 과정을 거치며 가장 빠르게 풀도록 돕는 모눈을 찾는 능력을 키우라.

S044 자리매김

자리매김 퍼즐은 정렬, 배열, 배치 퍼즐로 흔히들 불립니다. 자리매김 퍼즐에서도 추론의 출발점이 되는 실마리 정보를 잘 찾아야 합니다. 자리매김 퍼즐의 바탕은 줄 세우기 퍼즐입니다. 줄 세우기 퍼즐에서는 크기 순서, 시간 순서, 공간 순서에 따라 대상을 차례대로 줄 세워야 합니다. 이 퍼즐에서 자주 쓰이는 실마리 정보는 "ㄱ은 ㄴ과 ㄷ 사이에 있다" 같은 것입니다. 이 정보에 따라 다음 두 경우를 생각합니다.

ㄴ ㄱ ㄷ

ㄷ ㄱ ㄴ

그다음 이들 ㄱ, ㄴ, ㄷ 가운데 하나를 언급하는 다른 정보를 찾아 두 경우에 각각 반영합니다. 두 대상 사이에 다른 대상이 있는지 없는지도 중요한 정보입니다. ㄱ과 ㄴ 사이에 아무 대상이 없다는 정보는 "ㄱㄴ"으로 씁니다. 둘 사이에 대상 하나가 있다면 "ㄱ * ㄴ"이나 "ㄱ ? ㄴ"으로 쓰고, 대상 둘이 있다면 "ㄱ * * ㄴ"이나 "ㄱ ?! ㄴ"으로 씁니다. 이런 식으로 주어진 정보를 모두 담은 뒤에 보기와 선택지 진술을 따집니다.

가로줄 세우기와 세로줄 세우기를 엮은 퍼즐도 있습니다. 그 보기는 S044_10입니다. S044_11은 접경하는 6개 주의 공간 배치를 그리는 퍼즐이고 S044_12는 7명의 SNS 사용자의 연결 상태를 그리는 퍼즐입니다. 이들 퍼즐에서도 실마리 정보를 잘 찾는다면 차근차근 대상들을 배치 또는 연결할 수 있습니다. 다만 S044_11과 S044_12처럼 연결 및 배치하면서 연결 및 배치가 끝난 대상과 아직 끝나지 않은 대상을 구별해 두는 것이 중요합니다. 대상들을 단순히 차례 지우는 것을 넘어 대상들을 고정된 특정 시간 또는 특정 장소에 자리매김하는 퍼즐도 있습니다. 이는 대체로 줄 세우기와 짝짓기를 엮은 퍼즐인데 S044_13에서 S044_16까지가 그 보기입니다.

S044_01. 다음 글의 대화 내용이 참일 때, 갑수보다 반드시 나이가 적은 사람만을 모두 고르면? **PL201603_10**

갑수, 을수, 병수, 철희, 정희 다섯 사람은 어느 외국어 학습 모임에서 서로 처음 만났다. 이후 모임을 여러 차례 갖게 되었지만 그들의 관계는 형식적인 관계 이상으로는 발전하지 않았다. 이 모임에서 주도적인 역할을 하고 있는 갑수는 서로 더 친하게 지냈으면 좋겠다는 생각에 뒤풀이를 갖자고 제안했다. 갑수의 제안에 모두 동의했다. 그들은 인근 맥줏집을 찾아갔다. 그 자리에서 그들이 제일 먼저 한 일은 서로의 나이를 묻는 것이었다.

먼저 갑수가 정희에게 말했다. "정희 씨, 나이가 몇 살이에요?" 정희는 잠시 머뭇거리더니 다음과 같이 말했다. "나이 묻는 것은 실례인 거 아시죠? 저는요, 갑수 씨 나이는 알고 있거든요. 어쨌든 갑수 씨보다는 나이가 적어요." 그리고는 "그럼 을수 씨 나이는 어떻게 되세요?"라고 을수에게 물었다. 을수는 "정희 씨, 저는 정희 씨와 철희 씨보다는 나이가 많지 않아요."라고 했다.

그때 병수가 대뜸 갑수에게 말했다. "그런데 저는 정작 갑수 씨 나이가 궁금해요. 우리들 중에서 리더 역할을 하고 있잖아요. 진짜 나이가 어떻게 되세요?" 갑수가 "저요? 음, 많아야 병수 씨 나이죠"라고 하자, "아, 그렇군요. 그럼 제가 대장해도 될까요? 하하……"라고 병수가 너털웃음을 웃으며 대꾸했다.

이때, "그럼 그렇게 하세요. 오늘 술값은 리더가 내시는 거 아시죠?"라고 정희가 끼어들었다. 그리고 "그런데 철희 씨는 좀 어려 보이는데, 몇 살이에요?"라고 물었다. 철희는 다소 수줍은 듯이 고개를 숙였다. 그리고는 "저는 병수 씨와 한 살 차이밖에 나지 않아요. 보기보다 나이가 많죠?"라고 대답했다.

---

① 정희　　② 철희, 을수
③ 정희, 을수　　④ 철희, 정희
⑤ 철희, 정희, 을수

S044_02. 다음 조건에 따라 **A, B, C, D, E, F, G** 일곱 도시를 인구 순위대로 빠짐 없이 배열하려고 한다. 추가로 필요한 정보는? **PL201108_09**

○$_1$ 인구가 같은 도시는 없다.

○$_2$ C시의 인구는 D시의 인구보다 적다.

○$_3$ F시의 인구는 G시의 인구보다 적다.

○$_4$ C시와 F시는 인구 순위에서 바로 인접해 있다.

○$_5$ B시의 인구가 가장 많고, E시의 인구가 가장 적다.

○$_6$ C시의 인구는 A시의 인구와 F시의 인구를 합친 것보다 많다.

---

① A시의 인구가 F시의 인구보다 많다.

② C시와 D시는 인구 순위에서 바로 인접해 있다.

③ C시의 인구는 G시의 인구보다 적다.

④ D시의 인구는 F시의 인구보다 많고 B시의 인구보다 적다.

⑤ G시의 인구가 A시의 인구보다 많다.

S044_03. 다음 글의 **P** 씨가 **A~G**와 맺은 계약의 순서를 정확히 배열하고자 할 때 이를 가능하게 하는 단서는? **PL200402_11**

모처럼 서류를 정리하려고 했던 회사원 P 씨는 지금 꽤 난처해하고 있다. 지난달 체결한 7건의 계약에 대한 자료들을 시간 순서로 정리하려고 하는 중이었는데, 그만 커피를 엎질러 자료들에 잉크가 번져서 계약이 이루어진 날짜가 지워졌기 때문이다. P 씨는 기억을 더듬고 잉크가 번지지 않은 자료에 있는 단서들을 근거로 7개의 회사 A, B, C, D, E, F, G와 맺은 계약이 어떤 순서로 맺어진 것인지 정리하려고 한다. 이 7건의 계약 이외에 지난달에 체결한 다른 계약은 없다. 그가 지금까지 모은 정보는 다음과 같다.

$○_1$ B와 계약이 F와 계약에 선행한다.
$○_2$ G와 계약은 D와 계약보다 먼저 이루어졌는데, E와 계약 및 F와 계약보다는 나중에 이루어졌다.
$○_3$ B와 계약이 지난달 가장 먼저 맺어진 계약은 아니다.
$○_4$ D와 계약은 A와 계약보다 먼저 이루어졌다.
$○_5$ C와 계약은 G와 계약보다 나중에 이루어졌다.

P 씨는 고민에 빠졌다. "이 정보만으로 각각의 계약이 어느 순서로 이루어졌는지 알 수가 없군." 하지만 번지다가 만 종이에서 발견한 단서로 그는 이 7건의 계약의 순서를 정확하게 배열할 수 있게 되었다.

---

① E와 계약은 B와 계약에 선행한다.
② B와 계약은 G와 계약에 선행한다.
③ C와 계약이 가장 나중에 이루어지지는 않았다.
④ D와 계약은 A와 계약과 인접하여 이루어지지는 않았다.
⑤ F와 계약은 D와 계약과 인접하여 이루어지지는 않았다.

S044_04. 다음으로부터 추론한 것으로 옳은 것은? **LA201907_33**

어떤 교수가 피아노 연주회에서 자신이 지도하는 6명의 학생 갑, 을, 병, 정, 무, 기의 연주 순서를 정하는 데 다음 〈조건〉을 적용하고자 한다.

〈조건〉

○$_1$ 각자 한 번만 연주하며 두 명 이상이 동시에 연주할 수 없다.

○$_2$ 병은 무보다 먼저 연주해야 한다.

○$_3$ 정은 갑과 을보다 먼저 연주해야 한다.

○$_4$ 무는 갑 직전 또는 직후에 연주해야 한다.

○$_5$ 기는 을 직전에 연주해야 한다.

---

① 갑이 기 직전에 연주하면 병과 정의 순서가 결정된다.

② 을이 병 직전에 연주하면 갑과 무의 순서가 결정된다.

③ 병이 무 직전에 연주하면 갑과 을의 순서가 결정된다.

④ 정이 갑 직전에 연주하면 병과 기의 순서가 결정된다.

⑤ 무가 기 직전에 연주하면 병과 정의 순서가 결정된다.

S044_05. 다음의 정보가 참일 때, 반드시 참인 것은? **PL200508_09**

○₁ A종 공룡은 모두 가장 큰 B종 공룡보다 크다.

○₂ 일부의 C종 공룡은 가장 큰 B종 공룡보다 작다.

○₃ B종 공룡은 모두 가장 큰 D종 공룡보다 크다.

---

① 가장 작은 A종 공룡만한 D종 공룡이 있다.

② 어떤 A종 공룡은 가장 큰 C종 공룡보다 작다.

③ 가장 작은 C종 공룡만한 D종 공룡이 있다.

④ 어떤 C종은 공룡은 가장 큰 D종 공룡보다 작다.

⑤ 어떤 C종은 공룡은 가장 작은 A종 공룡보다 작다.

S044_06. 다음 글의 내용이 참일 때, 반드시 참인 것은? **PL201102_32**

A, B, C, D 네 사람만 참여한 달리기 시합에서 동순위 없이 순위가 완전히 결정되었다. A, B, C는 각자 아래와 같이 진술하였다. 이들의 진술이 자신보다 낮은 순위의 사람에 대한 진술이라면 참이고, 높은 순위의 사람에 대한 진술이라면 거짓이다.

A: C는 1위이거나 2위이다.

B: D는 3위이거나 4위이다.

C: D는 2위이다.

---

① A는 1위이다.

② B는 2위이다.

③ D는 4위이다.

④ A가 B보다 순위가 높다.

⑤ C가 D보다 순위가 높다.

S044_07. 다음으로부터 추론한 것으로 옳은 것? **LA202007_23**

총 4번의 경주로 치러지는 육상 대회를 준비하는 한 팀의 코치는 5명의 주자 갑, 을, 병, 정, 무 중 4명을 선발하여 이들 각각이 몇 번째 경주에 참가할 것인지를 결정해야 한다. 선발된 4명의 주자 각각은 첫 번째, 두 번째, 세 번째, 네 번째 경주 중 꼭 하나의 경주에만 참가하고, 2명 이상의 주자가 같은 경주에 참가하지는 않는다.

코치의 주자 선발과 그에 따른 결정은 다음 조건을 만족시키고, 선발되지 않은 1명은 육상 대회에 참가하지 않는다.

$○_1$ 만약 을을 선발한다면, 갑을 선발하지 않는다.
$○_2$ 무는 두 번째 경주에 참가하지 않는다.
$○_3$ 정은 병이 참가한 경주의 바로 다음 번 경주에 참가한다.
$○_4$ 만약 갑이 첫 번째 경주에 참가하지 않는다면, 을이 세 번째 경주에 참가한다.

---

① 갑은 첫 번째 경주에 참가한다.
② 을은 두 번째 경주에 참가한다.
③ 병은 첫 번째 경주에 참가한다.
④ 정은 세 번째 경주에 참가한다.
⑤ 무는 네 번째 경주에 참가한다.

S044_08. 다음으로부터 추론한 것으로 옳은 것만을 〈보기〉에서 있는 대로 고른 것은? **LA202007_21**

아래 그림과 같이 크기가 모두 같고 번호가 한 개씩 적혀 있는 빈 상자 12개가 일렬로 나열되어 있다.

1	2	3	4	5	6	7	8	9	10	11	12

이 중 5개의 상자에 5개의 구슬 A, B, C, D, E를 담는다. 한 개의 상자에는 한 개의 구슬만 담을 수 있고, 서로 다른 두 상자 사이에 놓여 있는 상자의 개수는 그 두 상자의 '거리'로 정의한다. 예를 들면 4번 상자와 8번 상자의 거리는 3이다.

이때 다음 정보가 알려져 있다.

$○_1$ 구슬이 담겨 있는 임의의 두 상자의 거리는 모두 다르다.

$○_2$ 구슬 A와 D가 각각 담겨 있는 두 상자 사이에 구슬이 담겨 있는 상자는 한 개뿐이다.

$○_3$ 구슬 A와 E가 각각 담겨 있는 두 상자의 거리는 0이다.

$○_4$ 구슬 B와 D가 각각 담겨 있는 두 상자의 거리는 1이다.

$○_5$ 구슬 C와 E가 각각 담겨 있는 두 상자의 거리는 2이다.

〈보 기〉

ㄱ. 구슬 A와 B가 각각 담겨 있는 두 상자 사이에는 구슬이 담겨 있는 상자가 없다.

ㄴ. 구슬 C가 담겨 있는 상자의 번호는 구슬 D가 담겨 있는 상자의 번호보다 크다.

ㄷ. 7번 상자와 8번 상자는 모두 비어 있다.

---

① ㄱ　　② ㄴ

③ ㄱ, ㄷ　　④ ㄴ, ㄷ

⑤ ㄱ, ㄴ, ㄷ

S044_09. 다음으로부터 추론한 것으로 옳은 것만을 〈보기〉에서 있는 대로 고른 것은? **LA202207_34**

다음과 같이 다섯 대를 주차할 수 있도록 선이 그어져 있는 주차장 칸에 갑, 을, 병, 정, 무는 각각 자신의 차를 한 대씩 주차하였다.

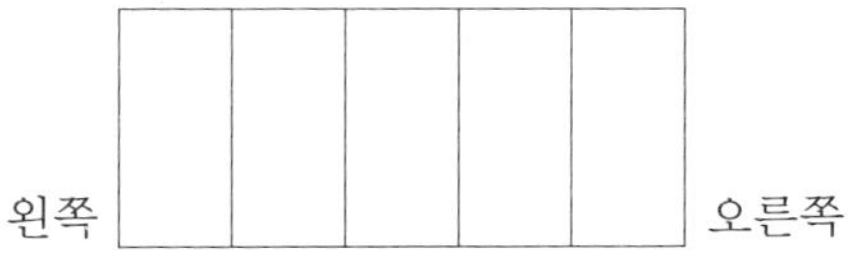

다음 진술 중 세 개는 참이고 한 개는 거짓이다.

갑: "내 차는 왼쪽에서 두 번째 칸에 주차되어 있다."

을: "내 차의 바로 옆 칸에는 정의 차가 주차되어 있다."

병: "내 차는 가장 오른쪽 칸에 주차되어 있다."

정: "내 차의 바로 양 옆 칸에는 갑의 차와 무의 차가 각각 주차되어 있다.

〈보기〉

ㄱ. 갑의 차 바로 옆 칸에 정의 차가 주차되어 있다면 정의 진술은 참이다.

ㄴ. 을과 병 중 한 명의 진술이 거짓이라면 을의 차는 가장 왼쪽 칸에 주차되어 있다.

ㄷ. 거짓을 진술한 사람의 차와 무의 차 사이에는 두 대의 차가 주차되어 있다.

---

① ㄱ

② ㄴ

③ ㄱ, ㄷ

④ ㄴ, ㄷ

⑤ ㄱ, ㄴ, ㄷ

S044_10. 다음 글로부터 추론한 것으로 옳지 않은 것은? **LA201108_19**

어떤 회사의 직원은 A ~ G 7명이다. 그들은 다음과 같은 방법으로만 연락한다.

○$_1$ 바로 아래 하급 직원으로부터 연락받으면 자신의 바로 위 상급 직원 한 명에게만 연락한다.

○$_2$ 바로 위 상급 직원으로부터 연락받으면 자신과 같은 직급의 모든 직원에게 연락한다.

○$_3$ 같은 직급의 직원으로부터 연락받으면 같은 직급의 다른 직원 한 명에게만 연락한다.

다음과 같은 사실이 알려져 있다.

○$_4$ B는 D보다 직급이 한 등급 높다.

○$_5$ D가 B에게 연락하자 B는 A에게만 연락했다.

○$_6$ G가 C에게 연락하자 C는 B에게만 연락했다.

○$_7$ C가 F에게 연락하자 F는 D와 E에게 연락했다.

---

① C와 G가 같은 직급이고 D가 E에게 연락하면, E는 F에게만 연락할 수 있다.

② C와 G가 같은 직급이고 E가 C에게 연락하면, C는 A에게만 연락할 수 있다.

③ C와 G가 같은 직급이고 F가 G에게 연락하면, G는 A에게만 연락할 수 있다.

④ C와 G가 다른 직급이고 A가 B에게 연락하면, B는 C에게만 연락할 수 있다.

⑤ C와 G가 다른 직급이고 D가 C에게 연락하면, C는 G에게만 연락할 수 있다.

S044_11. 다음에서 추론한 것으로 옳은 것만을 〈보기〉에서 있는 대로 고른 것은?

LA201508_31

어떤 국가는 A, B, C, D, E, F의 6개 주(州)로 구성되어 있다. 각 주는 하나의 덩어리 형태이며 다음과 같이 접경을 이루고 있다.

$○_1$ A는 C 이외의 모든 주와 접경을 이루고 있다.
$○_2$ B는 A, C, D, F와만 접경을 이루고 있다.
$○_3$ C는 B, D와만 접경을 이루고 있다.
$○_4$ D, E, F는 서로 접경을 이루지 않는다.

이제 빨강, 주황, 초록, 파랑, 보라의 5개 색을 사용하여 6개 주를 색칠하려고 한다. 각 주는 하나의 색만을 사용하여 색칠되어야 한다. 또한 아래와 같은 조건들이 주어진다.

조건1. A는 초록색으로 칠한다.
조건2. C와 F는 보라색으로 칠한다.
조건3. 접경을 이룬 주끼리 같은 색을 사용해서는 안 된다.
조건4. 파란색과 보라색은 접경을 이룬 주끼리 사용될 수 없다.
조건5. 5개의 색이 모두 사용되어야 한다.

〈보 기〉

ㄱ. E는 파란색이다.
ㄴ. B가 주황색이면 D는 빨간색이다.
ㄷ. 위의 조건들 중 조건5를 없애면 최소 3개의 색으로 6개의 주를 모두 색칠할 수 있다.

---

① ㄱ
② ㄷ
③ ㄱ, ㄴ
④ ㄴ, ㄷ
⑤ ㄱ, ㄴ, ㄷ

S044_12. 다음으로부터 추론한 것으로 옳은 것만을 〈보기〉에서 있는 대로 고른 것은? **LA201807_32**

사회관계망 서비스(SNS)는 온라인에서 사용자를 연결해 주는 기능을 제공한다. 두 사용자가 다른 사용자를 거치지 않고 연결되어 있는 경우 '직접 연결'되어 있다고 한다. 어느 SNS를 이용하는 일곱 명의 사용자 A, B, C, D, E, F, G는 다음과 같이 연결되어 있다.

○$_1$ A와 직접 연결되어 있는 사용자는 D, E를 포함하여 세 명이다.
○$_2$ B와 직접 연결되어 있지 않은 사용자는 D를 포함하여 두 명이다.
○$_3$ C와 직접 연결되어 있는 사용자는 F를 포함하여 세 명이다.
○$_4$ A와 C 둘 다에게 직접 연결된 사용자는 G뿐이다.
○$_5$ D와 직접 연결된 사용자는 한 명이다.
○$_6$ E와 직접 연결된 사용자는 두 명이고, F와 직접 연결된 사용자는 세 명이다.

〈보 기〉

ㄱ. A와 F는 직접 연결되어 있지 않다.
ㄴ. C와 D 둘 다에게 직접 연결된 다른 사용자가 있다.
ㄷ. 팀의 구성원들 각자가 나머지 구성원들 모두와 직접 연결되어 있도록 팀을 만들 때, 가능한 팀의 최대 인원은 4명이다.

---

① ㄱ
② ㄴ
③ ㄱ, ㄷ
④ ㄴ, ㄷ
⑤ ㄱ, ㄴ, ㄷ

S044_13. 다음 글의 내용이 참일 때 반드시 참인 것은? **PL202103_14**

A, B, C, D는 출산을 위해 산부인과에 입원하였다. 그리고 이 네 명은 이번 주 월, 화, 수, 목요일에 각각 한 명의 아이를 낳았다. 이 아이들의 이름은 각각 갑, 을, 병, 정이다. 이 아이들과 그 어머니, 출생일에 관한 정보는 다음과 같다.

○$_1$ 정은 C의 아이이다.

○$_2$ 정은 갑보다 나중에 태어났다.

○$_3$ 목요일에 태어난 아이는 을이거나 C의 아이이다.

○$_4$ B의 아이는 을보다 하루 먼저 태어났다.

○$_5$ 월요일에 태어난 아이는 A의 아이이다.

---

① 을, 병 중 적어도 한 아이는 수요일에 태어났다.

② 병은 을보다 하루 일찍 태어났다.

③ 정은 을보다 먼저 태어났다.

④ A는 갑의 어머니이다.

⑤ B의 아이는 화요일에 태어났다.

S044_14. 다음으로부터 추론한 것으로 옳지 않은 것은? **LA201608_21**

아래 배치도에 나와 있는 10개의 방을 A, B, C, D, E, F, G 7명에게 하나씩 배정하고, 3개의 방은 비워두었다. 다음 〈정보〉가 알려져 있다.

1호	6호
2호	7호
3호	8호
4호	9호
5호	10호

〈정보〉

$\bigcirc_1$ 빈 방은 마주 보고 있지 않다.

$\bigcirc_2$ 5호와 10호는 비어 있지 않다.

$\bigcirc_3$ A의 방 양옆에는 B와 C의 방이 있다.

$\bigcirc_4$ B와 마주 보는 방은 비어 있다.

$\bigcirc_5$ C의 옆방 가운데 하나는 비어 있다.

$\bigcirc_6$ D의 방은 E의 방과 마주 보고 있다.

$\bigcirc_7$ G의 방은 6호이고 그 옆방은 비어 있다.

---

① 1호는 비어 있다.

② A의 방은 F의 방과 마주 보고 있다.

③ B의 방은 4호이다.

④ C와 마주 보는 방은 비어 있다.

⑤ D의 방은 10호이다.

S044_15. 다음으로부터 추론할 수 있는 것으로 옳은 것은? **LA202207_32**

가장 아래에서부터 위로 1부터 6까지 차례로 번호가 부여된 여섯 개의 상자가 쌓여 있다. 이 상자들에 대하여 다음이 성립한다.

6
5
4
3
2
1

○$_{1}$ 상자는 빨간 상자, 파란 상자, 하얀 상자 중의 하나이다.

○$_{2}$ 빨간 상자의 개수는 하얀 상자의 개수보다 많다.

○$_{3}$ 어떤 파란 상자는 모든 빨간 상자보다 아래에 있다.

○$_{4}$ 어떤 파란 상자 바로 아래에는 하얀 상자가 있다.

○$_{5}$ 상자 4는 빨간 상자이고, 상자 5와 상자 6의 색깔은 같다.

---

① 상자 1은 하얀 상자이다.

② 상자 2의 색깔과 상자 5의 색깔은 서로 다르다.

③ 상자 3이 빨간 상자이면 파란 상자는 1개이다.

④ 파란 상자의 개수는 하얀 상자의 개수보다 많다.

⑤ 하얀 상자 아래 파란 상자가 있으면 빨간 상자는 3개이다.

S044_16. 다음에서 추론한 것으로 옳은 것만을 〈보기〉에서 있는 대로 고른 것은?
LA201508_33

일렬로 위치한 5개 사무실에 회사 A, B, C, D, E가 입주해 있다. 각 회사는 로고 색이 한 가지 색으로 되어 있고, 음료와 과자를 하나씩 생산하며, 수출대상국이 한 국가씩 있다. 5개 회사의 로고 색, 음료, 과자, 수출대상국은 모두 다르다.

로고 색: 연두색, 회색, 보라색, 하늘색, 검정색
음료: 생수, 커피, 이온음료, 녹차, 주스
과자: 와플, 전병, 비스킷, 마카롱, 쌀과자
수출대상국: 싱가포르, 중국, 태국, 일본, 대만

○$_1$ 생수를 생산하는 회사의 사무실은 정 가운데 위치한다.
○$_2$ C회사의 사무실은 가장 왼쪽에 위치하고, 보라색 로고의 회사 사무실 옆에 위치한다.
○$_3$ 연두색 로고의 회사는 커피를 생산하고, 그 사무실은 회색 로고의 회사 사무실 왼쪽에 붙어있다.
○$_4$ A회사의 로고는 하늘색이다.
○$_5$ 검정색 로고의 회사는 싱가포르로 수출하며, 와플을 생산하는 회사 사무실 옆에 위치한다.
○$_6$ 태국에 수출하는 회사의 사무실은 주스를 생산하는 회사의 사무실 오른쪽에 붙어있다.

〈보 기〉

ㄱ. A회사는 생수를 생산한다.
ㄴ. 싱가포르에 수출하는 회사는 주스를 생산한다.
ㄷ. 보라색 로고의 회사는 중국에 수출한다.

---

① ㄱ　② ㄴ
③ ㄷ　④ ㄱ, ㄴ
⑤ ㄴ, ㄷ

S044_17. 다음 글의 내용이 참일 때 반드시 참인 것은? **PL202303_16**

영어 회화가 가능한 갑순과 을돌, 중국어 회화가 가능한 병수와 정희를 다음 〈배치 원칙〉에 따라 총무부, 인사부, 영업부, 자재부에 각 한 명씩 모두 배치하기로 하였다. 네 명 중 병수를 제외한 나머지는 신입사원이고, 갑순만 공인노무사 자격증을 갖고 있다.

〈배치 원칙〉

○$_1$ 총무부와 인사부 중 한 곳에는 공인노무사 자격증을 갖고 있는 사원을 배치한다.

○$_2$ 영업부와 자재부 중 한 곳에만 중국어 회화 가능자를 배치한다.

○$_3$ 정희를 인사부에도 자재부에도 배치하지 않는다면, 영업부에 배치한다.

○$_4$ 영업부와 자재부 중 한 곳에만 신입사원을 배치한다.

이 원칙에 따라 부서를 배치한 결과 일부 사원의 부서만 결정되었다. 이에 다음의 원칙을 추가하였다.

〈추가 원칙〉

○$_5$ 인사부와 영업부에 같은 외국어 회화를 할 수 있는 사원들을 배치한다.

그 결과 〈배치 원칙〉을 어기지 않으면서 위 네 명의 배치를 다 결정할 수 있었다.

---

① 〈배치 원칙〉만으로 배치된 갑순의 부서는 영업부이다.

② 〈배치 원칙〉만으로 배치된 을돌의 부서는 자재부이다.

③ 〈배치 원칙〉과 〈추가 원칙〉에 따라 최종적으로 배치된 병수의 부서는 자재부이다.

④ 〈배치 원칙〉과 〈추가 원칙〉에 따라 최종적으로 배치된 정희의 부서는 인사부이다.

⑤ 〈배치 원칙〉과 〈추가 원칙〉에 따라 최종적으로 배치된 갑순의 부서

도 을돌의 부서도 총무부가 아니다.

S044_18. 다음 글의 내용이 참일 때 반드시 참인 것만을 <보기>에서 모두 고르면? **PL202403_14**

A, B, C, D, E 다섯 개의 부서에 각각 한 명씩 배치되었던 갑, 을, 병, 정, 무 다섯 명의 직원에 관한 정기 인사 발령 결과, 기존과 마찬가지로 이들은 다섯 개의 부서에 각각 한 명씩 배치되었다. 알려진 사실은 다음과 같다.

$\bigcirc_1$ 한 명은 기존 부서에 남았지만 나머지 네 명은 다른 부서로 옮겼다.

$\bigcirc_2$ 갑은 기존에 C 부서에 근무했다.

$\bigcirc_3$ 병과 정은 서로 부서를 맞바꾸어 근무하게 되었다.

$\bigcirc_4$ 무는 기존과 다른 부서 D로 옮겼다.

〈보 기〉

ㄱ. 갑은 기존 부서에 남았다.

ㄴ. 을이 기존과 다른 B 부서에 근무하게 되었다면, 무는 기존에 B부서에 근무했다.

ㄷ. 무가 기존에 E 부서에 근무했다면, 병이나 정이 인사 발령 결과 A 부서에 근무하게 되었다.

---

① ㄱ

② ㄴ

③ ㄱ, ㄷ

④ ㄴ, ㄷ

⑤ ㄱ, ㄴ, ㄷ

S044_19. 다음 글의 내용이 참이라고 할 때, 반드시 참인 것만을 <보기>에서 모두 고르면? **PL202403_33**

연수를 마친 신입 직원 가영, 나영, 다민, 라민, 마영은 총무과, 인사과, 재무과 중에서 한 과에 배치될 예정이다. 세 과에는 위 직원 중 적어도 한 명이 각각 배치되고, 총무과에는 한 명만 배치될 예정이다. 이와 관련하여 알려진 사실은 다음과 같다.

○$_1$ 총무과와 같은 수의 인원이 배치되는 과가 있다.
○$_2$ 가영이 총무과에 배치되면 나영은 인사과에 배치된다.
○$_3$ 나영과 라민이 모두 인사과에 배치되지는 않는다.
○$_4$ 나영이 인사과에 배치되거나 마영이 재무과에 배치된다.
○$_5$ 다민이 재무과에 배치되지 않으면, 가영은 총무과에 배치되고 라민은 인사과에 배치된다.
○$_6$ 마영이 재무과에 배치되지 않고 가영이 총무과에 배치되지 않는 그런 경우는 없다.

〈보 기〉

ㄱ. 다민은 재무과에 배치된다.
ㄴ. 라민은 총무과에 배치된다.
ㄷ. 나영이 재무과에 배치되면 가영은 인사과에 배치된다.

---

① ㄱ
② ㄴ
③ ㄱ, ㄷ
④ ㄴ, ㄷ
⑤ ㄱ, ㄴ, ㄷ

S044_20. 다음 글의 내용이 참일 때 반드시 참인 것은? **PL202507_18**

△△부에서는 3명의 과학기술 직군 수습 주무관 A, B, C와 3명의 행정 직군 수습 주무관 D, E, F를 4개 부서 갑, 을, 병, 정에 배치할 예정이다. [1]4개의 부서 중 2개의 부서에는 1명씩 배치되고 남은 2개의 부서에는 2명씩 배치된다. 이 배치와 관련하여 다음과 같은 사실이 알려졌다.

○$_2$ 갑 부서에는 수습 주무관이 1명만 배치된다.
○$_3$ 을 부서에는 과학기술 직군 수습 주무관이 배치되지 않는다.
○$_4$ 동일 직군의 수습 주무관은 같은 부서에 배치되지 않는다.
○$_5$ A와 D는 다른 수습 주무관 없이 혼자 배치된다.

---

① A가 갑 부서에 배치되고 C가 정 부서에 배치된다.
② B가 병 부서에 배치되면 E가 정 부서에 배치된다.
③ B가 정 부서에 배치되지 않고 C가 병 부서에 배치된다.
④ D가 을 부서에 배치되지 않고 A도 갑 부서에 배치되지 않는다.
⑤ F가 정 부서에 배치되면 E가 병 부서에 배치된다.

S044_21. 다음으로부터 추론한 것으로 옳은 것만을 <보기>에서 있는 대로 고른 것은? **PLA202407_35**

4개 법무법인 P, Q, R, S의 공동 프로젝트 수행을 위해, P는 5명, Q는 4명, R는 4명, S는 2명의 소속 변호사를 각각 파견하고, 이들을 A팀, B팀, C팀으로 나누어 배정하려고 한다. 그 배정 조건은 다음과 같다.

○$_1$ 어느 팀에도 배정되지 않는 변호사는 없고, 둘 이상의 팀에 배정되는 변호사도 없다.

○$_2$ 각 팀에는 최소 3개 법무법인의 변호사를 배정한다.

○$_3$ P의 변호사 중 3명을 C팀에 배정한다.

○$_4$ S의 변호사를 배정하는 팀에는 R의 변호사를 배정하지 않는다.

○$_5$ S의 변호사를 배정하는 팀에는 P의 변호사를 최소 2명 배정한다.

〈보 기〉

ㄱ. S의 변호사는 서로 다른 팀에 배정된다.

ㄴ. P, Q, R의 변호사로 구성된 총원 7명인 팀은 없다.

ㄷ. A팀에 배정된 변호사가 6명이라면 B팀에 배정된 변호사는 3명이다.

---

① ㄱ

② ㄴ

③ ㄱ, ㄷ

④ ㄴ, ㄷ

⑤ ㄱ, ㄴ, ㄷ

S044 풀이

01. 정희의 말에 따르면 정희는 갑수보다 나이가 적다.

정희 〈 갑수

을수의 말에 따르면 을수의 나이는 정희와 같거나 적다.

을수 ≤ 정희 〈 갑수

갑수의 말에 따르면 병수는 갑수와 나이가 같거나 많다.

을수 ≤ 정희 〈 갑수 ≤ 병수

철희의 말에 따르면 철희는 병수보다 한 살 많거나 한 살 적다. 확실히 갑수보다 나이가 적은 사람은 정희와 을수다. 정답은 선택지 ③이다.

02. 정보6에 따르면 A와 F는 모두 C보다 인구가 적어야 한다. 정보6, 정보4, 정보3을 반영하여 인구 순위를 다음과 같이 쓸 수 있다. 인구가 적을수록 왼쪽에 쓰고 많을수록 오른쪽에 쓰겠다.

A FC D

추가로 정보5도 담는다. |는 "끝"을 뜻한다.

|E A FC D B|

남은 것은 정보3인데 G는 C와 D 사이 또는 D와 B 사이에 와야 한다. 이를 결정하는 정보는 선택지 ② "C시와 D시는 인구 순위에서 바로 인접해 있다"다. 따라서 정답은 선택지 ②다.

선택지 ① "A시의 인구가 F시의 인구보다 많다"는 주어진 정보와 어긋난다. 선택지 ③"C시의 인구는 G시의 인구보다 적다", 선택지 ④ "D시의 인구는 F시의 인구보다 많고 B시의 인구보다 적다", 선택지 ⑤ "C시의 인구가 A시의 인구보다 많다"는 새로운 정보가 아니다.

03. 원래 문항의 문두, 제시문, 선택지를 조금 고쳤다. "A와 맺은 계약"을 간단히 A라 쓰겠다. 정보2와 정보4에 따라 계약 순서를 다음처럼 나타낼 수 있다.

(E/F) G D A

남은 것은 B와 C인데, 정보1에 따르면 B는 F 앞에 있고, 정보5에 따르면 C는 G 뒤에 있다. 정보3을 만족하려면 B 앞에 다른 계약이 와야 하는데 그 자리에 올 수 있는 것은 E밖에 없다. 따라서 가능한 계약 순서는 다음과 같다.

E B F G D A

계약 순서를 완전히 결정하려면 C가 놓일 단서가 보태져야 한다.

선택지 ④ "D와 계약은 A와 계약과 인접하여 이루어지지는 않았다"가 단서로 주어진다면 C는 D와 A 사이에 놓이게 된다. 이 경우 계약의 순서는 정확히 배열된다. 따라서 정답은 선택지 ④다. 반면 선택지 ① "E와 계약은 B와 계약에 선행한다", 선택지 ② "B와 계약은 G와 계약에 선행한다", 선택지 ⑤ "F와 계약은 D와 계약과 인접하여 이루어지지는 않았다"는 새로운 정보가 되지 못한다. 선택지 ③ "C와 계약이 가장 나중에 이루어지지는 않았다"는 계약의 순서를 결정짓는 데 충분하지 않다.

04. 조건3에 따라 다음 두 가능성을 생각한다. 왼쪽에 있을수록 먼저 연주한다.

정 갑 을

정 을 갑

여기에 조건5를 담는다.

정 갑 기을

정 기을 갑

그다음 조건4를 담는다.

정 무갑 기을

정 갑무 기을

정 기을 무갑

정 기을 갑무

남은 것은 조건2다. 우리는 조건2를 만족하면서 병의 위치를 정하도록 돕는 새로운 조건을 찾아야 한다.

갑이 기 직전에 연주하는 경우는 첫째 경우인데 이 경우에 병과 정의 순서는 결정되지 않는다. 이 때문에 선택지 ① "갑이 기 직전에 연주하면 병과 정의 순서가 결정된다"는 거짓이고 옳게 추론하지 못했다. 을이 병 직전에 연주하고 조건2를 지키는 경우는 셋째 경우와 넷째 경우다. 두 경우에 갑과 무의 순서는 다르다. 이 때문에 선택지 ② "을이 병 직전에 연주하면 갑과 무의 순서가 결정된다"는 거짓이고 옳게 추론하지 못했다. 병이 무 직전에 연주하면 첫째 경우와 셋째 경우가 가능한데 두 경우에 갑과 을의 순서는 다르다. 이 때문에 선택지 ③ "병이 무 직전에 연주하면 갑과 을의 순서가 결정된다"는 거짓이고 옳게 추론하지 못했다.

정이 갑 직전에 연주하는 경우는 둘째 경우고 조건2를 만족하려면 병은 정 앞에 와야 한다. 이 경우 병과 기의 순서는 결정된다. 따라서 선택지 ④ "정이 갑 직전에 연주하면 병과 기의 순서가 결정된다"는 옳게 추론했다. 무가 기 직전에 연주하는 경우는 둘째 경우다. 이 경우에서 병과 정의 순서는 결정되지 않는다. 따라서 선택지 ⑤ "무가 기 직전에 연주하면 병과 정의 순서가 결정된다"는 거짓이고 옳게 추론하지 못했다. 결국 정답은 선택지 ④다.

05. 원래 문항의 문두를 조금 고쳤다. A종 공룡, B종 공룡, C종 공룡에 해당하는 적어도 한 사례가 각각 있다고 가정하겠다. 정보1과 정보3을 반영하여 다음 모눈을 그린다. 왼쪽에 놓인 것은 더 작고 오른쪽에 놓인 것은 더 크다.

(D)(B)(A)

남은 정보2를 반영해야 하는데 이 정보에서 "일부"에 해당하는 C종 공룡의 한 사례를 c라 쓰겠다. 가장 큰 B종 공룡을 b라 쓰겠다.

(D)(B c b)(A)

이까지 추론을 바탕으로 각 선택지를 따진다. 무엇보다 c는 가장 작은 A종 공룡보다 작다. 따라서 선택지 ⑤ "어떤 C종은 공룡은 가장 작은 A종 공룡보다 작다"는 반드시 참이다.

D종 공룡은 모두 A종 공룡보다 작기에 선택지 ① "가장 작은 A종 공룡만한 D종 공룡이 있다"는 거짓이다. 가장 큰 C종 공룡에 대한 정보가 없기에 선택지 ② "어떤 A종 공룡은 가장 큰 C종 공룡보다 작다"는 참인지 거짓인지 알 수 없다. 가장 작은 C종 공룡에 대한 정보가 없기에 선택지 ③ "가장 작은 C종 공룡만한 D종 공룡이 있다"는 참인지 거짓인지 알 수 없다. 마찬가지로 선택지 ④ "어떤 C종은 공룡은 가장 큰 D종 공룡보다 작다"도 참인지 거짓인지 알 수 없다. 따라서 정답은 선택지 ⑤다.

06. 원래 문항의 문두와 제시문을 조금 바꾸었다. 이 퍼즐은 거짓말 놀이와 줄 세우기와 섞였다. D에 관한 언급이 많으니 먼저 D가 1위라고 가정한다. 이 경우 B의 진술과 C의 진술은 거짓이어야 하는데 이미 주어진 조건을 만족한다. 남은 것은 A의 진술이다. 만일 A의 진술이 참이면 C가 2위가 되어야 하는데 이는 A가 C보다 순위가 높아야 한다는 조건을 어긴다. 따라서 A의

진술은 거짓이고 C는 3위 또는 4위가 되어야 한다. A의 진술은 거짓이기에 A는 C보다 순위가 낮아야 한다. 따라서 3위는 C이고 4위는 A이며 남은 B는 2위다. 이까지 추론을 바탕으로 선택지들을 따지면 오직 선택지 ②만이 참이다. A는 4위일 가능성이 있으니 선택지 ①과 선택지 ④는 거짓이다. D는 1위일 가능성이 있으니 선택지 ③과 ⑤는 거짓이다. 시험 현장에서는 여기서 정답을 ②로 확정지어도 된다.

풀이의 완전성을 위해 D가 1위가 아닌 경우를 따지겠다. 이제 D가 2위라고 가정한다. C의 진술은 참인데 이 경우 C가 1위가 되어야 한다. 이렇게 되면 C보다 순위가 낮은 A가 참말을 한다. 이는 불가능하니 D는 2위일 수 없다. D가 3위라고 가정한다. C의 진술은 거짓이니 C는 4위가 되어야 한다. 이 경우 A는 C보다 순위가 높고 A의 진술은 참이어야 하는데 실제로는 그렇지 못하다. 따라서 D는 3위일 수 없다. 그다음 D가 4위라고 가정한다. C의 말은 거짓인데 C가 D보다 더 낮은 순위일 수는 없다. 따라서 D는 4위도 아니다. 다시 말해 D가 2위라는 가정, D가 3위라는 가정, D가 4위라는 가정은 모두 모순을 낳는다. 따라서 주어진 조건을 만족하려면 틀림없이 D는 1위여야 한다. D가 1위인 경우의 추론은 이미 앞에서 했다. 결국 정답은 선택지 ②다.

07. 정보1을 담으려고 을이 선발되는 경우와 선발되지 않는 경우를 나눈다.

	1째	2째	3째	4째
을이 선발됨				
을이 선발되지 않음				

첫째 경우에 정보1에 따르면 갑은 선발되지 않는다. 정보4의 이면 앞말은 참이기에 정보4의 이면 뒷말은 참이고 을은 3째 경주에 참여한다. 둘째 경우에 정보4에 따르면 갑은 1째 경주에 참가한다.

	1째	2째	3째	4째
을이 선발됨			을	
을이 선발되지 않음	갑			

남은 것은 정보2와 정보3을 담는 일이다. "병-정" 순서로 경기를 편성해야 한다.

	1째	2째	3째	4째
을이 선발됨	병	정	을	무
을이 선발되지 않음	갑	병	정	무

이까지 추론을 바탕으로 선택지를 하나씩 따진다. 옳게 추론한 것은 선택지 ⑤밖에 없고 이것이 정답이다.

08. 정보1, 정보3, 정보4, 정보5에 따르면 두 상자 거리가 0, 1, 2인 다른 경우는 없어야 한다. 먼저 정보3을 지키는 구슬 배치를 그린다. 빈 상자는 □로 나타내고 사이에 아무 상자가 없을 때는 띄어쓰지 않겠다.

AE

EA

여기에 정보5를 담는다. C와 A 거리가 1인 "C□AE"와 "EA□C"는 불가능하다.

AE□□C

C□□EA

이제 정보2를 담는다. 첫째 경우에 D가 A 오른쪽에 올 수 없고 둘째 경우에 D가 A 왼쪽에 올 수도 없다. 왜냐하면 그 경우 A와 D 사이에 구슬 상자가 두 개 놓이기 때문이다. 첫째 경우든 둘째 경우든 A와 D 사이에 B가 와야 한다. A와 C의 거리는 3이기에 A와 B 사이 거리는 4여야 한다.

D□B□□□□AE□□C

C□□EA□□□□B□D

이까지 추론을 바탕으로 보기 진술을 따진다.

A와 B 사이에 다른 구슬이 없기에 보기 ㄱ "구슬 A와 B가 각각 담겨 있는 두 상자 사이에는 구슬이 담겨 있는 상자가 없다"는 참이다. C는 맨 처음에 올 수 있기에 보기 ㄴ "구슬 C가 담겨 있는 상자의 번호는 구슬 D가 담겨 있는 상자의 번호보다 크다"는 반드시 참이지는 않다. 8번 상자에 A가 올 수도 있기에 보기 ㄷ "7번 상자와 8번 상자는 모두 비어 있다"는 반드시 참이지는 않다. 따라서 옳게 추론한 것은 보기 ㄱ뿐이고 정답은 선택지 ①이다.

09. 거짓 진술이 하나만 있기에 먼저 함께 참일 수 없는 진술의 짝을 찾는다. 을의 진술과 정의 진술에 정의 차에 관한 주장이 나오기에 우리는 두 진술을 꼼꼼히 살펴본다. 을의 진술은 "을-정" 또는 "정-을" 짝을 요구한다. 반면 정의 진술은 "갑-정-무" 또는 "무-정-갑" 짝을 요구한다. 이 두 요구를 모두 충족할 수는 없다. 따라서 을의 진술과 정의 진술은 함께 참일 수 없다. 을의 진술과 정의 진술 가운데 적어도 하나는 거짓이니 남은 두 진술 곧 갑의 진술과 병의 진술은 참이다.

갑과 병의 진술은 참이기에 다음 그림을 그릴 수 있다.

	갑			병

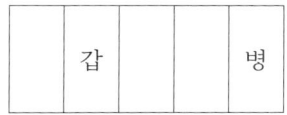

우리는 다음 둘 가운데 하나만 참임을 알 수 있다. 왼쪽은 을의 진술이 참인 경우고 오른쪽은 정의 진술이 참인 경우다.

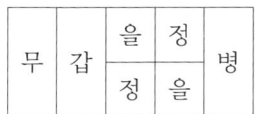

<table>
<tr><td rowspan="2">무</td><td rowspan="2">갑</td><td>을</td><td>정</td><td rowspan="2">병</td></tr>
<tr><td>정</td><td>을</td></tr>
</table>

을	갑	정	무	병

이까지 추론을 바탕으로 보기 진술을 따진다.

갑의 차 바로 옆 칸에 정의 차가 주차되어 있더라도 을의 진술이 참인지 정의 진술이 참인지 판가름할 수 없다. 이 때문에 진술 ㄱ "갑의 차 바로 옆 칸에 정의 차가 주차되어 있다면 정의 진술은 참이다"는 반드시 참이지는 않다.

남은 선택지 ②와 ④다. 우리는 보기 진술 ㄷ만 따져보면 되겠다. 을이 거짓을 진술했을 경우 그의 차와 무의 차 사이에 한 대 또는 두 대의 차가 주차되어 있다. 이 점에서 진술 ㄷ "거짓을 진술한 사람의 차와 무의 차 사이에는 두 대의 차가 주차되어 있다"는 반드시 참이지는 않다. 남은 것은 선택지 ②밖에 없으니 이것이 정답이다.

풀이의 완전성을 위해 보기 진술 ㄴ을 살펴보겠다. 을과 병 중 한 명의 진술이 거짓이면 당연히 을의 진술이 거짓이다. 이 경우 정의 진술은 참이고 을의 차는 가장 왼쪽 칸에 주차되어 있다. 결국 진술 ㄴ "을과 병 중 한 명의 진술이 거짓이라면 을의 차는 가장 왼쪽 칸에 주차되어 있다"는 반드시 참이다. 따라서 주어진 정보로부터 추론할 수 있는 것은 ㄴ뿐이다.

10. 이 문항은 줄 세우기 퍼즐로 볼 수 있는데 다만 상하 좌우 줄 세우기 퍼즐이다. 직급의 상하는 상하로 줄 세우고 동급자는 좌우로 줄 세운다. 줄 세우기의 출발점을 사실4로 잡겠다. 사실4에 따라 직원의 직급을 다음과 같이 그린다.

B

D

여기에 사실5를 반영한다. B는 D의 바로 아래 직원이기에 방법1을 따라야 한다.

A

B

D

사실7과 방법2에 따르면 C는 F의 바로 위 상급자고, D와 E는 F와 직급이 같은데 이들 말고 다른 동급자는 없다.

A

C B

D E F

남은 것은 사실6이다. 사실6을 만족하는 길은 두 가지다. 하나는 G가 C와 동급자인 경우고 다른 하나는 G가 C의 상급자인 경우다.

A	A G
C B G	C B
D E F	D E F

이까지 추론을 바탕으로 선택지를 하나씩 따진다.

선택지 ①, 선택지 ②, 선택지 ③은 C와 G가 같은 직급인 경우를 다룬다. 이 경우 D가 E에게 연락하면 방법3에 따라 E는 F에게만 연락할 수 있다. 따라서 선택지 ① "C와 G가 같은 직급이고 D가 E에게 연락하면 E는 F에게만 연락할 수 있다"는 옳게 추론했다. 만일 E가 C에게 연락하면 방법1에 따라 C는 A에게만 연락할 수 있다. 따라서 선택지 ② "C와 G가 같은 직급이고 E가 C에게 연락하면 C는 A에게만 연락할 수 있다"는 옳게 추론했다. 만일 F가 G에게 연락하면 방법1에 따라 G는 A에게만 연락할 수 있다.

따라서 선택지 ③ "C와 G가 같은 직급이고 F가 G에게 연락하면 G는 A에게만 연락할 수 있다"는 옳게 추론했다.

선택지 ④와 선택지 ⑤는 C와 G가 다른 직급인 경우를 다룬다. 만일 A가 B에게 연락하면 방법2에 따라 B는 C에게만 연락할 수 있다. 따라서 선택지 ④ "C와 G가 다른 직급이고 A가 B에게 연락하면 B는 C에게만 연락할 수 있다"는 옳게 추론했다. 만일 D가 C에게 연락하면 방법1에 따라 C는 A에게만 또는 G에게만 연락할 수 있다. 이 점에서 선택지 ⑤ "C와 G가 다른 직급이고 D가 C에게 연락하면 C는 G에게만 연락할 수 있다"는 거짓이고 옳게 추론하지 않았다. 결국 정답은 선택지 ⑤다.

11. 정보3에 따르면 C는 두 개 주와만 접경하기에 다음과 같이 그릴 수 있다. 접경이 접경이 완결된 경우 느낌꼴 !을 적어 놓겠다. 주의하라는 뜻이다.

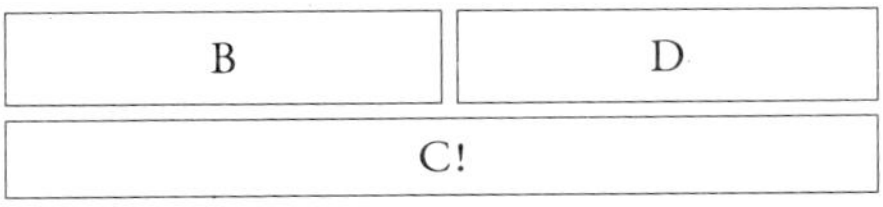

정보2를 여기에 반영할 텐데 정보4에 따르면 D와 F는 접경하지 않고 정보1에 따르면 A는 C 빼고는 모두 접경한다. 정보들에 따르면 D는 A, B, C와만 접경한다. 또한 F는 A와 B와만 접경한다.

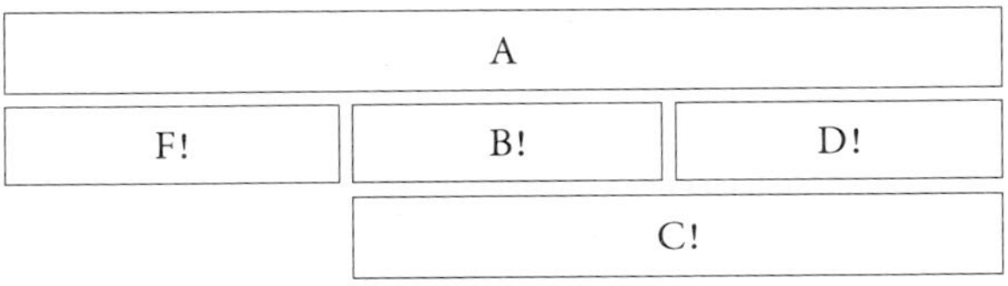

그다음 정보1을 반영할 텐데 E가 D와 접경하지 않아야 정보4를 지킬 수 있다. E는 오직 A와만 접경한다.

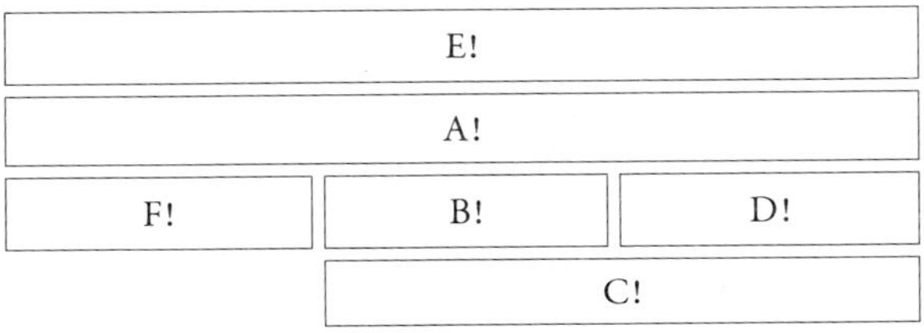

여기에 조건들을 담는다. 먼저 조건1과조건2를 담는다. 모든 접경이 완료되었기에 이제 느낌꼴 !을 빼겠다.

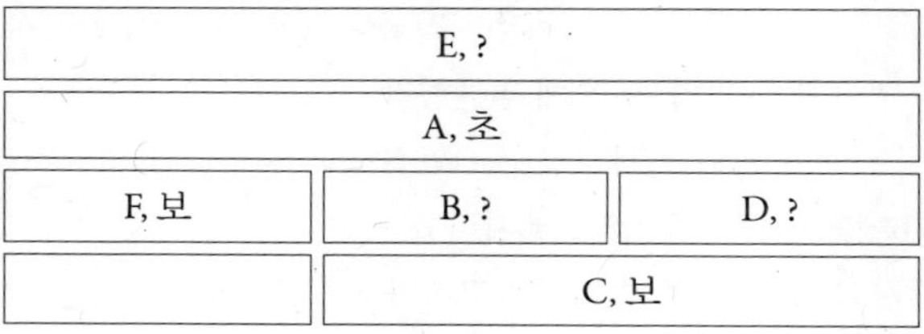

그다음 조건3, 조건4, 조건5를 만족하도록 색깔을 결정한다.

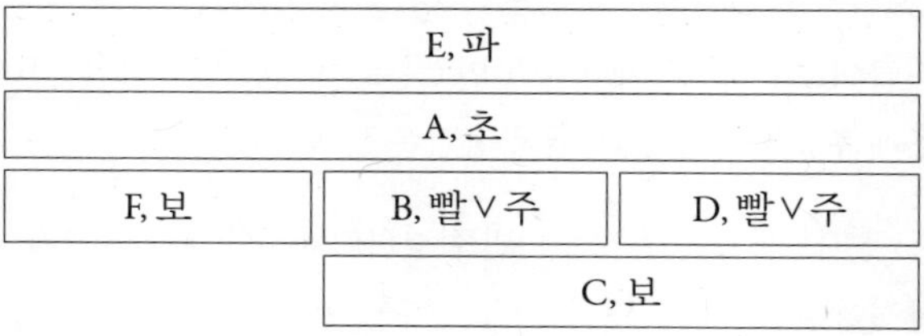

이까지 추론을 바탕으로 보기를 따진다.

보기 ㄱ "E는 파란색이다"는 옳게 추론했다. 보기 ㄴ "B가 주황색이면 D는 빨간색이다"도 옳게 추론했다. 조건3에 따라 B와 D의 색이 다르려면 초록과 보라 말고 두 가지 색이 더 있어야 한다. 따라서 조건5를 없애더라도 적어도 네 가지 색이 있어야 한다. 곧 보기 ㄷ "위의 조건들 중 조건5를 없애면 최소 3개의 색으로 6개의 주를 모두 색칠할 수 있다"는 옳게 추론하지 못했다. 따라서 옳게 추론한 것은 보기 ㄱ과 보기 ㄴ이고 정답은 선택지 ③이다.

12. "직접 연결됨"을 짧게 "연결됨"이라 쓰겠다. 정보1을 그림으로 그리면 아래와 같다. 여기서 —나 |는 '연결됨'을 뜻한다. 「A」는 "A는 연결이 완결되었다"를 뜻한다.

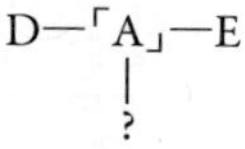

그다음 정보5를 담는다.

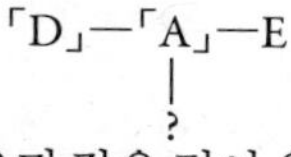

여기에 정보4를 담는데 다음과 같은 것이 유일하다.

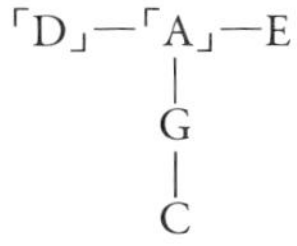

그다음 정보3을 담는다.

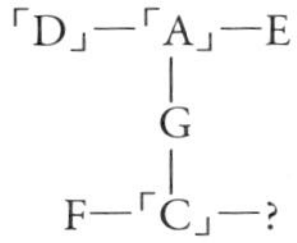

여기에 정보6을 담는다.

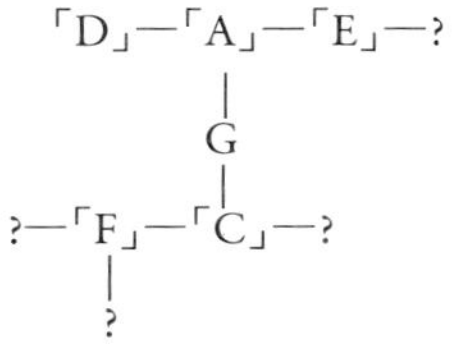

F와 연결될 수 있는 남은 두 개는 B와 G밖에 없다. 정보2에 따르면 B는 네 개와 연결되어야 하는데 그것은 C, E, F, G다. 이 경우 B는 A 및 D와 연결되지 않고 자연히 정보2를 만족한다.

이까지 추론을 바탕으로 보기 진술을 따진다. 보기 ㄱ "A와 F는 직접 연결되어 있지 않다"는 참이고 옳게 추론했다. D와 연결된 것은 A밖에 없는데 A는 C와 연결되지 않았다. 이 점에서 보기 ㄴ "C와 D 둘 다에게 직접 연결된 다른 사용자가 있다"는 거짓이고 옳게 추론하지 못했다. 팀의 구성원들 각자가 나머지 구성원들 모두와 직접 연결되어 있도록 팀을 만든다면 가능한 최대 인원의 팀은 일단 B가 들어가야 한다. 왜냐하면 B는 가장 많은 구성원 곧 C, E, F, G와 직접 연결되어 있기 때문이다. 이 가운데 E는 고작 A와 B랑 직접 연결되었을 뿐이기에 이 팀에 들어갈 수 없다. 따라서 최대 인원의 팀은 B, C, F, G며 이 인원은 4명이다. 따라서 보기 ㄷ "팀의 구성원들 각자가 나머지 구성원들 모두와 직접 연결되어 있도록 팀을 만들 때 가능한 팀의 최대 인원은 4명이다"는 참이고 옳게 추론했다. 옳게 추론한 것은 보기 ㄱ과 보기 ㄷ이고 정답은 선택지 ③이다.

13. 이 퍼즐은 아이들을 낳은 시간에 따라 줄 세우는 줄 세우기 퍼즐로 여길 수 있다. 정보3은 이거나문장인데 목요일에 태어난 아이가 을인 경우와 C의

아이인 경우를 나누어 살핀다. C의 아이를 그냥 C*라고 짧게 쓰겠다. 다른 아이들도 이와 비슷하게 짧게 쓴다. 가장 먼저 정보1과 정보5를 반영한다.

월	화	수	목
A*			을
A*			C* = 정

남은 정보는 정보2와 정보4인데 정보4를 먼저 반영한다.

월	화	수	목
A*		B*	을
A*	B*	을	C* = 정

을과 정은 다른 사람이기에 을은 C의 아이가 아니다. 이 사실을 바탕으로 남은 빈칸과 아이들 정보를 더 채울 수 있다.

월	화	수	목
A*	C* = 정	B*	을 = D*
A*	B*	을 = D*	C* = 정

남은 정보2를 반영한다.

월	화	수	목
A* = 갑	C* = 정	B* = 병	을 = D*
A* 갑? 병?	B* 갑? 병?	을 = D*	C* = 정

주어진 정보를 모두 반영했으니 선택지를 하나씩 따져본다.

선택지 ① "을, 병 중 적어도 한 아이는 수요일에 태어났다"는 참이다. 병은 을보다 이틀 일찍 태어날 가능성이 있기에 선택지 ② "병은 을보다 하루 일찍 태어났다"는 반드시 참이지는 않다. 정이 을보다 늦게 태어날 가능성이 있기에 선택지 ③ "정은 을보다 먼저 태어났다"는 반드시 참이지는 않다. 갑의 어머니는 B일 가능성이 있기에 선택지 ④ "A는 갑의 어머니이다"는 반드시 참이지는 않다. B의 아이는 수요일에 태어날 가능성이 있기에 선택지 ⑤ "B의 아이는 화요일에 태어났다"는 반드시 참이지는 않다. 따라서 정답은 선택지 ①이다.

14. 정보2와 정보7 및 정보1은 쉽게 반영할 수 있다. 아래에서 ?는 '빈방 아님'을 뜻하고 ×는 '빈방임'을 뜻한다.

	1호		6호	G
?	2호		7호	×
	3호		8호	
	4호		9호	
?	5호		10호	?

정보3과 정보5에 따르면 (B, A, C, 빈방)이 함께 있어야 한다. 2호와 5호에 빈방이 없기에 그곳은 2호 3호 4호 5호일 수 없다. 또한 그곳이 7호 8호 9호 10호일 수 없다. 왜냐하면 이 경우 10호에 B가 가야 하는데 이는 정보4를 어기기 때문이다. 결국 (B, A, C, 빈방)이 있을 곳은 1호 2호 3호 4호다. 정보5를 만족하려면 C는 2호에 가고 1호와 9호는 비어야 한다.

×	1호		6호	G
C	2호		7호	×
A	3호		8호	
B	4호		9호	×
?	5호		10호	?

빈방은 모두 결정되었다. 남은 정보6을 반영하여 다음을 얻는다.

×	1호		6호	G
C	2호		7호	×
A	3호		8호	F
B	4호		9호	×
D/E	5호		10호	E/D

이 모눈에 따르면 선택지 ⑤ "D의 방은 10호이다"만 반드시 참이지는 않고 옳게 추론하지 않았다. 따라서 정답은 선택지 ⑤다.

15. 주어진 정보에 따라 가능한 순서를 모눈으로 만들 수 있다. 빨강을 ㅃ, 파랑을 ㅍ, 하양은 ㅎ으로 쓰겠다. 먼저 정보5를 담는다.

6	ㅃ	ㅍ	ㅎ
5	ㅃ	ㅍ	ㅎ
4	ㅃ	ㅃ	ㅃ
3			
2			
1			

여기에 정보4를 담는다. "ㅍ-ㅎ" 짝이 3층, 2층, 1층 어딘가에 있어야 한다. 이렇게 되면 셋째 세로줄에서는 하양이 3개가 된다. 하지만 이 경우 정보2를 만족할 수 없으니 셋째 세로줄은 불가능하다. 3층, 2층, 1층 에 "ㅍ-ㅎ" 짝이 오는 가능한 네 경우를 그린다.

6	ㅃ		ㅍ	
5	ㅃ		ㅍ	
4	ㅃ		ㅃ	
3	ㅍ		ㅍ	
2	ㅎ	ㅍ	ㅎ	ㅍ
1		ㅎ		ㅎ

여기에 정보2를 담아 빨강이 하양보다 많도록 빈칸을 채운다.

6	ㅃ		ㅍ	
5	ㅃ		ㅍ	
4	ㅃ		ㅃ	
3	ㅍ	ㅃ/ㅍ/ㅎ	ㅍ	ㅃ
2	ㅎ	ㅍ	ㅎ	ㅍ
1	ㅃ/ㅍ/ㅎ	ㅎ	ㅃ	ㅎ

남은 정보3을 담는다.

6	ㅃ		ㅍ	
5	ㅃ		ㅍ	
4	ㅃ		ㅃ	
3	ㅍ	ㅃ/ㅍ/ㅎ	~~ㅍ~~	ㅃ
2	ㅎ	ㅍ	~~ㅎ~~	ㅍ
1	ㅍ/ㅎ	ㅎ	~~ㅃ~~	ㅎ

주어진 정보를 모두 담았는데 이를 바탕으로 선택지를 따진다.

상자 1에 파랑이 올 수 있기에 선택지 ① "상자 1은 하얀 상자이다"는 반드시 참이지는 않다. 상자 2와 상자 5의 색깔이 같을 수 있기에 선택지 ② "상자 2의 색깔과 상자 5의 색깔은 서로 다르다"는 반드시 참이지는 않다. 상자 3이 빨강일 때 파란 상자는 둘일 수 있기에 선택지 ③ "상자 3이 빨간 상자이면 파란 상자는 1개이다"는 반드시 참이지는 않다. 파란 상자의 개수는 1개일 수 있는데 이 경우 하얀 상자는 2개다. 이 때문에 선택지 ④ "파란 상자의 개수는 하얀 상자의 개수보다 많다"는 반드시 참이지는 않다. 하얀 상자 아래 파란 상자가 있는 경우 곧 "ㅎ-ㅍ"이 있는 경우는 빨간 상자가 3개일 때밖에 없다. 따라서 선택지 ⑤ "하얀 상자 아래 파란 상자가 있으면 빨간 상자는 3개이다"는 반드시 참이다. 정답은 ⑤다.

16. 이 퍼즐은 줄 세우기와 짝짓기 퍼즐이 얽혀 있다. 주어진 정보가 너무 복잡한데 재빨리 다음 모눈을 만든다. 가장 쉬운 정보1과 정보2를 반영한다.

	1. C	2	3	4	5
로고		보라			
음료			생수		
과자					
대상국					

정보3에 따르면 (연두/커피, 회색/?) 회사가 어딘가에 같이 있어야 한다. 2호의 로고 색깔이 이미 정해졌기에 그것은 1호 2호 사무실일 수 없고 2호 3호 사무실일 수도 없다. 남은 것은 3호 4호 사무실이거나 4호 5호 사무실이다. 3호는 생수를 생산하기에 유일한 가능성은 4호와 5호 사무실이다.

	1. C	2	3	4	5
로고		보라		연두	회색
음료			생수	커피	
과자					
대상국					

남은 정보는 정보4, 정보5, 정보6이다.

회사 C의 로고는 검정이거나 하늘이다. 정보4에 따르면 회사 C는 검정이어야 한다. 결국 3호 사무실의 로고는 하늘색이고 이 자리에 회사 A가 있다.

	1. C	2	3. A	4	5
로고	검정	보라	하늘	연두	회색
음료			생수	커피	
과자					
대상국					

따라서 보기 ㄱ "A회사는 생수를 생산한다"는 참이다. 정답은 선택지 ①이거나 ④다. 사실 보기 ㄷ "보라색 로고의 회사는 중국에 수출한다"는 보자마자 반드시 참이지 않음을 짐작할 수 있다. 왜냐하면 가능한 나라는 다섯인데 나라 정보는 정보5와 정보6밖에 없고 중국이 아예 나오지도 않는다. 반면 로고 색깔 정보는 4개가 있는데 이 때문에 우리는 각 사무실의 로고 색깔을 결정할 수 있었다.

이제 정보5를 담을 차례다.

	1. C	2	3. A	4	5
로고	검정	보라	하늘	연두	회색
음료			생수	커피	
과자		와플			
대상국	싱가포르				

정보6에서 "주스를 생산하는 회사의 사무실 오른쪽"은 2호이거나 3호다. 이까지 추론을 바탕으로 보기 ㄴ과 보기 ㄷ을 따진다. 주스를 생산하는 회사의 사무실이 1호인지 2호인지 알 수 없다. 이 때문에 우리는 그 나라가 싱가포르에 수출하는 회사인지 아닌지 알 수 없다. 따라서 보기 ㄴ "싱가포르에 수출하는 회사는 주스를 생산한다"는 옳게 추론하지 않았다. 이미 예상했듯이 보기 ㄷ "보라색 로고의 회사는 중국에 수출한다"는 주어진 정보만으로 추론할 수 없다. 옳게 추론한 것은 보기 ㄱ뿐이고 정답은 선택지 ①이다.

17. 주어진 사원 정보는 아래와 같다.

영어	중국어	노무	신입
갑순, 을돌	병수, 정희	갑순	갑순, 을돌, 정희

원칙1을 반영하려고 갑순을 총무부에 배치하는 경우와 인사부에 배치하는 경우를 나눈다. 그다음 원칙3을 반영하려고 정희를 영업부에 배치하는

경우와 그렇지 않은 경우를 다시 나눈다. 원칙3에 따르면 정희가 영업부에 배치되지 않으면 인사부나 자재부에 배치된다. 갑순이 인사부에 배치되면 당연히 정희는 인사부에 배치될 수 없다.

총무	인사	영업	자재
갑순		정희	
갑순	정희		
갑순			정희
	갑순	정희	
	갑순		정희

여기에 원칙4를 반영한다.

총무	인사	영업	자재
갑순		정희	병수
갑순	정희		
갑순		병수	정희
	갑순	정희	병수
	갑순	병수	정희

남은 원칙2를 지키는 경우는 둘째 경우밖에 없다.

총무	인사	영업	자재
갑순	정희		

이것이 주어진 배치 원칙만으로 추론할 수 있는 정보다. 선택지 ①은 거짓이고 선택지 ②는 알 수 없다. 추가 원칙을 반영하면 다음과 같다.

총무	인사	영업	자재
갑순	정희	병수	을돌

선택지 ③과 ⑤는 거짓이고 선택지 ④ "〈배치 원칙〉과 〈추가 원칙〉에 따라 최종적으로 배치된 정희의 부서는 인사부이다"만 참이다. 따라서 정답은 선택지 ④다.

18. 주어진 사실을 다음 모눈에 담는데 먼저 사실2와 사실4를 담는다. 아래에서 "D$^{\times}$"는 "D 아님"을 뜻한다.

	기존 부서	새 부서
갑	C	
을		
병		
정		
무	D×	D

갑은 기존 부서에 남거나 그렇지 않다. 두 경우를 나누어 살피겠다. 만일 갑이 다른 부서로 옮긴다면, 사실1에 따라, 누군가는 자기 부서를 지켜야 한다. 사실3과 사실4에 따르면 가능한 사람은 을밖에 없다. 병과 정은 자기 부서를 서로 맞바꾸는데 남은 갑과 무는 자기 부서를 서로 맞바꾸어야 한다. 하지만 이는 불가능하다. 따라서 갑은 기존 부서에 남아야 한다.

사실1과 사실3에 따르면 병과 정은 자기들 부서를 서로 맞바꾸고 을과 무는 자기들 부서를 서로 맞바꾼다. 병과 정이 처음에 있던 부서를 각각 X와 Y라 쓰고 을의 새 부서를 Z라 쓰겠다.

	기존 부서	새 부서
갑	C	C
을	D	Z
병	X	Y
정	Y	X
무	Z	D

이 모눈을 바탕으로 보기를 따진다. 보기 ㄱ "갑은 기존 부서에 남았다"는 참이다. 보기 ㄴ "을이 기존과 다른 B 부서에 근무하게 되었다면, 무는 기존에 B부서에 근무했다"는 참이다. 보기 ㄷ "무가 기존에 E 부서에 근무했다면, 병이나 정이 인사 발령 결과 A 부서에 근무하게 되었다"는 참이다. 따라서 보기 ㄱ, ㄴ, ㄷ은 참이고 정답은 선택지 ⑤다.

19. 주어진 사실을 다음 모눈에 담는데 먼저 사실3을 담는다. 나영은 인사과에 배치되지 않기에 이 정보로 사실2에서 이면 뒷말 없애 가영은 총무과에 배치되지 않는다. 또한 사실4에서 이거나 앞말 없애 마영은 재무과에 배치된다.

	총무과/1명	인사과	재무과
가영	×		
나영		×	
다민			
라민		×	
마영	×	×	○

가영은 총무과에 배치되지 않는데 사실5의 이면 뒷말은 거짓이다. 이는 사실5의 이면 앞말이 거짓임을 뜻한다. 곧 다민은 재무과에 배치된다. 인사과에 한 자리가 남는데 이 자리에 가영만 배치될 수 있다. 사실1이 주어지지 않더라도 다른 사실로부터 이를 추론할 수 있다. 아직 반영하지 않은 남은 사실은 사실 6이다. "마영이 재무과에 배치되지 않고 가영이 총무과에 배치되지 않는 그런 경우는 없다"는 "마영이 재무과에 배치되거나 가영이 총무과에 배치된다"를 뜻한다. 이 사실도 다른 사실로부터 추론할 수 있다.

	총무과/1명	인사과	재무과
가영	×	○	×
나영		×	
다민	×	×	○
라민		×	
마영	×	×	○

이 모눈을 바탕으로 보기를 따진다. 보기 ㄱ "다민은 재무과에 배치된다"는 참이다. 보기 ㄴ "라민은 총무과에 배치된다"는 알 수 없다. 보기 ㄷ "나영이 재무과에 배치되면 가영은 인사과에 배치된다"는 참이다. 나영이 재무과에 배치되지 않더라도 가영은 인사과에 배치된다. 문항의 완성도를 높이려면 사실1과 사실6을 없애고, 보기 ㄷ은 "나영이 재무과에 배치되면 라민은 총무과에 배치된다"로 바꾸는 편이 낫겠다. 보기 ㄱ과 ㄷ만 추론할 수 있기에 정답은 선택지 ③이다.

20. 사실5에 따라 A와 D는 각각 혼자 배치되어야 하는데 이들이 배치되지 않는 두 부서에는 각각 2명의 주무관이 배치되어야 한다. 사실3에 따르면 A는 부서 을에 배치될 수 없다. 만일 부서 을에 D가 배치되지 않으면 부서

을에 2명의 행정 직군 주무관이 배치되어야 한다. 하지만 이는 사실4를 어기는 일이다. 따라서 D는 부서 을에 반드시 배치되어야 한다. 한편 사실2에 따르면 갑 부서에 한 명만 배치되어야 하기에 A는 갑 부서에 배치되어야 한다. 남은 부서 병과 부서 정에 나머지 4명의 주무관이 배치된다. 사실4로부터 선택지 ⑤ "F가 정 부서에 배치되면 E가 병 부서에 배치된다"가 참임을 곧바로 알 수 있다. 따라서 정답은 선택지 ⑤다.

이 문항을 처음부터 곧바로 풀기는 어려울 수도 있다. 일단 아무 정보 하나를 잡고 이에 따라 무작정 하나의 사례를 만들면, 문항이 뜻밖에 쉽게 풀기도 한다. 사실2를 반영하여 갑 부서에 A나 D를 배치할 수 있는데, 보기를 들어, A가 갑에 배치된다고 가정한다. 그다음 사실3을 반영하여 다음 모눈을 얻는다.

갑	을	병	정
A	D∨E∨F		

그다음 D를 놓을 곳을 찾는데 만일 D를 부서 병이나 부서 정에 놓으면 부서 을은, 사실1에 따라, 2명의 주무관이 배치되어야 하기에 E와 F가 배치되어야 한다. 이는 사실4를 어긴다. 따라서 D는 부서 을에 둘 수밖에 없다.

갑	을	병	정
A	D	2명	2명

A가 부서 병이나 부서 정에 배치되는 경우를 상상할 수 있을 텐데 이 경우는 사실2를 어긴다. 따라서 방금 위에 그린 모눈이 유일한 가능성임을 알 수 있다.

C는 부서 정에 배치될 가능성이 있기에 선택지 ① "A가 갑 부서에 배치되고 C가 정 부서에 배치된다"는 반드시 참이지는 않다. B가 부서 병에 배치되더라도 E도 부서 정에 배치될 수 있기에 선택지 ② "B가 병 부서에 배치되면 E가 정 부서에 배치된다"는 반드시 참이지는 않다. B가 정 부서에 배치될 가능성이 있기에 선택지 ③ "B가 정 부서에 배치되지 않고 C가 병 부서에 배치된다"는 반드시 참이지는 않다. D는 부서 을에 배치되기에 선택지 ④ "D가 을 부서에 배치되지 않고 A도 갑 부서에 배치되지 않는다"는 거짓이다.

21. 정답은 선택지 ④다. 셋째 정보 "P의 변호사 중 3명을 C팀에 배정한다"를 실마리 삼아 추론을 시작하겠다. 제시문의 넷째 정보 때문에 S의 변호사와 R의 변호사는 한 팀에 들어갈 수 없다. 적어도 세 법인의 변호사가 팀에 참여해야 하기에 각 팀에는 적어도 한 명의 P법인 변호사가 배정되어야 한다. 이 때문에 다음 모눈을 그릴 수 있는데 여기서 표시 [*]은 인원이 완결되었다는 뜻이다.

	A팀	B팀	C팀
PPPPP	[P]	[P]	[PPP]
QQQQ			
RRRR			
SS			

다섯째 정보 때문에 S의 변호사는 A팀에도 B팀에도 배정될 수 없다. 따라서 C팀에 S의 변호사 2명이 배정되어야 한다. 다른 정보를 반영하여 다음을 얻는다.

	A팀	B팀	C팀
PPPPP	[P]	[P]	[PPP]
QQQQ	Q?	Q?	Q?
RRRR	R?	R?	×
SS	×	×	[SS]

이를 보건대 보기 ㄱ "S의 변호사는 서로 다른 팀에 배정된다"는 거짓이다. A팀이든 B팀이든 어느 한 팀에 Q의 2명 변호사와 R의 3명 변호사가 배정되면 P, Q, R의 변호사가 최대 6명이 한 팀에 모일 수 있다. A팀과 B팀 가운데 한 팀이 6명이면 다른 팀은 3명이다. 따라서 보기 ㄴ과 보기 ㄷ은 옳은 추론이고 정답은 선택지 ④다.

스마트 솔루션

- ⚀ 자리매김 퍼즐에서도 추론의 출발점이 되는 실마리 정보를 잘 찾아야 한다. 가능한 출발점을 여럿 골라 여러 가지 방식으로 풀어보라. 이런 과정을 거치며 자리매김의 실마리를 재빨리 찾는 능력을 키우라.
- ⚁ 줄 세우기 퍼즐에서 "ㄱ은 ㄴ과 ㄷ 사이에 있다" 같은 것은 퍼즐 풀이의 실마리로 삼을 만하다. 두 대상 사이에 다른 대상이 있는지 없는지 또한 있다면 몇 개가 있는지도 중요한 정보다. 이들을 각기 다른 방식으로 표현하는 자신만의 표기법을 만들라.
- ⚂ 주어진 자리매김 퍼즐이 일차원 줄 세우기 퍼즐인지, 이차원 줄 세우기 퍼즐인지, 공간 배치 퍼즐인지, 대상 연결망 퍼즐인지, 줄 세우기와 짝짓기가 엮인 퍼즐인지 잘 구별하라. 각 퍼즐에 어울리는 풀이 방법이 있다.

S045 일정과 절차

제때 바라는 결과를 얻으려면 일의 순서에 맞게 일정을 짜고 계획을 세워야 한다. 일정 및 절차 퍼즐은 이와 같은 상황에서 필요한 추론을 다룬다. S045_02는 가장 짧은 시간 안에 과거 시험들을 통과하는 일정 관리를 다룬다. 이 문항을 푸는 데 너무 많은 정보와 이리저리 흩어진 정보를 동원해야 한다. 이를 제한된 시간 안에 풀기란 매우 어렵다. 일정을 제약하는 조건들을 모두 파악해서 이를 일정 관리에 반영해야 한다. 이 문항에서 조금 다행인 것은 일정 모눈 자체가 미리 주어져 있다는 점이다.

S045_04도 일정을 제약하는 조건이 매우 복잡하고 까다롭다. 제약 조건의 전반을 볼 수 있는 일정 모눈을 만들지 않는다면 제한된 시간 안에 풀 수 없다. 불행히도 이 문항에서는 일정 모눈을 만드는 일 자체가 시간이 너무 많이 걸린다. S045_03은 보통의 줄 세우기 퍼즐과 비슷한 측면이 있어 실마리만 잘 잡는다면 풀이 시간이 그다지 길지 않다. 이 퍼즐이 줄 세우기 퍼즐임을 인식하는 것 자체가 풀이의 방법을 곧장 알려준다. S045_05는 일정 및 절차 퍼즐로 여기지 않아도 되는데 그냥 가능한 경우만 잘 추적하면 풀이는 쉽다.

S045_06과 S045_07은 대상의 배정 절차 또는 교환 절차에 따라 그 결과가 달라지는 경우를 다룬다. 두 문항에서 주어진 배정 원칙이나 교환 원칙이 복잡하지 않기에 그 결과를 추적하는 것도 어렵지 않다. 이들 원칙에서 공통되는 요소 또는 바뀌지 않는 요소를 파악한다면 풀이 시간을 더 줄일 수 있다. 매우 쉬운 보기지만 "여성 수습 사원만 서로 교체한다"는 남자 사원의 자리를 바꾸지 못한다. S045_07에서는 공통 요소 "화폐 기능을 하는 것은 자신이 현재 소유한 것이 아니고 가장 선호하는 상품도 아니다"를 파악한다면 풀이가 금방 끝난다.

S045_01. 그린 포럼의 일정을 조정하고 있는 A 행정관이 고려해야 할 사항들이 다음과 같을 때, 반드시 참이라고는 할 수 없는 것은? **PL201607_23**

○1 포럼은 개회사, 발표, 토론, 휴식으로 구성하며, 휴식은 생략할 수 있다.

○2 포럼은 오전 9시에 시작하여 늦어도 당일 정오까지는 마쳐야 한다.

○3 개회사는 포럼 맨 처음에 10분 또는 20분으로 한다.

○4 발표는 3회까지 계획할 수 있으며, 각 발표시간은 동일하게 40분으로 하거나 동일하게 50분으로 한다.

○5 각 발표마다 토론은 10분으로 한다.

○6 휴식은 최대 2회까지 가질 수 있으며, 1회 휴식은 20분으로 한다.

---

① 발표를 2회 계획한다면, 휴식을 2회 가질 수 있는 방법이 있다.

② 발표를 2회 계획한다면, 오전 11시 이전에 포럼을 마칠 방법이 있다.

③ 발표를 3회 계획하더라도, 휴식을 1회 가질 수 있는 방법이 있다.

④ 각 발표를 50분으로 하더라도, 발표를 3회 가질 수 있는 방법이 있다.

⑤ 각 발표를 40분으로 하고 개회사를 20분으로 하더라도, 휴식을 2회 가질 수 있는 방법이 있다.

S045_02. 다음 제도 하에서 현재 나이 10세인 수험생이 축년(丑年)인 올해부터 공부를 시작하여 한 번 이상 시험에서 떨어진다고 가정하고, 최단 기간에 제3차 시험까지 합격했을 경우에 대하여 추론한 것으로 옳지 않은 것은?

LA200808_26

과거 시험 제도에 따르면 제1차 시험은 자년과 오년에 『시경』 등 세 과목을, 묘년에는 『주례』 등 네 과목을, 유년에는 『좌씨전』 등 세 과목을 치른다. 제2차 시험은 미년에 주희 등에 대한 여섯 과목을, 술년에는 『오기』 등 두 과목을, 축년에는 『순자』 등 네 과목을, 진년에는 『관자』 등 네 과목을 치른다. 제3차 시험은 해년에 『삼사』 등 세 과목을, 인년에는 『삼국지』 등 세 과목을, 사년에는 『오대사』 등 두 과목을, 신년에는 『송사』 등 두 과목을 치른다.

○$_1$ 수험생은 매년 한 과목만 공부할 수 있지만, 수험생이 시험을 치르는 해에는 공부할 수 없고, 한 과목은 반드시 1년간 공부해야 합격할 수 있다.

○$_2$ 자년과 오년에 치르는 제1차 시험을 제외하고 어떤 시험에서든 과목이 겹치는 경우는 없다. 어느 해의 시험을 보든 그 시험 한 번만 합격하면 그 차수의 시험은 합격한 것이다.

○$_3$ 시험은 제1차를 시작으로 순차적으로 치러야 한다. 제2차 시험은 제1차 시험에 합격한 바로 다음 해에, 제3차 시험은 제2차 시험에 합격한 바로 다음 해에 응시해야 한다. 어느 차수에서든 시험에 떨어지면 제1차 시험부터 다시 치러야 한다.

연도	자	축	인	묘	진	사	오	미	신	유	술	해
차수	1	2	3	1	2	3	1	2	3	1	2	3
과목 수	3	4	3	4	4	2	3	6	2	3	2	3

---

① 『시경』을 공부했을 것이다.

② 『순자』를 공부했을 것이다.

③ 제1차 시험에서는 한 번만 떨어졌을 것이다.

④ 제3차 시험에 합격했을 때의 나이는 23세일 것이다.

⑤ 두 과목만 공부하면 합격하는 시험을 치렀을 것이다.

S045_03. 다음으로부터 추론한 것으로 옳은 것만을 〈보기〉에서 있는 대로 고른 것은? **LA201608_22**

대형 전시실 3개와 소형 전시실 2개를 가진 어느 미술관에서 각 전시실별로 동양화, 서양화, 사진, 조각, 기획전시 중 하나의 주제로 작품을 전시하기로 계획하였다. 설치 작업은 월요일부터 금요일까지 〈작업 계획〉에 따라 하루에 한 전시실씩 진행한다.

〈작업 계획〉

○$_1$ 동양화 작품은 금요일 이전에 설치한다.

○$_2$ 수요일과 금요일에는 대형 전시실에 작품을 설치한다.

○$_3$ 조각 작품을 설치한 다음다음날에 소형 전시실에 사진 작품을 설치한다.

○$_4$ 기획전시 작품을 설치한 다음다음날에 대형 전시실에 작품을 설치하는데, 그 옆 전시실에는 서양화가 전시된다.

〈보 기〉

ㄱ. 서양화 작품은 수요일에 설치한다.

ㄴ. 동양화 전시실과 서양화 전시실은 옆에 있지 않다.

ㄷ. 기획전시가 소형 전시실이면 조각은 대형 전시실이다.

---

① ㄴ

② ㄷ

③ ㄱ, ㄴ

④ ㄱ, ㄷ

⑤ ㄱ, ㄴ, ㄷ

S045_04. 다음 글로부터 추론한 것으로 옳은 것만을 〈보기〉에서 있는 대로 고른 것은? **LA201108_29**

번역사 P는 고객 A, B, C로부터 문서를 의뢰받아 번역 일을 한다. P는 하루에 10쪽씩 번역한다. 모든 번역 의뢰는 매일 아침 업무 시작 전에 접수되며, A, B, C가 의뢰를 처음 시작하는 날짜는 동일하다. 고객들은 다음과 같이 일정한 주기로 일정한 분량을 의뢰하고, 모든 문서에는 각각 작업 기한이 있다.

○$_1$ A는 3일 주기로 10쪽의 문서를 의뢰하고, 기한은 3일이다.
○$_2$ B는 4일 주기로 20쪽의 문서를 의뢰하고, 기한은 4일이다.
○$_3$ C는 5일 주기로 10쪽의 문서를 의뢰하고, 기한은 5일이다.

P는 다음 원칙에 따라 번역한다.

○$_4$ 남은 기한이 짧은 문서를 우선 번역한다.
○$_5$ 남은 기한이 같으면 먼저 의뢰받은 문서를 우선 번역한다.
○$_6$ 우선순위가 더 높은 문서가 들어오면 현재 번역 중인 문서는 보류하고 우선순위가 높은 문서를 먼저 번역한다.

〈보 기〉

ㄱ. P는 5일째 되는 날 A의 두 번째 문서를 번역한다.
ㄴ. P는 8일째 되는 날 C의 문서를 번역한다.
ㄷ. P는 60일째 되는 날, 그날까지 의뢰받은 A, B, C의 모든 문서를 번역할 수 있다.

---

① ㄱ
② ㄴ
③ ㄱ, ㄴ
④ ㄱ, ㄷ
⑤ ㄴ, ㄷ

S045_05. 다음에서 추론한 것으로 옳은 것만을 〈보기〉에서 있는 대로 고른 것은?

LA201708_27

여러 개의 프로그램이 동시에 실행되면서 같은 작업을 수행하는 병렬 프로그래밍에서, 각 프로그램이 사용하는 데이터는 일정한 메모리 영역에 저장되고 공유된다. 프로그램 P1～P4와 이들이 사용하는 메모리 영역 M1～M4에 대하여 다음이 성립한다.

○$_1$ P1～P4만이 실행되고 각 프로그램은 M1～M4를 사용한다. 각 프로그램은 적어도 1개 이상의 메모리 영역을 사용하고 어떤 프로그램에 의해서도 사용되지 않는 메모리 영역은 없다.

○$_2$ 메모리 영역은 M1～M4의 순서대로 일렬로 연결되어 있다.

○$_3$ 전체 프로그램이 사용하는 메모리 영역의 개수의 합은 최대 6이다.

○$_4$ 어떤 프로그램도 연속되는 2개의 메모리 영역을 사용할 수 없다.

○$_5$ P1은 2개의 메모리 영역을 사용한다.

○$_6$ P2는 M2를 사용한다.

○$_7$ P4는 P2가 사용하는 메모리 영역을 1개 이상 공유한다.

〈보 기〉

ㄱ. 만약 P2가 2개의 메모리 영역을 사용한다면 P3은 1개의 메모리 영역만을 사용한다.

ㄴ. M2가 3개의 프로그램에 의해서 사용될 수도 있다.

ㄷ. 만약 P4가 M4를 사용한다면 P4는 M2도 사용한다.

---

① ㄱ

② ㄷ

③ ㄱ, ㄴ

④ ㄴ, ㄷ

⑤ ㄱ, ㄴ, ㄷ

S045_06. 다음 글을 따를 때, 신입 사원과 최종 수습 부서를 바르게 연결한 것은?
PL200502_14

신입 사원을 뽑아서 1년 동안의 수습 기간을 거치게 한 후, 정식 사원으로 임명을 하는 어떤 회사가 있다. 그 회사는 올해 신입 사원으로 두 명의 여자 직원 갑순과 을순, 그리고 두 명의 남자 직원 병돌과 정돌을 뽑았다. 처음 4개월의 수습 기간 동안 갑순은 기획팀에서, 을순은 영업팀에서, 병돌은 총무팀에서, 정돌은 홍보팀에서 각각 근무했다. 그후 8개월 동안 두 번의 재배정을 통해서 신입 사원들은 다른 부서에서도 수습 중이다. 두 번의 재배정을 한 결과 병돌은 홍보팀에서 수습 중이다. 재배정할 때마다 아래 세 원칙 중 한 가지 원칙만 적용되었고, 같은 원칙은 다시 적용되지 않았다.

- 원칙1. 기획팀에서 수습을 거친 사람과 총무팀에서 수습을 거친 사람을 서로 교체하고, 영업팀에서 수습을 거친 사람과 홍보팀에서 수습을 거친 사람을 서로 교체한다.
- 원칙2. 총무팀에서 수습을 거친 사람과 홍보팀에서 수습을 거친 사람만 서로 교체한다.
- 원칙3. 여성 수습 사원만 서로 교체한다.

---

① 갑순 – 총무팀
② 을순 – 영업팀
③ 을순 – 총무팀
④ 정돌 – 영업팀
⑤ 정돌 – 총무팀

S045_07. 다음 글에 대한 분석으로 옳은 것만을 〈보기〉에서 있는 대로 고른 것은? **LA201907_28**

갑, 을, 병 세 사람이 상품 A, B, C를 소유한 사회를 고려하자. 세 사람이 각자 현재 소유한 상품과 가장 선호하는 상품은 다음과 같다.

사람	현재 소유한 상품	가장 선호하는 상품
갑	A	C
을	B	A
병	C	B

각 사람은 자신이 가장 선호하는 상품을 가질 때까지 다른 사람과 교환하며, 가장 선호하는 상품을 소유하면 더 이상 교환하지 않는다. 각 사람이 가장 선호하는 상품을 갖기 위해 다른 사람과 교환하여 잠시 보유하게 되는 상품은 그 사람에게 교환의 매개 도구 즉 화폐로 사용되는 것이다.

〈보 기〉

ㄱ. 모든 상품이 화폐가 될 수 있다.

ㄴ. 갑이 화폐로 사용할 수 있는 상품은 B뿐이다.

ㄷ. 이 사회에서는 세 번의 교환이 발생할 수 없다.

ㄹ. 상품 A가 화폐로 사용된다면 을과 병이 가장 먼저 교환해야 한다.

---

① ㄱ, ㄴ

② ㄴ, ㄹ

③ ㄷ, ㄹ

④ ㄱ, ㄴ, ㄷ

⑤ ㄱ, ㄷ, ㄹ

S045_08. 다음으로부터 추론한 것으로 옳은 것만을 <보기>에서 있는 대로 고른 것은? **LA202407_33**

갑, 을, 병, 정 네 사람은 2024. 7. 6.부터 2024. 7. 9.까지 각각 다른 날 구치소에 구금되었고, 2024. 7. 10.부터 2024. 7. 13.까지 각각 다른 날 석방되었다. 여기서 네 사람의 구금 및 석방 일자와 구금 일수에 관하여 다음과 같은 사실이 알려졌다. (단, 구금 일수는 구금 일자부터 석방 일자까지의 일수로 한다. 예를 들어, 구금된 다음 날 석방되면 구금 일수는 2일이다.)

$\bigcirc_1$ 네 사람 중 갑의 구금 일수가 가장 적고 정의 구금 일수가 가장 많다.
$\bigcirc_2$ 을과 병의 구금 일수는 같고, 이 두 사람만 구금 일수가 같다.
$\bigcirc_3$ 정의 석방 일자는 2024. 7. 13.이 아니다.
$\bigcirc_4$ 정이 구금된 날, 병은 이미 구금되어 있었다.

〈보 기〉

ㄱ. 을의 구금 일수는 5일이다.
ㄴ. 정은 2024. 7. 8.에 구금되었다.
ㄷ. 갑이 병보다 먼저 석방되었다.

---

① ㄱ
② ㄴ
③ ㄱ, ㄷ
④ ㄴ, ㄷ
⑤ ㄱ, ㄴ, ㄷ

S045 풀이

01. 오전 9시부터 정오까지의 시간 길이는 180분이다. 정보4에 따라 3회 발표를 한다면 120분 또는 150분이 걸린다. 여기에 발표 시간을 더하면 150분 또는 180분이 걸린다. 개회사가 적어도 10분이기에 3회 발표할 경우 각 발표 시간은 반드시 40분으로 해야 한다. 이 때문에 선택지 ④ "각 발표를 50분으로 하더라도 발표를 3회 가질 수 있는 방법이 있다"는 거짓이다. 따라서 정답은 선택지 ④다.

    선택지 ① "발표를 2회 계획한다면 휴식을 2회 가질 수 있는 방법이 있다"와 선택지 ⑤ "각 발표를 40분으로 하고 개회사를 20분으로 하더라도 휴식을 2회 가질 수 있는 방법이 있다"는 금방 참임을 알 수 있다. 발표 시간을 40분으로 하고 3회 발표할 경우 최소 시간은 160분인데 이 경우 휴식은 오직 한 번만 가질 수 있다. 이 때문에 선택지 ③ "발표를 3회 계획하더라도 휴식을 1회 가질 수 있는 방법이 있다"는 참이다. 발표를 2회 한다면 토론 시간과 개회사를 합쳐 110분만에 마칠 수 있다. 이 때문에 선택지 ② "발표를 2회 계획한다면 오전 11시 이전에 포럼을 마칠 방법이 있다"는 참이다.

02. 제1차, 제2차, 제3차 시험은 이어서 합격해야 하기에 자-축-인 시험에서 합격하거나, 묘-진-사 시험에서 합격하거나, 오-미-신 시험에서 합격하거나, 유-술-해 시험에서 합격해야 한다. 자-축-인 시험과 묘-진-사 시험은 10과목을 치르기에 공부하는 데 적어도 10년이 걸리고, 오-미-신 시험은 11과목을 치르기에 적어도 11년이 걸리고, 유-술-해 시험은 8과목을 치르기에 적어도 8년이 걸린다. 따라서 수험생이 합격하는 데 적어도 8년이 걸린다.

    정보1에 따르면 시험을 치는 해는 시험공부를 할 수 없으니 제1차 시험을 볼 때 이미 모든 과목을 미리 공부해 두어야 한다. 시험을 치는 기간은 3년이니 수험생이 합격하는 데 적어도 추가로 3년이 더 걸린다. 나아가 주어진 조건에 따르면 수험생은 한 번 이상 시험에 떨어지는데 정보3에 따르면 수험생이 한 번 떨어지면 다음 주기 시험까지 기다려야 한다. 이 때문에 적어도 추가로 3년이 더 걸린다. 따라서 수험생이 합격하는 데 적어도 8 + 3 + 3 곧 14년이 걸린다.

공부를 시작하는 축년을 포함해 14년째 되는 때는 자-축-인 시험을 마칠 때다. 축년부터 신년까지 8과목을 공부하고 유년 시험에서 떨어진 뒤 술해와 해년에 추가로 2과목을 공부한다. 이렇게 자-축-인 시험의 10과목을 모두 공부하고 자-축-인 시험에서 합격한다. 이것이 최단기간에 제3차까지 합격하는 방법이다. 이까지 추론을 바탕으로 선택지를 따진다.

14년째 되는 때는 13년 후다. 따라서 선택지 ④ "제3차 시험에 합격했을 때의 나이는 23세일 것이다"는 옳게 추론했다. 최단기간 합격 가능 시험인 자-축-인 시험에서는 두 과목만 합격하는 시험이 없다. 따라서 선택지 ⑤ "두 과목만 공부하면 합격하는 시험을 치렀을 것이다"는 거짓이고 옳게 추론하지 않았다. 수험생은 자년 제1차 시험에 『시경』을 쳐야 하기에 선택지 ① "『시경』을 공부했을 것이다"는 옳게 추론했다. 수험생은 축년 제2차 시험에 『순자』를 쳐야 하기에 선택지 ② "『순자』를 공부했을 것이다"는 옳게 추론했다. 제1차 시험에 두 번 이상 떨어지면 최단기간에 합격하지 못한다. 이 때문에 선택지 ③ 제1차 시험에서는 한 번만 떨어졌을 것이다"는 옳게 추론했다. 결국 정답은 선택지 ⑤다.

03. 정보4에 따르면 전시 계획은 다음과 같다. 아래에서 / 왼쪽에 있는 것은 작품 주제고 / 오른쪽에 있는 것은 전시실 규모다.

기획/? — ? — □/대형

위에서 □ 자리에 서양화는 올 수 없다. 정보2에 따르면 다음 두 가능성이 있다.

기획/? — ? — □/대형 — ? — ?/대형
? — ? — 기획/대형 — ? — □/대형

정보3에 따르면 전시 계획은 "조각/? — ? — 사진/소형" 순서를 따라야 한다. 이것을 두 경우에 각각 반영한다.

기획/? — 조각/? — □/대형 — 사진/소형 — ?/대형
? — 조각/? — 기획/대형 — 사진/소형 — □/대형

남은 정보1을 담는다.

S045 일정과 절차

기획/? — 조각/? — 동양/대형 — 사진/소형 — 서양/대형

동양/? — 조각/? — 기획/대형 — 사진/소형 — 서양/대형

□ 자리에는 서양화가 올 수 없기에 둘째 경우는 불가능하다.

이까지 추론을 바탕으로 보기 진술을 따진다. 보기 ㄱ "서양화 작품은 수요일에 설치한다"는 거짓이다. 첫째 경우에 □는 동양화인데 정보 4에 따르면 동양화 전시실과 서양화 전시실은 옆에 있다. 따라서 보기 ㄴ "동양화 전시실과 서양화 전시실은 옆에 있지 않다"는 거짓이다. 기획전시가 소형 전시실이면, 대형 전시실이 3개이기에 남은 조각 전시실은 대형 전시실이어야 한다. 따라서 보기 ㄷ "기획전시가 소형 전시실이면 조각은 대형 전시실이다"는 옳게 추론했다. 옳게 추론한 것은 보기 ㄷ뿐이고 정답은 선택지 ②다.

04. "1일째"는 헷갈리는 말인데 맥락상 첫날을 뜻한다. 하지만 일을 시작한 바로 다음 날을 "1일째"라 할 수도 있다. 문항을 푸는 이가 헷갈리지 않도록 "1일째"를 친절하게 정의해주어야 한다. 우리는 "A, B, C가 의뢰를 처음 시작하는 날짜"를 "1일째"로 정의하겠다. 번역사 P가 원칙에 따라 번역을 완수하려면 다음 순서로 매일 10쪽씩 번역해야 한다. 아래 모눈을 만드는 데 사실상 매우 많은 시간이 걸리기에 이 문항을 제한된 시간 안에 푸는 것은 거의 불가능하다.

	1	2	3	4	5	6	7	8	9
새 의뢰				A_2	B_2	C_2	A_3	-	B_3
납품 기일				A_1	B_1	C_1	A_2	-	B_2
잔여 기한	A_1-3 B_1-4 C_1-5	A_1-2 B_1-3 C_1-4	A_1-1 B_1-2 C_1-3	A_2-3 B_1-1 C_1-2	A_2-2 B_2-4 C_1-1	A_3-4 B_2-3 C_2-5	A_3-3 B_2-2 C_2-4	A_3-2 B_3-5 C_2-3	A_4-4 B_3-4 C_2-2
작업	A_1	B_1	B_1	C_1	A_2	B_2	B_2	A_3	C_2
잔여 원고	30	20	10	10	20	20	20	10	20

이까지 추론을 바탕으로 보기 진술을 따진다.

보기 ㄱ "P는 5일째 되는 날 A의 두 번째 문서를 번역한다"는 옳게 추론했다. 8일째 되는 날 P는 A의 셋째 문서를 번역한다. 왜냐하면 8일째 잔여 기한은 A3은 2일, B3은 5일, C2는 3일이기에 잔여 기한이 짧은 A를 작업해야 하기 때문이다. 이 점에서 보기 ㄴ "P는 8일째 되는 날 C의 문서

를 번역한다"는 옳게 추론하지 않았다. 적어도 10쪽의 잔여 원고가 있기에 보기 ㄷ "P는 60일째 되는 날, 그날까지 의뢰받은 A, B, C의 모든 문서를 번역할 수 있다"는 거짓이다. 사실 60일째는 3, 4, 5의 공배수인데 3의 20배, 4의 15배, 5의 12배다. A, B, C가 의뢰한 문서는 모두 20×10 + 15×20 + 12×10 = 620쪽인데 60일째 번역사 P는 600쪽의 번역을 겨우 마칠 수 있다. 아무튼 옳게 추론한 것은 보기 ㄱ이고 정답은 선택지 ①이다.

05. 정보2와 정보4에 따라 각 프로그램은 최대 2개의 메모리 영역을 사용한다. 정보4와 정보5에 따라 P1은 {M1, M3}나 {M1, M4}나 {M2, M4}를 사용한다. 정보6에 따라 P2는 {M2}나 {M2, M4}를 사용한다. 결국 우리는 다음 여섯 경우가 가능함을 알 수 있다.

	M1	M2	M3	M4
1	P1	P2	P1	
2	P1	P2	P1	P2
3	P1	P2		P1
4	P1	P2		P1, P2
5		P1, P2		P1
6		P1, P2		P1, P2

정보3에 따르면 둘째 경우, 넷째 경우, 여섯째 경우에 P3과 P4는 각각 하나의 메모리 영역을 사용한다.

이까지 추론을 바탕으로 보기 진술을 따진다. 만약 P2가 2개의 메모리 영역을 사용한다면 이는 둘째 경우, 넷째 경우, 여섯째 경우다. 이 경우 P3은 1개의 메모리 영역만을 사용해야 한다. 따라서 보기 ㄱ "만약 P2가 2개의 메모리 영역을 사용한다면 P3은 1개의 메모리 영역만을 사용한다"는 옳게 추론했다. 다섯째 경우와 여섯째 경우에 P3 또는 P4가 M2를 사용할 수 있다. 특별히 정보7에 따르면 다섯째 경우에 P4는 M2를 사용해야 한다. 이 점에서 보기 ㄴ "M2가 3개의 프로그램에 의해서 사용될 수도 있다"는 옳게 추론했다. P4가 M4를 사용하더라도 몇몇 경우에 P4는 M2를 사용할 수 없다. 보기를 들어 둘째 경우, 넷째 경우, 여섯째 경우에 P4는 하나의 메모리 영역만 사용해야 한다. 이 점에서 보기 ㄷ "만약 P4가 M4를 사용한다면 P4는 M2도 사용한다"는 거짓이고 옳게 추론하지 못했다. 옳게 추론한 것은 보기 ㄱ과 보기 ㄴ이고 정답은 선택지 ③이다.

06. 원래 문항의 문두와 제시문을 조금 바꾸었다. 병돌의 첫 근무 부서는 총무팀이고 최종 수습 부서는 홍보팀이다. 처음에 원칙1을 적용한다면 그는 총무팀에서 기획팀으로 가는데, 그다음은 원칙2를 쓰든 원칙3을 쓰든 홍보팀으로 갈 수 없다. 따라서 처음 배정에 원칙1을 적용할 수는 없다. 만일 처음에 원칙2를 적용한다면 그다음 원칙3을 적용해야 최종 홍보팀으로 배정받을 수 있다. 만일 처음에 원칙3을 적용한다면 그다음 원칙2를 적용해야 최종 홍보팀으로 배정받을 수 있다. 따라서 가능한 배정 원칙은 (원칙2, 원칙3) 또는 (원칙3, 원칙2)뿐이다.

두 가능한 배정 절차를 밟을 때 그 결과는 다음과 같다.

갑순: 기획 〉 기획 〉 영업 또는 기획 〉 영업 〉 영업
을순: 영업 〉 영업 〉 기획 또는 영업 〉 기획 〉 기획
정돌: 홍보 〉 총무 〉 총무 또는 홍보 〉 홍보 〉 총무

이 배정 결과에 따르면 갑순은 영업팀으로 재배정받기에 선택지 ①은 거짓이다. 을순은 기획팀에 재배정받기에 선택지 ②와 선택지 ③은 거짓이다. 정돌은 총무팀에 배정받기에 선택지 ④는 거짓이고 선택지 ⑤는 참이다. 따라서 정답은 선택지 ⑤다.

07. 자신이 가장 선호하는 상품을 얻으려면 각자는 한 번 또는 두 번 교환해야 한다. 세 번까지 교환할 필요가 없다. 이 점에서 보기 ㄷ "이 사회에서는 세 번의 교환이 발생할 수 없다"는 참이고 옳게 분석했다.

두 번 교환해야 자신이 가장 선호하는 상품을 얻을 경우 둘째 교환 때 사용된 상품이 바로 화폐다. 화폐 기능을 하는 것은 자신이 현재 소유한 것이 아니고 가장 선호하는 상품도 아니다. 따라서 갑에게 화폐는 B고 을에게 C고 병에게는 A다. 이 점에서 보기 ㄱ "모든 상품이 화폐가 될 수 있다"는 참이고 옳게 분석했다. 또한 보기 ㄴ "갑이 화폐로 사용할 수 있는 상품은 B뿐이다"도 옳게 분석했다.

상품 A가 화폐로 사용된다면 그것은 을이 둘째 교환 때 사용해야 한다. 하지만 을과 병이 먼저 교환한다면 그는 한 번의 교환으로 가장 선호하는 상품을 얻는다. 이 때문에 보기 ㄹ "상품 A가 화폐로 사용된다면

을과 병이 가장 먼저 교환해야 한다"는 거짓이다. 따라서 옳게 분석한 것은 보기 ㄱ, 보기 ㄴ, 보기 ㄷ이고 정답은 선택지 ④다.

08. 정답은 선택지 ①이다. 제시문의 넷째 정보에 따르면 "정이 구금된 날, 병은 이미 구금되어 있었다." 이는 정이 0706에 구금되지 않았음을 뜻한다. 셋째 정보에 따르면 "정의 석방 일자는 2024. 7. 13.이 아니다." 만일 정이 0707에 구금되고 0712에 석방되었다면 6날 구금되는데 이는 정이 구금되는 최대 날수다. 첫 경우로 병이 0706에 구금되고 정이 6날 구금되는 경우를 살피겠다. 둘째 정보에 따르면 병은 많아야 5날 구금된다. 하지만 그가 0709에 석방될 수 없으니 적어도 5날 구금되어야 한다. 따라서 그는 정확히 5날 구금된다.

네 사람은 각기 다른 날 구금되고 다른 날 석방된다는 사실을 반영하여 다음 모눈을 만든다. 0708에 구금되는 이를 A라 쓰고 0709에 구금되는 이를 B라 쓴다.

	0706	0707	0708	0709	0710	0711	0712	0713
A	×	×	구금					
B	×	×	×	구금				
병	구금	○	○	○	석방	×	×	×
정	×	구금	○	○	○	○	석방	×

B는 0711에 석방되거나 0713에 석방된다. B가 0711에 석방된다면 그는 3날 구금되고 그는 갑이어야 한다. 이 경우 A는 을이어야 하고, 그는 5날 구금되고 0713에 석방되어야 한다. 하지만 이는 주어진 조건을 어기는 결과이기에 B는 0711에 석방될 수 없다. 따라서 B는 0713에 석방된다. 이로부터 B가 을임을 알 수 있고 A가 갑임을 알 수 있다.

	0706	0707	0708	0709	0710	0711	0712	0713
갑	×	×	구금	○	○	석방	×	×
을	×	×	×	구금	○	○	○	석방
병	구금	○	○	○	석방	×	×	×
정	×	구금	○	○	○	○	석방	×

이 모눈에 따르면 보기 ㄴ과 보기 ㄷ은 거짓이다. 정이 5날 구금되는 경우를 살펴보지 않아도 보기 ㄴ과 ㄷ은 옳은 추론이 아니기에 유일한 정답 후

보는 선택지 ①이다.

풀이를 완결하려고 정이 5날 구금되는 일이 가능한지를 따지겠다. 이 경우 을과 병은 3날 또는 4날 구금되고 갑은 2날 또는 3날 구금된다. 갑이 2날 또는 3날 구금되려면 그는 0710에 석방되거나 0711에 석방되어야 한다. 정은 0713에 석방될 수 없기에 을과 병 가운데 한 명은 0713에 석방되어야 한다. 하지만 을이든 병이든 그가 0709에 구금되더라도 그가 0713에 석방되면 그는 5날 구금되는 셈이다. 이는 을과 병이 3날 또는 4날 구금되어야 한다는 조건을 어긴다. 따라서 정이 5날 구금되는 일은 불가능하다.

스마트 솔루션

⚀ 일정을 제약하는 조건을 일목요연하게 볼 수 있는 일정 모눈을 만들라.
⚁ 일정 관리나 계획 퍼즐이지만 사실상 시간 줄 세우기 퍼즐일 수 있다.
⚂ 절차나 과정 중에 바뀌지 않는 것 또는 공통 요소가 있는지 살피라.

S05
겨루기와 셈

S051

겨루기

S052

셈

S051 겨루기

겨루기 퍼즐은 점수, 순위, 성적, 승점, 전적, 토너먼트, 부전승 등을 다룹니다. 겨루기 퍼즐은 사고능력을 평가하려는 본래 취지에서 다소 벗어나 있습니다. 하지만 스포츠 경기는 우리 일상에 깊이 들어와 있고 국가 위상 및 경제에 미치는 영향이 매우 큽니다. 이 때문에 논리 퍼즐의 소재로 더러 쓰입니다. 승점, 득실차, 전적, 부전승 개념에 낯설다면 이 퍼즐을 풀기는 쉽지 않으니 미리 이 개념에 친해지길 바랍니다.

보기를 들어 다음은 네 팀이 각 2번씩 경기를 치른 뒤에 얻은 승점, 득점, 실점 결과입니다. 이기면 승점 3점, 비기면 승점 1점, 지면 승점 0점을 얻습니다.

팀	승점	득점	실점
A	4	3	2
B	4	2	1
C	3	3	2
D	0	0	3

이 결과를 보고 누가 누구와 경기를 치렀고 그 경기의 점수가 무엇인지 추론할 수 있어야 합니다.

8개의 축구팀 A, B, C, D, E, F, G, H가 두 팀씩 4개 조로 나눠 준준결승을 치르고, 각 조에서 이긴 4팀이 준결승에서 2팀씩 경기를 치르고, 이긴 두 팀이 결승에 진출합니다. 여기서 "A는 2승 1패였다"로부터 "A는 결승에 진출했지만 이기지 못했다"를 추론할 수 있습니다. "B는 1승 1패였다"로부터 "B는 준결승에 진출했지만 이기지 못했다"를 추론할 수 있습니다. 그러면 "C는 준결승전에서 D에게 졌다"로부터는 무엇을 추론할 수 있을까요? 무엇보다 "D는 준준결승에서 이겼고 결승에 진출했다"를 추론할 수 있습니다.

S051_01. A사무관의 추론이 올바를 때, 다음 글의 빈 칸에 들어갈 진술로 적절한 것만을 〈보기〉에서 모두 고르면? **PL201507_05**

A사무관은 인사과에서 인사고과를 담당하고 있다. 그는 올해 우수 직원을 선정하여 표창하기로 했으니 인사고과에서 우수한 평가를 받은 직원을 후보자로 추천하라는 과장의 지시를 받았다. 평가 항목은 대민봉사, 업무역량, 성실성, 청렴도이고 각 항목은 상(3점), 중(2점), 하(1점)로 평가한다. A사무관이 추천한 표창 후보자는 갑돌, 을순, 병만, 정애 네 명이며, 이들이 받은 평가는 다음과 같다

	대민봉사	업무역량	성실성	청렴도
갑돌	상	상	상	하
을순	중	상	하	상
병만	하	상	상	중
정애	중	중	중	상

A사무관은 네 명의 후보자에 대한 평가표를 과장에게 제출하였다. 과장은 "평가 점수 총합이 높은 순으로 선발한다. 단, 동점자 사이에서는 ______ "라고 하였다. A사무관은 과장과의 면담 후 이들 중 세 명이 표창을 받게 된다고 추론하였다.

〈보 기〉

ㄱ. 두 개 이상의 항목에서 상의 평가를 받은 후보자를 선발한다.

ㄴ. 청렴도에서 하의 평가를 받은 후보자를 제외한 나머지 후보자를 선발한다.

ㄷ. 하의 평가를 받은 항목이 있는 후보자를 제외한 나머지 후보자를 선발한다.

---

① ㄱ
② ㄷ
③ ㄱ, ㄴ
④ ㄴ, ㄷ
⑤ ㄱ, ㄷ

S051_02. 다음으로부터 바르게 추론한 것만을 〈보기〉에서 있는 대로 고른 것은?

LA201208_15

신입사원 선발에서 어학능력, 적성시험, 학점, 전공적합성을 각각 상, 중, 하로 평가하여 총점이 높은 사람부터 선발하기로 하였다. 합격선에 있는 동점자는 모두 선발하기로 하고, 상은 3점, 중은 2점, 하는 1점을 부여하였다. 지원자 A, C, D의 평가 결과는 다음과 같았다.

	어학능력	적성시험	학점	전공적합성
A	중	상	중	상
C	상	중	상	상
D	하	하	상	상

문서 전달의 실수로 인사 담당자에게 B의 평가 결과가 알려지지 않았다. 그 대신에 다음 사실이 알려졌다.

○$_1$ B가 선발되지 않고 C가 선발된다면, A는 선발된다.

○$_2$ D가 선발되지 않을 경우, 나머지 세 명의 지원자는 선발된다.

〈보 기〉

ㄱ. A와 C는 반드시 선발된다.

ㄴ. 두 명을 선발하는 경우가 있다.

ㄷ. B는 상, 중, 하로 평가받은 영역이 최소한 하나씩은 있다.

① ㄱ

② ㄴ

③ ㄱ, ㄷ

④ ㄴ, ㄷ

⑤ ㄱ, ㄴ, ㄷ

S051_03. 〈성적 산출 기준〉으로부터 추론한 것으로 옳지 않은 것은?

LA201907_31

어떤 교수가 수업 시간에 문제1과 문제2의 두 문제로 구성된 쪽지 시험을 실시하고 그 채점 결과로 성적을 산출한다. 각 문제의 채점 결과는 정답, 오답, 무답 중 하나만 가능하다. 정답, 오답, 무답에 따른 다음의 〈성적 산출 기준〉을 반영하여 각 학생에게 A, B, C, D 중 하나의 성적을 부여하고자 한다.

〈성적 산출 기준〉

$○_1$ 문제1과 문제2의 채점 결과가 모두 정답이면 A를 부여한다.

$○_2$ 문제1의 채점 결과가 정답이 아니고 문제2의 채점 결과도 정답이 아닌 경우 D를 부여한다. 단, 이때 문제1과 문제2의 채점 결과 중 적어도 하나가 무답이 아니면 풀이 내용에 따라 C를 부여할 수도 있다.

---

① 갑이 C를 받을 가능성이 없다면 B를 받을 수 없다.

② 을이 두 문제 모두 무답으로 제출한 경우 반드시 D를 받는다.

③ 병이 B를 받았다면 두 문제의 채점 결과 중 반드시 어느 한 쪽이 정답이어야 한다.

④ 정의 답안지에서 문제1의 채점 결과가 오답, 문제2의 채점 결과가 정답이면 C를 받을 수 없다.

⑤ 무가 문제2를 무답으로 제출한 경우, 문제1의 채점 결과가 정답이 아닌 한 B를 받을 수 없다.

S051_04. 다음으로부터 바르게 추론한 것만을 〈보기〉에서 있는 대로 고른 것은?

LA201208_16

4개의 부서 A, B, C, D의 업무 역량을 평가하기 위해서 두 부서끼리 빠짐없이 한 번씩 서로 비교하려 한다. 이 업무 역량 평가는 매 평가마다 서로 다른 요인을 평가하기 때문에 평가 결과끼리는 서로 영향을 주지 않는다. 예를 들어, A가 B보다 우월하고 B가 C보다 우월하더라도 A가 C보다 반드시 우월하다고 할 수 없다. 두 부서의 업무 역량에 우열이 드러나면, 업무 역량이 더 나은 부서에 5점, 상대 부서에 0점을 부여한다. 두 부서의 업무 역량이 서로 동등하다고 평가되면, 두 부서 모두에 2점씩 부여한다. 평가 결과는 다음과 같았다.

A: 7점

B: 7점

C: 4점

D: 10점

〈보기〉

ㄱ. A와 C의 비교에서 두 부서는 동등하다고 평가되었다.

ㄴ. B와 D의 비교에서 B가 더 나은 평가를 받았다.

ㄷ. A와 B의 비교에서 A가 더 나은 평가를 받았다는 정보를 추가하면 우열 관계에 대한 나머지 모든 결과를 알 수 있다.

---

① ㄱ

② ㄴ

③ ㄱ, ㄷ

④ ㄴ, ㄷ

⑤ ㄱ, ㄴ, ㄷ

S051_05. 다음으로부터 추론한 것으로 옳은 것만을 〈보기〉에서 있는 대로 고른 것은? **LA201308_35**

A, B, C, D 네 팀이 서로 한 번씩 상대하여 총 6번 경기를 치르는 축구 리그전에서 각 팀이 2번씩 경기를 치렀다. 각 팀은 다음 〈규칙〉에 따라 승점을 얻는다.

〈규칙〉

$○_1$ 이기면 승점 3점, 비기면 승점 1점, 지면 승점 0점을 얻는다.

$○_2$ 승부차기는 없다.

4번의 경기를 치른 결과가 다음과 같다.

팀	승점	득점	실점
A	4	3	2
B	4	2	1
C	3	3	2
D	0	0	3

〈보 기〉

ㄱ. A와 B는 0:0으로 비겼다.

ㄴ. B는 C와 아직 경기를 하지 않았다.

ㄷ. C는 D에 2:0으로 이겼다.

① ㄱ

② ㄴ

③ ㄱ, ㄷ

④ ㄴ, ㄷ

⑤ ㄱ, ㄴ, ㄷ

S051_06. 다음으로부터 추론한 것으로 옳은 것만을 〈보기〉에서 있는 대로 고른 것은? **LA201807_31**

8개의 축구팀 A, B, C, D, E, F, G, H가 다음 단계 1 ~ 3에 따라 경기하였다.

- 단계1: 8개의 팀을 두 팀씩 1, 2, 3, 4조로 나눈 후, 각 조마다 같은 조에 속한 두 팀이 경기를 하여 이긴 팀은 준결승전에 진출한다.
- 단계2: 1조와 2조에서 준결승전에 진출한 팀끼리 경기를 하여 이긴 팀이 결승전에 진출하고, 3조와 4조에서 준결승전에 진출한 팀끼리 경기를 하여 이긴 팀이 결승전에 진출한다.
- 단계3: 결승전에 진출한 두 팀이 경기를 하여 이긴 팀이 우승한다.

무승부 없이 단계 3까지 마친 경기 결과에 대하여 갑, 을, 병, 정이 아래와 같이 진술하였다.

갑: A는 2승 1패였다.

을: E는 1승 1패였다.

병: C는 준결승전에서 B에 패했다.

정: H가 우승하였다.

그런데 이 중에서 한 명만 거짓말을 한 것으로 밝혀졌다.

〈보 기〉

ㄱ. 을의 진술은 참이다.

ㄴ. 갑이 거짓말을 하였으면 H는 준결승전에서 E를 이겼다.

ㄷ. H가 1승이라도 했다면 갑 또는 병이 거짓말을 하였다.

---

① ㄴ ② ㄷ

③ ㄱ, ㄴ ④ ㄱ, ㄷ

⑤ ㄱ, ㄴ, ㄷ

S051_07. 다음 글의 내용이 참일 때, 반드시 참인 것은? **PL200802_29**

10개 팀으로 이루어진 K 조기축구연합회에서는 산하 회원 팀에게 1에서 10까지의 번호를 추첨하도록 하여 "봄맞이 친선대회"를 시행하였다. 경기는 추첨된 번호표에 따라 제1번 팀과 제2번 팀이 먼저 하고, 여기서 이긴 팀이 제3번 팀과, 여기서 이긴 팀이 제4번 팀과 겨루는 방식으로 총 9차례 이루어졌다. 이 대회에 대해 알려진 사실은 〈정보〉에 나타난 것뿐이다.

〈정보〉

ㄱ. 10개의 팀 중 7개 팀은 단 한 경기도 이기지 못하였다.

ㄴ. 제5번 팀과 제6번 팀은 시합을 가졌다.

ㄷ. 제7번 팀과 제9번 팀은 시합을 가졌다.

ㄹ. 제2번 팀과 제4번 팀은 시합을 가지지 않았다.

---

① 최종 승리 팀은 제9번 팀이다.

② 제1번 팀은 2번의 경기를 이겼다.

③ 제4번 팀은 한 번의 경기를 이겼다.

④ 제7번 팀은 4번의 경기를 이겼다.

⑤ 한 경기 이상 이긴 팀은 제1번 팀, 제3번 팀, 제7번 팀이다.

S051_08. 다음으로부터 추론한 것으로 옳은 것만을 〈보기〉에서 있는 대로 고른 것은? **LA200808_06**

'갑', '을', '병' 세 사람이 벌인 탁구 시합의 진행 방법과 결과는 다음과 같다.

〈진행 방법〉

○ 첫 시합을 할 두 선수는 제비뽑기로 정한다.

○ 두 사람이 시합을 하고 나머지 한 사람은 대기한다.

○ 시합에서 이긴 사람은 대기한 사람과 시합을 한다.

○ 7번을 이긴 사람이 처음 나올 때까지 시합을 계속한다.

○ 무승부는 없다.

〈결과〉

갑과 병이 첫 시합을 하였다. 모든 시합이 끝났을 때, 갑은 7번을, 을은 6번을, 병은 2번을 이겼다. 을과 병 두 사람 사이의 시합에서는 서로 이긴 횟수가 같았다.

〈보기〉

ㄱ. 총 시합 수는 30이다.

ㄴ. 갑은 병과 모두 4번 시합을 하였다.

ㄷ. 을과 병 사이의 전적은 2승 2패이다.

---

① ㄴ

② ㄷ

③ ㄱ, ㄴ

④ ㄱ, ㄷ

⑤ ㄴ, ㄷ

S051_09. 다음 글의 내용이 참일 때 반드시 참인 것은? **PL202403_13**

A 회사에서는 사내 부서 대항 바둑 대회를 열었다. 4강전에 대표를 진출시킨 부서는 인사부, 연구부, 자재부, 영업부이다. 부서 대표로 4강전에 진출한 이는 갑, 을, 병, 정의 네 사람이다. 진행 방식은 다음과 같다. 4강전 두 경기의 승자는 결승에서 맞붙어 우승자를 결정하고, 4강전의 패자는 3~4위전에서 맞붙어 3위를 결정한다. 모든 경기는 단판제로 진행되며 무승부는 없다. 4강전 이후 경기 결과는 다음과 같다.

○$_1$ 갑의 전적은 1승 1패이다.
○$_2$ 정은 을을 이겼다.
○$_3$ 병은 갑을 이긴 적이 없고 을을 이긴 적도 없다.
○$_4$ 연구부가 우승했다.
○$_5$ 영업부는 2패를 기록했다.
○$_6$ 인사부와 연구부는 대결하지 않았다.

---

① 갑은 2위이고 을은 3위이다.
② 을과 정은 결승전에서 대결했다.
③ 병은 영업부이고 정은 자재부이다.
④ 3~4위전에서 자재부와 영업부가 대결했다.
⑤ 4강전 두 경기에서 승리한 이는 갑과 정이다.

S051 풀이

01. 을순, 병만, 정애는 동점자이니 이들 가운데 오직 둘만 표창을 받는다. 따라서 한 사람을 배제할 수 있는 진술을 찾아야 한다. 보기 ㄱ은 정애 한 명을 배재할 수 있다. 반면 보기 ㄴ은 아무도 배재할 수 없고 보기 ㄷ은 두 명을 배제할 수 있다. 따라서 정답은 선택지 ①이다.

02. 지원자 A는 10점, C는 11점, D는 8점이다. 정보2를 반영하려고 D가 선발되는 경우와 선발되지 않는 경우를 따지겠다. (i) D가 선발되는 경우. 점수가 더 높은 A와 C는 선발되어야 한다. 정보1의 이면 뒷말이 이미 참이기에 정보1은 저절로 만족된다. 정보2의 이면 앞말이 이미 거짓이기에 정보2는 저절로 만족된다. 보기 ㄱ "A와 C는 반드시 선발된다"는 이 경우 참이다. 보기 ㄴ "두 명을 선발하는 경우가 있다"는 아직 참이지 않다. B의 점수가 8점 이상이든 8점 미만이든 보기 ㄷ "B는 상, 중, 하로 평가받은 영역이 최소한 하나씩은 있다"는 알 수 없다. 보기 ㄷ은 바르게 추론한 것이 아니다. 그다음 (ii) D가 선발되지 않는 경우. 정보2에 따르면 A, B, C가 선발된다. 정보1의 이면 뒷말이 이미 참이기에 정보1은 저절로 만족된다. 이 경우에도 보기 ㄱ은 참이지만 보기 ㄴ은 참이지 않다. 따라서 바르게 추론한 것은 보기 ㄱ뿐이고 정답은 선택지 ①이다.

03. 상식을 무시하고 오직 기준1과 기준2에 따르면 성적 평가는 다음과 같다. 더 나은 답안지에 관한 통상의 상식을 따른다면 괄호 안의 점수 배정은 매우 야릇하다.

문제1 \ 문제2	정답	오답	무답
정답	A	A, B, C, (D)	A, B, C, (D)
오답	A, B, C, (D)	C, D	C, D
무답	A, B, C, (D)	C, D	D

이를 바탕으로 선택지를 하나씩 따진다.

갑이 C를 받을 가능성이 없다면 둘 다 정답이거나 둘 다 오답이다. 이 경우 갑은 A나 D를 받는다. 이 점에서 선택지 ① "갑이 C를 받을 가능성이 없다면 B를 받을 수 없다”는 옳게 추론했다. 을이 두 문제 모두 무답으로 제출했다면 그는 D를 받는다. 따라서 선택지 ② “을이 두 문제 모두 무답으로 제출한 경우 반드시 D를 받는다”는 옳게 추론했다. 병이 B를 받았다면 그는 (정, 오), (정, 무), (오, 정), (무, 정) 가운데 하나다. 이 때문에 선택지 ③ “병이 B를 받았다면 두 문제의 채점 결과 중 반드시 어느 한 쪽이 정답이어야 한다”는 옳게 추론했다.

채점 결과 (오, 정)은 A, B, C, D 가운데 하나를 받기에 선택지 ④ “정의 답안지에서 문제1의 채점 결과가 오답, 문제2의 채점 결과가 정답이면 C를 받을 수 없다”는 옳게 추론하지 않았다. 무가 문제2를 무답으로 제출했고 문제1의 채점 결과가 정답이 아니라면 (오, 무)나 (무, 무)인데 이 경우는 C나 D를 받는다. 따라서 선택지 ⑤ “무가 문제2를 무답으로 제출한 경우 문제1의 채점 결과가 정답이 아닌 한 B를 받을 수 없다”는 옳게 추론했다. 따라서 정답은 선택지 ④다.

04. C의 점수와 D의 점수를 눈여겨보라. C는 다른 부서와 비교에서 2번의 동등 평가와 한 번의 열등 평가를 받았다. D는 다른 부서 비교에서 2번 우월 평가와 1번의 열등 평가를 받았다. 따라서 A:D, B:D, C:D 가운데 D는 1번의 열등 평가를 받았는데 그것은 C:D가 아니다. 왜냐하면 C는 우등 평가를 받은 적이 없기 때문이다. 따라서 C:D 평가에서 D는 우등 평가를 받아야 한다. 곧

C:D= 0:5

한편 C는 2번의 동등 평가를 받았기에 A 및 B와 비교에서 동등 평가를 받아야 한다.

A:C = 2:2
B:C = 2:2

D는 A와 B와 비교에서 하나와는 우월 평가를 받고 다른 하나와는 열등 평가를 받았다. A와 B는 점수가 똑같기에 다른 정보가 없는 한 그것이 누구인지 가릴 길이 없다. 이까지 추론을 바탕으로 보기 진술을 따진다.

이미 보였듯이 보기 ㄱ “A와 C의 비교에서 두 부서는 동등하다고 평가되었다”는 바르게 추론했다. 또한 말했듯이 B와 D의 비교에서 B가

더 나은 평가를 받았는지 알 수 없다. 이 때문에 보기 ㄴ "B와 D의 비교에서 B가 더 나은 평가를 받았다"는 바르게 추론하지 않았다. 만일 A와 B의 비교에서 A가 더 나은 평가를 받았다는 정보를 추가하면 A는 D와 비교에서 우월 평가를 받을 수 없고 열등 평가를 받아야 한다. 남은 B:D는 5:0이어야 한다. 결국 우리는 우열 관계에 대한 나머지 모든 결과를 알게 된다. 따라서 보기 ㄷ "A와 B의 비교에서 A가 더 나은 평가를 받았다는 정보를 추가하면 우열 관계에 대한 나머지 모든 결과를 알 수 있다"는 바르게 추론했다. 따라서 바르게 추론한 것은 보기 ㄱ과 보기 ㄷ이고 정답은 선택지 ③이다.

05. 각 팀은 2번씩 경기를 치렀기에 승점 4는 1승 1무를 뜻하고, 승점 3은 1승 1패를 뜻하고, 승점 0은 2패를 뜻한다. C는 A, B, D 가운데 한 팀한테 이겼는데 그것은 A일 수도 B일 수도 없다. 왜냐하면 A와 B는 패배한 적이 없기 때문이다. 따라서 C는 D와 경기에서 이겼다.

A와 B는 각각 비긴 적이 있는데 비긴 팀은 C도 아니고 D도 아니다. 왜냐하면 C와 D는 비긴 적이 없기 때문이다. 따라서 A와 B는 경기를 치렀고 이들은 비겼다. B의 실점 합산은 1점이기에 이들의 점수는 0:0이나 1:1이어야 한다. 만일 0:0이면 A는 다른 경기에서 3점을 얻고 2점을 잃은 채 승리해야 한다. 3점을 잃을 수 있는 팀은 D밖에 없는데 이미 D는 C에게 실점했다. 따라서 A:B의 점수가 0:0일 수 없고 유일한 가능성은 1:1이다. 따라서 보기 ㄱ "A와 B는 0:0으로 비겼다"는 옳게 추론하지 않았다. 정답은 선택지 ② 또는 선택지 ④다. 보기 ㄴ은 따지지 않아도 된다.

A는 다른 경기에서 2:1로 이겨야 하고 B는 다른 경기에서 1:0으로 이겨야 한다. A는 D와 경기를 치르지 않았는데 왜냐하면 D는 한 점도 못 얻었기 때문이다. 따라서 A는 C와 경기했고 점수는 2:1이다. C는 이미 두 경기를 치렀기에 B는 D와 경기를 치러야 하는데 이때의 점수는 1:0이다. 아무튼 보기 ㄴ "B는 C와 아직 경기를 하지 않았다"는 옳게 추론했다. C는 이미 1점을 얻고 2점을 잃었기에 다른 경기 곧 D와 경기에서 2:0으로 이겨야 한다. 따라서 보기 ㄷ "C는 D에 2:0으로 이겼다"는 옳게 추론했다. 옳게 추론한 것은 보기 ㄴ과 보기 ㄷ이고 정답은 선택지 ④다.

06. 갑의 진술을 짧게 "갑"이라 쓰고 다른 이의 진술도 마찬가지로 쓴다. "갑"에 따르면 A는 결승에 진출했다. "을"에 따르면 E는 준결승에 진출했지만 이기지 못했다. "병"에 따르면 준결승에서 C:B 대결이 있고 B가 이겼다. "정"에 따르면 H는 준결승과 결승에서 이겼다. 한편 "갑", "병", "정"이 함께 참이면 결승에 진출하는 팀은 A, B, H다. 이것은 불가능하기에 "갑", "병", "정" 가운데 적어도 하나는 거짓이다. 이들을 빼고 남은 진술 "을"은 참이다. 따라서 보기 ㄱ "을의 진술은 참이다"는 옳게 추론한 것이다. 선택지 ①과 선택지 ②는 답일 수 없다.

우리는 다음 세 경우를 나눠 살피겠는데 이긴 팀 옆에 별꼴을 그린다.

	결승	준결승1	준결승2
"갑"만 거짓		E:?*	
"병"만 거짓		E:?*	
"정"만 거짓		E:?*	

다른 참인 세 진술의 정보를 모눈에 간추린다.

	결승	준결승1	준결승2
"갑"만 거짓	?:H*	E:?*	C:B*
"병"만 거짓	?:H*	(A*, E, ?)	(A*, E, ?)
"정"만 거짓		E:A*	C:B*

전체 상황을 종합해 더 추론할 수 있다.

	결승	준결승1	준결승2
"갑"만 거짓	B:H*	E:H*	C:B*
"병"만 거짓	A:H*	?:H*	E:A*
"정"만 거짓	A:B*	E:A*	C:B*

이까지 추론을 바탕으로 보기 진술을 따진다.

갑이 거짓말했다면 이는 첫째 경우인데 이 경우 준결승에서 H는 E를 이겼다. 따라서 보기 ㄴ "갑이 거짓말을 하였으면 H는 준결승전에서 E를 이겼다"는 참이고 옳게 추론했다. H가 1승이라도 한 경우는 첫째 경우와 둘째 경우다. 두 경우에서 갑 또는 병은 거짓말했다. 따라서 보기 ㄷ "H가 1승이라도 했다면 갑 또는 병이 거짓말을 하였다"는 참이며 옳게 추론했다. 결국 옳게 추론한 것은 보기 ㄱ, 보기 ㄴ, 보기 ㄷ이고 정답은 선택지 ⑤다.

07. 문두와 제시문을 조금 바꾸었다. "제n번 팀"을 짧게 "팀1"이라 쓰겠다. 정보 ㄴ에 따르면 팀5는 그 아래 팀과 경기에서 이겼다. 정보 ㄷ에 따르면 팀7은 그 아래 팀과 경기에서 이겼다. 팀1과 팀2 가운데 적어도 한 팀은 이겼기에, 정보 ㄱ에 따르면, 팀3은 이긴 적이 없다. 만일 팀1과 팀2 가운데 팀2가 이겼다면 팀2와 팀4는 시합을 벌여야 한다. 이들은 시합을 벌이지 않았으니 팀1과 팀2의 경기에서 팀1이 이겼다. 결국 팀1, 팀5, 팀7만이 이긴 적이 있다. 팀7이 최종 승리자고 팀6 대 팀7, 팀7 대 팀8, 팀7 대 팀9, 팀7 대 팀10 경기에서 팀7이 모두 이겼다. 따라서 팀7은 4번의 경기에서 이겼고 선택지 ④는 참이다.

반면 최종 승리자는 팀7이기에 선택지 ① "최종 승리 팀은 제9번 팀이다"는 거짓이다. 팀1 대 팀2, 팀1 대 팀3, 팀1 대 팀4에서 팀1은 모두 이겼기에 선택지 ② "제1번 팀은 2번의 경기를 이겼다"는 거짓이다. 팀4는 경기에서 이긴 적이 없기에 선택지 ③ "제4번 팀은 한 번의 경기를 이겼다"는 거짓이다. 팀3은 경기에서 이긴 적이 없기에 선택지 ⑤ "한 경기 이상 이긴 팀은 제1번 팀, 제3번 팀, 제7번 팀이다"는 거짓이다. 따라서 정답은 선택지 ④다.

08. 시합에서 무승부가 없고 모든 시험에서 반드시 한 사람은 이긴다. 따라서 갑이 이긴 횟수, 을이 이긴 횟수, 병이 이긴 횟수를 모두 더하면 그것은 총 시합 수다. 그 수는 15다. 이 점에서 보기 ㄱ "총 시합 수는 30이다"는 거짓이고 옳게 추론하지 않았다. 한편 갑이 첫 시합을 했고 갑이 7번 이기면 모든 시합이 끝난다. 따라서 갑이 경기를 진 횟수만큼 갑은 대기를 해야 하고 갑의 대기 횟수만큼 을과 병이 경기를 치른다. 전체 15회 시합에서 갑은 7번 이겼기에 남은 8번 시합 중에서 4번은 갑이 진 시합이고 4번은 을과 병의 시합이다. 갑은 모두 11번의 시합을 가졌다.

주어진 정보에 따르면 을과 병 두 사람 사이의 시합에서는 서로 이긴 횟수가 같기에 이들은 각각 2번을 이겼다. 따라서 보기 ㄷ "을과 병 사이의 전적은 2승 2패이다"는 옳게 추론했다. 병은 2번 이겼는데 이는 모두 을에게서 이겼고 갑과 경기에서 모두 졌다. 을은 6번 이겼는데 2번은 병에게 이겼기에 4번은 갑에게서 이겨야 한다. 처음 시험 빼고 남은 14번 시합에서 을은 6번 이겼고 나머지 8번은 졌거나 대기했다. 진 경기 수와 대기 수는 같거나 1만큼 차이 날 수 있다. 따라서 을이 진 경기 수는 4고 을의 대기 수는 4다.

을은 병에게 2번 졌기에 을은 갑에게 2번 져야 한다. 따라서 을은 갑에게 4번 이기고 2번 졌다. 결국 갑과 을의 시합 수는 6이고, 갑과 병의 시합 수는 11 – 6 = 5다. 이 점에서 보기 ㄴ "갑은 병과 모두 4번 시합을 하였다"는 거짓이고 옳게 추론하지 않았다. 따라서 옳게 추론한 것은 보기 ㄷ뿐이고 정답은 선택지 ②다.

09. 결과3에 따르면 병은 1위일 수 없다. 그는 갑보다 등수가 낮고 을보다 등수가 낮다. 결과2에 따르면 정의 순위는 을의 순위보다 높다. 따라서 병의 순위는 4위다. 결과1에 따르면 갑은 결승에서 지거나 3~4위전에서 이겼는데 그는 2위이거나 3위다. 갑이 2위인 경우와 3위인 경우를 나누어 따지겠다.

갑	을	병	정
2		4	
3		4	

여기에 정의 순위가 을의 순위보다 높다는 결과2를 반영한다.

갑	을	병	정
2	3	4	1
3	2	4	1

이제 결과4와 결과5를 담는다.

갑	을	병	정
2	3	4 영업부	1 연구부
3	2	4 영업부	1 연구부

남은 결과6을 만족하도록 빈칸을 채운다. 정과 을은 겨룬 적이 있기에 결과6을 만족하려면 을은 인사부여서는 안 된다.

갑	을	병	정
2 인사부	3 자재부	4 영업부	1 연구부
3 인사부	2 자재부	4 영업부	1 연구부

하지만 첫째 경우에서 갑과 정은 서로 대결하는 데 이는 결과6을 어기는 일이다. 따라서 둘째 경우만이 유일하게 가능하다.

이 정보를 바탕으로 선택지를 따지면 선택지 ① "갑은 2위이고 을은 3위이다"는 거짓이다. 선택지 ② "을과 정은 결승전에서 대결했다"는 참이다. 선택지 ③ "병은 영업부이고 정은 자재부이다"는 거짓이다. 선택지 ④ "3~4위전에서 자재부와 영업부가 대결했다"는 거짓이다. 선택지 ⑤ "4강전 두 경기에서 승리한 이는 갑과 정이다"는 거짓이다. 따라서 정답은 선택지 ②다.

스마트 솔루션

- ☐ 승점, 득실차, 전적, 부전승 개념에 미리 낯을 익혀 두라.
- ☐ 부전승 없는 토너먼트와 부전승 있는 토너먼트가 어떻게 진행되는지 미리 낯을 익혀 두라.

S052 셈

오늘 다룰 퍼즐은 산수 퍼즐 또는 수학 퍼즐입니다. S052_01은 표기법을 다루는 문항인데 매우 쉽습니다. S052_02는 규칙에 따라 코드를 연산하는 문항입니다. 수학에서 이러한 기호 연산을 많이들 합니다.

S052_03에서 S052_07까지는 덧셈 퍼즐입니다. S052_03은 굳이 풀어보지 않아도 될 만큼 쉽지만 다른 문항은 최솟값과 최댓값을 찾고 여러 번의 덧셈을 해야 합니다. 특히 S052_05와 S052_06은 풀이의 길을 잘못 들어서면 푸는 데 너무 많은 시간이 걸립니다. 충분한 시간을 준다면야 괜찮지만 짧은 시간에 덧셈해야 한다는 점에서 사고능력을 평가하는 문항으로는 별로 어울리지 않습니다. 이러한 문항이 실제로 출제되는 것이 현실이니 일목요연하게 덧셈할 수 있도록 셈 모눈을 잘 만들어야 할 것입니다. 반면 S052_07은 덧셈 퍼즐이지만 풀이의 길만 잘 들어선다면 간단한 논리 추론으로 답을 찾을 수 있습니다. 이 퍼즐을 풀려면 3개 수를 더해 13을 만드는 여러 방법 가운데서 조건에 맞지 않는 것을 하나씩 지워나가야 합니다.

S052_08과 S052_09는 간단한 일차 방정식을 푸는 방정식 퍼즐입니다. 논리 퍼즐에서 이차 방정식 퍼즐은 아직 출제되지 않았지만 일차 방정식 퍼즐은 몇 번 출제되었습니다. 두 개의 미지수가 있는 상태에서 하나의 방정식이 주어질 수 있고 세 개의 미지수가 있는 상황에서 두 개의 방정식이 주어질 수 있습니다. 미지수의 정확한 값을 셈할 수도 있고 두 미지수 사이의 관계만을 셈할 수도 있습니다. 주어진 정보, 보기 진술, 선택지 진술 따위를 보면 주어진 퍼즐이 방정식 퍼즐인지 아닌지 대략 눈치챌 수 있습니다. S052_10은 매우 드문 유형의 퍼즐인데 소수와 약수 개념을 알아야 짧은 시간 안에 풀 수 있습니다. 이처럼 소수, 약수, 배수, 공약수, 공배수 개념을 써서 퍼즐을 푸는 문항이 아주 드물게 출제됩니다.

S052_01. 다음 〈표기법〉에 따를 때 진술 (ㄱ)~(ㄹ)을 모두 참으로 만드는 것은?

〈표기법〉 **PL200902_16**

- ◯, □, △ 는 존재하는 모든 것이며 이들은 서로 다르다.
- 화살표는 '움직이게 한다'는 관계를 의미한다.

〈진술〉

ㄱ. 모든 것들을 움직이게 하는 어떤 것이 있다.

ㄴ. 스스로를 움직이게 하는 것은 다른 것에 의해서 움직이지 않는다.

ㄷ. 어떤 것이 다른 것을 움직이게 하고 그 다른 것이 또 다른 것을 움직이게 하면, 처음의 것이 맨 나중의 것을 움직이게 한 것이다.

ㄹ. 서로를 움직이게 하는 것은 없다.

① 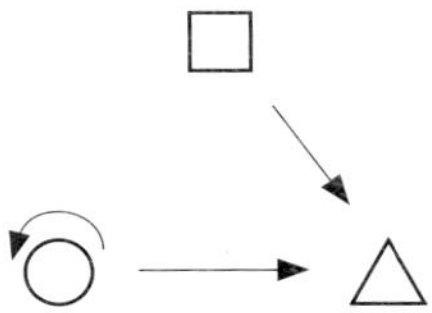

② 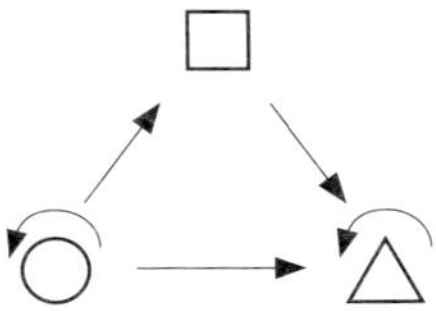

③ 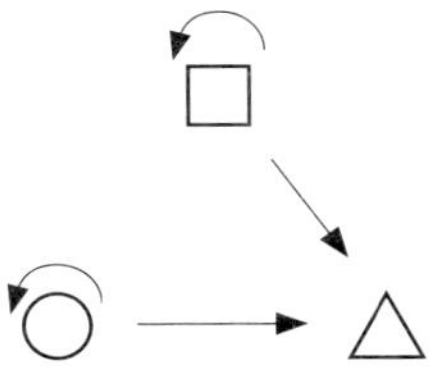

④ 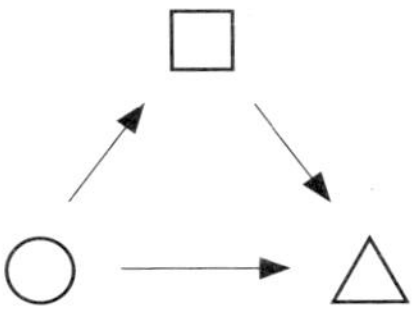

⑤ 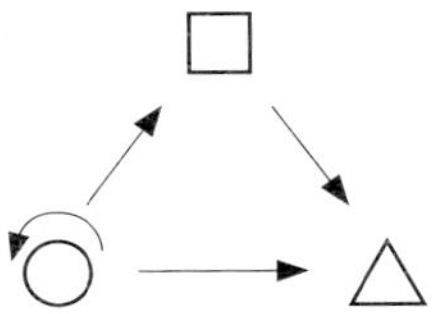

S052_02. 다음 글을 토대로 유전자 코드 ⊙□□△에 ⊙□△□를 결합할 때, 최종적인 유전자 코드는? **PL201002_14**

오 박사의 연구팀은 최근 개발한 인공생명체를 '트랜스포머'라고 명명했다. 이 인공생명체는 ⦿, △, □ 세 가지 요소의 연쇄로 이루어진 '유전자 코드'를 갖고 있는데, 이 코드는 ⦿ 하나로 이루어지거나, ⦿으로 시작되고 그 뒤에 △와 □의 조합이 이어지는 연쇄의 구조를 갖는다. 유전자 코드 X에 유전자 코드 Y를 결합하면 '+'가 포함된 임시 코드 X+Y가 되는데, 임시 코드는 다음의 변환규칙에 따라 유전자 코드로 변환한다.

임의의 유전자 코드 X, Y가 있다고 할 때,

규칙 (1) 임시 코드 X+⦿는 유전자 코드 X로 변환한다. 즉 X의 오른쪽에 홀로 연결된 ⦿는 소멸된다.

규칙 (2) 임시 코드 X△+Y△는 임시 코드 X□+Y로 변환한다.

규칙 (3) X△+Y□는 X□+Y△로 변환한다.

규칙 (4) X□+Y△는 X□△+Y로 변환한다.

규칙 (5) X□+Y□는 X□□+Y로 변환한다.

예를 들어 유전자 코드 ⦿□에 ⦿△를 결합하면 +가 포함된 임시 코드 ⦿□+⦿△가 되는데, 이것은 변환규칙에 따라 변환을 계속하여 유전자 코드 ⦿□△를 생성한다. 그 과정은 다음과 같다.

⦿□+⦿△ → ⦿□△+⦿ (규칙 (4)에 의해)
→ ⦿□△ (규칙 (1)에 의해)

---

① ⦿□□△△
② ⦿□△△□□
③ ⦿□□□□□
④ ⦿□□□△△△
⑤ ⦿□□□□□□

S052_03. 다음 글을 따를 때 가능한 평가 결과표의 개수는? **LA200808_12**

직장 상사가 사원 A, B, C를 업무 능력, 리더십, 인화력의 세 영역에서 평가한다. 평가는 절대 평가 방식에 따라 －1(부족), 0(보통), 1(우수)로 이루어지고, 세 영역의 점수를 합산하여 개인 별로 총점을 낸다.

〈평가 결과표〉

영역 / 사원	업무 능력	리더십	인화력
A			
B			
C			

$○_1$ 각자의 총점은 0이다.

$○_2$ 각 영역의 점수 합은 0이다.

$○_3$ 인화력 점수는 A가 제일 높고, 그 다음은 B, C 순이다.

① 8

② 7

③ 6

④ 5

⑤ 4

S052_04. 다음으로부터 추론한 것으로 옳은 것만을 〈보기〉에서 있는 대로 고른 것은? **LA201408_34**

심사단 100명이 가수 A, B, C, D의 경연을 보고 이 중 제일 잘했다고 생각하는 한 명에게 투표한다. 각 심사자는 1표를 행사하며 기권은 없다. 이런 경연을 2번 실시한 뒤 2번의 투표 결과를 합산하여 최종 순위가 결정되고, 최하위자는 탈락한다. 1차와 2차 경연에 대해 다음 사실이 알려져 있다.

$\bigcirc_1$ 1차 경연 결과 순위는 A, B, C, D 순이고, A는 30표, C는 25표를 얻었다.

$\bigcirc_2$ 2차 경연 결과 1등은 C이고 2등은 B이며, B는 30표, 4등은 15표를 얻었다.

$\bigcirc_3$ 각 경연에서 동점자는 없었다.

〈보 기〉

ㄱ. 탈락자는 D이다.

ㄴ. A의 최종 순위는 3등이다.

ㄷ. 2차 경연에서 C가 얻은 표는 35표를 넘을 수 없다.

---

① ㄱ

② ㄷ

③ ㄱ, ㄴ

④ ㄴ, ㄷ

⑤ ㄱ, ㄴ, ㄷ

S052_05. 다음으로부터 추론한 것으로 옳지 않은 것은? **LA202107_33**

이웃한 네 국가 A, B, C, D는 지구 온난화로 발생하는 환경 문제를 개선하고자 2,000억 달러의 기금을 조성하기로 하였다. 1차와 2차로 나누어 각각 1,000억 달러의 기금을 만들기로 하였으며 경제 규모와 환경 개선 기여도를 고려하여 국가별 분담금을 정하였다. 합의된 내용 중 알려진 사실은 다음과 같다.

○$_1$ 국가별 1차 분담금은 A, B, C, D의 순서대로 많고, B는 260억 달러, D는 200억 달러를 부담한다.

○$_2$ 국가별 2차 분담금은 B가 가장 적고 250억 달러를 부담하는 C가 그다음으로 적고, 가장 많은 금액을 부담하는 국가의 분담금은 300억 달러이다.

---

① 가장 많은 분담금을 부담하는 국가는 A이다.

② B의 분담금은 460억 달러 이하이다.

③ A의 분담금이 570억 달러이면, D의 분담금은 500억 달러이다.

④ C의 분담금과 D의 분담금의 차이는 50억 달러 이하이다.

⑤ 어떤 국가의 1차 분담금과 2차 분담금이 같으면, A의 분담금은 600억 달러 이하이다.

S052_06. 다음으로부터 추론한 것으로 옳은 것만을 〈보기〉에서 있는 대로 고른 것은? **LA202207_33**

P회사는 연말에 각 직원의 실적을 A, B, C, D 중 하나의 등급으로 평가한 후, 다음과 같이 성과급을 지급한다.

A등급	B등급	C등급	D등급
2,000만 원	1,500만 원	1,000만 원	500만 원

연말에 재무팀의 직원 갑, 을, 병, 정과 홍보팀의 직원 무, 기, 경, 신의 실적을 평가하였더니 다음과 같았다. 단 재무팀과 홍보팀의 직원은 갑, 을, 병, 정, 무, 기, 경, 신 8명뿐이다.

$\bigcirc_1$ 재무팀에서 A등급을 받은 사람은 많아야 1명이고 정은 D등급을 받았다.

$\bigcirc_2$ 홍보팀에서 D등급을 받은 사람은 없고 A등급을 받은 사람은 무뿐이다.

$\bigcirc_3$ 재무팀에 지급한 성과급의 총액과 홍보팀에서 지급한 성과급의 총액은 같다.

〈보 기〉

ㄱ. 홍보팀에 지급한 성과급의 총액은 5,000만 원이다.

ㄴ. 재무팀에서 갑이 C등급을 받았다면 홍보팀의 기, 경, 신이 받은 등급은 모두 같다.

ㄷ. 재무팀과 홍보팀의 직원 8명 중에서 B등급을 받은 사람의 수와 C등급을 받은 사람의 수는 다르다.

---

① ㄱ

② ㄴ

③ ㄱ, ㄷ

④ ㄴ, ㄷ

⑤ ㄱ, ㄴ, ㄷ

S052_07. 다음 글을 따를 때, 상자 A와 C에 있는 금화의 총 개수는?

LA201108_30

상자 A, B, C에 금화 13개가 나뉘어 들어 있다. 금화는 상자 A에 가장 적게 있고, 상자 C에 가장 많이 있다. 각 상자에는 금화가 하나 이상 있으며, 개수는 서로 다르다. 이 사실을 알고 있는 갑, 을, 병이 아래와 같은 순서로 각 상자를 열어 본 후 말하였다. 이들의 말이 모두 참이다.

갑이 상자 A를 열어 본 후 말하였다. "B와 C에 금화가 각각 몇 개 있는지 알 수 없어." 을은 갑의 말을 듣고 상자 C를 열어 본 후 말하였다. "A와 B에 금화가 각각 몇 개 있는지 알 수 없어." 병은 갑과 을의 말을 듣고 상자 B를 열어 본 후 말하였다. "A와 C에 금화가 각각 몇 개 있는지 알 수 없어."

---

① 10

② 9

③ 8

④ 7

⑤ 6

S052_08. 다음 글을 따를 때, C에 3위를 부여한 사람의 수는? **LA201008_34**

세 상품 A, B, C에 대한 선호도 조사를 실시했다. 조사에 응한 사람은 가장 좋아하는 상품부터 1~3순위를 부여했다. 두 상품에 같은 순위를 표시할 수는 없다. 조사의 결과가 다음과 같다.

$○_1$ 조사에 응한 사람은 20명이다.
$○_2$ A를 B보다 선호한 사람은 11명이다.
$○_3$ B를 C보다 선호한 사람은 14명이다.
$○_4$ C를 A보다 선호한 사람은 6명이다.
$○_5$ C에 1순위를 부여한 사람은 없다.

---

① 8
② 7
③ 6
④ 5
⑤ 4

S052_09. 다음으로부터 추론한 것으로 옳은 것만을 〈보기〉에서 있는 대로 고른 것은? **LA201408_35**

A, B, C가 추리논증 영역 35문항을 풀었다. 세 명이 모두 25문항씩 정답을 맞혔으며 아무도 정답을 맞히지 못한 문항은 없었다. 한 명만 정답을 맞힌 문항을 '어려운 문항', 세 명 모두 정답을 맞힌 문항을 '쉬운 문항'이라 한다.

〈보 기〉

ㄱ. 쉬운 문항이 어려운 문항보다 5개 더 많다.

ㄴ. 어려운 문항의 개수는 최대 10개이다.

ㄷ. 두 명만 정답을 맞힌 문항의 개수는 최소 2개이다.

---

① ㄱ

② ㄴ

③ ㄱ, ㄷ

④ ㄴ, ㄷ

⑤ ㄱ, ㄴ, ㄷ

S052_10. 다음으로부터 추론한 것으로 옳은 것만을 〈보기〉에서 있는 대로 고른 것은? **LA201308_34**

어떤 경비업체는 보안 점검을 위탁받은 한 건물 내에서 20개의 점검 지점을 지정하여 관리하고 있다. 보안 담당자는 다음 〈규칙〉에 따라서 20개 점검 지점을 방문하여 이상 여부를 기록한다.

〈규칙〉

$○_1$ 첫 번째 점검에서는 1번 지점에서 출발하여 20번 지점까지 차례로 모든 지점을 방문한다.

$○_2$ 두 번째 점검에서는 2번 지점에서 출발하여 한 개 지점씩 건너뛰고 점검한다. 즉 2번 지점, 4번 지점, …, 20번 지점까지 방문한다. 또한 세 번째 점검에서는 3번 지점에서 출발하여 두 개 지점씩 건너뛰고 점검한다. 즉 3번 지점, 6번 지점, …, 18번 지점까지 방문한다.

$○_3$ 이런 식으로 방문이 이루어지다가 20번째 점검에서 모든 점검이 완료된다.

〈보 기〉

ㄱ. 20번 지점은 총 6회 방문하게 된다.

ㄴ. 2회만 방문한 지점은 총 8개이다.

ㄷ. 한 지점을 최대 8회 방문할 수 있다.

---

① ㄱ

② ㄷ

③ ㄱ, ㄴ

④ ㄴ, ㄷ

⑤ ㄱ, ㄴ, ㄷ

S052_11. 다음으로부터 추론한 것으로 옳은 것만을 〈보기〉에서 있는 대로 고른 것은? **LA202307_33**

갑, 을, 병, 정, 무로 구성된 위원회는 안건의 통과 여부를 다음 방식에 따라 결정한다.

○$_1$ 각 위원은 기권할 수 없고, 찬성이나 반대 중에서 하나를 선택하여야 한다.

○$_2$ 각 위원은 찬성하는 경우 1점, 2점, 3점, 4점, 5점 중 하나를 부여하고, 반대하는 경우 0점을 부여한다.

○$_3$ 각 위원이 부여한 점수의 합이 17점 이상이면 안건은 통과된다.

안건 P에 대하여 갑, 을, 병 중에서 찬성한 위원은 짝수 점수를 부여하였고, 정, 무 중에서 찬성한 위원은 홀수 점수를 부여하였다고 한다.

〈보 기〉

ㄱ. 을이 부여한 점수가 정이 부여한 점수보다 클 때, P가 통과되었다면 갑은 찬성하였다.

ㄴ. P에 대하여 다섯 명의 위원이 부여한 점수의 합이 13점이면 반대한 위원도 있고 4점을 부여한 위원도 있다.

ㄷ. 반대한 위원이 병이고 P가 통과되었다면 다섯 명의 위원이 부여한 점수의 합은 18점이다.

---

① ㄴ ② ㄷ

③ ㄱ, ㄴ ④ ㄱ, ㄷ

⑤ ㄱ, ㄴ, ㄷ

S052_12. 다음으로부터 추론한 것으로 옳지 않은 것은? **LA202307_35**

연구자가 2021년과 2022년에 어느 고등학교 학생들의 혈액형을 조사하였더니 다음과 같았다. 단 모든 학생은 A형, B형, AB형, O형 중 하나의 혈액형을 가진다.

$○_1$ 여학생 수와 남학생 수의 비는 2:3에서 1:2로 변했다.

$○_2$ 여학생 수는 변화가 없었다.

$○_3$ AB형 학생 수는 변화가 없었다.

$○_4$ B형 여학생 수는 감소하였고 O형 남학생 수는 변화가 없었다.

$○_5$ 남학생 수에 대한 AB형 남학생 수의 비율은 변화가 없었다.

$○_6$ B형 학생 수에 대한 B형 남학생 수의 비율은 변화가 없었다.

---

① 남학생 수가 증가하고 여학생 수도 증가한 혈액형은 1개이다.

② A형 여학생 수가 감소하였다면 O형 여학생 수는 증가하였다.

③ 남학생 수가 감소한 혈액형의 여학생 수는 감소하였다.

④ 여학생 수가 증가한 혈액형은 AB형이 아니다.

⑤ B형 남학생 수는 감소하였다.

S052_13. 다음으로부터 추론한 것으로 옳지 않은 것은? **LA202507_32**

P 법학전문대학원에 지원한 갑, 을, 병, 정, 무 5명의 법학적성시험점수와 면접점수를 나열하면 다음과 같다.

○ 법학적성시험점수: 80, 85, 90, 95, 100

○ 면접점수: 70, 75, 80, 85, 90

두 점수의 평균이 85점 이상이면 최종 합격하며 이들의 점수와 관련하여 알려진 사실은 다음과 같다.

$○_1$ 을은 면접점수가 법학적성시험점수보다 높다.

$○_2$ 면접점수가 75점인 학생은 법학적성시험점수가 95점이다.

$○_3$ 병의 두 점수의 평균은 85점이 아니다.

$○_4$ 정의 두 점수의 평균은 80점이다.

$○_5$ 면접점수가 85점인 학생은 법학적성시험점수가 90점이다.

---

① 갑은 법학적성시험점수가 면접점수보다 20점 이상 높다.

② 을의 두 점수의 평균과 병의 두 점수의 평균은 같다.

③ 정의 법학적성시험점수는 80점이다.

④ 무의 법학적성시험점수는 갑의 법학적성시험점수보다 높다.

⑤ 갑과 무는 P 법학전문대학원에 최종 합격한다.

S052 풀이

01. 각 선택지의 그림에는 세 사물이 나온다. 진술 ㄱ을 만족하는 그림은 선택지 ②와 ⑤다. 선택지 ②는 진술 ㄴ을 만족하지 못한다. 선택지 ⑤는 다른 진술을 모두 만족한다. 따라서 정답은 선택지 ⑤다.

02. 유전자 코드 ⊙□□△+⊙□△□는 규칙3에 따라 ⊙□□□+⊙□△△로 바뀐다. 이는 규칙4에 따라 ⊙□□□△+⊙□△로 바뀐다. 그다음 규칙2에 따라 ⊙□□□□+⊙□로 바뀐다. 이는 규칙5에 따라 ⊙□□□□□+⊙로 바뀐다. 끝으로 이는 규칙1에 따라 ⊙□□□□□로 바뀐다. 따라서 정답은 선택지 ③이다.

03. 문두와 제시문을 조금 고쳤다. 주어진 정보에 따라 평가 결과표를 채워야 하는데 A의 합계가 0이어야 하기에 우리는 먼저 다음 두 경우를 얻는다.

영역 / 사원	업무 능력	리더십	인화력	합계
A	0 / -1	-1 / 0	1	0
B			0	0
C			-1	0
합계	0	0	0	

한편 A의 업무 능력이 –1인 경우 업무능력에서 B만 1이거나 C만 1이어야 한다. A의 리더십이 –1인 경우 리더십에서 B만 1이거나 C만 1이어야 한다. 따라서 위의 두 경우에 각각 두 경우가 더 생긴다. 따라서 가능한 평가 결과표 개수는 4고 정답은 선택지 ⑤다.

04. 각 가수가 받은 표를 다음과 같이 간추린다. 첫 줄은 제1차 경연 점수, 둘째 줄은 제2차 경연 점수, 셋째 줄은 합산이다. 제1차 경연에서 B의 최댓값은 29이고 최솟값은 26인데 B와 D의 표 합계는 45여야 하기에 이에 따라 D의 최솟값과 최댓값이 정해진다. 제2차 경연에서는 A가 3등 하는 경우와 4등 하는 경우로 나누었다.

A	B	C	D
1등: 30	2등: [26, 29]	3등: 25	4등: [16, 19]
3등: ? 4등: 15	2등: 30	1등: ?	4등: 15 3등: ?

제2차 경연에서 1등과 3등의 표 합계는 55이다. 1등의 최솟값은 31이기에 3등의 최댓값은 24다. 또한 3등의 최솟값은 16이기에 1등의 최댓값은 39다.

A	B	C	D
1등: 30	2등: [26, 29]	3등: 25	4등: [16, 19]
3등: [16, 24] 4등: 15	2등: 30	1등: [31, 39]	4등: 15 3등: [16, 24]
[46, 54] 45	[56, 59]	[56, 64]	[31, 34] [32, 43]

이까지 추론을 바탕으로 보기 진술을 따진다.

어느 경우든 D는 4등이기에 탈락한다. 보기 ㄱ "탈락자는 D이다"는 옳게 추론했다. 어느 경우든 A는 3등이기에 보기 ㄴ "A의 최종 순위는 3등이다"는 옳게 추론했다. 2차 경연에서 C는 39표까지 얻을 수 있기에 보기 ㄷ "2차 경연에서 C가 얻은 표는 35표를 넘을 수 없다"는 거짓이고 옳게 추론하지 못했다. 옳게 추론한 것은 보기 ㄱ과 보기 ㄴ이고 정답은 선택지 ③이다.

05. 2차 분담금이 가장 많은 나라는 A이거나 D다. 우리는 두 경우를 나눠 살펴본다. 그 나라가 A인 경우는 위쪽에 쓰고 그 나라가 B인 경우는 아래쪽에 쓰겠다.

	A	B	C	D
1차		260		200
2차	300 ?		250 250	? 300
합계				

빈칸에 들어갈 최소 분담금과 최대 분담금을 괄호 순서쌍으로 쓰겠다. 1차에서 C의 최솟값과 최댓값은 B와 D의 분담금 사이에 와야 한다.

	A	B	C	D
1차		260	(200, 260)	200
2차	300 (250, 300)		250	(250, 300) 300
합계				

1차에서 540억 달러를 A와 C가 분담해야 하고 2차에서 450억 달러를 B와 D 또는 B와 A가 분담해야 한다.

	A	B	C	D
1차	(280, 340)	260	(200, 260)	200
2차	300 (250, 300)	(150, 200)	250	(250, 300) 300
합계	(580, 640) (530, 640)	(410, 460)	(450, 510)	(450, 500) 500

이까지 추론을 바탕으로 선택지를 하나씩 살핀다.

A의 분담금 최솟값은 530억 달러보다 큰데 이는 다른 나라의 최댓값보다 크기에 선택지 ① "가장 많은 분담금을 부담하는 국가는 A이다"는 옳게 추론했다. B의 분담금 최댓값은 460억 달러보다 낮기에 선택지 ② "B의 분담금은 460억 달러 이하이다"는 옳게 추론했다. A의 분담금이 570억 달러인 경우는 D가 2차에서 300억 달러의 분담금을 내는 경우기에 선택지 ③ "A의 분담금이 570억 달러이면 D의 분담금은 500억 달러이다"는 옳게 추론했다. C의 분담금과 D의 분담금 차이가 2차에서 거의 나지 않은 상태에서 1차에서 차이가 60억 달러에 육박할 가능성이 있다. 이 때문에 선택지 ④ "C의 분담금과 D의 분담금의 차이는 50억 달러 이하이다"는 옳게 추론하지 않았다.

1차 분담금과 2차 분담금이 같을 수 있는 나라는 A와 C다. C가 그 경우라면 C의 분담금은 1차에서 250이어야 한다. 이 경우 A의 1차 분담금은 290억 달러이다. 이 경우 A의 최댓값은 590억 달러보다 낮다. A의 분담금이 1차와 2차가 같은 경우라면 1차의 분담금은 280억과 300억 사이에 놓여야 한다. 이 경우 A의 최댓값은 600억 달러보다 낮다. 따라서 선택지 ⑤ "어떤 국가의 1차 분담금과 2차 분담금이 같으면 A의 분담금은 600억 달러 이하이다"는 옳게 추론했다. 결국 정답은 선택지 ④다.

06. 각 팀이 받은 성과급은 다음 모눈으로 간추릴 수 있다.

	재무팀	홍보팀
갑/무		2,000
을/기		1,000 이상
병/경		1,000 이상
정/신	500	1,000 이상
합계		5,000 이상

재무팀의 성과급 합계는 최소 5,000만 원이다. 그 값의 최댓값은 1명이 A 등급을 받고 다른 두 명이 B등급을 받는 경우인데 그 값은 5,500만 원이다.

이제 성과급 합계에 따라 다음과 같은 가능성이 나온다. 아래 등급은 사람 순서와 무관하다.

	재무팀	홍보팀
5,500	ABBD	ABCC
5,000	ABCD/BBBD	ACCC

이까지 정보를 바탕으로 보기 진술을 따진다. 보기 ㄱ "홍보팀에 지급한 성과급의 총액은 5,000만 원이다"는 반드시 참이지는 않다.

남는 선택지 ②와 ④다. 우리는 보기 ㄷ만 따져 보면 되겠다. 성과급 합계가 5,000만 원인 경우에 B가 3명이고 C가 3명인 경우가 있다. 이 때문에 보기 ㄷ "재무팀과 홍보팀의 직원 8명 중에서 B등급을 받은 사람의 수와 C등급을 받은 사람의 수는 다르다"는 반드시 참이지는 않다. 남은 것은 선택지 ②밖에 없으니 이것이 정답이다.

풀이의 완전성을 위해 보기 ㄴ을 살펴보겠다. 재무팀에서 갑이 C등급을 받았다면 이는 성과급 합계가 5,000만 원인 경우다. 이 경우 홍보팀의 세 사람은 모두 C등급을 받아야 한다. 이 때문에 보기 ㄴ "재무팀에서 갑이 C등급을 받았다면 홍보팀의 기, 경, 신이 받은 등급은 모두 같다"는 반드시 참이다. 옳게 추론한 것은 보기 ㄴ뿐이다.

07. 원래 문항의 문두와 제시문을 조금 바꾸었다. A의 금화 개수를 짧게 a라 쓰겠는데 다른 상자의 금화 개수도 마찬가지다. a를 안 뒤에도 b와 c를 모른다는 정보로부터 a가 3 이상일 수 없음을 알 수 있다. 만일 a가 3이면 b와 c의 유일한 가능성은 4와 6이다. 따라서 a는 1이거나 2다.

c를 안 뒤에도 a와 b를 모른다는 정보로부터 c가 10일 수 없으며 6일 수도 없음을 알 수 있다. 만일 c가 10이면 a와 b의 유일한 가능성은 1과 2다. 만일 c가 6이면 a와 b의 유일한 가능성은 2과 5다. 따라서 c는 7이거나 8이다.

남은 가능성은 (7, 5, 1), (7, 4, 2), (8, 4, 1), (8, 3, 2)다. 남은 것은 b를 안 뒤에도 a와 c를 모른다는 정보다. b가 5일 때는 한 가능성만 남고 b가 3일 때도 한 가능성만 남는다. 반면 b가 4일 때만 두 가지 경우가 가능하다. 따라서 b는 4다. 이 경우 $a + c = 13 - 4 = 9$다. 따라서 정답은 선택지 ②다. 참고로 이 문항을 풀 때 갑의 진술, 을의 진술, 병의 진술이 발화된 차례를 뒤섞지 않도록 조심해야 한다.

08. 원래 문항의 문두와 제시문을 조금 바꾸었다. "A가 1순위, B가 2순위, C가 3순위다"를 짧게 ABC라 쓰고, 명제 ABC에 동의하는 사람의 수를 짧게 "ABC"라고 쓰겠다. C는 아무도 1순위를 부여하지 않았기에 1순위에 올 수 있는 것은 A나 B다. 가능한 명제는 다음 넷이다.

ABC, ACB, BAC, BCA

정보3과 정보4는 다음과 같이 나타낼 수 있다.

정보3: "ABC" + "BAC" + "BCA" = 14

정보4: "BCA" = 6

우리가 찾아야 하는 수는 "ABC" + "BAC"다. 정보4의 식과 정보3의 식을 써서 "ABC" + "BAC" = 14 – "BCA" = 14 – 6 = 8. 따라서 정답은 선택지 ①이다.

09. 1명만 맞힌 어려운 문항의 수를 x라 하고, 2명만 맞힌 덜 어려운 문항을 y라 하고, 셋 모두 맞힌 쉬운 문항을 z라 하겠다. 세 항은 다음 등식을 만족한다.

$$x + y + z = 35$$

그다음 세 사람이 맞힌 문항 전체 수는 25+25+25 곧 75인데 다음이 성립해야 한다.

$$x + 2y + 3z = 75$$

뒤 식에서 앞 식의 오른쪽과 왼쪽을 각각 빼 다음을 얻는다.

$$y + 2z = 40$$

여기서 얻은 $y = 40 - 2z$를 처음 식에 넣으면

$$z = x + 5$$

를 얻는다. 이는 보기 ㄱ "쉬운 문항이 어려운 문항보다 5개 더 많다"가 참임을 뜻한다.

식 "y + 2z = 40"에 따르면 y가 0보다 커야 하기에 z의 최댓값은 20이다. z가 20일 수 있는지 따져보겠다. z가 20이면 y는 0이고 x는 15다. 세 사람이 똑같은 20문항을 모두 맞히고 남은 15문항에서 각자 다른 문항을 5개씩만 맞힌다고 가정해 보자. 각자는 모두 25문항을 맞히고 각자는 모두 10문항을 틀리게 된다. 여기에 아무런 모순이 없다. 따라서 z 곧 쉬운 문항의 최댓값은 20이다. 이 경우 덜 어려운 문항 y의 최솟값은 0이다. 또한 "z = x + 5"가 성립해야 하기에 x의 최댓값은 15다. 이 점에서 보기 ㄴ "어려운 문항의 개수는 최대 10개이다"는 거짓이고, 보기 ㄷ "두 명만 정답을 맞힌 문항의 개수는 최소 2개이다"도 거짓이다. 옳게 추론한 것은 보기 ㄱ뿐이고 정답은 선택지 ①이다.

10. "n번째 점검"을 짧게 "점검n"이라 하고 "n번 지점"을 "지점n"이라 하겠다. 점검n에서는 지점mn을 점검한다. m은 1보다 큰 자연수고 nm은 20 이하여야 한다. 각 지점은 모두 1의 배수이기에 적어도 한 번은 점검된다. 지점1은 단 한 번만 점검된다. 지점2, 지점3, 지점5, 지점7, 지점11, 지점13, 지점17, 지점19는 추가로 한 번만 더 점검되기에 이들은 모두 2번만 점검된다. 이들 수 2, 3 등은 약수를 갖지 않는 수 곧 소수다. 아무튼 보기 ㄴ "2회만 방문한 지점은 총 8개이다"는 옳게 추론했다.

지점20은 점검1, 점검2, 점검4, 점검5, 점검10, 점검20 때 점검되기에 보기 ㄱ "20번 지점은 총 6회 방문하게 된다"는 옳게 추론했다. 결국 가능한 답은 선택지 ③이거나 선택지 ⑤다. 20번 지점을 점검하는 점검의 회차 1, 2, 4 등은 20의 약수다. 1에서 20 사이 수에서 1을 포함한 약수가 8개인 수는 없기에 보기 ㄷ "한 지점을 최대 8회 방문할 수 있다"는 옳게 추론하지 않았다. 옳게 추론한 것은 보기 ㄱ과 보기 ㄴ이고 정답은 선택지 ③이다.

11. 보기 ㄱ, 보기 ㄴ, 보기 ㄷ은 모두 이면문장이다. 이 경우 각 보기 문장의 이면 앞말을 가정하면서 그 이면문장이 참인지 거짓인지 따지는 것이 낫겠다. 먼저 보기 ㄱ의 이면 앞말 "을이 부여한 점수는 정이 부여한 점수보다 크고 P가 통과되었다"를 가정한다. 참고로 "X일 때, Y면 Z"는 "만일 X고 Y면 Z"와 뜻이 같다. 을과 정의 가능한 점수는 (2, 0), (4, 0), (2, 1), (4, 1), (4,

3)이며, 점수의 합은 17점 이상이다. 이 경우 을과 정의 점수 합계는 2, 4, 3, 5, 7이다. 한편 병과 무가 줄 수 있는 최대 점수는 9점이다. 갑이 반대하면 점수의 총합이 17점 이상일 수 없다. 이 때문에 갑은 반드시 찬성해야 한다. 결국 보기 ㄱ의 이면 앞말을 가정하면 ㄱ의 이면 뒷말을 얻을 수 있다. 이는 주어진 정보로부터 보기 ㄱ을 추론할 수 있음을 뜻한다. 따라서 보기 ㄱ은 옳다.

보기 ㄴ을 따지는데 "P에 대하여 다섯 명의 위원이 부여한 점수의 합은 13점이다"를 가정한다. 반대한 위원이 없다면 점수 총합이 홀수일 수 없다. 따라서 반대한 위원이 있어야 한다. 반대한 위원은 홀수 점수를 부여하는 정 또는 무여야 한다. 다른 한 명의 점수는 1, 3, 5 가운데 하나다. 총합이 13점이 되려면 갑, 을, 병의 합계 점수는 12, 10, 8 가운데 하나다. 갑, 을, 병의 가능한 점수는 순서를 따지지 않고 (4, 4, 4), (4, 4, 2), (4, 4, 0), (4, 2, 2)다. 결국 4점을 부여한 위원이 있다. "P에 대하여 다섯 명의 위원이 부여한 점수의 합은 13점이다"를 가정하면 "반대하는 위원이 있고 4점을 부여한 위원도 있다"를 추론할 수 있다. 따라서 보기 ㄴ은 옳다.

보기 ㄷ을 따지는데 "반대한 위원은 병이고 P가 통과되었다"를 가정한다. P가 통과되었으니 17점 이상이다. 한 명이 반대하였으니 이들의 최대 합계는 8+10 = 18점인데 이들의 합계가 17점이 될 방법은 없다. 결국 "반대한 위원은 병이고 P가 통과되었다"를 가정하면 "다섯 명의 위원이 부여한 점수의 합은 18점이다"를 추론할 수 있다. 따라서 보기 ㄷ은 옳다. 옳게 추론한 것은 보기 ㄱ, 보기 ㄴ, 보기 ㄷ이고 정답은 선택지 ⑤다.

12. 학생 수 변화를 모눈으로 나타내겠다. ↑는 증가, ↓는 감소, –는 변화 없음, ?는 알 수 없음을 뜻한다. 먼저 정보2, 정보3, 정보4를 반영한다.

	남	여	합계
A			
B		↓	
O	–		
AB			–
합계		–	

정보1에 따르면 남학생 비는 2021년에 3/5에서 2022년에 2/3로 바뀌었다. 이는 9/15에서 10/15으로 늘어난 셈이다. 여학생 수는 변화가 없는데

남학생의 비중이 늘어나려면 남학생 수가 늘어나야 한다.

	남	여	합계
A			
B		↓	
O	–		
AB			–
합계	↑	–	↑

당연히 전체 학생 수도 늘어난다.

남은 정보는 정보5와 정보6이다. 남학생 수가 늘었는데 정보5에 나오듯 남학생 중 AB형 남학생 수 비율에 변화가 없으려면 AB형 남학생 수가 늘어야 한다. 전체 AB형 학생 수에 변화가 없으려면 AB형 여학생 수는 줄어야 한다.

	남	여	합계
A			
B		↓	
O	–		
AB	↑	↓	–
합계	↑	–	↑

아직 쓰지 않은 것은 정보6이다. B형 여학생 수가 줄어들었는데 전체 B형 학생에서 B형 남학생 비율에 변화가 없다는 말은 B형 남학생 수도 줄어들었음을 뜻한다. 왜냐하면 B형 여학생 수가 줄어드는 상황에서 B형 남학생 수가 늘어났다면 전체 B형 학생에서 B형 남학생 비율은 커지기 때문이다.

	남	여	합계
A			
B	↓	↓	↓
O	–		
AB	↑	↓	–
합계	↑	–	↑

이 모눈은 학생 비율의 증감이 아니라 학생 수의 증감이다.

이제 A형 남학생 수가 증가하는지 감소하는지 알아보겠다. 모눈에 따르면 남학생 전체 중 B형 남학생 비율은 감소한다. 또한 남학생 전체 중 O형 남학생 비율은 감소한다. 정보5에 따라 남학생 전체 중 AB형 남학생 비율은 바뀌지 않는다. 남학생 전체 중 두 가지 혈액형 비율은 각각 감소하고 하나는 바뀌지 않는다. 이 때문에 남학생 전체 중 A형 남학생 비율은 증가해야 한다. 이는 A형 남학생 수 자체가 증가함을 뜻한다.

	남	여	합계
A	↑	?	?
B	↓	↓	↓
O	–	?	?
AB	↑	↓	–
합계	↑	–	↑

이를 바탕으로 선택지의 진위를 따진다. 여학생 수는 고정되었기에 A형 여학생 수가 증가해야 하거나 O형 여학생 수가 증가해야 한다. 이 때문에 선택지 ①은 글로부터 추론할 수 없지만 선택지 ②는 추론할 수 있다. 남학생 수가 감소한 혈액형은 B형인데 B형의 여학생 수도 감소했다. 이는 선택지 ③이 옳음을 뜻한다. 선택지 ④와 ⑤의 옳음은 모눈에 곧바로 나온다. 따라서 정답은 선택지 ①이다.

13. 다음 모눈에 점수 정보 및 사실을 차근차근 담겠다. 사실2와 사실5를 먼저 담는다. 사실4에 따르면 정의 평균은 80인데 평균 80을 만들 방법은 (80, 80)밖에 없다.

지원자	LEET 점수	면접 점수	평균
정	80	80	80
	85		
	90	85	87.5
	95	75	85
	100		

정보1에 따르면 을은 면접점수가 더 높아야 하는데 유일한 가능성은 (85, 90)이다. 병은 평균 85점이 아니기에 유일한 가능성은 87.5이다.

지원자	LEET 점수	면접 점수	평균
정	80	80	80
을	85	90	87.5
병	90	85	87.5
갑∨무	95	75	85
갑∨무	100	70	85

주어진 모든 사실을 담았고 이를 바탕으로 선택지를 따진다. 선택지 ① "갑은 법학적성시험점수가 면접점수보다 20점 이상 높다"는 추론할 수 있다. 선택지 ② "을의 두 점수의 평균과 병의 두 점수의 평균은 같다"는 참이다. 선택지 ③ "정의 법학적성시험점수는 80점이다"는 추론할 수 있다. 선택지 ④ "무의 법학적성시험점수는 갑의 법학적성시험점수보다 높다"는 추론할 수 없다. 선택지 ⑤ "갑과 무는 P 법학전문대학원에 최종 합격한다"는 추론할 수 있다. 따라서 정답은 선택지 ④다.

스마트 솔루션

⚀ 덧셈을 여러 번 해야 풀 수 있는 덧셈 퍼즐의 경우 처음부터 셈 모눈을 만들어 조건에 따라 차근차근 셈하라.

⚁ 주어진 정보, 보기 진술, 선택지 진술 따위로부터 주어진 퍼즐이 방정식 퍼즐임을 눈치챈다면 주어진 명제 정보를 방정식 정보로 바꾸라.

⚂ 소수, 약수, 배수, 공약수, 공배수 개념을 써서 푸는 문항이 아주 가끔 출제되니 이 개념에 미리 낯을 익히라.

기출문제 찾기

LEET「추리논증」

2017학년도

LA201608_20	S023_04
LA201608_21	S044_14
LA201608_22	S045_03

2018학년도

LA201708_25	S043_06
LA201708_26	S022_04
LA201708_27	S045_05
LA201708_28	S041_02

2019학년도

LA201807_29	S022_13
LA201807_30	S041_01
LA201807_31	S051_06
LA201807_32	S044_12

2020학년도

LA201907_28	S045_07
LA201907_31	S051_03
LA201907_32	S033_04
LA201907_33	S044_04

2021학년도

LA202007_21	S044_08
LA202007_22	S022_12
LA202007_23	S044_07

2022학년도

LA202107_32	S041_04
LA202107_33	S052_05
LA202107_34	S032_12

2023학년도

LA202207_32	S044_15
LA202207_33	S052_06
LA202207_34	S044_09

2024학년도

LA202307_33	S052_11
LA202307_34	S041_11
LA202307_35	S052_12

2025학년도

LA202407_33	S045_08
LA202407_34	S032_18
LA202407_35	S044_21

2026학년도

LA202507_32	S052_13
LA202507_33	S014_14
LA202507_34	S032_19

PSAT 「언어논리영역」 5급 및 인턴

PL200402_11	S044_03	PL200802_30	S043_03
PL200402_18	S032_03	PL200902_14	S021_07
PL200402_39	S023_01	PL200902_15	S023_06
PL200502_14	S045_06	PL200902_16	S052_01
PL200502_15	S021_01	PL200902_35	S015_02
PL200502_16	S011_01	PL200902_36	S011_06
PL200502_33	S013_04	PL201002_13	S041_09
PL200502_34	S021_02	PL201002_14	S052_02
PL200508_09	S044_05	PL201002_34	S012_03
PL200508_10	S015_04	PL201002_35	S032_05
PL200508_11	S012_07	PL201102_16	S042_03
PL200508_12	S023_07	PL201102_18	S012_01
PL200508_31	S022_06	PL201102_32	S044_06
PL200508_32	S032_07	PL201108_09	S044_02
PL200508_33	S021_10	PL201108_19	S014_08
PL200602_13	S031_07	PL201202_10	S011_08
PL200602_14	S021_03	PL201202_11	S043_10
PL200602_15	S031_06	PL201202_32	S042_04
PL200607_07	S022_03	PL201202_33	S021_04
PL200607_08	S011_05	PL201302_11	S032_02
PL200607_28	S011_02	PL201302_12	S031_02
PL200702_09	S043_02	PL201302_31	S014_05
PL200702_11	S021_14	PL201302_32	S042_08
PL200702_27	S022_11	PL201304_11	S014_01
PL200702_28	S023_08	PL201304_31	S032_06
PL200802_14	S032_13	PL201403_11	S022_09
PL200802_29	S051_07	PL201403_12	S011_04

PL201403_32	S022_10	PL202103_13	S014_09
PL201502_12	S022_02	PL202103_14	S044_13
PL201502_13	S012_05	PL202103_34	S014_10
PL201502_32	S014_03	PL202103_35	S022_07
PL201502_33	S033_01	PL202103_36	S032_15
PL201603_08	S015_01	PL202202_11	S043_09
PL201603_09	S042_02	PL202202_12	S043_08
PL201603_10	S044_01	PL202202_30	S041_03
PL201603_28	S021_11	PL202202_31	S022_01
PL201603_29	S031_03	PL202303_15	S012_08
PL201702_11	S015_07	PL202303_16	S044_17
PL201702_12	S032_16	PL202303_33	S031_08
PL201702_31	S014_11	PL202303_34	S022_16
PL201702_32	S021_15	PL202403_13	S051_09
PL201803_14	S032_04	PL202403_14	S044_18
PL201803_15	S042_05	PL202403_33	S044_19
PL201803_32	S032_08	PL202403_34	S031_09
PL201803_33	S015_08	PL202503_14	S013_07
PL201803_34	S032_14	PL202503_33	S043_12
PL201903_12	S041_08		
PL201903_13	S033_02		
PL201903_14	S042_06		
PL201903_33	S023_03		
PL201903_34	S015_05		
PL202005_11	S042_07		
PL202005_12	S032_17		
PL202005_31	S043_04		

PSAT 「언어논리영역」 7급 및 민경채

PL201206_18	S014_06
PL201206_24	S043_01
PL201408_08	S032_09
PL201507_05	S051_01
PL201507_06	S021_12
PL201507_15	S023_05
PL201507_16	S021_06
PL201507_22	S042_01
PL201607_06	S011_03
PL201607_18	S013_05
PL201607_23	S045_01
PL201707_06	S013_01
PL201707_24	S032_01
PL201807_10	S021_13
PL201807_20	S041_06
PL201807_25	S033_03
PL201907_09	S022_08
PL201907_10	S012_02
PL201907_19	S015_03
PL202007_12	S014_02
PL202007_19	S013_03
PL202007_20	S023_02
PL202011_15	S021_09
PL202011_16	S013_02
PL202011_17	S031_04
PL202107_07	S032_10
PL202107_08	S015_06
PL202107_09	S042_09
PL202207_17	S012_04
PL202207_18	S022_05
PL202207_19	S022_14
PL202307_14	S015_09
PL202307_15	S022_15
PL202307_16	S042_10
PL202407_12	S014_13
PL202407_13	S043_11
PL202507_16	S012_09
PL202507_18	S044_20

글쓴이 김명석은

물리학과 수학과 철학을 공부했습니다. 철학박사를 받은 다음 경북대 기초과학연구소 연구초빙교수, 대통령 직속 중앙인사위원회 PSAT 전문관, 국민대학교 교수로 연구하고 일하고 가르쳤습니다. 현재 학아재 학장이며 이화여자대학교 연구교수입니다. 「심적 차이는 역사적 차이」, 「인식론에서 타자의 중요성」, 「존재에서 사유까지: 타자, 광장, 신체, 역사」, "Ontological Interpretation with Contextualism of Accidentals", 「자연의 원리: 측정과 자연 현상」, 「나, 지금, 여기의 믿음직함」을 비롯해 50여 편의 학술 논문을 썼습니다. 쓴 책으로는 『두뇌보완계획 100』, 『두뇌보완계획 200』, 『과학 방법』, 『엔트로피』, 『확률: 믿음과 우연』, 『정보: 코드와 비트』, 『플라톤의 소피스트』, 『스피노자의 에티카: 세계』, 『예수 텍스트』, 『마음의 탄생: 말, 앎, 마음』이 있습니다. 후기분석철학의 인식론과 언어철학, 언어와 사고의 기원, 의미의 형이상학, 뜻 믿음 바람 행위의 종합이론, 학문의 우리말 토착화, 양자역학의 존재론 해석, 측정과 물리 현상, 해석과 마음 현상, 믿음의 철학을 주로 공부합니다. myeongseok@gmail.com

이 책은 생각실험실을

키우는 데 이바지합니다. 생각실험실은 배우려는 사람이 연구하면서 일하는 대안회사며 대안대학원이고 대안연구소입니다. 생각실험실은 슬기를 사랑하는 이를 위한 카페며 서점이고, 스튜디오며 독서실이고, 도서관이며 서당이고, 서원이며 교회입니다. 이 책을 읽고 널리 퍼뜨리는 일은 생각실험실을 키우는 밑거름입니다.

이 책의 오류를 지적해주신

김도영, 식빵이96, 피카츄, 인스퍼, ㅊ, resan, 히히웃어보자, 이유빈, 논리를키우자, RKK, AKim, 이해황, 강보옹, hominis, 조연수님께 고맙습니다.

두뇌보완계획 S: 논리 퍼즐

1판 1쇄 2023년 2월 3일
2판 1쇄 2024년 1월 19일
3판 1쇄 2025년 12월 12일

지 은 이 김명석
펴 낸 이 김민수
편집 기획 클라라 유영훈 김민수
디 자 인 김동건 김동해 (주)명문기획
펴 낸 곳 도서출판 겹

주 소 경기도 고양시 덕양구 지정로60, 103-1303
전 화 02-2275-8300
이 메 일 layerbooks@naver.com

ISBN 979-11-992643-2-8 03170
가 격 29,000원